リウタール『アーヘンの福音書』
表面（オリジナルでは右頁）：玉座のオットー３世
アーヘン大聖堂宝物館蔵（Inv. Nr. G25），1000 年頃，ライヒェナウ修道院で制作。fol.15v-16r.

リウタール『アーヘンの福音書』
裏面（オリジナルでは左頁）：**福音書を献呈する修道士リウタール**
上下には，「皇帝オットーへ，神がこの書物によって汝の心臓を包まれんことを。それをリウタールから得たことを忘れぬように」と記されている（本書 141 頁参照）

刀水歴史全書95

紀元千年の皇帝

オットー三世とその時代

三佐川亮宏著

刀水書房

刀水歴史全書95　紀元千年の皇帝　オットー三世とその時代　目　次

装丁　的井 圭

紀元千年の皇帝　オットー三世とその時代

プロローグ　九八〇〜九八三年

1　アーヘン、聖マリア教会にて

カール大帝とアーヘン

ケルンでゴシック様式の壮大な大聖堂を見学した後、中央駅からローカル線の快速電車に乗って西に向かうと、一時間ほどでアーヘンに到着する。ベルギー・オランダとの国境に近接し、ドイツでは最も西に位置する人口約二五万人の中規模都市である。若き日の指揮者カラヤンが音楽監督としてデビューを飾った市立劇場を曲がり広場に出ると、ゴシック様式の教会の塔がその姿を現してくる。早くも一九七八年にユネスコの世界遺産に登録された聖マリア教会である。駅からは僅かに一〇分ほどの道程にすぎない。

良質の温泉の湧き出るアーヘンには、紀元前から既にローマ人が定住していた。ラテン語名「アクアエ・グラニ *Aquæ Granni*」は、ケルト人の神「グラヌス」（ローマのアポロ神に対応）と「水《アクア》」を語源とする。フランス語名「エクス・ラ・シャペル *Aix-la Chapell*」のエクスも、やはり *aqua* に由来する。「礼拝堂《シャペル》」は、この都市の事実上の創建者カール大帝（在位七六八〜八一四）が建立した聖マリア教会を指す。

図1　アーヘン王宮と聖マリア教会　Leo Hugot制作の復元モデル，1981年

カールにとってこの地は本来、ザクセン戦役（七七二～八〇四年）に向かう際のフランク人の軍隊の集結地であった。七八〇年代末以降、彼は、温泉と狩猟場を備えた同地に、冬の長期滞在用の壮麗な王宮、そしてラヴェンナのサン・ヴィターレ教会を範とする八角形の聖マリア教会を相次いで建築し始めた。大理石の柱などの石材の一部は、ローマ教皇の許可を得て遠くイタリアの地から運ばれてきた。王宮の中庭に立てられたテオドリック（在位四七一～五二六）の騎馬像も、本来は東ゴート王国の首都ラヴェンナにあったものである。「吃者」と渾名されたザンクト・ガレン修道士ノートカー一世（八四〇年頃～九一二）は、ほぼ一世紀後に『カール大帝事績録』（八八七年頃成立）の中で、建築の構想と壮大な規模について次のように伝えている。「精気みなぎる皇帝カールは、国内にいくらかでも平穏無事が保たれていたときは、いつも暇にまかせて怠惰に暮らすことを欲せず、神への奉仕に汗することを願い、自ら設計して生誕の地にローマ人の古《いにしえ》の建築物よりも優れた聖堂を建てようと思いたち、短期間でこの誓願を成し遂げて歓喜に浸った。この工事のため、海〔＝地中海〕より北にかけての全地方から建築に関するあらゆる技術の工匠や職人・大工を招集した」（一巻二八章）(1)。

七九四年から八〇三年の間、カールは同地で毎年のように降誕祭を祝している。例外は、遠征先のザクセンで冬越しした七九七年と、ローマのサン・ピエトロ教会での皇帝戴冠式に臨んだ八〇〇年のみである。その時戴冠したローマ教皇レオ三世は、四年後の八〇四年にローマからはるばるアーヘンに到来している。

そして、カール晩年の八〇六年以降になると、アーヘンは、冬に限らずほぼ恒常的に皇帝が滞在し、重要な帝国・教会会議が開催される〝首都〟的な機能を担うようになった。皇帝の伝記作者で、王宮の設計にも携わった側近のアインハルト（七七〇頃～八四〇）は、『カール大帝伝』（八二八年成立）の中で、カールが温泉を好んだことを記し、次のように続けている。「このようなわけで、アーヘンにも王宮を建て、晩年を死ぬまでずっとそこで暮らした。そこの浴場には、息子ばかりか貴族や友人を招き、時には侍従や護衛兵の一隊をも招待した。その結果、時には百人以上もの人たちと一緒に入浴することもあった」（二二章）。今日でも市内には地元の住民で賑わう温泉施設があり、「カロルス・テルメン」と名付けられている。

カールは死の前年の八一三年に、息子ルートヴィヒ一世（敬虔帝）を共同皇帝に指名した。その皇帝戴冠式は、ローマで教皇によってではなく、聖マリア教会において父帝自身の手で挙行された。アーヘンを都市的機能においてのみならず、政治・宗教的にも「第二のローマ *Roma secunda*」へと高めようとする試みである。ところが、カールの孫の世代になると、広大な大フランク帝国は、「東」、「中部」、「西」の三つの部分王国に分割された。このうち東フランク王国では九一一年にフランク人のカロリング家の血統が断絶し、九一九年にはかつてカールによって軍事征服されたザクセン人の新王朝、オットー朝が樹立された。その第二代国王のオットー一世（在位九三六～七三）は、九三六年に聖マリア教会で初めて国王戴冠式を挙行した。以後同教会での国王戴冠式は確固たる伝統として

図2　聖マリア教会・内陣

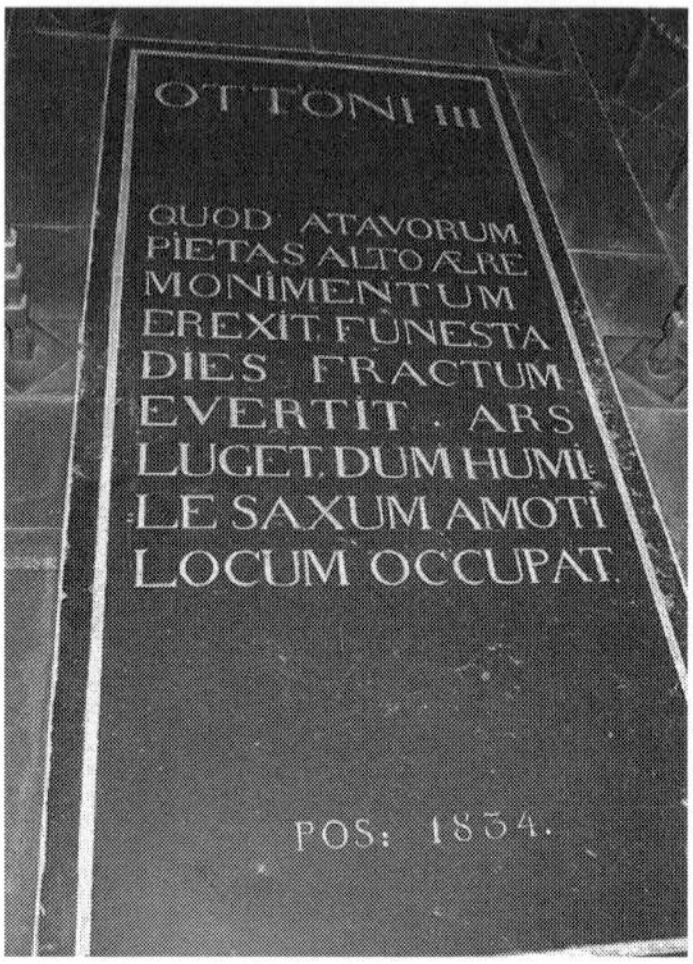

図3　オットー3世の記念プレート　アーヘン大聖堂，1834年

定着し、一五三一年までの六〇〇年の間に、実に三三人の歴代の東フランク＝ドイツ国王が即位儀礼を執り行うことになる。なお、オットー一世も〝大帝〟と呼ばれたが、それは周知のように、九六二年にローマで皇帝に戴冠され、「東」、「中部」を統合した「中世ローマ帝国」を樹立したからである（「神聖ローマ帝国」の名称が普及・定着するのは、一三世紀半ば以降のことで、それ以前は「ローマ帝国」、あるいは単に「帝国」と呼ばれた）。

八一四年に亡くなったカールの亡骸は、生前の指示により聖マリア教会内に埋葬された。正確な埋葬場所の記憶は、その後の一二〇〇年の歴史の経過において途切れてしまった。ただし、亡骸は一二一五年、黄金のレリーフを施した極めて豪華な「カールの聖遺物匣」に収められた。それは今日では、ゴシック様式の内陣の最奥部で、鮮やかなブルーに染まったステンドグラスを背景に展示されており、多くの観光客のカメラを引き寄せている。

もっとも、人々の多くは、カール大帝以外にも、もう一人の皇帝がかつてそのすぐ近くに埋葬されていた事実は知らないようである。主祭壇の後方の内陣の中央部、ちょうど天蓋から吊された聖母マリアの光り輝く花輪《クランツ》の真下の床板に、大理石製の素朴な記念プレートが据えられている（縦二・二、横一・〇五メートル）。今から二〇〇年前までこの位置にあった石棺の中に横たえられていたのは、オットー大帝の孫で、カールに強烈な畏敬の念を抱いていた若き皇帝の亡骸であった。その名はオットー三世（在位九八三〜

一〇〇二)、本書の主人公である。

「暗黒の世紀」、「世界の奇跡」、そして「紀元千年」

見よ、新たな世紀が始まる。それを人は「鉄の世紀」と呼ぶ、険しい堅さの故に。人はまたそれを「鉛の世紀」と呼ぶ、歪められた悪に溢れかえるが故に。あるいはまた、「暗黒の世紀 *saeculum obscurum*」とも呼ぶ、歴史叙述者たちの欠如の故に(チェーザレ・バロニオ『教会史』一〇巻、一六〇二年、九〇〇年の項)(2)。

オットー三世が生まれたのは、ヴァティカン図書館長の枢機卿バロニオが「暗黒の世紀」と呼んだ一〇世紀の末、九八〇年である。本書は、同時代人が「世界の奇跡」と賛嘆する程の非凡の才能に恵まれた、「紀元千年の皇帝」が辿った数奇にして、まことに儚《はかな》い生涯の軌跡を再構成していく。彼が流れ星の如く駆け足で走り抜けていった時代は、確かに「険しい堅さ」と「歪められた悪に溢れかえる」、「鉄」と「鉛」の時代であったかもしれない。しかし同時に、それは、新たな変化の到来を告げる一筋の光明が、中世ヨーロッパ世界に射し込み始めた時代でもあった。

周知のように、八〇〇年のローマにおけるカール大帝の皇帝戴冠は、実質的には大フランク帝国の樹立を、理念的には四七六年に歴史地図からその姿を消した西ローマ帝国の復興を意味する出来事であった。それは同時に、「ローマ」、「ゲルマン」、「キリスト教」の三大要素が融合し、歴史的世界としての「(西)ヨーロッパ」の形成を画する事件でもあった。カールが、いみじくも「ヨーロッパの父 *pater Europae*」と呼ばれる所以である〈なお、この表現は、皇帝戴冠に先駆ける七九〇年代末に早くも確認される〉。ただし、彼の帝国の版図は、「ヨーロッパ」の社会構造を規定する三本の境界線〈ミッテラウアー〉(3)のうち、第一のローマ帝国の境界線リーメスは大きく踏み出したが、第二の境界線であるエルベ川を越えることはなかった。エルベ以東に初めて進出し、キリスト教伝道の端緒を構築したのは、上記のオットー一世である。そして、第三の東西キリスト教世界の境界線に向けて、東部ラテン＝キリスト教世界の再編・統合を目指したのが孫のオットー三世に他ならない。

カール大帝の皇帝戴冠から二世紀を経たオットー三世の時代には、西欧では大フランク帝国の解体過程の中から、「中世ローマ帝国」を構成するドイツとイタリア、そしてフランスという現在の主要な国家・民族が成立しつつあった。それとパラレルに東欧でも、「中世ローマ帝国」の外のスラヴ系諸民族〈ポーランド、ベーメン〈チェコ〉〉およびハンガリー人が、ローマ教皇を頂点とするカトリック世界の一員として産声を上げ、独自の国家・民族的輪郭を成形する途上にあった。まさにこの一〇〇〇年前の中世ヨーロッパ世界こそ、今日のヨーロッパ、すなわち西欧・東欧諸国の大半が加盟する「ヨーロッパ連合〈EU〉」の歴史的原点である、と言っても恐らく過言ではあるまい。そのEUの理想を、近代的な国民国家の枠組みを超えた、超国家的統合の実現と理解するならば、近代的な国民国家の母胎となったのも、同じく超国家的性格の「中世ローマ帝国」に他ならなかったのである。

本書が対象とするのは、オットー三世の生涯、そして彼が生きた「暗黒の世紀」である。叙述の基本的枠組みとなるのは、以上の事情から、近代以降成立した「国民国家」というカテゴリーではない。前近代のヨーロッパにおいて普遍的・キリスト教的形象として機能した「中世ローマ帝国」である。九六二年に樹立されたこの帝国を、〝ナショナル・ヒストリー〟、すなわちこの場合「国民史」としての「ドイツ史」

の視点から捉えた歴史叙述は、一九世紀に歴史学が確立されて以来枚挙に暇がない。しかし、同時代人の自己理解に即して、それ自体独自の性格を有する政治的・宗教的構成体として叙述の中心に据えた、「中世ローマ帝国」の歴史は、残念ながらまだ著されてはいないのが実情である(4)。本書は、そうした試みのささやかな第一歩である。

加えて、オットー三世という特異な人物を理解するためには、もう一つの「中世ローマ帝国」、すなわち「東」のビザンツ帝国の政治文化の影響を無視することは許されない。さらに、彼が奇しくもミレニアム、すなわち「紀元千年」の皇帝であった事実は、必然的にキリスト教的終末論との関連を射程に含むことになるであろう。

もちろん、この時代の個人のポートレイトを描き出すことには、バロニオが言うように「歴史叙述者たちの欠如」の故に多くの困難が伴う。実現可能なのは、一人の英雄の「伝記」の執筆ではなく、彼が生きた時代、そしてその基底に潜む精神的潮流を分析的に点描することに限られる。乏しい史料を総動員しなければならないことは論を俟たない。それはともかく、我々が生きる〝現在〟の壮大な試みの、遠き過去へと遡る地下水脈の一つを掘り起こすことができないものか。日本人の多くにはほとんど馴染みのない時代であろうが、今日のヨーロッパ世界の深層に横たわる、千年の歴史の厚みと重みに少しでも迫ること、それが本書の課題であり、筆者の願いである。

2　オットー二世のイタリア遠征

アルプスの峠道――九八〇年

九八〇年一一月ある日の早朝、スイス＝アルプスの山々の麓の都市クーアの住民たちは、馬のけたたましい嘶《いなな》きと甲冑のすれあう鈍い音に目を覚まされた。人々が戸外に飛び出て目撃したのは、壮麗な軍隊の長蛇の列が峠道を目指して進軍していく姿であった。重装備の騎兵とその周りの歩卒たち、その総数は数千名。供回りの聖職者、女官、そして馬が牽く荷車の数にいたっては、あまりの多さに圧倒され、数えることさえ困難であった。

その中でも、やや小柄で赤ら顔ながらも、ひときわ凛々しい甲冑に身を固め、その雄姿の故に他を圧しているのは、当時まだ二四歳の若き皇帝オットー二世である。側近くには二〇歳前後の、異国風の雰囲気を漂わせる美貌の皇后テオファーヌの姿も見い出されたであろう。彼女は、アルプスの冬の寒さを凌ぐために、幾重にもマントで身を包み、休息のひとときには、僅か四か月前に生まれたばかりの男児を乳母の手から受け取り、優しく抱きしめていたはずである。父と同名のオットー（三世）である。

イタリア目指してアルプスの峠道を越えるのは、皇帝にとって今回が初めてではない。最初は九六七年九月末、まだ一一歳の時であった。この時はオーストリア＝アルプスのブレンナー峠を越え、ヴェローナで父オットー一世と母アーデルハイトに再会した。その後ローマに向かい、降誕祭にサン・ピエトロ教会で教皇ヨハネス一三世の手で共同皇帝に戴冠された。同じサン・ピエトロ教会で、ビザンツ帝国から迎えたテオファーヌと婚姻の祝賀を挙行したのは、四年半後の九七二年四月のことである。新妻は、母后の前例に倣い皇后に戴冠された。翌九七三年五月、父オットー一世は、故郷のザクセンに帰還して間もなく六一歳でその生涯を閉じた。九三六年のアーヘンでの国王登位以来、統治期間は実に三七年間の長きに及んだ。

それ故、今や単独皇帝となった若き皇帝にとって、八年ぶりの今回は、二度目のイタリア行、三回目の峠越えということになる。妻子の他に同行した親族は、クヴェトリーンブルク女子律院長の姉マティルデ、幼少期よりともに宮廷で育てられた甥のバイエルン＝シュヴァーベン大公オットーである。随行する高位聖職者の面々も、気心の知れた寵臣たちで固められている。ただし、皇帝と彼の同名の甥は、この後アルプスを越えて帰路に就くことは二度と再びないであろう……。

パヴィーアからラヴェンナへ

旅は順調に推移した。一二月初頭、一行はミラノを経て、かつてのランゴバルト王国の旧都パヴィーアに到着。東ゴート国王テオドリックによって造営された豪壮な王宮に宿営した。当地の司教ペトルスは、その直前に空位となったイタリア書記局長の要職に抜擢され、南イタリア、カラーブリア地方のロッサーノ出身のギリシア人書記長ヨハネス・フィラガトスとともに皇帝を補佐することとなった。

しかし、オットーにとって最も大きな関心事は、母との二年ぶりの再会であった。ブルグント国王ルードルフ二世（在位九一二～三七）の娘として九三一／三二年頃生まれたアーデルハイトは、まだ五／六歳の幼い頃にイタリア国王ユーグ（在位九二六～四七）の息子の共同国王ロターリオと婚約し、パヴィーアで成長した。四七年に正式に結婚したが、夫は三年後の五〇年にまだ二〇代前半の若さで急死した。ライヴァルのイヴレーア辺境伯ベレンガーリオ二世（在位九五〇～六一）は、後継王位を襲ったのみならず、若き寡

図4　天蓋下で玉座に君臨するオットー2世　手にもつのは，皇帝の支配権標としての杖とスファイラ。服従する4人の女性たちは，各統治領域を擬人化した姿。トリーア，983年以降。シャンティイー城，コンデ博物館蔵

婦を捕らえ幽閉した。窮地に陥った彼女に救いの手を差し伸べたのが、兄のブルグント国王コンラート（在位九三七〜九三）を庇護していたオットー一世である。妻を五年前に失っていたオットーは、初めてアルプスを越えてイタリアに進軍し、ベレンガーリオを放逐、アーデルハイトをパヴィーアに迎え入れた。二人が各々二度目となる結婚式を挙げたのは、五一年秋のことであった。

その後アーデルハイトは二人の男子を生んだが、いずれも早世した。成人に達したのは、五五年初頭と年末に相次いで誕生したマティルデとオットーの二人である(5)。一世は、二度目のイタリア遠征に先立つ九六一年、まだ五歳の息子を共同国王に選出させ、翌六二年にはサン・ピエトロ教会で教皇ヨハネス一二世の手で念願の皇帝に戴冠された。アーデルハイトも、夫とともに皇后としての冠を授けられた。以後、彼女は夫の一連の政策、特にイタリア統治、教会政策、重要人事に異例とも言うべき多大な影響力を行使してきた。

ところが、九七三年に夫に先立たれたアーデルハイトは、息子が新たに重用した若手の側近集団やギリシア人の新妻と次第に疎遠になり、寡婦財産の分配をめぐる深刻な対立もあって、七八年にはザクセンの

宮廷を離れるに至った。その後兄のコンラートの元に滞在し、九八〇年当時は若き日を過ごした旧都に戻っていたのである。感極まって落涙する母后と息子の皇帝との間の和解を橋渡ししたのは、兄コンラート、そして改革派修道院の熱心な支援者である彼女と懇意の第四代クリュニー修道院長マイユールであった。しかし、会見の場の緊張した雰囲気を和らげ、何にもまして彼女を喜ばせたのは、男子の初孫のあどけない姿であったろう。

パヴィーアでは、西フランク王国からローマに向かう途次の高位聖職者たちも、皇帝に敬意を表すべく待ち受けていた。ランス大司教アダルベロン、モンチエ・アン・デル修道院長アドソ、そしてオットーとは既に一〇年前にローマで知遇を得ていたランス大司教座聖堂学校教師のジェルベールである。

皇帝夫妻に前皇后・客人を新たに加えた一行は、ここから二隻の船に分乗、ポー川を下りながらピアチェンツァ、クレモナ、フェラーラを経て、かつてビザンツ帝国の総督府が置かれていたラヴェンナに到着した。夏にローマを追われていた教皇ベネディクト七世と内外多数の高位聖職者の歓待を受け、降誕祭を同地で盛大に祝した。九六七年に父帝によって新たに建造された王宮は、市門の外のチェーザレアに立っている。かつてテオドリックが造らせた騎馬像は、カール大帝が建築したアーヘンの王宮へと運ばれたため、

図5　オットー2世（左）とテオファーヌ
ミラノ（?），982 / 83年。クリュニー中世美術館蔵

もはやこの地にはない（本書4頁）。

ジェルベールが、「ザクセンのキケロ」、すなわち雄弁さで名高い宮廷司祭オトリックと、皇帝主宰の下にこの王宮で後世の「普遍論争」を先取りする有名な哲学論争を交わしたのは、翌九八一年一月のことである。皇帝の信頼を得たジェルベールは翌八二年末、北イタリアのボッビオ修道院の院長職を与えられることになる。アイルランド出身の聖コルンバヌス（五四三頃～六一五）によって七世紀初頭に創建され、膨大な蔵書でその名を知られた帝国修道院である。

永遠の都――九八一年

教皇ベネディクトがローマ退去を強いられたのは、使徒座も巻き込んで展開された「永遠の都」の支配権をめぐる都市貴族間の党派抗争のためである。

前任教皇ベネディクト六世（在位九七三～七四）は、九七三年に教会改革派勢力の後押しで聖ペテロの座に擁立された。ところが、翌七四年、蜂起したローマ市民によって捕らえられ、大天使ミカエルに奉じられたサンタンジェロ城に幽閉された。サンタンジェロは本来、五賢帝の一人、ハドリアヌスが廟墓として建設したものだが、中世においては城塞、獄舎として転用されていた。市民を煽動したのは、最有力都市貴族門閥クレシェンツィ家の領袖クレシェンツィ一世・デ・テオドラであった。彼が新たに教皇の座に就けたのは、ローマ人の助祭フランコで、教皇名はボニファティウス七世と称した。しかし、皇帝オットー二世配下の使者が教皇の解放、身柄引き渡しを要求すると、ボニファティウスは、城内の牢獄で配下の司祭の手によりベネディクトを扼殺させ、自らはその後南イタリアのビザンツ支配領へと逃走した。

次の新教皇に擁立されたのがベネディクト七世で、彼はクレシェンツィ家と縁戚関係にあるテオフィラット家の出身であった（在位九七四〜八三、巻末系図4を参照）。この暗澹たる光景は、一〇世紀のローマではそれまでも幾度となく見られたし、これからもまた繰り返されることになるであろう。

不穏な情勢はその後も続いた。八〇年夏、ボニファティウスはローマに舞い戻り、ベネディクトを追放することに成功したのである。オットー二世が秋にイタリア遠征を始める直接の引き金となったのは、退避先のラヴェンナからアルプスの北に向けて発せられた教皇の救援要請であった。

八一年初頭、ラヴェンナから皇帝軍出陣の報がローマに達すると、ボニファティウスは教会の宝物を強奪し、今度はビザンツ皇帝が君臨するボスポラス海峡の都コンスタンティノープルへと急ぎ逃走した。クレシェンツィの方は抵抗することなく降伏、修道院に入り世捨て人となった。ローマ七丘の一つ、アヴェンティーノの丘の上に立つサンティ・ボニファーチョ・エ・アレッシオ修道院である。

三月二七日、復活祭を祝するローマ。参集した顔触れは実に豪華な面々であった。オットー二世皇帝夫妻、母の前皇后アーデルハイトと姉のマティルデ、伯父コンラートのブルグント国王夫妻。そして、西フランク王国からは、ランス大司教アダルベロン、ジェルベールの他、この時巡礼者としてローマを訪れていた従兄弟のフランキア大公も姿を見せた。後に国王としてカペー王朝を開くことになるロベール家のユーグである。その短い統治期間において、オットー二世はこの時栄光の頂点にあった。

メールゼブルク司教区の解体

暑さを避けるために滞在していたローマ近郊の宮殿に、はるばるザクセンの地からマクデブルク大司教座聖堂参事会の使節一行が到来したのは、盛夏の八月頃であった。用向きは、六月二〇日に大司教アーダルベルトが死去し、同教会聖堂学校の元教師であった上述のオトリックを参事会が新大司教に選出したことを報告するためであった。しかし、皇帝はこの請願を無下に斥けた。そして、その厳格さの故に前大司教とそりが合わなかったオトリックに代わって、同行のザクセン人貴族出自の寵臣、メールゼブルク司教ギーゼラー（在位九七一～八一）を、本人の懇請を容れて後任大司教に任じたのである。九月一〇日にローマで教皇主宰の下に近郊の司教たちのみが参集して開催された教会会議は、メールゼブルク司教区を解体し、管区を隣接するハルバーシュタット司教区他に分割・帰属させる一方、この問題含みの転出人事を追認する決定を下した。この事件がもつ意味を理解するためには、父帝の時代にまで遡る司教座設置の経緯を押さえておく必要がある。

オットー一世は、国王登位の翌九三七年、エルベ河畔のマクデブルクの地に東方伝道の目的で修道院を建立し、聖マウリティウスに奉献した。さらに、九五五年八月一〇日、アウクスブルク近郊のレヒフェルトでハンガリー人との歴史的決戦に臨むにあたって、勝利を祈願して神に誓いを立てた。勝利の暁には、同日の聖人であるラウレンティウスに奉献する修道院をメールゼブルクに設立する、と――。

皇帝戴冠式の一〇日後の九六二年二月一二日、教皇ヨハネス一二世（在位九五五～六三）は、両修道院を、各々大司教座、司教座に昇格させ、マインツ大司教管区から分離・独立させる構想を認めた。ところが、息子のマインツ大司教ヴィルヘルム（在位九五四～六八）とマインツの属司教で、司教区の二割を削減される危機に直面したハルバーシュタットの老司教ベルンハルト（在位九二四～六八）は、皇帝の計画に頑強に抵抗したのである。その後の紆余曲折を経て、両者が九六八年二～三月に相次いで死去すると、「マクデブルク問題」は同年一〇月、当初の構想とはかなり異なる形で最終的決着を見い出した。教皇ヨハネス一三世（在位九六五～七二）は、エルベ河畔の地に新たな大司教座を設置すると同時に、メールゼブルクのみならず、マイセン、ツァイツの三司教区も新設し、加えてマインツ大司教管区に属する既存のブランデ

図6　オットー1・2世父子（左）を歓迎するパンドルフォと息子たち
969年以降（皇帝父子を描いた唯一の同時代の肖像画）。ヴァティカン図書館蔵（Cod. Vat. lat.　9820）

ンブルク、ハーフェルベルクの両司教区（いずれも九四八年に創設）も併せて下属させるとの決定を下したのである（巻末地図1・2）。初代大司教には、キエフ大公国での伝道経験を有するアルザスのヴァイセンブルク修道院長アーダルベルトが任命された。

しかし、司教区を大幅に縮小されたことに対する後任ハルバーシュタット司教ヒルディヴァルト（在位九六八～九六）の側の不満は、その後も燻り続けていた。他方、行政手腕に長けた第二代メールゼブルク司教ギーゼラーにとって、新司教区はその小ささと貧しさの故に、自己の野心を到底満足させるものではなかった。もっとも、教会法は、司教位を司教と教会の霊的結婚の賜物と捉えており、当該司教が他の（大）司教位に転出することを原則的に認めてはいない。アルプス以北の高位聖職者の出席を欠く九八一年九月のローマ教会会議は、さしたる議論もないまま、六八年の決定自体がハルバーシュタット司教側の文書による正式の同意を得ておらず無効であったとの手続き論で処理した。

一〇月初頭、大司教のシンボルである肩衣《パリウム》を教皇から拝領した新マクデブルク大司教は、友人のメッツ司教ディートリヒに伴われて、ザクセンへの地へと勇んで向かっていった。一方、オトリックは、時を同じくして一〇月七日、南イタリアのベネヴェントの地で病のため亡くなった。

後年、大司教ギーゼラーの下での聖堂参事会員を経て第四代メールゼブルク司教に就位したティートマル（在位一〇〇九～一八）は、『年代記』（一〇一二～一八年成立）の中でこの事件を振り返り、ギーゼラーが裏で賄賂工作に奔り、メッツ司教も懐柔されたと証言している（三巻一三、一六章）。この発言は、一〇〇四年に再興された同司教座の立場からの批判であって、額面通りに受け取るべきではあるまい。ただ、九八一年のスキャンダラスな決定が、後々に大きな禍根を残すことになったのは事実である。

ランゴバルト・ビザンツ・イスラーム

九月のローマでの教会会議の終了から程なくして、皇帝は、推定約二五〇〇名の重装騎兵から成る大軍を率いて南イタリアへと向け出陣した。併せて、アルプス以北の主として聖界諸侯に宛てて、補充の重装騎兵部隊二〇〇〇名の追加派遣を要請した。これにイタリアで召集した封臣を加えると七～八〇〇〇名となり、軽装備の歩卒も含めると全軍は約二万人という驚くべき数値になる(6)。オットー二世のイタリア遠征の最重要課題は、父帝が未解決のまま残した南イタリアの領有問題に武力で決着をつけることにあった。ただ、この時期南イタリアは、ランゴバルト系諸侯、ビザンツ帝国、それにイスラームの三勢力が互いに睨み合う複雑な状況にあった。

長らく分立し互いに競合していたカープア、ベネヴェント、サレルノのランゴバルト系諸侯領は、オットー一世の忠臣パンドルフォ一世（鉄頭）の精力的な活躍によってビザンツの影響力を脱し、彼の支配下に統合された。しかし、そのパンドルフォがこの九八一年の三月に死去すると、息子たちの間で後継争いが生じ、統一は脆《もろ》くも崩壊した。

ビザンツは、プッリアとカラブーリアの両地方に軍管区《テマ》を置き、上記の三諸侯領への宗主権回復を目指

図7　ヨハネス・ツィミスケスの肖像が刻印された金貨

していたが、将軍皇帝ヨハネス一世・ツミスケス（在位九六九～七六）が生きている限り、「西」の帝国との間には協調体制が維持されていた。彼は、皇后テオファーヌの父方の義理の叔父であり、その軍事力を特に東方の対シリア戦線に集中させたからである。しかし、彼が九七六年に死去した後、状況は様変わりした。当時一八歳のマケドニア朝の皇帝バシレイオス二世（在位九七六～一〇二五）を背後から操る宮廷宦官バシレイオス・ソノスと、アナトリアを本拠地する有力貴族スクリロス家のバルダスとの間で権力闘争が始まり、後者が皇帝を僭称したことで、帝国内は内戦状態に陥ったのである。バシレイオス・ソノスは、同じくアナトリアを権力基盤とするフォーカス家のバルダスと手を組み、七九年に叛乱を一応鎮圧した。彼は、九六九年にヨハネスによって宮廷クーデターで殺害された将軍皇帝ニケフォロス二世・フォーカス（在位九六三～六九）の甥である。二人の〝バルダス〟は、テオファーヌにとっては、各々父方ないし母方の伯父にあたる（巻末系図3）。テオファーヌの父コンスタンティノスは、この時期、兄バルダス・スクリロスとともに、逃走先のバグダットのカリフ宮廷で拘禁の身にある。

シチリア島は、カイロを首都とするシーア派ファーティマ朝の勢力圏に組み込まれ、カリフによって任命されたカルブ家の総督《アミール》アブル＝カシムは、七六年以来ビザンツ領に対する襲撃、略奪を繰り返していた。

オットー二世は、八一年秋にベネヴェント、ナポリ、サレルノを次々に服従させた後、さらに歩を進めてプッリアとカラブーリアへの勢力拡大を図った。それは、必然的にイスラームのみならずビザンツとの戦闘状態に突入することを意味するが、そのことは皇帝周辺も充分に理解するところであった。翌九八二年三月一六日、カラブーリアのターラントを包囲中に発給した皇帝証書には、署名部において「ローマ人の皇帝」という異例の称号が用いられた（DOII 272）。これは、ビザンツ皇帝の公式称号である。「西」のそれは、「ローマ人」を欠く単なる「尊厳なる皇帝」であった。証書を作成したイタリア人の不詳の書記――イタリア書記局長のパヴィーア司教ペトルス（本書11頁）の可能性が憶測されている(7)――は、コンスタンティノープル宮廷から皇妃を迎えた最初の西欧の皇帝のために、ローマ帝国の正統な後継者の地位を「東」から「西」へと取り戻したのである。彼の後継皇帝に対し、後にジェルベールは、「我らのもの、ローマ帝国こそ我らのもの！」と高らかな讃辞を捧げることになるであろう。

コロンネ岬の戦い――九八二年

シチリアから北上したイスラーム軍との決戦場となったのは、カラーブリアのクロトーネ南方コロンネ岬である。戦闘に先立つ六月、皇帝は妃テオファーヌといまだ二歳の息子を、安全のため後方のロッサーノに残し、メッツ司教の手に託していた。ディートリヒ（在位九六五～八四）は、オットー一世の祖母マティルデの甥で、皇帝の信頼は篤い。七二年春に南イタリアの港に到着したテオファーヌを皇帝の特使としてベネヴェントで出迎え、婚礼の儀のためローマまで随行したのは、メッツ司教であった。

七月一三日早朝に開始された戦闘は、皇帝および同名の甥のバイエルン＝シュヴァーベン大公率いる大軍団の見事な大勝利に終わった――。すくなくとも皇帝軍側には、当初そのように思われた。重装備の騎兵隊による集団での突撃攻撃で、敵方の戦列を大きく崩し、乱戦状態の隙をぬうようにして総督アブル＝カシムを初めとする数多くの将軍たちを倒したからである。

ところが、勝利に酔った兵士たちが、横たわる敵兵の屍体から武器を略奪しているさなか、それまで前

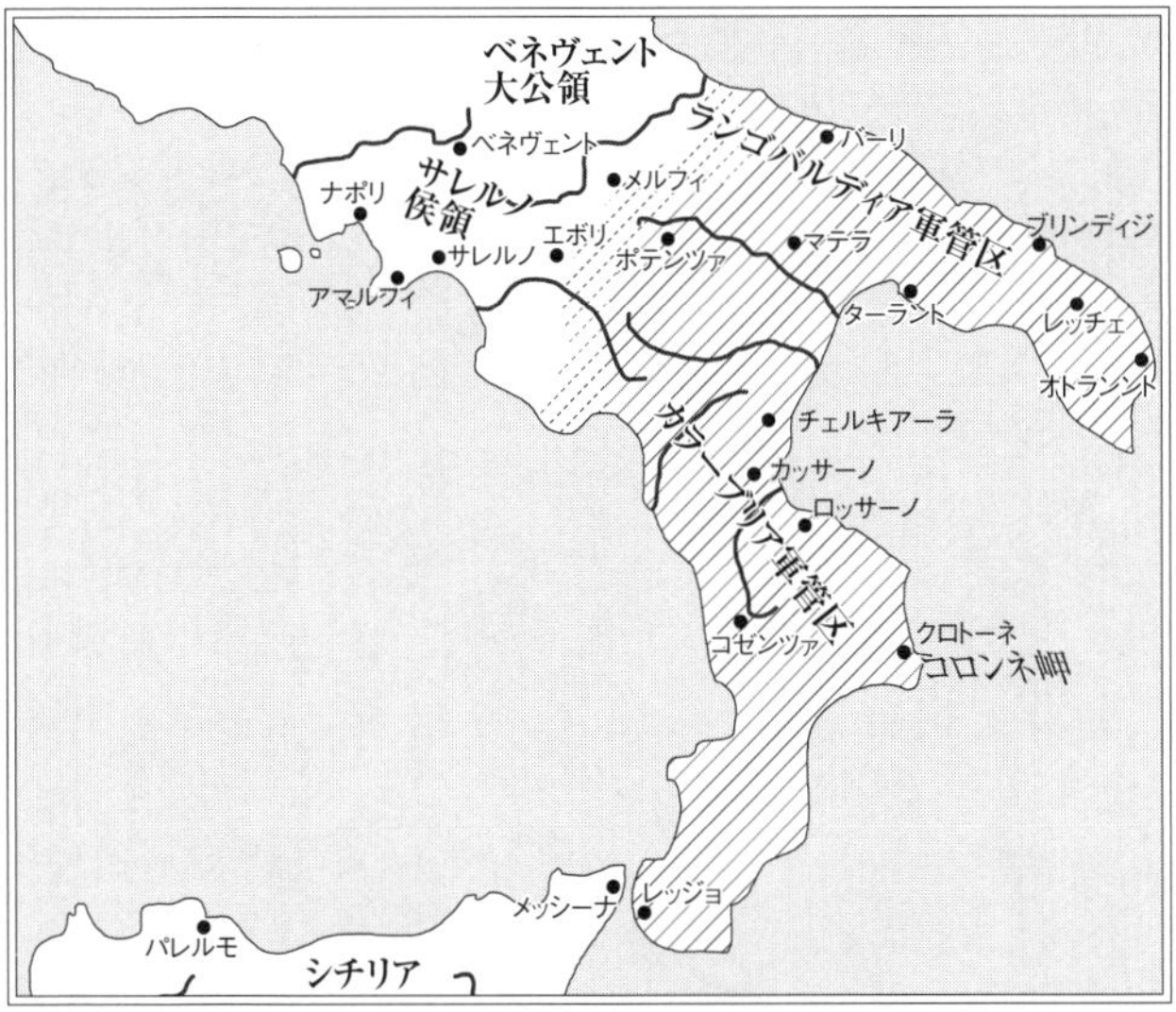

図8　980年頃のビザンツ帝国の軍管区（斜線）

方右手の山影に潜伏していたイスラーム側の別働部隊が、突如として彼らの眼前に姿を現したのである。軽装備で機敏に馬を操る騎兵隊の奇襲攻撃に見舞われた皇帝軍は、予期せぬ事態に遭遇すると、たちまちにしてパニック状態に陥った。戦死者の数は、最終的に数千名にも達した。この中には、軍事指揮官の大公や伯も多数含まれる。イスラーム軍は聖職者にも容赦なく、アウクスブルク司教が殺害された。ヴェルチェッリ司教ペトルス他は、捕虜となりシチリア、さらに遠くエジプトまで連行された。なお、戦闘に関する最も詳細な情報を提供するのは、ティートマルであるが（『年代記』三巻二〇～二二章）、彼の母方の大叔父もこの時戦場で斃れている。まさしく「ドイツ王国にとってのカンナエ」（ランケ）であった(8)。

　皇帝オットーは、全軍が総崩れ状態となり、北方に通じる街道筋も敵軍の手に落ちたのを看て取ると、踵を返し同名の甥と僅かの従者とともに南の海へと向かって疾駆した。しかし、一団はいつの間にか散り散りになり、最後まで皇帝に付き従ったのはマインツ出身のユダヤ人カロニモス唯一人であった。その時二人は、ビザンツのガレー船が哨戒のため浜辺近くを航行しているのを偶然に目撃した。皇帝は、騎乗したまま海に押し出で、途中で馬と甲冑も打ち捨て海中に飛び込んだ。しかし、船の乗員は、ただの敗残兵と考えたのか、そのまま通り過ぎてしまった。

ところが、岸辺に残されたカロニモスは、洋上にもう一隻のガレー船の姿を認めた。落胆して戻ってきた主人の「さて、どうしたものか」という問いかけに対し、家来は、敵勢が背後から迫り来る気配を感じつつも、自らの馬を主人に差し出した。皇帝は再び騎乗して海に繰り出し、途中で馬を捨てると、船縁を目指して波間を懸命に泳いだ。今回は、船員たちも彼に救いの手を差し伸べた。首尾良く船内に収容されたオットーは、艦長の部屋のベッドをあてがわれた。同乗者の中で、この若武者の真の素顔を承知しているのは、同じく捕虜の身になっていた配下のスラヴ人兵士ツォルンタ（洗礼名ハインリヒ）一人だけであった。

しかし、イスラーム軍のみならず、ビザンツ軍も敵である。艦長はやがて、この新参者の捕虜が敵方の大将ではないかとの疑念をもち始めた。オットーは、詰問に対し繰り返し否認したが、ついに自らの正体を明かしたうえで、今度は逆に船員たちを言葉巧みに説き伏せた。自らはもはや観念し、コンスタンティノープルの皇帝の下に赴く覚悟である。ただその前に、ロッサーノで待つ皇后と合流し、多くの財貨を携えて行きたい、と。捕虜が提示する高額の報酬に心を奪われた船員たちは、連絡役としてツォルンタを先に遣わすことを許し、翌日には錨をロッサーノ近郊の港に降ろした。

待ち受けていたのは、メッツ司教ディートリヒである。僅か二名の兵を従えて船に近づき、乗船後に甲板上でビザンツ側との交渉に臨んだ。ところが、交渉の隙に乗じてオットーは、突如として海中に身を投じたのである。そして、追っ手を払いのけながら懸命に浜辺を目指して泳ぎ始めた。司教らも、裏切られたことに驚き後ずさりする船員らを尻目に、ボートでその後を追った。このまさしく冒険的な脱出行によって、夫の無事の生還を祈っていたテオファーヌと首尾良く再会を果たすことができたのは、まさに不幸中の幸いとしか言いようがない。なお、主人の命を救ったカロニモスは、アラブ側の後代の史料によれば、その後背後から追跡してきた敵軍への楯となり落命したという。真偽の程は不明である(9)。

ヴェローナ――九八三年

壊滅的な大敗北であった――。

皇帝自らが陣頭指揮したキリスト教徒の軍隊が、異教徒の手によって完膚無きまでに打ち負かされた。現世における「神の代理人」であるはずの皇帝は、恥辱感に苦しみ、罪の意識に責め立てられたであろう。この悪夢は、神がまだ未熟な若き皇帝に対し敢えて課した試練なのか、それとも、聖ラウレンティウスがメールゼブルク司教区解体に怒って下した罰なのか。いずれにせよ、カタストローフは、コロンネ岬だけで終わったわけではない。辛うじて生還した者の多くは、その後カラーブリアの戦場から持ち帰ったマラリアに襲われ落命した。秋には甥のバイエルン＝シュヴァーベン大公オットーも、アルプス目指して北上の途次にルッカで病死した。

翌九八三年の聖霊降臨祭（五月二七日）、北イタリアのヴェローナに帝国会議が招集された。皇帝に会議の開催を迫ったのは、アルプス以北の有力聖俗諸侯であった。北から到来したのは、皇帝不在中の政務を書記局長として代行してきたマインツ大司教ヴィリギスを筆頭に、マクデブルク大司教ギーゼラー、トリーア大司教エクベルト、リュッティヒ（リエージュ）司教ノートガーら錚々たる顔触れである。五月末

図9　皇帝オットー2世　頭に冠を被り，杖とグローブスを手にもつ正面胸像は，父帝以来の伝統。974年5月13日，クヴェトリーンブルク女子律院宛DOII 78の印璽。ザクセン・アンハルト州立マクデブルク文書館蔵

から六月初頭にかけての会議で議題となったのは、空席となった両大公位の後任人事問題である。バイエルンではルーイトポルディング家の元ケルンテン大公ハインリヒ（若、大公としては三世）、シュヴァーベンではコンラート家のコンラート、いずれも在地の最有力貴族が大公位を得た。七六年に創設されたばかりのプラハ司教座の第二代司教には、同聖堂参事会員のアーダルベルトが選ばれ、皇帝によって叙任された。この時ボッビオから到来したジェルベールとともに、オットー三世の生涯に決定的影響を与えることになる人物である。

そのオットーも、まだ三歳にも満たぬにもかかわらず、国王に選出された。雪辱を果たすべく報復遠征に前のめりになった皇帝を眼前にした諸侯は、アルプス以北の地に後継国王を保持して父帝のイタリア政策を牽制せんと企図したのである。父は、幼子をヴィリギスとラヴェンナ大司教ヨハネス（在位九八三〜九八）に託し、降誕祭に間に合うよう国王戴冠地アーヘンに向け送り出した。管区大司教たるヴィリギスが新プラハ司教に叙階を授けたのは、ペテロとパウロの日の六月二九日、マインツ到着は七月末／八月初頭頃である。

ところがまさにこの頃、アルプスの北は、コロンネ岬に続く第二のカタストローフに見舞われていた。エルベ―オーデル間の辺境地方のスラヴ人が大叛乱を起こしたのである。ザクセン人の苛斂誅求に耐えかねた同地の西スラヴ系諸民族は、レダーリ族を中心にリュティチ同盟を結成して異教に舞い戻り、エル

べ中流域に位置するブランデンブルク、ハーフェルベルクの両司教座を徹底的に破壊・略奪した。大司教座のあるエルベ下流のハンブルクも、オボトリート族の侯ミスティヴォイによって襲われ、灰燼に帰した。オボトリート族の指導層は、既にキリスト教に改宗していたが、同族の叛乱に巻き込まれる形で蜂起したのであった。マクデブルクへの侵攻は、その後ギーゼラーを初めとする聖俗諸侯の軍によって阻止されはした。だが、オットー一世期に東方に向け拡張した帝国とキリスト教の勢力は、再びエルベ川の線まで大きく後退することとなった。

3　ローマとアーヘン

ローマに死す

皇帝は、しかしながら、もはや対イスラーム、対スラヴ、いずれの報復遠征の指揮も執ることはなかった。

九八三年七月一〇日、教皇ベネディクト七世がローマで死去した。オットーの意中の後継者は、ヴェローナ会議にも参列したクリュニー修道院長マイユール（在位九五四～九四）であった。しかし、高齢の院長はこれを謝絶した。カトリック教会の最高位に就いて政治世界の渦に巻き込まれるよりも、一修道士としての瞑想的生活を成就することを望んだのであろう(10)。代わって新教皇に指名されたのは、パヴィーア司教とイタリア書記局長の要職を兼務してきた側近のペトルスである。彼は、聖ペテロの座に昇るに際し名をヨハネス一四世と改めた。

新教皇選出・叙階は、遅くとも一二月初頭までになされたはずであるが、正確な日時は記録にない。皇帝の所在も夏以降は不確かであるものの、近年の研究によれば南イタリアを巡幸していたことは間違いない(11)。八月から九月末の間、皇帝はビザンツ領プッリアの海港バーリの近郊にいた。そこからベネヴェント経由でカープアへと向かい、一一月中旬頃まで同地に滞在している。カープアを発し降誕祭を祝うべくローマに向かったのは、同月末頃であった。数日後のローマ到着時には、発病していた模様である。マラリアであった。罹患した時期と場所は不明である。高熱を抑えるために医師が処方した強引な治療が逆効果となり、症状は数日を経て早くも臨終の床に臥す程に急速に悪化した。

彼は最後の時が近いことを自覚したので、すべての財貨を四等分した。一つは教会に寄進し、二つ目は貧者に、三つ目は愛する姉で、キリストの従順な僕としてクヴェトリーンブルクの律院長職を有するマティルデに、四つ目は嘆き悲しむ彼の従僕と兵たちに贈与した。それから、教皇、司教および聖職者たちの面前で、ラテン語により告解をおこない、彼らから望み通りの罪の赦免を得た(ティートマル『年代記』三巻二五章)。

オットー二世は一二月七日、必死の介護も空しく、妻テオファーヌの腕に抱かれたまま、教皇に就位して間もないヨハネス、姉マティルデに看取られつつ息を引き取った。享年二八歳のあまりにも早すぎる死であった。亡骸は、かつて自身の皇帝戴冠式、そしてテオファーヌとの結婚式が挙行された、ヴァティカンの丘に立つサン・ピエトロ教会の中庭《アトリウム》に据えられた石棺に葬られた。中世の皇帝で、西欧カトリック教会の総本山たる同教会に墓所を見い出した皇帝は、彼唯一人である——。

一〇〇〇年春頃、息子のオットー三世の宮廷周辺に属する不詳の詩人は、オットー三代を讃える頌歌

「オットーの歌」を詠んだ。父の一世については、九五五年のレヒフェルトにおけるハンガリー人への歴史的勝利が、九詩節にわたり高らかに歌い上げられるが、二世には僅かに一詩節しか捧げられていない(12)。

その後　若き息子オットーが　　長年にわたり　国を治めた。
彼は公正にして　慈愛に満ち、　　勇敢な皇帝ではあったが、
唯一つだけ　欠落していた。　　というのは　世に知れた
幾多の戦いで　凱旋をしたのは　　ごく稀であった。

臨終の床で最後の告解を聴き、終油の秘蹟を授けたヨハネスもまた、翌九八四年八月には帰らぬ人となる。ただし、サン・ピエトロとは目と鼻の先のサンタンジェロ城内の、閉ざされた獄舎の中での孤独と飢えに苦しんでの最後であるが……。

アーヘンの国王戴冠式——九八四年

西暦九八四年は、カトリックの暦では九八三年の降誕祭の日から始まる。父が祝することのなかったその日、息子はアーヘンの聖マリア教会で国王戴冠式に臨んでいた。

九六二年以降の政治世界は、軸足をそれまでの「東西」から、徐々に「南北」へと移動させつつあった。アルプスを挟むこれら南北の王国の融合過程は、このオットー三世の統治期に頂点に到達する。そのことは、王位に就くまでの経過が既に象徴的に予示している。聖霊降臨祭にイタリアの地ヴェローナで、アルプスの南北から参集した有力聖俗諸侯により国王に選出されたオットーは、降誕祭にカール大帝ゆかりの

図10　玉座のキリストに跪くオットー2世，3世とテオファーヌ　ミラノ，983年。ミラノ，スフォルツェスコ城博物館蔵

アーヘンで、「北」のマインツ大司教と「南」のラヴェンナ大司教の両名の手で国王に戴冠・塗油されたのである。六〇〇年の長きに及ぶ同地での戴冠式の歴史において、唯一無二の異例づくめの経過である。そこには、オットーの国王登位が、アルプス以北はもとよりイタリア王国に対する支配権にも妥当する、との意味合いが込められていた。

ローマからの急使が父帝死去の悲報をアーヘンにもたらしたのは、晴れやかな祝典が終了して後間もなくのことであった。

戴冠式に参集した諸侯は、驚きと悲嘆に暮れる間もなく、幼王の後見役を誰が務めるべきか、緊急に協議した。意見は二分された。候補は、母后テオファーヌ、もう一人は、今は亡き皇帝の直近の男系親族、すなわち従兄弟の元バイエルン大公ハインリヒである（巻末系図2）。彼は、理由あってこの五年半もの間ユトレヒト司教の元で囚われの身にあった。アーヘンからはそう遠くない距離である。

「バイエルンのヘロドトス」と賞される歴史家アヴェンティン（一四七七～一五三四）によって、「喧嘩公」との異名を与えられたハインリヒの行動は迅速であった。皇帝死去の第一報がアーヘンから伝わると、直ちに拘禁を解かれ、一二月末には幼王とその守り役である大司教ヴァリンのいるケルンへと急行した。ヴァリンに対して、表向きは「養育」を口実に、しかし実際は「辱めのために」（ティートマル『年代記』三巻二六章）、三歳の幼王、そして戴冠式で用いた国王権標の引き渡しを迫った。大司教はその圧力に屈した。

幼王の誘拐劇は、こうして始まった。

イタリアでは、一二月七日の皇帝の逝去後、側近くにいた高位聖職者たちが、第三のカタストローフを眼前にして、アルプスの北を目指して早々に旅立っていった。メッツ司教ディートリヒも、理由は不明だが皇后と仲違いし、彼女の下を去っている。テオファーヌもまた同月中旬、ローマを慌ただしく離れた。同行したのは、義姉マティルデ、ローマ都市貴族の妻にして教皇とも懇意の友人イミツァらであった。皇帝の亡骸を故郷に移送せずローマに埋葬した事実もまた、当時の不穏な情勢と浮き足だった雰囲気を示唆している。

一行がパヴィーアに到着したのは、まさに降誕祭の日であった。確執の絶えなかった義母アーデルハイトは、息子に先立たれた悲嘆に暮れつつも、約二三歳にして早くも寡婦となってしまったテオファーヌを温かく迎え、夫を失い我が子を手放した彼女の心の傷を癒す、そうした精神的余裕をまだ持ち合わせていた。アーデルハイト自身、二人の夫に先立たれるという辛い体験を既に有していたからである。

第一章　誘拐された幼王　九八四年

1　「ザクセン」、「フランク」、「ローマ」

大フランク帝国の分裂

元バイエルン大公ハインリヒは、何故幼王を誘拐するという暴挙に出たのか——。一見したところ向こう見ずとも思われる彼の行動の真意を理解するためには、大フランク帝国の分裂とオットー朝の始まり、王位継承のルールと王国の権力構造を押さえておく必要がある(1)。

カール大帝のローマでの皇帝戴冠（八〇〇年）によって樹立された大フランク帝国は、八四三年、三人の孫たちが取り結んだヴェルダン条約の結果、三つの部分王国へと分割された。長男の皇帝ロータル一世（在位八一七〜五五）は、アルプスを挟んで南北方向に伸びた中部フランク王国を獲得し、それは大帝ゆかりの地アーヘン、使徒座にして皇帝戴冠式の挙行されるローマの双方を含んでいた。ルートヴィヒ二世（ドイツ人王、在位八一七〜七六）、とシャルル二世（禿頭王、在位八三八〜七七）の二人の弟が得た東・西フランク王国は、各々後のドイツ・フランスの母胎となっていく。

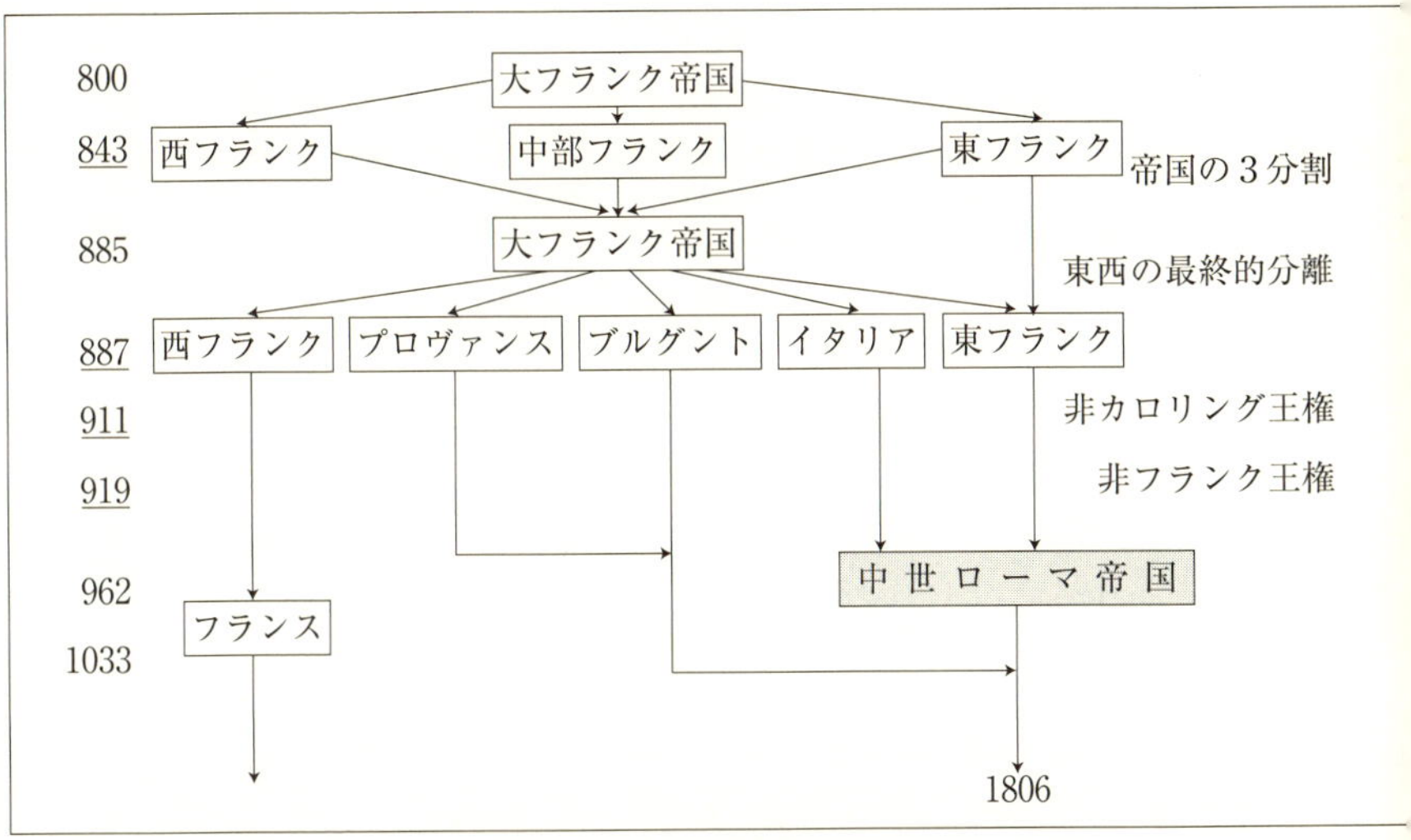

図11　大フランク帝国の分裂と統合

ところが、次世代になるとカロリング家の正嫡男子が相次いで死去し、八八五年、東カロリング家の皇帝カール三世（在位八七六〜八七）が、全王国を一手に再統合する結果となった（巻末系図1を参照）。ただし、各部分王国の自立化は、この間確実に進行しており、再興された帝国は、かつての大帝の帝国の復興というよりは、各部分王国の緩やかな連合体と見なす方が実態に即している。しかも、個人の実力ではなく、あくまでもカロリング家の相続慣行によって各部分王国を手に入れたカールは、皮肉なことに後継ぎを欠いていたのである。二年後、甥のアルヌルフ（在位八八七〜九九）と東フランク貴族は、ノルマン人の侵攻に有効な対策を打てず、肉体的にも病状が悪化していく皇帝を見限り、彼を廃位した。

　八八七年の皇帝失脚事件の結果、大フランク帝国は再度分裂した。ただし、今回は三つではなく五つの部分王国にである——東・西フランク、（高地）ブルグント、プロヴァンス（低地ブルグント）、そしてイタリア。しかも、各部分王国の新国王は、フランク人の生まれではあるものの、「東」を除きもはやカロリング家の出ではない。「西」では、先に登場したフランキア大公ユーグの大伯父で、対ノルマン人防衛戦で名声を得たパリ伯ウード（在位八八八～九八）が、カロリング家の幼少のシャルル三世を差し置き王位に就いた。各部分王国の中で一番最後にこの道を踏み出したのは「東」である。九一一年九月にアルヌルフの息子ルートヴィヒ四世（幼童王）が、独身のまま一八歳で早世し、東カロリング家の血統がついに断絶したからである。

当時、東フランク王国は、カロリング朝期の行政単位に由来する五つの「分国」から構成されていた。フランケン、ロートリンゲン、ザクセン、バイエルン、シュヴァーベンがそれである（巻末地図1を参照）。各分国内では、有力貴族が辺境伯・伯などの重要な官職、広大な所領、そして王家との姻戚関係を梃子に互いにしのぎを削り、分国の頂点に君臨する「プリンケプス *Princeps*」、すなわち頭領的大貴族の地位を獲得すべく競合していた。このうち、ザクセン東部とテューリンゲンを本拠地としたのがリーウドルフィング家である。当時の惣領は、オットー（貴顕、九一二年歿）で、その息子がハインリヒ（一世）、オットー朝の初代国王となる人物である。オットー三世にとっては曾祖父にあたる。

もっとも、九一一年一一月に新国王に選ばれたのは、フランケンに基盤を有する頭領的大貴族の若きコンラート一世であった。しかし、彼の短い治世（在位九一一～一八）は、他の分国のライヴァルとの抗争に明け暮れることとなった。五分国のうちロートリンゲンの貴族は既に一一年夏、病身の国王ルートヴィヒを早々に見限り、この間ウードの後継王位を獲得していた西カロリング家のシャルル三世（単純王、在位八九三／九八～九二三）に鞍替えをしていた。コンラートは、一三年にザクセンのハインリヒとの間で、フランケンとの境界域をめぐり争ったが、二年後に調停が成立し、以後両者間には相互不干渉の関係が保たれた。シュヴァーベンとバイエルンとは一四年来、出口の見えない全面的な抗争状態に突入した。結局、国王は、迫り来るハンガリー人の脅威に対処できないまま、一八年一二月末、バイエルン遠征の際に受けた傷がもとで死去した。この時点で東フランク王国は、分裂・解体の危機に直面していたと言っても過言ではあるまい。

オットー朝の始まり

コンラートの死から、翌九一九年五月中旬のハインリヒの新国王選出に至るまでの五か月間、統治者を欠いた東フランク王国で一体何が起きていたのか。この点は同時代史料の極端なまでの乏しさ——まさにバロニオの意味での「暗黒の世紀」（本書7頁）——のためにまったく不明である。ただ、ハインリヒ一世の息子オットー一世が九六二年にローマで皇帝に戴冠されて以降、ザクセンの地では歴史叙述作品が相次いで成立した。その中でもコルヴァイ修道士ヴィドゥキントの『ザクセン人の事績』（初稿九六七／六八年、補訂稿七三年以降成立）は、半世紀前の事件について最も詳細かつドラマティックな物語を描き出した。

死の床に臥したコンラートは、臨終に際し弟エーバーハルトを呼び寄せると、〝ザクセン大公〟に権標を引き渡し、彼と和解し同盟を結ぶことを遺言として託した（一巻二五・二六章）。

> 「弟よ、我々は、軍隊を召集し指揮することが出来る。我々は、城塞や武器、国王権標、国王たる地位が必要とするものすべてを有している。ただし、我々には幸運と適性が欠けているのだ。幸運は、弟よ、傑出した才能共々ハインリヒの手に移った。国家の決定権は、ザクセン人の下に在る……」。そこで、エーバーハルトは、国王に命じられたようにハインリヒの下に赴き、服従してすべての宝物を引き渡し、和約を結んだ後、友誼 *amicitia* を得た……。それから、フリッツラーと呼ばれる地に

フランク人の軍隊の君公と有力者が集結すると、彼は、すべてのフランク人とザクセン人の人民の前で、ハインリヒを国王へと指名した。

コンラートの「政治的遺言」によって平和裏に実現した〝王位禅譲〟を、一九世紀以降の国民史的視点に立つ歴史学者は、（やや皮肉を込めつつ）彼が国王としておこなった「最も名誉ある所業」と評価した。しかし、中世の口承世界における記憶の変容に鋭く着目した近年の歴史人類学的な「記憶史論」によれば、現実に起きた事件は、なお幾重もの「記憶のヴェール」に包み込まれたままである。叙述の核心に潜む客観的〝事実〟として確実視しうるのは僅かしかない――コンラート死後の権力の真空状態の中、かつて互いに競合し、九一五年以降は相互不干渉の関係を保っていた二人の頭領的大貴族、つまり前王の弟として王位に最も近い立場にあるエーバーハルトと、ライヴァルのハインリヒが、長期に及ぶ異例の交渉の末、後者の王位継承について合意に至り、宣誓に基づく対等な友好同盟 *amicitia* を締結した。恐らくこれに尽きるであろう(2)。国王推戴の場として、フランケンとザクセンの境界のフリッツラーが選ばれたこともそれを示唆している。

新国王はその後相次いでシュヴァーベン、バイエルンに遠征した。そして、両分国の頭領的大貴族、フンフリディング家のブルヒャルト二世（九二六年歿）と、ルーイトポルディング家のアルヌルフ（九三七年歿）との間で、交渉の末に友好同盟の締結に至った。両者は、ハインリヒの王位を承認し彼の上級支配に服することを約束する一方、その見返りとして国王から「大公 *dux*」の官職称号を授与され、分国における頭領的大貴族の地位を事実上追認された。ハインリヒは、九一一年来西フランクに編入されていたロートリンゲンについても、シャルル三世との宣誓友好同盟を経て、九二五年、戦闘を交えることなくその奪還に成功した。

王国非分割の原則

コンラート死去時に分裂・解体の危機に瀕していた東フランク王国は、和解と協調に重きを置くハインリヒの新たな路線が功を奏し、見事に再建された。ロートリンゲン帰属問題について大公ギーゼルベルトと娘ゲルベルガの結婚により終止符を打ち（九二八／二九年）、王権が安定化に向かっていた九二九年、一七歳になった正嫡の長子オットーは、イングランドのウェセックス国王アゼルスタン（在位九二五〜三九）の妹エディットを妻に迎えた。重要なのは、この婚姻に先立ち王位継承の決定も併せて下されたことである。

当時オットーの下には、ハインリヒ（七〜一一歳、喧嘩公の父）とブルーノ（四／五歳、後にケルン大司教）の二人の弟がいた。しかし、父王は、長男の婚姻に際し、両名を将来の王位継承候補から外す王位単独相続の決定を下した。カロリング家の王位交替の度に繰り返された王国分割の危険は回避され、王家の（多分に偶然的な）事情とは切り離された、一個の政治構成体としての王国の安定性と連続性が担保されることになった。

ただし、「王国非分割の原則」が採用されたのは、王権の強さの故ではない。逆である。ハインリヒ王権は、フランケン、シュヴァーベン、バイエルン、ロートリンゲンの頭領的大貴族たちとの間に結ばれた友好同盟の上に成立しており、王領地用益権や司教任命権などの分国内の統治権は、「中間権力」としての大公たちの手に委ねられていた。このため、国王は、同盟者たちが独自の支配権を行使する諸分国を、王家の〝私的〟な事情に即して三つの部分王国に分割するだけの強大な力を持ち合わせてはいなかったのである。

九三六年にハインリヒが約六〇歳で死去した後、オットー一世は、アーヘンでの国王即位式において、王国の統一と「東」の王国こそがフランク的伝統の正統な継承者であることを内外に向け誇示した。もっとも、精悍にしてまだ二三歳の若さの新国王は、父王とは対照的に強権的支配体制の確立を目指した。このため、王位継承から外された兄弟たちの不満や王家内部の亀裂を惹起することになった。それは、やはり新国王によって既得権益と自律的地位を脅かされた一部の大公たちの抵抗と結び付き、相次ぐ叛乱として彼の治世前半を揺さぶり続けることになる。

ハインリヒ喧嘩公

喧嘩公の父である王弟ハインリヒもまた、以上の経緯から、九三八〜三九年にエーバーハルト、ギーゼルベルトと、四一年にはザクセンの一部貴族と提携して、二度にわたり兄に叛旗を翻した。その後赦され、四八年にバイエルン大公の地位を与えられると、五五年に死去するまで兄に忠誠を尽くした。この間五一年秋、ベレンガーリオによる拘禁から脱出したアーデルハイトを迎え入れ、兄との結婚式のためパヴィーアまで護衛して以来（本書93頁）、ハインリヒとその一門は、常に彼女に厚遇されてきた。

五五年の父の死を承けて、まだ四歳で大公位を継承したハインリヒ（大公としては二世）は、同年誕生した従兄弟のオットー二世とともに宮廷で育てられた。しかし、七三年にオットー一世が死去し、今や一七歳になった二世が単独統治を開始すると、その翌年、彼もまた反皇帝派の中心となり叛乱を起こした。若き皇帝夫妻と確執のある前皇后アーデルハイトを後ろ盾に、ポーランド大公ミェシコ、ベーメン大公ボレスラフ二世らと手を組んだのである。足かけ四年の長きに及んだ内乱は、最終的には鎮圧された。七八年

図12　ハインリヒ2世喧嘩公　レーゲンスブルク，ニーダーミュンスター女子修道院「修道会則集」の挿絵，990年頃。在バンベルク，バイエルン州立図書館蔵（Msc. Lit. 142）

の復活祭以降、八三年末に解放されるまで、ハインリヒはユトレヒト司教フォルクマールの監督下に軟禁状態に置かれていた。

なお、同じ七八年の夏には、東西フランク国王間にロートリンゲン領有をめぐる紛争が勃発する。シャルル三世の孫の西フランク国王ロテール（在位九五四〜八六）が介入する直接の引き金となったのは、前年の七七年、オットー二世がロテールの弟シャルルにロートリンゲンの北半を管轄するニーダーロートリンゲン大公の地位を授封し、「東」の王国の家臣としたことにある。オットーと身重の皇后が滞在するアーヘンへの西フランク軍の奇襲、これに対する皇帝軍のパリ市門前までの報復遠征と撤退という一連の戦役は、九八〇年五月に両国の境界地での直接会見により一応の和解に達した。

しかし、オットー一世の「家長的宗主権」の下、緊密な婚姻関係によって裏打ちされていた「東」と「西」の王家間の協調体制は、この軍事衝突により事実上崩壊した。オットー二世が、単独統治開始から八〇年秋にイタリア遠征をおこなうまでに七年もの時を要したのは、以上の事情による。

「首都なき王国」の「巡幸王権」

アルプス以北の王国は、中世を通じて「首都なき王国」であり続けた。国王とその家族、供回り、つまり人的集団としての「宮廷」は時に千人規模に膨らんだが、彼らは、戦時の軍事遠征はもとより、平時も特定の王宮や都市に常住することなく、ほぼ恒常的に旅の途上にあった。ただし、統治者は、王国の全域をくまなく巡幸していたわけではない。それは、技術的には必ずしも不可能ではなかったろうが、政治的には乗り越え難い障壁が立ち塞がっていたからである。

宮廷の奥まった執務室からではなく、馬上から統治する国王の辿った軌跡を、伝存史料から再構成する作業には、史料の量的乏しさの故に常に困難が伴う。年代記や編年誌などの叙述史料と並ぶ最重要史料は、国王・皇帝証書である。しかし、例えばハインリヒ一世の場合、年平均二・五点しか伝存しておらず、巡幸路の再構成は不可能である。

ミュラー＝メルテンスは、より精緻な方法論を確立したうえで、比較的史料の多いオットー一世の事例研究と取り組み、巡幸路と証書発給活動に即して支配実践をデータ分析した（図13）(3)。その成果によれば、国王が直接支配する領域としては、リーウドルフィング家の権力基盤である東ザクセン＝北テューリンゲンの他、東カロリング王家から継承した王領地の集中するフランケン、そしてニーダーロートリンゲンが挙げられる。オットーは、フランケンには九三八年のエーバーハルトの叛乱以降大公を置かず、ロートリンゲン統治と対西フランク政策についても、弟のケルン大司教ブルーノ（在位九五三～六五）に委ねた。平時の場合、国王はこの三つの中核地域の間をほぼ周期的に巡幸し、王国会議・教会会議の開催、教会祭日の儀式、証書発給などの支配実践をおこなった。例えば、春の復活祭はザクセンのクヴェトリーンブルク、冬の降誕祭はニーダーロートリンゲンのケルンかアーヘン、あるいはフランケンのインゲルハイムの王宮で祝するのが慣行である。

「国王支配の遠隔地帯」には、バイエルン、シュヴァーベン、オーバーロートリンゲンが分類される。これらの地域に国王が足を踏み入れるのは、イタリア遠征、叛乱の鎮圧などの例外的ケースを除けば、平

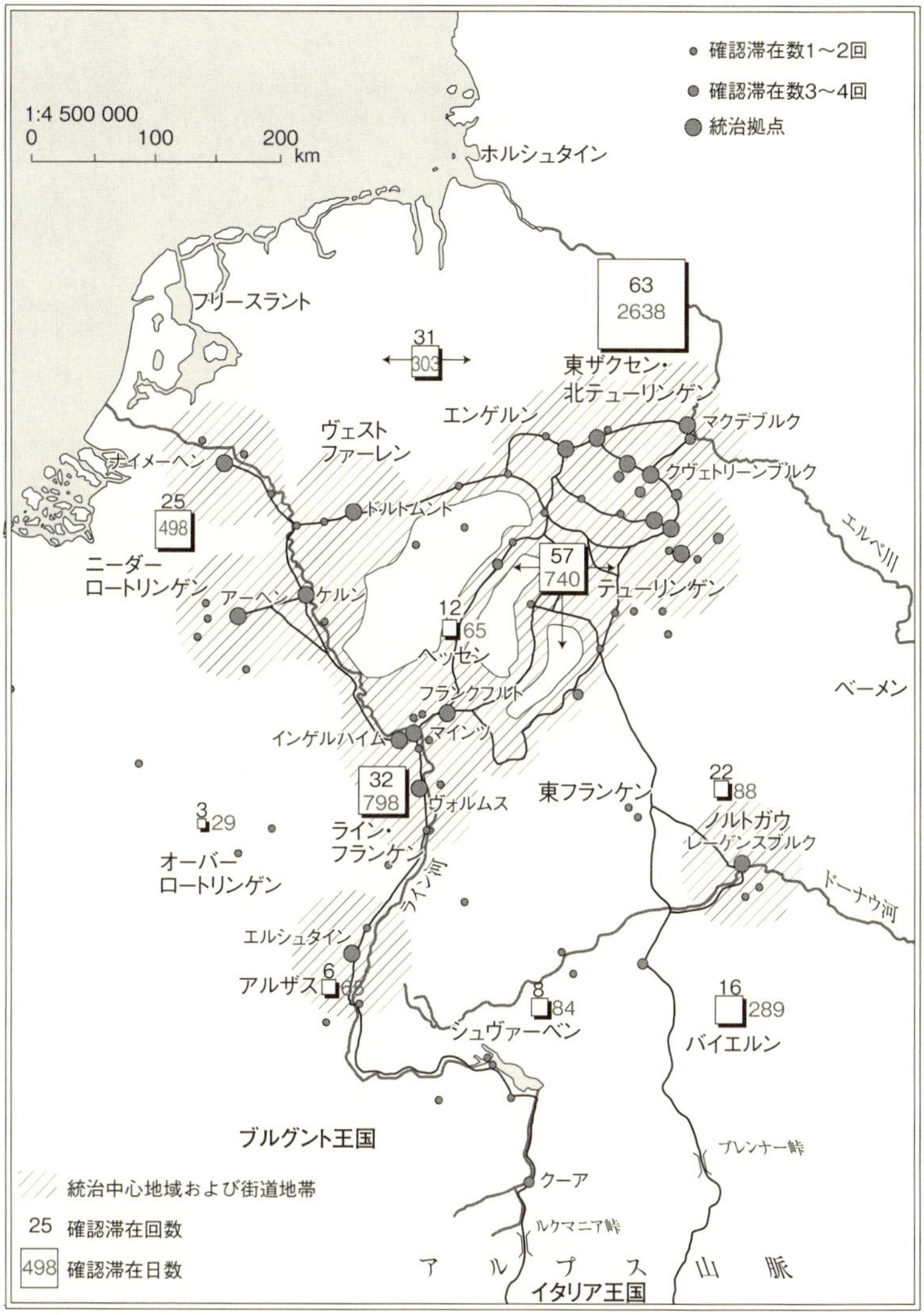

図13　オットー1世のアルプス以北における巡幸路（936〜73年）*Otto der Grosse, Magdeburg und Europa*, Essays, S.194を基に作成

時では王国全体の案件処理を目的とする場合に限られる。大公領に限定される問題の処断は、通常大公の裁量に大幅に委ねられており、国王支配が及ばないわけではないが、実効的支配権は著しく制約されていた。また、国王が滞在する場合でも、大公領内の聖俗貴族に証書が発給されることはなかった。受領希望者は、「直接的な国王支配領域」の拠点に国王宮廷が滞在する時を見計らって、わざわざ自ら伺候したのである。

ハインリヒ王権がスタートから抱えていた王国統治の二重構造という問題は、オットー一世・二世父子の時代にも基本的に克服されることはなかった。シュヴァーベンとバイエルンがその特権的地位を失い、国王の支配実践が王国の全域に及び始めるようになるのは、オットー三世統治下の一〇〇〇年頃のことである。

2 誘拐された幼王

ロートリンゲン

「王が若輩である国よ……、お前こそは禍だ」(『コーヘレト書』一〇・一六)——。

その幼王を誘拐したハインリヒは、頑健な身体と勇猛な精神の持ち主で、この時三三歳の壮年期を迎えていた。その真意が、後見役就任にあったのか、それとも共同国王位の獲得、あるいは王位簒奪だったのかは定かではない。当面の間、彼はそれを公言することはなかった。ともかく、一〇歳年下の女性、しかもギリシアから来たよそ者による統治を拒む感情は、男性社会、特に聖職者の間では少なからず共有されていたし、東フランクにおいて女性の後見統治の前例はなかった。実際のところ、ハインリヒ支持をいち早く表明したのは、高位聖職者に大きく偏重していた。ユトレヒト司教フォルクマール、マクデブルク大司教ギーゼラー、そして今やテオファーヌの敵となったメッツ司教ディートリヒらの面々である。他にも、内外の危機に瀕する帝国の舵取りを女性の手に委ねることへの危惧や、その場合前皇帝の寵臣のヴィリギスの影響力がさらに増大することへの警戒心も作用していたであろう。そのヴィリギスが当初明確な態度表明を控え、しばし様子見を決め込んだのは、この時幼王が置かれていた孤立無援の状況を示唆して余りある。

ハインリヒの行動は、まずロートリンゲンに向けられた。九八三年一二月末に幼王を奪取すべくケルンへと急行する途中で、彼は、西フランク国王に同盟締結を誘う内密の使者を派遣した。ロテールもまた、ハインリヒと同じく幼王の父の従兄弟であり、その後見役となることを画策していたのである。彼は、息子の共同国王ルイ五世とともに九八四年二月一日、約束通りに秘密会見の場、上ライン地方のブライザッハに到来した。

しかし、ハインリヒは結局姿を現すことはなかった。代わりに両者を迎えたのは、テオファーヌ・オットー母子に忠実なシュヴァーベン大公コンラートの軍隊である。国王軍は、激しい戦闘で多くの兵力を失い、空しく退却した。ハインリヒは、ロテールに念願のロートリンゲンの提供を約束していたという説もあるが、憶測の域を出てはいない(4)。彼が会見をキャンセルした理由も不明である。ハインリヒはこの頃、幼王の他、フォルクマールらを引き連れドルトムント、パーダーボルンの街道筋を通って第二の故郷ザクセンに向かっている。

ジェルベールの東奔西走

この時期、西フランクの政治の舞台裏ではジェルベールが活動を始めている。彼は、九五〇年頃アキテーヌのオーヴェルニュ地方、オーリャックの貧しい家に生まれ、生地のクリュニー派修道院、聖ジェローで文法を学んだ。ところが六七年、院長は、巡礼のため同院を訪れたバルセロナ伯ボレル二世（在位九四七～九二）に若者を推挙し、ヒスパニアでの修学を託した。ジェルベールが訪れた当時のヴィク（アウソナ）司教教会とリポル修道院は、その優れた学校と写字室、そして貴重な蔵書で有名なカタルーニャの知の二大拠点であった(5)。そこでジェルベールは、「自由七科」のうちの四科《クアードリウイウム》（算術・幾何学・天文学・音楽）、特に当時西欧ではまだほとんど未知であったアラビア伝来の算術や天文学などを熱心に修めた。

この知識人は、なかなか居が定まらない。九七〇年、ジェルベールは、ヴィクの大司教座昇格を働きかけるべくローマを訪問したボレルと同地の司教に随行した。天文学と音楽に関する彼の該博な学識は、やがて教皇ヨハネス一三世の関心を惹くところとなり、翌年には教皇の仲介で皇帝オットー一世に拝謁する機会まで得た。七二年春に挙行された二世とテオファーヌの婚姻の儀も、同地で見聞している。一世は、稀有の才能を秘めた若き修道士を故郷へと招聘することを強く望んだ。しかし、ジェルベールは、国王ロテールの使者としてローマに到来したランス大司教座主席助祭のゲラヌスに感化され、今度は三学《トリウイウム》（文法・修辞・弁証）を深めるため、皇帝の許しを得て西フランクへと赴いた。八〇年のパヴィーアでの二世との再会、ラヴェンナでの哲学論争、そして八二年末にボッビオ修道院長に就いたことは既に記した通りである。

しかし、ボッビオでの院長職は一年しか続かなかった。当時北イタリアでは、一円的支配圏の形成を目指す在地の下級貴族による教会所領・権益への侵害事件が各地で頻発していた。これに有効に対処できな

図14　ヒスパニア辺境伯領

いばかりか、皇帝という政治的後ろ盾も失った彼は修道院内で孤立し、八三年末、職務を院長代理に託して同地を去ったのである。逃げるように向かった先はパヴィーアであった。降誕祭にローマから到来したテオファーヌと内密に会見し、今後西フランクの状況を逐一報告し、幼王の統治を側面から支えるよう委任された。

九八四年一月下旬、ランスに戻ると、大司教アダルベロン（在位九六九～八九）から、聖堂学校の指導を委ねられた。西フランクの国王父子が秘密裏にブライザッハに向かったことを知ったジェルベールは、同月末にリュッティヒ司教ノートガー（在位九七二～一〇〇八）に宛て、あくまでもオットー三世への忠誠を守り抜くようにとの大司教名の書簡を代筆している。一／二月頃に、故郷オーリャックの聖ジェロー修道院の院長ジェラールに宛てた書簡では、この時の絶望的心境を吐露している。「崩れ去ってしまった、神の教会の地位は。我が父よ、崩れ去ってしまったのです。国家は既に死滅しました。……そもそも、いかなる希望がまだ残されているというのでしょうか。私は、イタリア人なる者たちの誠実、習慣、精神の何たるかを、充分過ぎるほどに知り尽くしているのですから」(G 16)。

二月末、ノートガー主宰の下、リュッティヒ郊外のヨハネス修道院で、状況を大きく転換させるロートリンゲンの有力者の集会が開かれた。参集した顔触れは、ハインリヒの背信に激怒した西フランク国王父子、王弟のニーダーロートリンゲン大公シャルル、トリーア大司教エクベルト、メッツ司教ディートリヒ、ヴェルダン伯ゴットフリートらの面々で、そこにはアダルベロンとジェルベールの姿もあったはずである。参列者全員は、守護聖人ヨハネスの祭壇の前でオットーの王位継承を支持することを——胸中に秘めた思惑は、各々相当異なるものの——神に誓った。

ザクセン・バイエルン・フランケン

オットー一世・二世父子は、春が到来すると枝の主日をマクデブルクで、一週間後の復活祭はクヴェトリーンブルクで祝するのを慣例としていた。後者の女子律院には、王朝の樹立者でハインリヒと同名の祖父、そして律院創建者の祖母マティルデの亡骸が埋葬されている。ハインリヒはまず枝の主日の三月一六日、マクデブルクにザクセンの世俗貴族を招集した。そして、幼王の姿を参列者に見せることなく、自らへの服従を迫った。しかし、大多数は彼の尊大な態度に憤慨し、そのためには「彼らがかつて忠誠を誓った主君たる国王の許しを取り付けねばならぬ」との口実の下、決定の先延ばしを図った(ティートマル『年代記』四巻一章)。

二三日のクヴェトリーンブルクの復活祭では、ギーゼラーを初めとする高位聖職者が一様にハインリヒ支持を公言した。機を見るに敏なメッツ司教も、リュッティヒの誓約を早々に破り合流した。さらに、前皇帝に対するかつての叛乱の同盟者、ポーランド大公ミェシコとベーメン大公ボレスラフに加え、前年にハンブルクを襲撃したオボトリート族のミスティヴォイまでもが姿を現した。そして、ハインリヒは、祝典の席で支持者に対し自らを「国王」と呼ばせ、列席者に「国王讃歌」を歌わせることで、初めて王位獲得への意志を公に表明した。この時も幼王の姿を秘匿したことは言うまでもない。しかし、ハインリヒがその実現を目論んでいた自らの〝国王選出〟に至ることはなかった。参列者の数はマクデブルクよりも減少していたし、ついに野望を露わにした前バイエルン大公に対して、ザクセンの世俗貴族は冷淡な反応を示したからである。

彼らはその数日後の三月末、場所をアッセルブルクに移して独自の集会を開き、反ハインリヒの立場で結束することを確認した。顔触れは、ザクセン大公ベルンハルト、ノルトマルク辺境伯ディートリヒ、コロンネ岬で戦死したメールゼブルク辺境伯グンターの息子エッケハルト（後のマイセン辺境伯）らである。ティートマルが聖職者で明記したのは、ベルンヴァルト、すなわちザクセンの有力貴族の息子で、ユトレヒト司教フォルクマールの甥唯一人である（四巻二章）。これまで表だった動きを見せなかった書記局長・マインツ大司教のヴィリギスも、この集会に兵員を送ることで、ようやく旗色を鮮明にした。なお、ハインリヒは、二月末にザクセンに足を踏み入れた際、オットー二世とテオファーヌの次女で、クヴェトリーンブルク女子律院に預けられていた六歳のアーデルハイトも人質に取っていた。彼女もこの頃に解放されている。

ハインリヒは空しくザクセンの地を後にし、故郷のバイエルンへと向かった。ここでは確かに、幼少期の後見役であったフライジング司教アーブラハム（在位九五七〜九三）を筆頭に、比較的広範な支持を見い出すことができた。しかし、母方のルーイトポルディング家の又従兄弟であるバイエルン大公ハインリヒ三世（若）は、抵抗姿勢を崩さず、有力貴族も、当初の期待に反して二つの党派に分裂したままであった。最後に彼が鉾先を向けたのは、フランケンである。五月中旬、ヴォルムス近郊の王宮ビュールシュタットで、ヴィリギス、シュヴァーベン大公コンラートと直談判し、得意の弁舌で自らへの支援を訴えた。ところが、この大胆にして危険な賭は、結果的には裏目に出た。流れはこの時、オットー三世支持へと既に大きく傾いていたのである。その威厳と老獪さで知られた書記局長兼マインツ大司教は、むしろ幼王に忠誠を尽くし、彼を母后の手に引き渡すよう強く説諭し、ハインリヒにその実行を誓約するよう強いた。引き渡し場所は、テューリンゲンのララ（ローア）、期日は六月二九日、聖ペテロとパウロの日と定められた。

ララの星

意気消沈したハインリヒは五月末、ベーメンに向かい大公ボレスラフに大規模の援軍を要請したが、聞き入れられなかった。むしろ、ザクセンへの帰路を中途まで同道したベーメン人の軍隊が、マイセンの城塞を武力制圧するという結果を招いている。その後、ハインリヒはほうほうの体でメールゼブルクに到着し、妻ギーゼラとの再会を果たした。事実上の人質とされていたオットーが、三月以降ザクセンのどこにいたのかは定かでないが、三年前に司教座を失ったこの地の城塞で彼女の保護下に置かれていた可能性が高い。

パヴィーアでは前年末以来、女性たちがアルプスの向こうの情勢の推移を不安に駆られながら注視していた。幼王の祖母アーデルハイト、母テオファーヌ、伯母マティルデである。ヴィリギスの使者の要請に応じて出立したのは、四月末である。三人の到来の報は、オットー支持という大方の諸侯の趨勢にだめ押しとも言える作用を及ぼした。ブルグント王国に入ると、アーデルハイトの兄で、ハインリヒの妻ギーゼラの父でもある国王コンラートが一行に合流した。ヴィリギスが待つマインツに到着したのは、六月中旬頃である。

六月二九日、マイニンゲン東方の王宮所在地ララに集結した参加者の規模について、マティルデの律院で一一世紀初頭に執筆された『クヴェトリーンブルク編年誌』の同年の項は、次のように伝えている。二人の前皇后は、「イタリア、ガリア、シュヴァーベン、フランケン、ロートリンゲンのすべての第一人者たちに伴われて到来した。さらに、ザクセン人、テューリンゲン人、スラヴ人も、あまねく有力者たちと共に訪れた」。ハインリヒもまた武装した兵士を多数従え、幼王とともに姿を現した。

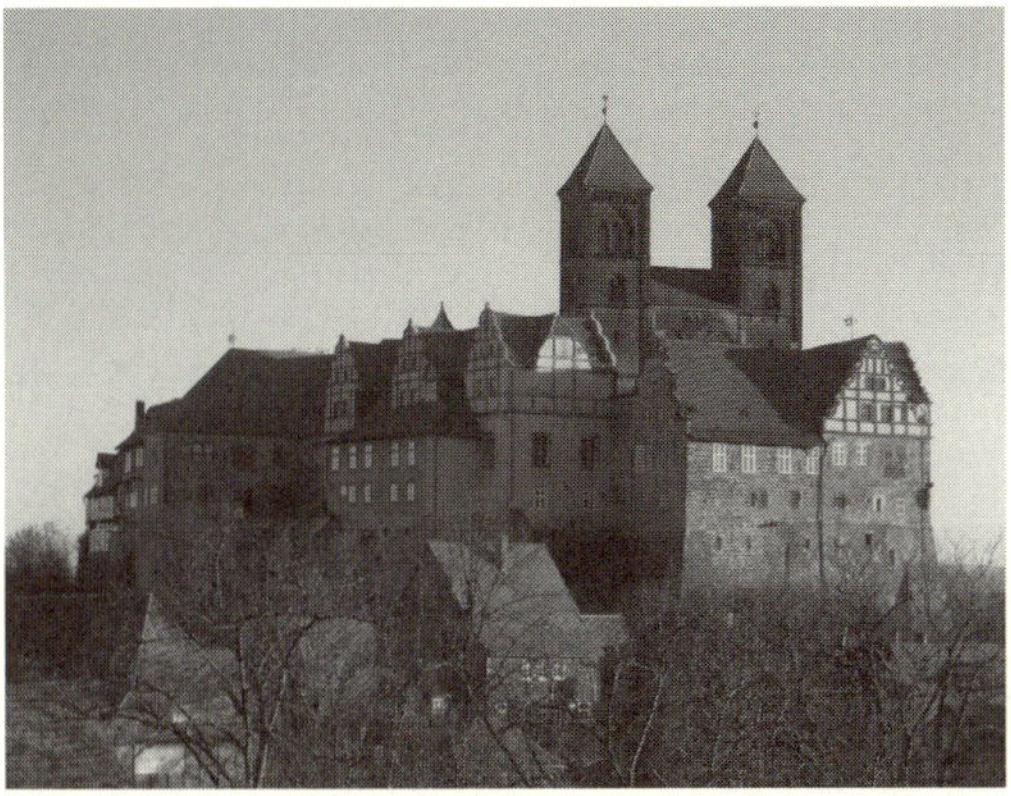
図15　クヴェトリーンブルク　聖セルヴァティウス女子律院

列記された諸民族名のうち、ゲルマン系のそれ（シュヴァーベン、フランク、ロートリンゲン、ザクセン、テューリンゲン）を、一九世紀以降の歴史学者は、端的に「ドイツ人」と一括した(6)。不詳の編年誌作者は、それに対応する*Teutonici*というラテン語を知らなかったのであろうか。実は、「ドイツ人」という民族名が、そう指称された人々によって初めて使われたのは、まさにこの「紀元千年」の直後の時期なのである。

ヴィリギス、シュヴァーベン大公コンラートら国王派と、ハインリヒとの間の協議は予想外に難航した。後者は、幼王を引き渡す見返りとして、九七八年に失ったバイエルン大公位の返還を強く要求し、アーデルハイトと義父コンラートが彼を側面から擁護したからである。最終的にハインリヒが譲歩し、交渉決裂の危機が回避されたのは、天空で突如として起きた出来事のおかげである。

その時、参加者が皆驚いたことに、論争の最中に輝かしい光を放つ一つの星が、まだ昼間であるにもかかわらず天空の中央に現れた。それは、驚嘆と後世の記憶に残すに値する徴であり、あたかも囚われの身の国王に神の御加護を約束しているかの如くであった（『同編年誌』）。

東方の三博士によるベツレヘムの幼子イエス訪問の物語（『マタイ福音書』二）を想起させる星の正体は、超新星であったと思われる。ともかくこの突然の出来事を境に、場の雰囲気は一変した。持ち前の雄弁さで知られたハインリヒも、さすがに要求を撤回することを余儀なくされ、間もなく四歳にならんとする幼王をついに母后の手に引き渡した。前年六月のヴェローナ以来の母子対面である。ハインリヒは、「悲嘆に暮れて彼の故郷〔＝バイエルン〕へと帰還した」（『同編年誌』）。

娘アーデルハイトも加わった結果、今やオットー家三代の揃い踏みとなった女性たちは、晴れて正式の国王として陽の目を見たオットーとともに、ララから東ザクセンのクヴェトリーンブルクへと向かった。律修女たちが、三年半ぶりとなる律院長マティルデの帰還を祝し、一行を盛大に歓待したのは言うまでもない。

喧嘩公の服従儀礼

ハインリヒは、その後一時期西フランクのロテールに再度接近したりしたが、最終的には王位を断念した。幼王に屈服・謝罪し、バイエルン大公への復位が正式に承認されたのは、一年後の九八五年六月下旬、フランクフルトで開催された王国会議の場においてである。現職の同名の大公（若）には、かつて手中にしていたケルンテン大公領を再授封することで妥協が図られた。復位に先立ちハインリヒは、家臣としての封建的臣従礼と敗者としての服従儀礼が混交したパフォーマンスを演じさせられた。政治的訴訟手続きが無事に合意形成に至ったことを、白日の下に晒すためである（『クヴェトリーンブルク編年誌』九八五年の項）。

幼王オットー三世がフランクフルトを訪れた時、彼もまたそこに到来して、自らの不当な蜂起に対する罰を免れるため然るべく屈服した。統治を掌る皇后たち、すなわち祖母、母、そして伯母が居並ぶ中、列席者全員の面前で、服装と態度において謙虚に、両手を組み合わせ躊躇《ためら》うことなく幼王に身を委ねた。……彼はさらに心からの忠誠をもって仕えることを約束し、命以外のいかなるものも求めることなく、ただひたすら赦しのみを請い願った。……女性たちは、かくも地位の高き者の謙虚な恭順の態度を大変好ましく思い、彼を然るべき名誉をもって受け入れた。何故ならば、悪しきことに報復するのではなく、悪しきことに対してさえ善きことで報いること、それこそが慈悲深き礼儀なのであるから。

服従儀礼の一部をなす、跪いての平伏には言及されていない。だが、その欠は、謙虚な服装、そして命乞いと赦免の請願によって充分過ぎるほどに埋め合わされている(7)。ティートマルは、この頃民衆の間で膾炙《かいしゃ》した戯れ歌を『年代記』に採録している（五巻二章）。

ハインリヒ公は王として治めることを欲された。だが、それを主は望まれはしなかった。

第二章　玉座の幼王　九八四〜九九三年

1　テオファーヌの後見

テオファーヌの後見統治

オットー三世が成人して親政を開始するのは、九九四年末／九五年初頭である。それまでの一〇年の間、後見統治を担ったのは二人の前皇后である。「摂政」という正式の官職は、まだ存在しなかった。それ故、国王がいかに幼少であれ、政務はあくまでも彼の名において執行され、国王証書も彼の名で発給された。羊皮紙末尾の署名は、書記があらかじめ横の一線を除き作成しておいた花押型の署名《モノグラム》に、残された線を国王自らの手で最後に書き加えることで完成させた。ただ、これは幼少のオットーに限らず、文字の読み書きのできない歴代国王が、これまでも繰り返してきたことである。幼王は、一〇歳以降になると、モノグラムの中に十字架と輪を組み合わせた独自の図形を描き出すようになる。皇帝就位後は、カタツムリ状の徴も登場する(1)。

幼王は、早くから既に傑出した学習能力を示していた。九八四年六月のララでの解放後に最初の養育係

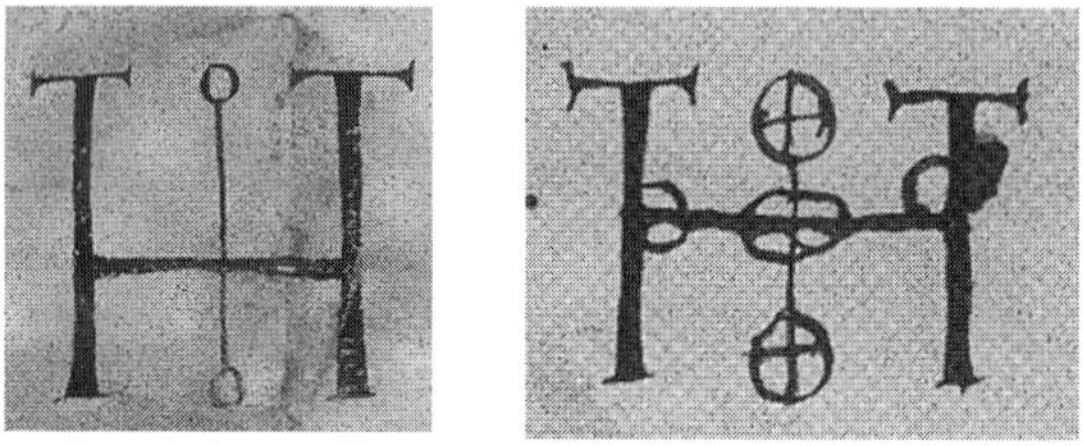

図16　モノグラム　(左)DOIII 35, 987年5月21日，(右)DOIII 177, 995年10月20日。いずれもクヴェトリーンブルク女子律院宛。ザクセン・アンハルト州立マクデブルク文書館蔵

となったのは、アッセルブルクの集会（三月末）に参加していたザクセン人の伯ホイコーで、主として戦士としての肉体的・精神的鍛錬を委ねられた。教育者として重要なのは、同じ集会に名を連ね、幼王より約二〇歳年長の宮廷司祭ベルンヴァルトである（九八七～九三）。その司祭のなお若き日に彼の教師を務めたヒルデスハイム司教座聖堂参事会長タンクマルは、後年『ヒルデスハイム司教ベルンヴァルト伝』（本書81頁）の中で、授業は聖堂学校の教室においてのみならず、移動する馬の上でもなされたことを印象的に綴っている（一章）。ベルンヴァルトも、各地を休むことなく巡幸する幼王と並んで、馬上で学問や詩作を教授したのであろう。幼少期に献呈され、生涯使い続けた『オットー三世の祈禱書』も、この九八四～九一年の間にヴィリギスか、最近年の研究によればベルンヴァルトの委嘱で制作されたと推定される(2)。他には、カラーブリア生まれのギリシア人で、テオファーヌの寵臣としてイタリア書記長の職にあったヨハネス・フィラガトスが、一時期ギリシア語を教授したことが知られている(3)。

このように、オットーは、母后や伯母マティルデに加えて、俊英の聖職者たちの手から細心の注意を払って高度の帝王教育を授かった。聖職者がラテン語の読み書き能力をほぼ独占していたこの時代では極めて異例であるが、彼は、親政開始以後になると、見事な自署を記すのみならず、時に証書・書簡の文面や詩歌さえも自らの手で起草するようになるのである。

ギリシア人の前皇后の後見統治は、九八四年六月のララの集会の終了時から始まった。一〇月には、国

王書記局も一年間の中断を経てその活動を再開した。前皇后を側面から支えたのは、書記局長のマインツ大司教ヴィリギス（在位九七五〜一〇一一）と、書記長のヴォルムス司教ヒルディバルト（在位九七九〜九九八）の両名である。国王に対する政治的影響力を計るパラメーターの一つは、証書発給に際し受領希望者を国王に仲介する執り成し人の名前とその回数である。三人は、この点においても傑出している。

テオファーヌが後見役を務めた七年の間に発給された証書数は、年平均一〇点である。この数字は夫のオットー二世の二七点に比べるとかなり少ないが、義父の一世はほぼ同数の九・五点であった。この数字に反映されているのは、統治の停滞ではない。第三者への所領・諸特権の譲渡を極力抑制することで、安定した経済的リソースを息子に確保することを目指した母后の強い意志であった。

アーデルハイトは、翌八五年のフランクフルト会議の終了後、パヴィーアに戻っていった。特に寡婦財産の分配をめぐるギリシア人皇后との軋轢は、まだ完全には解消されてはいない。しかし、動揺する北イタリアの情勢を安定化させるには、王国の継承権を父・夫の双方から受け継いだ「イタリア王国の化身」(4)たる彼女の存在が不可欠とされたからである。

翌八六年の復活祭（四月四日）は、恒例通りクヴェトリーンブルクで祝された。ただ、この時の盛大な祝典には、同地における二年前のハインリヒによる王位僭称事件を清算し、バイエルン大公の服従とオットー三世の王位の正当性を、あらためて公にデモンストレートするという特別な意味合いが込められていた。

幼王はまず、城山に立つセルヴァティウス女子律院であらためて祝祭戴冠式を挙行した。その後、参列者は、麓の王宮に移動し豪華な祝宴を張った。その際、ハインリヒ喧嘩公を初めとする四人の大公たち（シュヴァーベン大公コンラート、ケルンテン大公ハインリヒ〈若〉、ザクセン大公ベルンハルト）は各々、内膳役《トルフゼス》、

図17　祈禱書を受け取るオットー『オットー3世の祈禱書』マインツ，984～91年。在ミュンヒェン，バイエルン州立図書館蔵（Clm 30111）

納戸役《ケメラー》、献酌役《ムントシェンク》、厩役《マルシャル》という宮内職奉仕の任を掌った。この演出は、祖父オットー一世が、ちょうど半世紀前の九三六年にアーヘンで国王即位した時の祝宴の場面（ヴィドゥキント『ザクセン人の事績』二巻二章）の再現を意味する。二年前には喧嘩公の側に与したポーランド大公ミェシコとベーメン大公ボレスラフ二世も、揃ってこの儀式に参加することで、幼王への服従姿勢を公に示した。特にかつてオットー一世の家臣であった前者は、この時幼王に対して臣従の誓いをあらためて立てている。

再びロートリンゲン——九八四～九八五年

この間、王位継承をめぐる争乱の発火点となったロートリンゲンでは、西カロリング王家の動向が新たな紛争を惹起していた。国王ロテールは、幼王の後見役となる見込みが絶望的になった現状を前にして、武力でロートリンゲンを奪還する挙に出たからである。ハインリヒの劣勢が決定的となった九八四年五月末／六月初頭、彼は、突如としてオーバーロートリンゲンのヴェルダンに軍を進め、司教都市を制圧して王妃エンマの監督下に置いた。しかし、無謀とも言うべきこの侵攻策は、むしろロートリンゲンの親オットー家貴族のみならず、国内の最大のライヴァルであるロベール家の大公ユーグ、西フランク聖界諸侯の頂点に立つランス大司教アダルベロンらを、反カロリング家党派に結集させる方向へと作用した。

ヴェルダン伯ゴットフリートは、アルデンヌ伯家の生まれで、これまでロテールを支えてきたランス大司教の兄弟である。オーバーロートリンゲン大公ディートリヒ（在位九七八〜一〇二七／三二）は、従兄弟であるが、当時はまだ年少で母ベアトリクスが後見役の任を担っていた。彼女はユーグの姉である。ロテールの妻エンマは、アーデルハイトが最初の夫のイタリア国王ロターリオとの間にもうけた娘である。要するにロテールに対する抵抗勢力は、東西にまたがる幾重もの血縁・婚姻関係によって緊密に結ばれたネットワークを構築していたのである。なお、ロテールとユーグのいずれも、各々の母はオットー一世の妹ゲルベルガ（本書35頁）とハトヴィヒで、亡き二世とは従兄弟の関係にある（巻末系図2）。

その後ララの集会で王位継承問題が一応の解決を見ると、ゴットフリートは反撃に転じ、九月末ヴェルダン奪還に成功した。同月七日には、テオファーヌの敵と化していたメッツ司教ディートリヒが死去している。後任には、空位のヴェルダン司教就任を予定されていたベアトリクスの息子アーダルベロが母とテオファーヌの後押しで就き、新たなヴェルダン司教にはゴットフリートの息子のアーダルベロが選ばれた。

九八五年一月、ロテールは、総力を投入して二度目のヴェルダン包囲戦を開始、自身も負傷しながらも三月についに攻略した。防衛側指導者は悉く捕虜となった。大公ディートリヒはロテールの監視下に置かれ、ゴットフリートとその息子たち、叔父のルクセンブルク伯ジークフリートらは、マルヌ河畔の一城塞の獄舎に繋がれた。ランス大司教も、オットーの宮廷との接触や、甥をヴェルダン司教に据えたことで、国王派から忠誠違反と裏切りの廉で厳しく非難を受け、窮地に立たされることになった。

困難な状況に一筋の光明を与えたのは、舞台裏でのジェルベールの活躍と、紛争解決の調停者としての役割を精力的に果たした女性たちの存在である。ジェルベールはこの時期、情報収集に勤しみながら、テオファーヌとユーグの提携実現を独自に模索していた。書簡を交わした相手はテオファーヌの他、ヴィリギス、リュッティヒ司教ノートガー、ヴェルダン司教アーダルベロといった面々である。三月末には獄中のゴットフリート、ジークフリートと極秘に面接するという危険な行動にも出ている。

夏になると、ユーグが武力を背景にロテールと交渉に臨み、ゴットフリートを除くヴェルダンの捕虜たちの解放を約束させた。姉のベアトリクスも、ユーグ、テオファーヌの双方と連携しつつ、反ロテール派

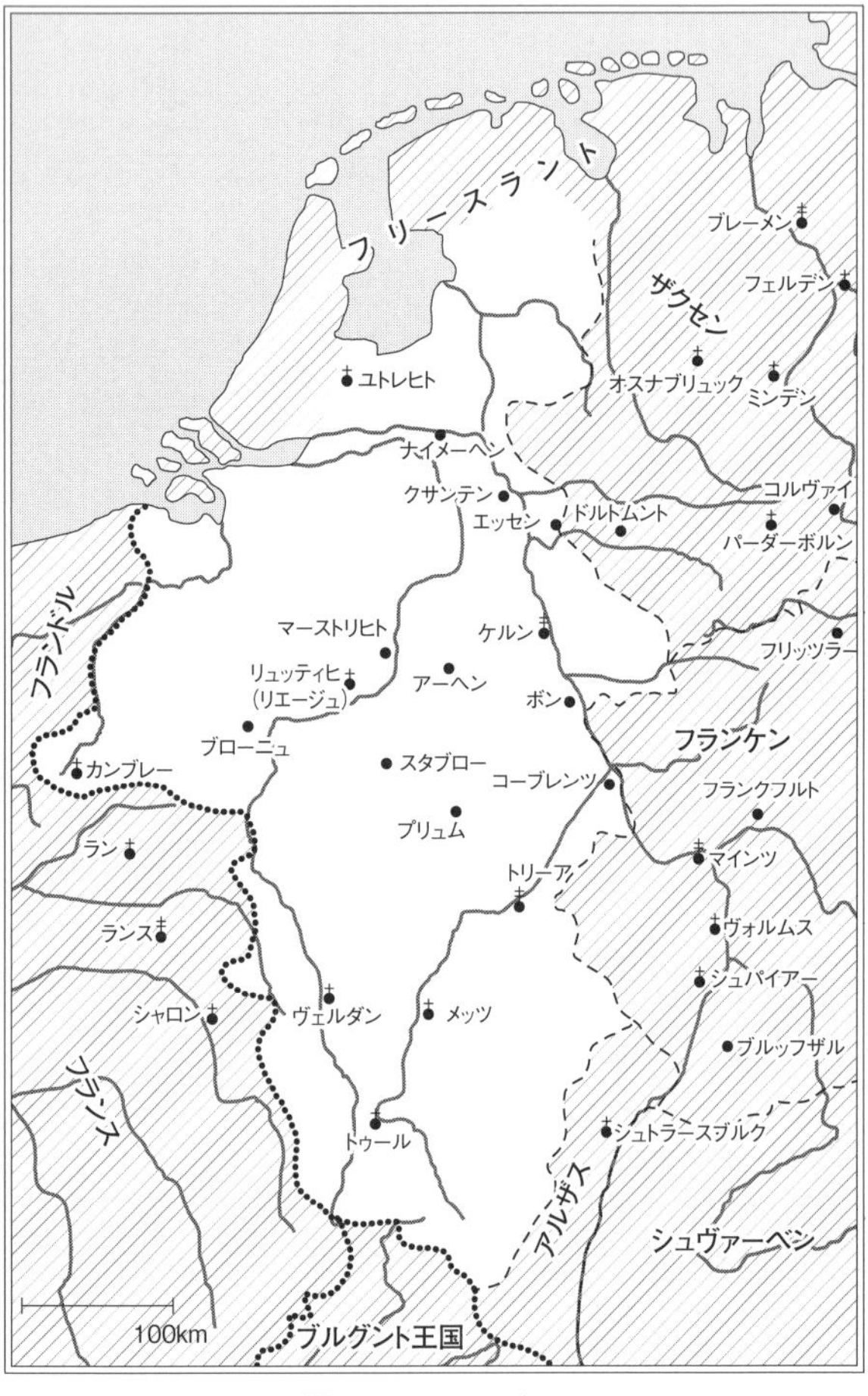

図18　ロートリンゲン

の面々が一同に会する集会の開催を準備した。ジェルベール書簡によれば、この試みは、フランクフルト王国会議が終了して間もない七月中旬／八月初頭に、メッツで実現の運びに至ったようである。参加が推定されるのは、テオファーヌ、ベアトリクスの他、ロテールの王妃エンマ、クヴェトリーンブルク律院長マティルデ、ロテールの妹のブルグント王妃マティルデ、ユーグの大公妃アデライードである。まさしく「女主人たちの会議 *Colloquium dominarum*」（G 62, 66）と呼ぶに相応しい、豪華な顔触れの揃い踏みである。男性は、喧嘩公とノートガーのみである。フランクフルトで復権を果したハインリヒは、この場でトリーア大司教エクベルトらロートリンゲンのかつての支持者を忠誠義務から解き、幼王に対する服従を命じた。

この後はしばし小康状態が続く。「東」の王位継承争いが、両国の境界に位置するロートリンゲンの領有問題を再燃させ、それが「西」に飛び火して国内勢力を二分させた形であるが、状況はその後当事者たちの予期しなかった事態へと展開していく。西カロリング王家の終焉と新王朝の樹立である。

カロリング朝からカペー朝へ ── 九八六〜九八七年

九八六年のクヴェトリーンブルクの復活祭の一月前、西フランクでは、国王ロテールが四四歳にして突如死去するという事件が起きていた（三月二日）。前年来の小康状態は破られ、単独国王となったルイ五世は、父王の向こう見ずなロートリンゲン政策を継続する一方、ランス大司教アダルベロンのみならず、母エンマとの対立も深めていった。ところが、その彼も翌九八七年五月二一／二二日、狩猟中に事故死してしまった。僅か二〇歳であった。国王父子の相次ぐ急死により、局面は予想外の方向へと急転換し始めた。

孤立していたアダルベロンは攻勢に転じ、迅速な動きに打って出た。王族のシャルルによる王位主張に先駆けてフランキア大公ユーグを新国王とするべく、既成事実を積み上げていったのである。五月二九日にサンリスでユーグを新国王に選出(5)、六月一日にはノワイヨンで戴冠式を執行し、七月三日には聖別を与えた（ノワイヨンかランス）。新王朝、カペー朝の始まりである。この間の六月一七日には、二年以上もの長期にわたり唯一人で獄舎に繋がれていた兄弟ゴットッフリートの解放を実現することにも成功した。テオファーヌにとっても、ヴェルダンから撤退し、ロートリンゲンの領有主張を放棄したユーグは恐らく意中の候補であったろう。ただ、ライヴァルのシャルルの存在が問題の性格を複雑にしていた。彼が血統に基づき王位継承権を主張することは、それ自体正当である。しかし、シャルルは、ニーダーロートリンゲン大公としてはオットー三世の家臣であり、その家臣が隣国の国王に選ばれた場合、大公領の帰属問題が懸念される。他方で、ユーグが同年末の降誕祭にまだ一〇代半ばの息子ロベール（二世）を早くも共同国王に据えたのみならず、テオファーヌの頭越しに息子とビザンツ皇女との婚姻まで画策したことは、結果的には実現しなかったにせよ、オットー朝側の眼には帝国のプレステージを傷つける尊大な行為と映った。

ジェルベールもまた、この間アダルベロン・ユーグとテオファーヌとの間を、時には使者、あるいは書簡作成者として奔走している。双方の板挟みにあって複雑な立場に置かれていたのは理解できるが、その生涯を通じて時に垣間見せる野心家の素顔と行動の一貫性の欠如が、この時に露呈されたのもまた事実である。

その後始まったユーグとシャルルの内戦において、テオファーヌは、双方の側から仲裁者の任を期待された。抗争は、カロリング家の家領が集中する王宮・司教都市ランをめぐる幾多の攻防戦（九八八年）、そして裏切りには裏切りで返報する予想外のフィナーレ（九九一年）へと展開していくであろう。それはともかく、テオファーヌ、そして東西の垣根を越えた「女主人たち」が、紛争を平和裏に解決すべく模索した合意形成の試みは、これまで繰り返し両国間の争いの火種となってきた国境問題に終止符を打つこととなった。

近代の歴史学者によって通例「最初のフランス国王」と位置付けられる勝者のユーグ、そしてその後の歴代カペー朝国王が、ロートリンゲンに対する領有主張を掲げることはもはやないであろう。

イタリア遠征――九八九～九九〇年

九八三年一二月のオットー二世の急死後、ローマの使徒座は再び暗澹たる状況に陥っていた。翌九八四年四月末、トラブルメーカーの対立教皇ボニファティウス七世が、亡命先のビザンツ帝国から舞い戻って来たのである。聖ペテロの座獲得への野望は、三度目にしてついに実現した。後ろ盾を失ったヨハネス一四世は、ベネディクト六世と同じくサンタンジェロの獄に繋がれた。四か月の拘禁の後に非業の最期を遂げるが、死因は餓死であった。枢機卿団の抵抗を突き崩すために、側近の枢機卿助祭は盲目にされた。自ら選んだ「ボニファティウス」という教皇名は、ラテン語で「善行者」を意味する。同時代の人々が既に彼に与えた異名は、「マリファティウス」、つまり「悪行者」であった。

しかし、ようやく手にした念願の教皇の地位は、長続きすることはなかった。ボニファティウスは、翌九八五年七月末に急死したのである。死因は不確かではあるものの、武装蜂起した反対派の手にかかって殺害されたと推定されている(6)。彼を憎悪するローマ市民は、教皇の衣装を剝ぎ取り、遺体を棍棒と槍で無惨に辱しめた。亡骸はその後、教皇の居館であるラテラーノ宮殿の前の広場に引き摺り出され、最後の五賢帝マルクス・アウレリウス・アントニヌス（在位一六一～八〇）の騎馬像が立つ場所で人々の蹂躙するに任された。

八月初頭には早くもヨハネス一五世（在位九八五〜九六）が擁立された。彼を後押ししたのは、前年に死去したクレシェンツィ一世・デ・テオドラの息子のジョヴァンニ一世・クレシェンツィと、同家傍系のステファーニア家のサビーナ伯ベネデット二世である（巻末系図4を参照）。都市ローマの事実上の統治権を掌握したのは、「パトリキウス」を称したジョヴァンニであった。

九八八年夏、テオファーヌは、長らく皇帝支配の及ばなかったイタリアに赴くべく遠征の準備に着手した。直接の動機は不明だが、夫の供養と息子の皇帝戴冠への地ならしが最大の目的であったろう。しかし、それ以外にも、休む暇のない東奔西走の疲労を癒し、嫉妬や悪意に満ちた宮廷での精神的重圧から解放され、眩しい陽光の射す南の海を再び見たいという率直な願望も大きかったのかもしれない。金角湾を見下ろすコンスタンティノープル宮廷で育った彼女は、やはり地中海の子であった。

ただ、この時はボーデン湖畔のコンスタンツまで進んだものの、自身の病気——恐らくは肺炎——のため遠征は先送りとなった。翌九八九年一〇月一八日、母の名に因んでソフィアとギリシア人風に命名された長女が、ザクセンのガンダースハイム女子律院で律修女として聖別された。実は、祝典の場でトラブルが発生したのだが、このことについては後に触れる。儀式を見届けた後、息子をヴィリギスに委ね、皇后としては前例のない単独でのイタリア遠征に出立した。

それに先立ち、露払いとしてリュッティヒ司教ノートガーが既に旅立っていた。テオファーヌに随行したのは、前年ピアチェンツァ大司教に任じられたばかりのヨハネス・フィラガトスである。ピアチェンツァは、本来ラヴェンナ大司教管区の一司教座にすぎなかったが、テオファーヌは寵臣のためにこれを大司教座へと昇格させたのである。九年前とは異なり、重装備の騎兵は一切動員せず、僅かな供回りのみを従えてのアルプス越えである（経路は不明）。ローマ到着は一一月末／一二月初頭、ノートガーの他、胆石治癒のためサレルノの名医を訪れていたヴェルダン司教アーダルベロによって迎えられた。六周忌となる一二月七日には、亡骸の眠るサン・ピエトロ教会で、夫の魂の救済の執り成しを請う厳粛な祈りが捧げられたであろう。

永遠の都での滞在は翌九九〇年二月までの三か月間に及んだ。ジョヴァンニ一世・クレシェンツィは、既に八八年に死去していた。弟のクレシェンツィ二世・ノーメンタヌスは、まだ都市の実権を掌握してはいない。それが実現したのは、テオファーヌの出立後である。ローマでの彼女の行動の詳細は知られていない。確かなのは、将来息子にとっての精神的父となるべき人物と再会したことだけである。

プラハ司教アーダルベルト

後にポーランドを初めとする東欧諸国の国民的聖人として篤く崇敬されることになる司教は、ベーメン北東部の名門貴族スラヴニーク（九八一年歿）を父として九五六年頃生まれ、洗礼名はヴォイチェフと称した。

九六一年、国王オットー一世の命でキエフに派遣された伝道司教アーダルベルトが、同家の居城リビツェに滞在した際に堅信礼を受けた。七三年以降八年間、かつての伝道司教を今や初代大司教に戴くマクデブルクの聖堂学校で、高名な教師オトリックの厳しい指導下に教育を授かった。大司教と同じアーダルベルトの名を与えられたのも、この時のことである。八一年にプラハの司教座聖堂参事会員となったヴォイチェフ＝アーダルベルトは、九八三年六月にヴェローナで、オットー二世の手から司教杖を与えられ、第二代プラハ司教に叙任された（本書24頁）。叙階を与えたのは、プラハを属司教区とするマインツ大司教ヴィリギスである。叙階式には、当時まだ三歳で、この時同地で国王に選出されたばかりのオットー三世も、

図19　オットーから司教杖を授かるアーダルベルト　グネーゼン大聖堂のブロンズ扉レリーフ，1170～90年

母后とともに参列していた。

ところが、八七／八八年、プシェミスル家のベーメン大公ボレスラフ二世と、ライヴァルのスラヴニーク家、同家と提携したポーランド大公ミェシコとの間に抗争が勃発する。アーダルベルトは、その政治的立場を脅かされたのみならず、厳格な司牧に対する民衆の拒否的態度、あるいは俗世よりも観想的生活を好む自身の性格も影響して、ついに八九年、司教座を立ち去るに至った。向かった先はローマである。

プラハ司教は教皇ヨハネスに謁見した後、贖罪のためのイェルサレム巡礼に出立することを決意した。テオファーヌと六年ぶりに再会したのは、この時である。彼女は、アーダルベルトに夫の魂の救済を祈るよう嘆願したのみならず、同行の異母弟ガウデンティウスに、「財布に納めることのできるだけの量の金」（『アーダルベルト伝（オットー版）』一四章、本書140頁）を巡礼の支度金として与えた。しかし、弟は翌晩、すべてを貧者に分け与えている。その後アーダルベルトは南へと向かった。ところが、滞在先のモンテ・カッシーノ修道院の院長マンゾと修道士たちの諫言を受けて巡礼行を翻意した。同院の修道士になるよう勧められたものの、これは生活の世俗的色彩の故に拒否した。

その後邂逅したのは、ギリシア人の隠修士ネイロス（ニルス、九一〇頃～一〇〇四）である。カラーブリアのロッサーノ生まれの大長老は、シチリア島を根城とするイスラーム勢力の侵攻を避けるためカープアに活動拠点を移し、七九年以降はモンテ・カッシーノ近郊に滞在していた。彼は、アーダルベルトにローマへ引き返し、隠修士的禁欲生活に没頭するよう説いた。場所は、アヴェンティーノの丘に立つサンティ・ボニファーチョ・エ・アレッシオ修道院、当時の院長はレオである（在位九八一〜一〇〇一）。

サンティ・ボニファーチョ・エ・アレッシオ修道院

同院は、元々サンティ・ボニファーチョと称し、ヌルシアのベネディクト（四八〇頃〜五六〇頃）のラテン＝カトリック系修道会則に服する一般的な修道院であった。そこに九七七年、カイサリアのバシレイオス（三三〇頃〜七九）のギリシア＝東方系修道会則をもたらし、併せて守護聖人アレッシオを付加したのは、かつてギリシア正教会の府主教を務めたセルギオス（九八一年歿）であった。彼は、テオファーヌの叔父の将軍皇帝ヨハネス・ツミスケスのシリア遠征の際に、イスラーム勢力の弾圧を逃れるべくダマスカスからローマへと亡命してきたのである。

　ギリシア人の皇后もまた、かつて夫とともにローマに滞在した際に、東西の修道戒律を統合したこの斬新な混合修道院を支援していた。彼女はまた、カラーブリアのカッサーノ近郊から逃れてきたギリシア人隠修士グレゴリオスにも援助の手を差し伸べている。テオファーヌの仲介で、サンティ・ボニファーチョ・エ・アレッシオ修道院は、眼下のティベル川に浮かぶティベリーナ島の南側に有する所領をグレゴリオスに譲渡し、そこに彼と三名の弟子たちの隠修士共同体のための礼拝堂が建てられることとなった。

図20　サンティ・ボニファーチョ・エ・アレッシオ修道院

アルプス以北における教会改革の担い手となったのは、ベネディクト修道会系の新会派（クリュニー、ゴルツェ）であった。それは厳格な修道生活の実践、典礼の強化、組織の再編成に重点を置きつつも、世俗権力との提携も排除しない比較的穏健な性格の運動であった。ところが、イタリアでは個人の次元における精神的錬磨を目指す隠修士運動が改革をリードした。特に一〇世紀後半以降、南イタリアのビザンツ支配領域にイスラーム勢力が侵攻したことは、結果的にギリシア＝東方系のバシレイオス派隠修士の活動領域を北のカンパーニャ地方、さらにローマへと押し上げることになり、彼らの運動はその隆盛期を迎えることになった。

幼王は、その生涯の節目毎に、時に世捨て人のような極端なまでの孤独で瞑想的・禁欲的な苦行に没頭する癖を示す。彼の観想的な精神は、亡き母が庇護し、アヴェンティーノの丘の修道院が象徴する、ギリシア典礼の隠修士たちの世界へと通じていたのである。

「皇帝テオファーニウス」

テオファーヌはローマ滞在期間中に、東西帝国間を結ぶギリシア人のルートを通じて、父コンスタンティノスのその後の消息を入手していたと思われる。

皇帝バシレイオス二世は、九七六～七九年にテオファーヌの父方の伯父バルダス・スクリロスらが起こした叛乱を鎮圧した後、次第に自立化し、八五年には後見役の宮廷宦官バシレイオス・ソノスと、スクリロス家のライヴァルのバルダス・フォーカスを斥けることに成功した。「西」の帝国でも、ハインリヒ喧嘩公が最終的に屈服し、オットー三世の王位がようやく不動のものとなった頃である。

ところが八七年、バシレイオスが隣国の（第一次）ブルガリア帝国との戦闘にその勢力を傾注している隙をぬって、東方ではバルダス・スクリロス、次いでバルダス・フォーカスが帝位奪還を目指して叛乱を起こした。フォーカスは皇帝位を簒奪した後スクリロスを捕らえ、八八年には大軍を率いて首都コンスタンティノープルにまで迫った。絶望的な状況下で皇帝バシレイオスを救ったのは、キエフ大公ウラディーミル（九六二〈?〉以降〜一〇一五）が派遣した六〇〇〇名の救援部隊である。皇帝自ら先頭に立って指揮した翌九八九年四月のアヴィドスの戦いで、フォーカスは倒された。彼の死により解放されたスクリロスも抵抗を止め、一〇月に皇帝と和解した。スクリロス家は、権力基盤であるアナトリアから遠く離れたトラキアに居を移すことを強いられた。テオファーヌの父コンスタンティノスは、この間ほぼ盲目となった高齢の兄バルダスの片腕として行動を共にしてきた。なお、キエフ大公は、この時の救援の褒美に皇帝の妹のアンナを妻として得た。降嫁の条件は、キエフ大公国におけるキリスト教の受容であった。

テオファーヌの遠征は、イタリア情勢に大きな転換をもたらすものではなかった。ただ、遠征中に発給した二点の証書の称号からは、彼女が抱いていた支配観念を垣間見ることができる。九九〇年一月のローマの証書では、「神の恩寵により尊厳なる皇后テオファーヌ *Theophanu divina gratia imperatorix augusta*」と称していた。ところが、帰途の四月にラヴェンナで発給した証書では、「神の恩寵により尊厳なる皇帝テオファーニウス *Theophanius gratia divina imperator augustus*」へと変更された。彼女は、夫の生前に既にビザンツ流の「共治皇后 *coimperatorix*」を称したことがある（初出、九七四年）。そのビザンツでは、カール大帝と同時代の女帝イレーネ（在位七九七〜八〇二）が、男性形の皇帝称号「バシレウス *basileus*」を使用した先例はある。しかし、名前まで男性形にしたケースはない。ラヴェンナの証書は、末尾の日付書式でも、「皇帝テオファーニウス陛下の統治一八年」と数えた。起点となっているのは、九七二年四月のローマでの皇后戴冠である。ギリシア人女帝の自己理解によれば、夫の死後も皇帝権は存続しているのである。

そして、この特異な称号には、まだ幼い息子に将来の皇帝位を確保する意味が込められていたのである。

四月二〇日の復活祭はパヴィーアで祝しているが、ヴェルダン司教アーダルベロは、病が治癒することのないまま二日前に同地で若くして亡くなっている。同名の叔父のランス大司教も、既に一年前の一月以来この世にはいない。その後継位をめぐる混乱の中で、ジェルベールはこの時微妙な立場に置かれている。

ポーランドとベーメン——九九〇年

六月に幼王とマインツでほぼ八か月ぶりに再会した後、テオファーヌが緊急の対応を迫られたのは、懸案の東方問題、すなわち九八三年に起きたリュティチ同盟の蜂起事件への対応策であった。同盟を構成するエルベ－オーデル間のスラヴ系諸民族は、異教に復帰し教会への襲撃は止むことがなかった。東方政策の担い手となったのは、マクデブルク大司教ギーゼラーと、八五年にマイセン辺境伯に任じられた、勇猛さで名高いエッケハルトである。翌八六年夏の対ベーメン・スラヴ遠征では、六歳になった幼王も形式的ながら初陣を飾っている。エッケハルトは八七年、ベーメンに一時期占拠されていたマイセンの奪還に成功した(7)。

二度にわたる報復攻撃で国王の家臣にして同盟者として重要な役割を担ったのは、ピアスト家のポーランド大公ミェシコ（九九二年歿）である。ポーランドは、九六〇年代に彼がオーデル川とヴァイクセル（ヴィスワ）川の間に樹立したまだ真新しい国である。本拠地は、ヴァルタ川中流域のグネーゼン（グニェズノ）とポーゼン（ポズナニ）を中心とするいわゆる「大ポーランド」であるが、ミェシコは、さらに西のオーデル川と北のポンメルン地方に向け急速に領土を拡張した。ただし、国家形成とキリスト教化においては隣接するライヴァル、プシェミスル家のベーメンが先行した。

ベーメンのキリスト教伝道は、九世紀末まで遡る。バイエルンのレーゲンスブルク司教座やニーダーアルタイヒ修道院を担い手として進められ、教会組織上も当初はレーゲンスブルク司教区に属していた。聖ヴァーツラフ（ヴェンツェル、在位九二一～二九／三五頃）の時代以降キリスト教は定着したが、大公家門たるプシェミスル家の本拠地プラハに司教座を設置することが決められたのは比較的遅く、オットー一世統治下の九七三年頃である。もっとも、新司教区は、レーゲンスブルクを属司教とするザルツブルク大司教ではなく、マインツ大司教の管区に編入された。そこには、六八年に創設されたマクデブルク大司教区に一部管区を割譲したマインツに対する補塡と、ベーメンに対するバイエルン大公の影響力の牽制という意味が込められていた。七六年に大司教ヴィリギスの手で初代司教に叙階されたティートマル（在位九七六～八二）は、ザクセン人の修道士であった。八三年に第二代司教に就位したアーダルベルトは、先述のようにベーメンの名門貴族スラヴニーク家の出で、初のスラヴ人司教ということになる。

ベーメンが伝統的にバイエルンと密接な関係で結ばれていたのに対し、ポーランドはザクセンとの提携関係を重視した。ミェシコが六五年に娶った妻ドブラーヴァ（九七七年歿）は、兄のヴァーツラフを殺害してベーメン大公位を襲ったボレスラフ一世（在位九二九／三五～六七／七三）の娘である。この結婚は、ミェシコが異教を棄て受洗する契機となった。ところが、彼女の死の翌年頃に再婚したオーダは、ノルトマルク辺境伯ディートリヒ（本書45頁）の娘であった。ポーゼンに最初の司教座が設置された時期は不明であるが、マクデブルク大司教座によっ

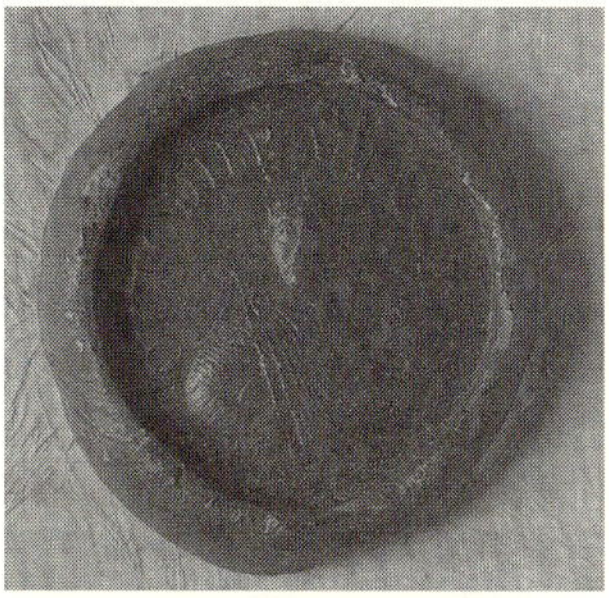

図21　オットー3世の国王第2蠟印璽
幼少にもかかわらず，髭を蓄えた成人の国王として描かれている。990年1月20日，ヒルヴァルツハウゼン女子律院宛DOIII 60の印璽。在ハノーファー，ニーダーザクセン州立文書館

図22　帝国とポーランド，ベーメン，西スラヴ系諸民族

て支援されたことは確かである。第二代司教には、オットー二世が東方伝道の目的でザクセンに創建したメムレーベン修道院の院長ウンガー（在位九八二頃〜一〇一二）が、院長位を保持したまま任命された。八三年のリュティチ同盟の叛乱以降、オットー朝にとってポーランドは、エルベ―オーデル間のスラヴ系諸民族を東西から挟撃するために不可欠のパートナーとなりつつあったのである。

九八〇年代に東方でキエフ大公ウラディーミルの勢力が拡大してくると、ポーランド大公は南下政策に転じた。八七／八八年には、スラヴニーク家と提携してベーメン大公ボレスラフ二世（在位九六七／七三〜九九九）と争い、八〇年代末には、クラカウ（クラクフ）を中心とする「小ポーランド」を制圧した。クラカウは、レーゲンスブルクからプラハを経てキエフへと達する幹線ルートの重要な中継地である。ミェシコは九九〇年初頭、さらにシュレージエンにまで軍を進めた。これに対し、劣勢に置かれたボレスラフは、異教徒のリュティチ同盟と提携するという手荒い策で応酬した。同年六月中旬、ミェシコはテオファーヌに援軍を要請し、七月にギーゼラーの主導でシュレージエン遠征が開始される手筈となったのである。

しかし、遠征は結果的に失敗に終わった。マクデブルク大司教とマイセン辺境伯エッケハルトは、ボレスラフとの和平交渉の場で奸計に陥り、囚われの身となってしまったのである。それのみならず、ベーメン大公は、この捕虜たちを取引材料に、ミェシコを相手とする条件闘争に臨んだ。両者は、解放後もリュティチ族の激しい追跡に遭い、ザクセンの故郷に命からがら辛うじて帰還するという有様であった。

もっとも、テオファーヌの東方政策は、後年オットー三世によって継承・発展させられる方向性を既に示唆している。リスクの大きい大規模な軍事力の投入によってではなく、東方で急速に台頭しつつあるポーランド大公との協調関係を基軸に据え、ただし、ベーメンを正面から敵に回すことなく、エルベ―オーデル間の失地回復とキリスト教化を目指す方策である。ミェシコの側も、同年の秋か恐らくは死去する

図23　オットー1世（右）とエディット夫妻（推定）
マクデブルク大聖堂，1250年頃

九二年、グネーゼンを本拠地とする支配領域を、聖ペテロとその後継者、すなわちローマ教皇に寄進するという行動に出た。かつての研究は、そこに帝国からの自立の目論見を読み取った。しかし、真意は、新たに誕生したポーランドに対し、教皇による保証を確保することにあったようである[8]。一〇年後の一〇〇〇年、オットー三世は、そのローマ教皇をも巻き込んで、思いもかけない教会組織の再編・統合策を提示することになるであろう。

マクデブルク

九九〇年七月の一か月間、シュレージエン遠征の基地としてテオファーヌ親子が滞在したのは、マクデブルクである。大聖堂には、創建者オットー一世と最初の妻エディット（九四六年歿）の亡骸が埋葬されている。幼少期のヴォイチェフ＝アーダルベルトは、故郷のベーメンを離れてここの聖堂学校で学んだ（九七三〜八一年）。

彼が自由学芸を学ぶべく連れて来られたのは、気高きマクデブルク、すなわちドイツ人 *Theutones* の新たな大司教座都市であった。この都市を荘厳なる大司教座へと高めたのは三代のうちの初代オットー、最も偉大な国王にして尊厳なる皇帝であり、彼は、今日見ることができるように、美しきエルベ河畔のほど近くに聖マウリティウスに奉献されたまったく壮麗なる聖堂を創建したのである（ブルーノ『プラハ司教アーダルベルト伝』四章）。

教師オトリックの「高名な記憶は、今でもなおザクセン全体で保たれている」。授業の時に生徒は教師の前でラテン語のみ話し、「野蛮な言語」、つまり俗語を使用する者はいなかった。ヴォイチェフも、教師から懲罰として背中を鞭打たれた時、最初はラテン語で「我が主よ！」と叫んだ。しかし、鞭の痛みが堪えきれぬ程になると三つの言語を用い、「時にはザクセン人として、時にはスラヴ人としてかの言葉にて憐憫を請うた」（五章）。ヴォイチェフが思わず使ってしまった俗語は、地元のザクセン語と母語のチェコ語である。

オットー二世夫妻は、父ゆかりのこの都市をイタリア遠征までは毎年訪問していた。しかし、テオファーヌは、それ以降一度も足を踏み入れてはいなかった。大司教ギーゼラーには六年前、夫の死後の王位継承争いでハインリヒ喧嘩公を支持し、枝の主日には彼に政治的デモンストレーションの舞台を提供した過去がある。それが影を落としていたことは間違いない。かつて二世の寵臣として大司教の地位まで授かったギーゼラーの側も、あの事件以来テオファーヌの宮廷に伺候することを避け続けている。

ブルーノとティートマル

マクデブルク滞在期間中、皇后と今や一〇歳になった幼王は、同地の聖堂あるいは修道院の付属学校で学ぶ二人の若き聖職者の姿を目にしたかもしれない。一〇〇九年にメールゼブルク司教となり、『年代記』（一〇一二～一八年成立）を執筆するティートマル（九七五～一〇一八）と、異教徒伝道大司教としての活動のさなかに、先に引用した『プラハ司教アーダルベルト伝』（一〇〇四年成立）を著すことになるクヴェーアフルトのブルーノ（九七四／七五頃〜一〇〇九）である。

互いに縁戚関係にある二人は、ほぼ時を同じくして東ザクセン地方の有力伯家門に生まれたが、その後対照的な道程を歩むことになる。ただし、一〇年前の九八一年にオットー二世とギーゼラーの主導でメールゼブルク司教区が解体された事件を、翌八二年のコロンネ岬での大敗北、そして八三年のスラヴ人蜂起の原因と考える点でまったく意見を同じくする（ティートマル『年代記』三巻一六〜一九章）。

特に激情的なブルーノの皇帝批判は、舌鋒の鋭さにおいていささか常識を超えている。

父が大いに崇敬する殉教者の名誉のために設立した司教区を、自らの野心によって罪に陥った息子は破壊した。彼は、いかなる秩序もなすことはなかった。あたかも大海に水を注ぐ者の如く、彼は、既に充分な飾りに満ちた大司教区をさらにひときわ豊かにすべく、司教区を取り壊した。彼は、良きラウレンティウスから奪った司教を、大司教としてマクデブルクの我々の聖マウリティウスの座に据えた。これは、神の教会の法に反したおこないである。……父が、ラウレンティウスの助力を得て、戦いであまねく勝利したように、息子はラウレンティウスを侮辱した。その罪業の故に、勝利を無にし、その治世においてあらゆる恥辱を受けたのである（『アーダルベルト伝』一二章）。

先行する九・一〇章では、オットー二世の政策全般に批判が向けられていた。

選出された司教は、かくして黄金に輝くイタリアへと赴いた。峡谷の狭い道を抜けた彼を最初に迎え入れたのはヴェローナで、それは王国の入り口にあって美しい頭を揚げていた。かの地で司牧杖をもって彼を叙任したのはオットー二世であり、彼は当時その父に取って代わり急遽皇帝権の高みに上っていた。しかし、幸運の兆しの下にはなく、精気に溢れ熟達した賢明さをもって国家を統治することはなかった。彼は国王たる者、望むことのすべてをやり遂げねばならないという誤った考えを信じたが故に、手に入れた世界を喪失し、父に対する畏怖心がもたらした平和を無に帰せしめた。ドイツ人の地 *Theutonum tellus* は、水夫が死んだことに感じ入った。神の御加護を広め、キリスト教の多大な善行を増大させた、世界の舵取りが永眠したことに（九章）。

ラウレンティウスを侮辱した、その罪業の報いは、神の怒りとして降りかかってくる。

この頃、粗暴な異教徒のリュティチ族は、キリスト教の軛を棄て——彼らは今なお、その過ちによって喘いでいる——、頭をもたげて別の神々を目指していった。キリスト教徒は逃走を試みたものの、逃げおおせることのできなかった多くの者が剣によって殺害された。当時オットーが犯した罪業の故に、多くの災いが生じた。……国家はその皇帝によって恥辱を被ったことで下降し、キリスト教徒は我が身を苛み、神の怒りに感じ入った。……ドイツ人 *Theutones* の気高き心は汚され、辛酸を嘗めなければならなかった。……最後のそして悲しむべき戦いを、彼は裸のサラセン人とおこなった。その数は信じられない程に膨れあがっており、屍の殺戮に疲れた右腕はその勢いを失い、戦う英雄たちの力は尽き果てた。尊厳なる皇帝が最も愛した故郷の深紅の花、金髪のゲルマーニアの誉れは、剣によって撃ち倒され、散華した。

この後、執筆時の〝現在〟（＝一〇〇四年）における異教徒伝道への無策を批判した後、オットー二世への非難は、次のように結ばれる。

我々が聞き知っているように、彼には生き生きとした力、燃えるような不屈の若さ、そして戦いをも厭わない勇敢さが備わっていたものの、洞察力には事欠いていた。多くの善行を積んだが、年齢故の性急さに惑わされ、軽率さによってさらに多くの罪業を犯した。彼の時代に戦いが起きた場合、ほとんど常に敗北を被った。ドイツ人 *Theutones* がその習いに反して戦った時、あらゆる不幸に見舞われた。その原因は、国王が主に対して気付かずになした不当なおこないにある（一〇章）。

司教区解体の主たる責任をオットー二世とギーゼラーのいずれに帰するかで二人の立場は異なるものの（本書17頁）、九八一年の決定に対する批判は、この時期ギーゼラーのお膝元のマクデブルクにおいてでさえ共有されていた。後年息子の三世に宮廷司祭として仕えることになったブルーノは、やがて彼に対し一定の距離を置くようになる。ただし、二人の人生は、不思議なくらいその節目毎に交錯していくであろう。

祖父の死、母の死――九九一年

翌九九一年四月五日、慣例通りクヴェトリーンブルクで祝された復活祭は、皇后としての名声と成果という意味で、夫を失って以後のテオファーヌの人生における頂点を画する出来事となった。息子オットー三世と娘のアーデルハイト、義姉マティルデの他、ポーランド大公ミェシコ、彼女が最も信頼するイタリアの二人の諸侯、ピアチェンツァ大司教ヨハネス・フィラガトスとトスカーナ辺境伯ウーゴ（在位九六八頃～一〇〇一）が、「その他のヨーロッパの第一人者たちとともに皇帝権の名誉に恭順の意を示すために」同地を訪れたのである（『クヴェトリーンブルク編年誌』同年の項）。

ニーダーロートリンゲン大公シャルルが三月末に敵方の奸計に陥り捕縛されたとの衝撃的な報せがもたらされたのは、宮廷がメールゼブルクに移動した四月末頃であった。国王ユーグとの激しい攻防戦の中、ランの占拠（本書58頁）に成功した彼は、大胆な裏切り劇によって虜囚の身となったのである。宮廷は、西方情勢の転換に対応すべく、ナイメーヘンへと向かった。ヴィリギス・ヒルディバルトの他、辺境伯ウーゴも同行し、オットー三代に対し変わらぬ忠誠を尽くしてきたリュッティヒ司教ノートガーらが、一行を歓待した。

テオファーヌとオットー三世は、前年六月にマインツで再会して以来、常に行動を共にしている。ナイメーヘンは、彼女にとって忘れ難い地である。夫との結婚の後相次いで生まれた子供四名は、いずれも女児であった（うち一人は早死）。八年目にしてようやく待望の男児を産み落としたのは、九八〇年の六月末／七月初、アーヘンからナイメーヘンに向かう途上に滞在したケッセルの御料林内の狩猟館にてであった[9]。夫が、西フランク国王ロテールとの二年越しの戦闘を直接会見で終結させた直後である。

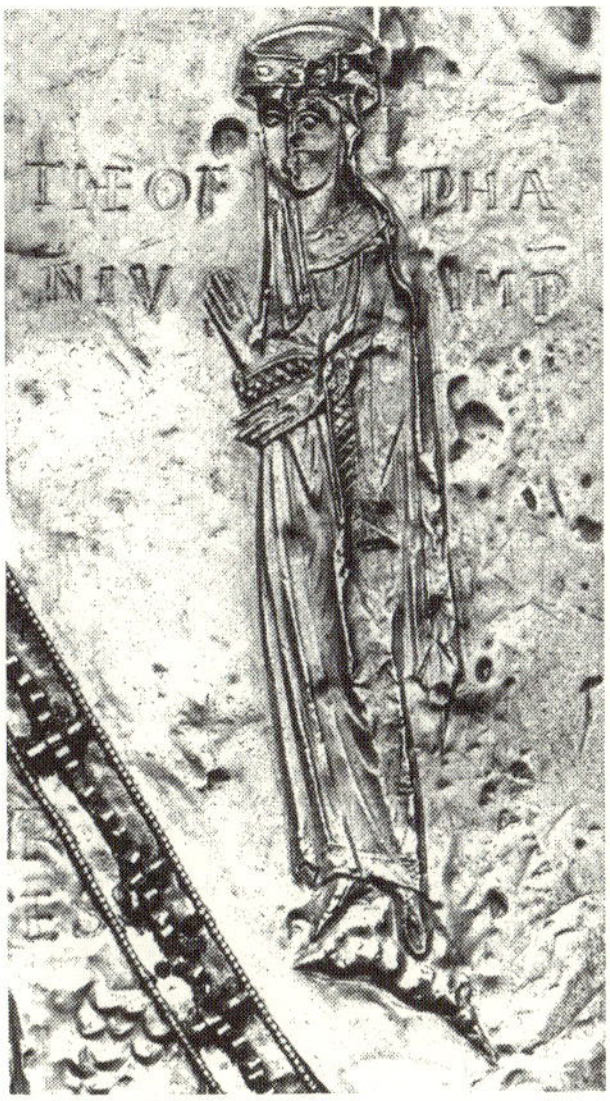

図24　テオファーヌ　「エヒターナハ，黄金のコーデックス」の表紙レリーフ（拡大）　トリーア，985～91年頃。ニュルンベルク，ゲルマン国民博物館蔵

図25　テオファーヌの棺　ケルン，聖パンタレオン修道院

それから一一年——。

この間、トラキアの父の消息は、テオファーヌの耳に届いていたであろうか。九九〇年末の冬以来、伯父バルダスと父コンスタンティノスの兄弟は、相次いで病の床に臥していた。九九一年三月六日に七〇歳の兄が死去し、その五日後、一〇歳年下の弟も後を追うように亡くなった。

三か月後の六月一五日、テオファーヌもまた、まだ成人に達していない息子と側近たちに見守られつつナイメーヘンの王宮で逝去した。享年推定三一歳。死因は、既に八八年夏にその兆しがあった肺炎と考えられる。

亡骸は、オットー家の家修道院であるガンダースハイムないしクヴェトリーンブルク、あるいは夫が建立したメムレーベンの修道院ではなく、生前の指示で、叔父のケルン大司教ブルーノにより創建されたケルンの聖パンタレオン修道院の祭壇の前に埋葬された。守護聖人として祀られている聖パンタレオンの聖遺物は、彼女が婚姻に際しコンスタンティノープルから持参し、求婚の使節であったケルン大司教ゲーロ（在位九六九～七六）に託したものである。墓所の選択にも、ギリシア人としての彼女の自己理解が表明されている。祭壇が奉献された聖アルビーヌスの聖遺物もまた、彼女のイタリア遠征の際に教皇ヨハネス一五世の仲介で獲得し、かねてより庇護していた同修道院に贈与したものである。

その後の一〇〇〇年の歴史の経過において、棺は修道院内を転々としたが、一九六二年に新たな石棺が作られ、南側に安置された。表面には、ハギア・ソフィアと聖パンタレオン修道院の両教会、すなわち彼女の出発点であるコンスタンティノープルと終着点のケルンの図像が描かれた(10)。
美貌のみならず高い教養と優れた雄弁さも兼ね備え、豪華な衣装と宝石で身を飾ったギリシア人の皇后について、同時代人が与えた評価は讃辞と批判に二分される。ティートマルは追悼文中で、彼女の死の前兆として前年の一〇月二一日に観測された日蝕との因果関係を憶測したうえで、七年半の後見統治に対して――聖職者としての偏見抜きではないが――全体にポジティヴな評価を下している（『年代記』四巻一〇章）。

確かに彼女は〔女という〕弱い性の生まれではあったが、慎み深さと志操、そして生活態度は、見事なものであった。これは、ギリシアでは稀有なことである。息子の統治を男性の如き力強さをもって見守り、正しき者には情け深く、反抗する者には畏怖と服従の念を与えたのである。

2　アーデルハイトの後見

アーデルハイトの後見統治――九九一〜九九三年

亡き母に代わってオットーの後見役に就いた祖母アーデルハイトは、この時既に約六〇歳になっていた。幼王の身近にいる親族は、父を失って以来常に女性たちである。唯一の男系親族は、バイエルン大公ハインリヒ喧嘩公とその同名の息子のみである。ただ、高齢のアーデルハイトが精力を傾けたのは、幼王の養育や政治よりもむしろ教会、特に自らの墓所としてアルザスに建立中のゼルツ修道院に対して、国王の名において帝国領を気前良く寄進することであった。倹約を旨としたテオファーヌが七年の後見期間に発給した証書数を、アーデルハイトは僅か二年半で凌駕している。

気懸かりなのは、証書数の多さにもかかわらず、アーデルハイトの後見期にテオファーヌの魂の救済のために記念祈禱《メモリア》が捧げられた形跡がほとんど見当たらない事実である(11)。二人の皇后の間の確執については、既に繰り返し言及してきた。両者のライヴァル関係を、『ニーベルンゲンの歌』のクリムヒルトとブリュンヒルデのそれに準える研究者もいる程である(フリート)。記念祈禱の欠如に、祖母の側からの意図的な〝記憶の弾劾〟を看取すべきなのか否か、研究者の見方は分かれている(12)。

もっとも、政策の基本的方向性は変わらない。宮廷人脈で唯一変化したのは、マクデブルク大司教が再び頻繁に姿を現すようになったことである。ギーゼラーは、テオファーヌの死から三世の親政開始直前の九九一～九三年の間、オットー一・二世名のマクデブルク大司教教会宛の一連の偽作証書を、書記長ヒルディバルトと共同で作成していたことが、フシュナーにより明らかにされている(13)。

重要な事件としては、九九二年一〇月にハルバーシュタットで盛大に挙行された献堂式が注目される。九六五年に崩落した司教教会に代わる新聖堂の落成を祝する儀典には、国王オットー、アーデルハイトとマティルデの王族に加え、モンテ・カッシーノ修道院長マンゾを初めとする内外からの多数の聖俗諸侯が列席した。聖別を与えたのは、ギーゼラーら、使徒の数に倣った計一二名の大司教・司教たちである。各種の祭壇の聖別が終了した後、オットーが贈り物として黄金の笏を主祭壇に置いた。

この豪華なデモンストレーションには、「メールゼブルク問題」をめぐりこじれた王家と同地の司教ヒルディヴァルトとの間の最終的な和解の場という政治的意図が込められていた。恐らくマインツ大司教がアーデルハイトとともに演出したセレモニーの意味するところは、ハルバーシュタット司教教会とその管区の存続を王権が担保するという意思表示である。裏返すならば、国王も含めた列席者全員が、一一年前

図26　オットー1世とアーデルハイト　マイセン大聖堂，1265 / 70年

に彼らの同意を欠くままローマの教会会議で決定されたメールゼブルク司教区の解体を事後的に追認し、現状維持を神の前で誓約したということに他ならない。そのことは、守護聖人として司教区を失った聖ラウレンティウスのために、新聖堂の祭壇の一つが新たに奉献されたことに示されている。

ヴィリギス

この間事実上の政務を取り仕切ったのは、マインツ大司教ヴィリギスとヴォルムス司教ヒルディバルト、いずれも五〇代の書記局長と書記長という息の合った長年のコンビである。九四〇年頃にザクセンの下級貴族の家に生まれたヴィリギスは、低い出自にもかかわらず、オットー一・二世父子の多大の恩顧を得て、三〇代半ばにしてマインツ大司教兼書記局長の地位まで駆け上った、知略に長け万事に如才無い能吏である。加えて、ライン河以東の地域（〝ゲルマーニア〟）を管轄する教皇代理の職務も保持している。この最高の実力者の存在の大きさ、そして時に尊大とも思われる振舞いについて、一つのエピソードが伝わっている。

九九三年一月、幼王の養育係のベルンヴァルトは、ヒルデスハイム司教に就位し、管区大司教のヴィリギスの手で叙階された。新司教は若き日に一時期マインツに滞在したことがあり、助祭、司祭の叙階も彼から授けられていた。宮廷司祭を経て養育係になったのも、ヴィリギスの後押しによるところが大きい。それ故、マインツ大司教は、この三年来緊張関係が続いているヒルデスハイム司教教会のトップに、自らの息のかかったベルンヴァルトを据えることに躊躇《ためら》いはなかったはずである。三年前の事件は次のように起きた。

既に一言したように九八九年一〇月、テオファーヌはイタリア遠征の直前、ハルツ地方にあるガンダースハイム女子律院に預けていた一四歳の長女ソフィア（九七五～一〇三九）を律修女として聖別させた(14)。同院は、リーウドルフィング家の始祖である伯リーウドルフ（八六六年歿）によって八五六年に建立された由緒ある律院で、歴代院長職もほぼ同家の女性たちによって占められてきた。当時の院長は、喧嘩公の姉ゲルベルガ（在位九五六～一〇〇一）である。律院は、ヒルデスハイム司教区の最南端に位置し、隣接するマインツ司教区の北端と境界を接している。ところが、聖ルカの祝日である一〇月一八日の儀式を控えて、ソフィアは突如、同院を管轄するヒルデスハイム司教オスダグ（在位九八四／八五～八九）の手から律修女の袈裟を受け取ることを拒否すると言明した。皇帝の娘たる自らにとって一介の司教では身分不相応、というのがその理由である。そして、ローマ教皇から大司教としての肩衣《パリウム》を授けられたヴィリギスにその任を要請したのである。大司教は、「そのことで古来からの教会法をいかに傷つけるか、充分に熟考することもなく」、これを了解した。

マインツ大司教による授与は、ヒルデスハイム側から見れば、司教の権限と名誉を侵害する越権行為に他ならない。年老いたオスダグが二人きりの密談で大司教にその根拠を問いただすと、ヴィリギスは、「脅すような眼差しで苛立ち」、同院は、ヒルデスハイムではなく自らの司教区に属すると言い放った。司教権限の帰属をめぐって生じた両者の対立は、隣接する司教区間の領域画定をめぐる紛争へと転換したことになる。なお、歴代マインツ大司教が同院に対する領有主張を掲げたことは、これまで一度もなかったことである。

二人の口論は祝典当日も、前皇后・国王や居並ぶ聖俗の貴顕の面前で続けられた。オスダグは、管区司教としての権限をデモンストレーションすべく、祭壇の横に司教椅子を据えさせた。「ほぼ皆の者が彼に好意的であった。大司教の傲慢な態度は、恐れて誰もそれを口にこそしなかったものの、彼らには得心がいくものではなかったからである」。これに対し、ヴィリギスは、参列者に懇願するというパフォーマンスに打って出た。前皇后は、彼に主祭壇でのミサの執行を許した。しかし、着衣儀礼については大司教の予想に反して認めず、双方の譲歩という形で裁定が下された。ソフィアの着衣儀礼は、祭壇の両側に据えられた椅子に各々座った二人の高位聖職者の手で、同時に挙行されたのである。他の律修女の着衣儀礼は、オスダグが単独でおこなった。

当時養育係として幼王の側近くにいたベルンヴァルトは、事件の一部始終を複雑な気持ちで目撃していたであろう。老齢のオスダグは、三週間後の一一月八日にこの世を去っている。なお、ベルンヴァルトは司教に就任して二年半後の九九五年七月末、国王および各々三人の大司教・司教らが列席した教会会議を、恐らくはヒルデスハイムの地で主宰している。この時には、ヴィリギスとの対立が再燃することはなかった(15)。

以上の経過は、後年ヒルデスハイム側の主張を正当化すべく同教会の聖堂参事会長タンクマル（九四〇頃〜一〇一九以降）が執筆した、『ヒルデスハイム司教ベルンヴァルト伝』（一〇〇七〜一三／二四年成立）の叙述に基づく（一二章）。作品の傾向性は否定すべくもないが、それは後見統治においてヴィリギスが占めた枢要な地位をあますことなく物語るものである。しかし同時に、双方痛み分けの裁決が示すように、こ

図27　大司教ヴィリギス（左）『聖ヴィリギスの奉献と奇蹟』　マインツ，1147年。在モスクワ，ロシア国立図書館蔵

の事件は、いかに実力者のマインツ大司教といえども、聖界諸侯の合意形成《コンセンサス》によって担保された秩序を毀損した時、他の当事者の反発を招き、双方の上位に立つ皇后の調停に服する以外なかったことを示している。〝反抗的な司教〟（ヘール）(16)が展開する自己主張と紛争解決の方法は、この時代の政策決定のメカニズムを窺い知るうえで重要なファクターとなる。ともあれ、「メールゼブルク問題」と並び、後々までオットー三世を悩まし続けることになる「ガンダースハイム紛争」は、こうして始まったのである。

第三章　皇帝戴冠　九九四〜九九六年

1　親政の始まり

親政の始まり――九九四年

アーデルハイトの後見期間は三年余で終わった。一四歳の国王は九九四年末／九五年初頭、単独での統治を開始した。後世の騎士の帯刀儀礼のような、成人を祝する特別な儀式が執り行われた事実は見当たらない(1)。ただし、国王証書では顕著な変化が見られる。後見期の証書では、執り成し人として現れる前皇后と書記局長・書記長の三人が実質的に発給者の役割を担っていたが、親政開始以後は、執り成し人への言及は徐々に減少していく。九五年になると、オットーの巡幸にアーデルハイトが同行することはもはやなく、両者は各々別行動を取るようになる。

少年王の自立的傾向は既に九九三年二月、姉のマティルデ（九七八〜一〇二五）が養育のために預けられていたエッセンの女子律院を訪問した出来事からも看取できる。この時、オットーの許しを得て、一四歳のマティルデとロートリンゲン宮中伯ヘルマン（九九六年頃歿）の息子エツォー（九五四頃〜一〇三四）の婚

図28　クリスティアン・ダニエル・ラウフ作，「ミェシコとボレスラフ・クローブリー」　1826～41年，ポズナニ大聖堂

約が取り決められたと推定される。二人が後年ケルン近郊に創建したブラウヴァイラー修道院の『建立史』（一〇七七～九〇年頃成立？）は、結婚が実現するに至った経緯を逸話として伝えている。テオファーヌがまだ生きていた頃、アーヘンの宮廷でオットーとエツォーが盤上ゲームに興じた際に賭けをした。もし、エツォーがオットーに勝ったならば、何であれ望みを叶えるというものである。勝者となったエツォーは皇帝の娘を所望し、約束は実行された――。ティートマルは、二人の結婚に対して多くの反対があったことに言及しており（『年代記』四巻六〇章）、身分違いの結婚を正当化すべく脚色された寓話であろう(2)。

翌九九四年六月には、長姉ソフィアに対し、「余の母、尊厳なる皇后テオファーヌが死の床でなした執り成しに従って」、所領を寄進している（DOIII 146）。一〇月にレーゲンスブルク司教ヴォルフガングが死去した後の後継人事では、バイエルン大公ハインリヒの意中の候補である同司教座聖堂参事会員のターギノを斥け、側近の宮廷司祭のゲープハルト（在位九九四～一〇二三）を後任に据える自らの意志を貫いた。

新たな方向性が示されたのは、直前の九月にゾーリンゲンで開催された帝国会議である。前皇后アーデルハイト、姉ソフィア、書記局長・書記長およびバイエルン大公の他、イタリアからは九八八年以来書記局長を務めるコモ司教ペトルス（在位九八三～一〇〇四）、トスカーナ辺境伯ウーゴ、ピアチェンツァ大司教ヨハネス・フィラガトスたちが参集した。討議されたのは、皇帝戴冠のためのイタリア遠征の準備、そして若き国王の妃としてビザンツ皇女を求める使者をコンスタンティノープルに派遣することであった。テオファーヌは、ビザンツ帝国の実質的な支配者である将軍皇帝ヨハネス・ツミスケスの妻マリア（九六九年歿）の姪であった。今回は、ヨーロッパにおける最高の家門たるマケドニア朝の正嫡、「緋室生まれ」の皇女が期待された。しかし、ビザンツとの関係は、九七六年の将軍皇帝の死、八二年のコロンネ岬の戦い以降冷却化しており、「東」に対する「西」の皇帝権の対等性を意味する「緋室生まれ」の皇女との婚姻交渉は、難航が予想された。

人事で重要なのは、当時まだ二〇代半ばのヘリベルトのイタリア書記長への抜擢である。コンラート家の出のヘリベルトは、国王よりも約一〇歳年長で、ロートリンゲンの改革派修道院の拠点ゴルツェ、ヴォルムスの司教座聖堂学校を経て、数年前に宮廷司祭に迎えられていた。アルプス以北の聖職者が、イタリア王国統治の実質上の要となる書記長職に任命されたのは、この時が初めてである。

会議終了後の同月末には、フルダ修道院長ハットー三世（在位九九一〜九七）がローマに派遣された。翌九九五年四月には、求婚使節として、ヨハネス・フィラガトスとヴュルツブルク司教ベルンヴァルト（在位九九〇?〜九五）の両名が、ボスポラスの宮廷に向け旅立っていった。ただし、ベルンヴァルトは九月、往路の途次にエウボイア（エヴィア）島で病歿した。オットーは後継司教にヘリベルトを充てることを考えていたが、本人は固辞し、代わりにその推挙で弟の宮廷司祭ハインリヒ（在位九九五／九六〜一〇一八）が任命された。

対スラヴ遠征——九九五年

エルベ上・中流域の奪還がほぼ完了したのに対し、下流域では一進一退の状況が続いていた。

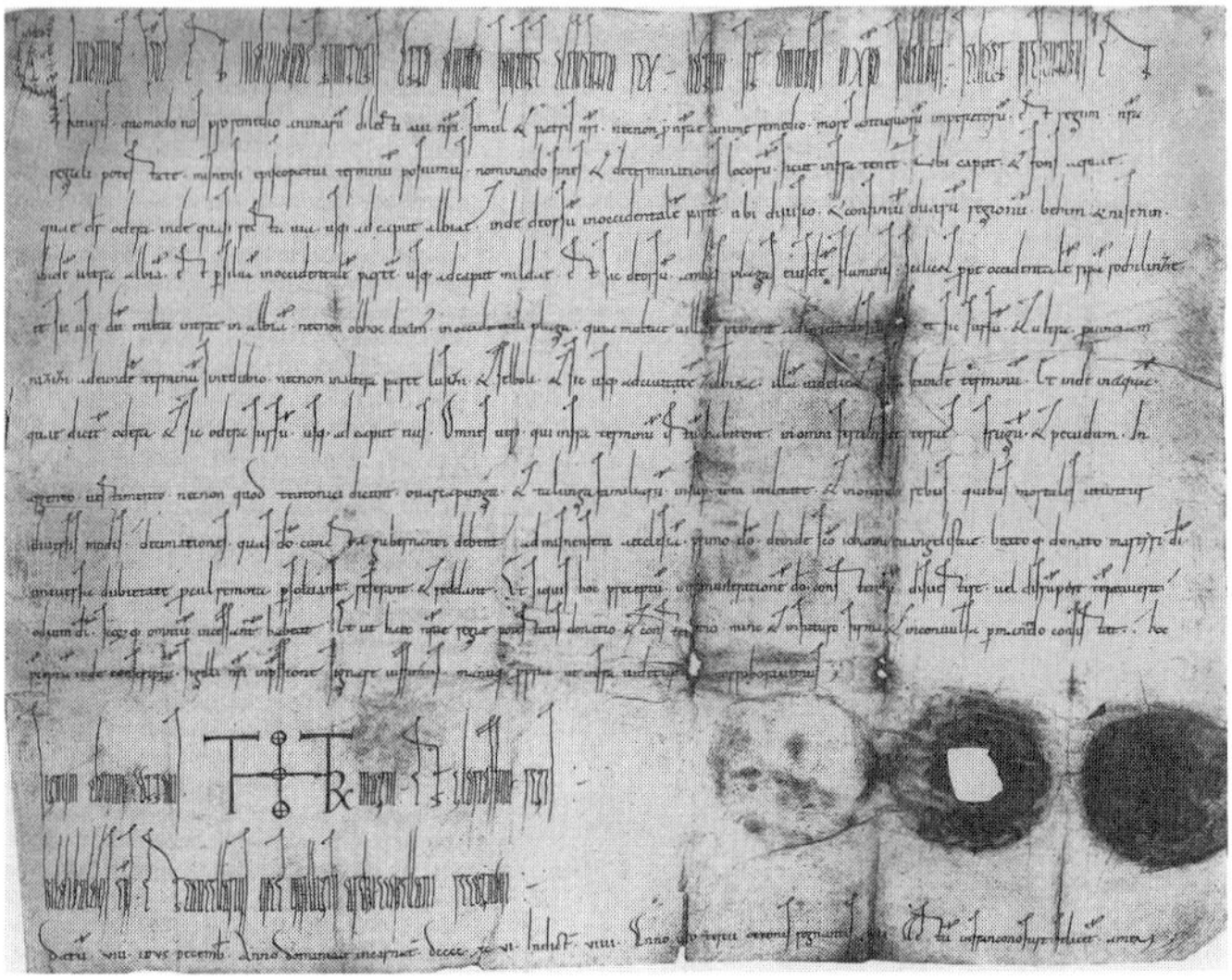

図29　DOIII 186（原本）　在ドレスデン・ザクセン州立文書館蔵

九九五年八月中旬に国王自らが率いたメックレンブルク遠征には、ザクセンの主力に加えて、ハインリヒ喧嘩公の率いるバイエルン勢、ベーメンからも大公の同名の息子ボレスラフ三世の援軍が参加した。さらに途中で、この間に死去したポーランド大公ミェシコの後継者ボレスラフ・クローブリー（在位九九二〜一〇二五）も合流した。バルト海地方という最遠の地まで足を踏み入れたのは、歴代フランク国王の中でオットーが最初である。しかし、遠征は、オボトリート族討伐については見るべき成果をもたらすことなく、一〇月初頭に終了した。直後にブランデンブルクが失われたこともあり、全体としては失敗に終わったと言える。

ただ、終了後の一二月に作成されたマイセン司教教会宛の国王証書（DOIII 186）からは、当時オットーが模索していたエルベ以東の教会組織の再編構想を垣間見ることができる。その内容は、マイセン司教区の境界を、ベーメンのプラハ司教区の一部やポーランド支配下のシュレージエンも含め大幅に拡張するというものである。隣国の教会管区の画定にまで踏み込んだこの異例の証書については、かつて改竄・偽作説も提起されたが、今日では正式に発給されるに至らなかった真正証書であることが明らかにされている(3)。実現こそしなかったものの、国王の本来の意図は、プラハを拠点とするプシェミスル家のベーメン大公の専横を牽制しつつ、そのライヴァルのポーランド大公と同盟したベーメンの名門貴族スラヴニーク家の勢力圏を、新たに拡張したマイセン司教区の中に編入するという極めて大胆なものであった。

スラヴニーク家については、プラハ司教アーダルベルトとの関連で既に言及した。彼はこの間の九二年、管区大司教のヴィリギスとベーメン大公ボレスラフ二世の圧力でローマから一旦プラハに帰還したものの、その地位を持ちこたえることはできず、九五年に再びローマへと向かっていた。しかも、オットーのメックレンブルク遠征に息子を代理として派遣していたベーメン大公は、そのさなかの聖ヴァーツラフの祝日（九月二八日）の直前に、プラハ北東に位置するスラヴニーク家の居城リビツェを突如として襲撃し、一族を殲滅させてしまったのである。アーダルベルトの実の兄弟五人のうち、唯一人生き延びたのは、上記遠征に参加して不在であった長兄ソベスラフのみであった。

問題の国王証書は、マイセン司教、あるいはその管区大司教たるマクデブルクの利益というよりは、スラヴニーク家を教会政策上国王の庇護下に置くことを目的としていたのである。その実現を阻止する先頭に立ったのは、再び空位となった自らの属司教区（＝プラハ）の縮小を望まないマインツ大司教であったと考えてまず間違いはあるまい。

ハインリヒ喧嘩公の死

この間の八月二八日、バイエルン大公は四四歳でその生涯を閉じている。遠征軍に参加すべくマクデブルクに赴いたが、姉のゲルベルガが院長を務めるガンダースハイム律院を訪れた際に急に発病し、そこで息を引き取った。ティートマルによれば、死の床に同名の息子ハインリヒを呼び寄せ、次のように命じたという。「急ぎ故郷へ帰還し、統治を固めよ。汝の国王にして主人に対し決して反抗してはならぬ。それというのも、自らはかつての所業を深く悔いておる。父のことを忘れるな、この世ではもう二度と会えないのだから」（『年代記』四巻二〇章）。息子は最期を見届けることなく、急ぎバイエルンへと向かった。父の亡骸は同院に埋葬された。

その息子が国王位に就いて間もなくザクセンで執筆された『王妃マティルデ伝（新編）』（一〇〇二／〇三年頃成立）は、喧嘩公がまだ幼少であった頃——恐らく九五六年八月——のエピソードを伝えている。ザクセンのフローゼの王宮の宴の席で、初代国王ハインリヒ一世の寡婦マティルデ（八九六頃〜九六八）と王妃アーデルハイトが、ハインリヒと誕生後間もないオットー（二世）が一緒に遊ぶあどけない姿を見ながら、子供たちの将来についてあれこれ語り合う場景である。二人の女性は、ハインリヒの妻の候補について話題になった時、意見を異にした。アーデルハイトは、最初の夫のイタリア国王ロターリオとの間に生まれた娘エンマを提案したが、マティルデは長い沈黙の後、深く溜息をついてこれを斥けた。ハインリヒという名は、夫の死去以来常に不運と結び付いてきた。その名を与えられたこの子もまた、将来、困窮と苦悩に耐えねばならぬ運命にある。「しかし、私は、この名が我々の一門から失われることのなきよう望みます。いつか、この幼子にも子供が生まれ、その子は（亡き夫と同じく）王位に就くかもしれぬのだから」（二〇章）。エンマは結局、既に見たように西フランク国王ロテールに嫁し、西カロリング王家最後の国王ルイ五世を生むことになる。

バイエルン貴族の支持をいち早く取り付けたハインリヒ（大公としては四世）に、七歳年下のオットー三世は大公位の授与を拒否できなかった。リーウドルフィング家傍系のハインリヒ三代による、大公位の事実上の世襲である。息子は、国王に対する忠誠という父の遺言を厳守するであろう、主人が存命する限りは。

2　第一次イタリア遠征

レーゲンスブルク――九九六年

ローマではテオファーヌが死去した九九一年の秋以降、クレシェンツィ二世・ノーメンタヌスが事実上の単独支配体制を固めつつあった。九九五年三月、教皇ヨハネス一五世は圧力に耐えかね、ついにローマを退去した。夏になると、救援を請う使者をオットーの下に派遣してきた。皇帝戴冠のためのローマ行はかねてより準備されていたことでもあり、翌九六年二月、オットーはバイエルンの首都と言うべきドーナウ河畔の司教都市、レーゲンスブルクを遠征の出発地に選んだ。

王族の参加者は、五歳年長の姉ソフィアのみで、一六年前とは異なりアーデルハイトやマティルデの姿はもはやない。書記局を管掌するヴィリギス、ヒルディバルトのヴェテラン勢の他、ヘリベルトとハインリヒ兄弟、宮廷司祭フランコ・ブルヒャルトの兄弟、そしてヒルデスハイム司教ベルンヴァルトの兄でオットーの友である伯タンモら、若き国王によって次々に側近に迎えられた若手世代が中心をなす。

レーゲンスブルクでオットーは、市壁外に立つ聖エメラム修道院近傍の王宮に三週間程宿営し、再従兄

図30　ランヴォルト　「黄金のコーデックス」　レーゲンスブルク，11世紀。在ミュンヒェン，バイエルン州立図書館蔵（Clm 14000）

弟の新大公ハインリヒによって手厚く歓待された。この間、彼は極めて個性的な人物と出会っている。レーゲンスブルク司教は、聖エメラム修道院長位を兼務するのが長らくの伝統であった。前任司教ヴォルフガング（在位九七二～九四）はこれを分離し、初の独立した院長として迎えたのがトリーア近郊の改革派修道院、聖マクシミヌスの修道士ランヴォルト（在位九七五～一〇〇〇）である。彼は、修道院改革を進めたものの、この時ヴォルフガングの後継司教ゲープハルトによって、修道院所領の帰属をめぐり不当な非難を受けていた。

当初オットーは司教の諫言を容れ、院長との面会を拒絶し続けた。しかし、ヘリベルトの熱心な勧めで修道院の礼拝堂を訪れた際に彼が見たのは、冬の厳しい寒さにもかかわらず、凍てつく石畳の床にひれ伏して嘆願する九〇代半ばの老院長の姿であった。感受性に溢れた若き国王は、当代を代表する禁欲主義者の篤実にして謙虚な人柄に強い感銘を受けた。彼は悔悛の秘蹟を所望し、聴罪師たる老人と奥の庵へと進んでいった。二人だけでの長時間の対話を終えて出てきたオットーの表情は、まるで別人であるかの如く澄み渡り、眼は溢れんばかりの涙に濡れていた。そして、待ち受けていた従者たちに、「誠に、このお方の口を通じて、聖霊が余に語りかけたかの如くであった」と述べたという（以上、アーノルト『聖エメラムの書二巻』〈一〇三六年頃成立〉による）(4)。

まだ一五歳の彼がこれまで知っていた聖職者とは、野心家のヨハネス・フィラガトスやギーゼラーはもとより、老獪な政治家肌のヴィリギス、教養人のベルンヴァルトといった、いわば片足を俗世に置きつつ僧衣を纏った〝君侯〟たちであった。世俗的利益を悉く否定し、禁欲生活を貫くことに至高の価値を見い出す孤独な〝求道者〟と出会ったのは、恐らくこの時が初めてであったろう。

ヴェローナ

九九六年三月初、勢揃いした国王の一行は、支配権標である「聖槍」を先頭にレーゲンスブルクを発ち、雪で覆われたブレンナー峠を目指して南に進路を取った。重装備の騎兵の数は約一五〇〇名を数え、このうち七〇〇名は聖界諸侯が負担した。

この時代の峠道で代表的なのは、スイス＝アルプスのグラン・サン・ベルナール、ゼプティマーなど標高二〇〇〇メートル級の急峻な峠か、今日オーストリアとイタリアの国境をなすブレンナー峠である（サン・ゴタール峠の開通は一三世紀初頭）。街道が良く整備された標高一三七〇メートルのブレンナーは、ロバなどの荷駄用の家畜を必要とせず、強化した荷車のみで越えることのできる当時唯一の峠であった。八〇年後の一〇七六年暮れ、オットー三世の四代後の国王ハインリヒ四世（在位一〇五六〜一一〇五）は、主要な峠道が反国王派貴族により封鎖されたため、大きく西に迂回して厳冬のモン・スニ峠を難儀して越え、トスカーナのカノッサ城へと向かうことになるであろう。

南ティロールの司教座都市ブリクセンを過ぎてエッチュ渓谷を下ると、眼前にはロンバルディア平原が広がっている。ここまで来ると、季節はもはや冬ではなく、南の暖かい春の息吹を感じさせる。民衆が話す俗語もロマンス語が優勢となる。「ロンバルディア」の語源を提供したランゴバルト人が、北イタリア

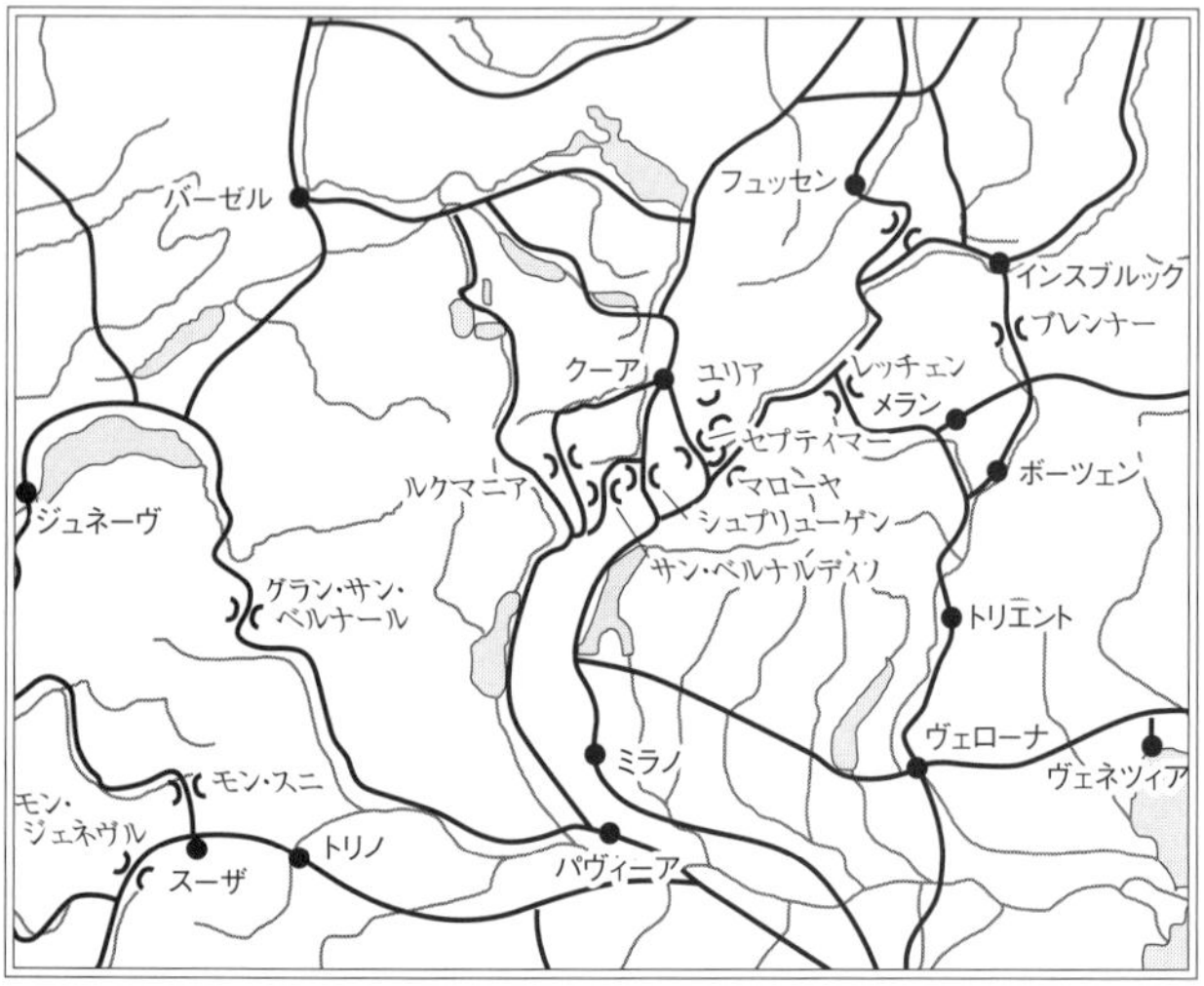

図31　アルプスの峠道

に到来したのは六世紀後半である。彼らは、元来西ゲルマン語系の民族であったが、定住が長期化する過程でその母語は卑俗ラテン語＝ロマンス語へと変化していったのである。

　イタリア王国の入り口で、古代の競技場と数多くの塔の偉容を誇る都市、ヴェローナへの到着は三月中旬か四月初頭頃である。ヴェローナ辺境伯のオットーは、元来ヴォルムスを本拠地とする有力貴族で、父は勇猛さで知られ、レヒフェルトで戦死したロートリンゲン大公コンラート（赤、在位九四四～五三）である。母リーウトガルト（九五三年歿）はオットー一世の娘で、辺境伯とオットー三世は従兄弟の関係にある。孫のコンラート（二世）は、一〇二四年のオットー朝断絶の後、ザーリアー朝を開くことになる（巻末系図2）。オットーは、既に九七八年にケルンテン大公兼ヴェローナ辺境伯に任命されていた。しかし、八五年のハインリヒ喧嘩公の復位に伴う玉突き人事で、ルーイトポルディング家のハインリヒ（若）がバイエルン大公位放棄の見返りにケルンテン大公とヴェローナ辺境伯の官職を再授封された結果、その支配領域を失った（ただし、以後も〝大公〟と称することは認められた）。九五年にヴェローナ辺境伯に返り咲いたのは、ハインリヒの死去（九八九年）の後に二つの大公位と辺境伯位を一手に掌握していた喧嘩公が、同年亡くなったことによる。

一行は、市壁外のサン・ゼノ修道院に宿を取った。オットーが最後に父を見たのは、一三年前にこの地で国王に選出された時であった。彼はそれを覚えてはいなかったろう。ただ、ヴェローナの西方に位置するガルダ湖の城塞については、同行の姉ソフィアとともに祖母から繰り返し聞かされていたはずである。

最初の夫ロターリオが九五〇年一一月に急死した後、早くも翌一一月にイタリア王位を襲ったベレンガーリオは、九五一年四月にコモでアーデルハイトを捕らえガルダ湖畔の城に移送した。息子の共同国王アーダルベルトとの結婚を強いるためである。これを拒絶したアーデルハイトは、ここで四か月間の苦難と屈辱に満ちた孤独な幽閉生活を送った後、八月二〇日の夜、僅か二人の供回りとともに冒険的な脱出を敢行した。追っ手から逃れるべく各地の森、洞窟、穀物畑に身を潜め、ようやく辿り着いたのがカノッサ城、そしてレッジョ・ネッレミーリアの司教の館であった。その彼女をパヴィーアまで護衛し、一〇月末／一一月のオットーとの結婚式のために露払いをしたのが王弟ハインリヒ、すなわち喧嘩公の父であった（本書36頁）。

ローマでの皇帝戴冠式が無事に終了した九九六年五月末頃、オットーは、感謝の念に溢れる祖母宛の書簡をジェルベールに代筆させている（G 215）。

神は、汝の望みと懇願に応じて、幸いにして余に皇帝位を授けることを定められた。それ故、余は神の御意志に対して感謝し、汝に対しては恩義を負うている。汝の母の如き愛情、情熱的な敬虔さを、余は熟知しているのであるから、今後汝に従うことを等閑にすることは決してない。余が高き地位へと昇り、汝の名誉が増大することで、この先国家が汝によってさらに高められ、その高みにおいて幸福に統治されんこと、そのことを余は大いに願いかつ希求している。

ヴェネツィアからの使節

ヴェローナ滞在中にオットーは、ヴェネツィアと、ベッルーノおよびトレヴィーゾの両司教との間の紛争解決を請われ、裁判集会で前者の主張を認める判断を下した。歴代オットー朝皇帝は、東西二つの帝国の狭間に位置し、当時ビザンツ帝国から半独立的地位を認められていた一大商業＝交易都市ヴェネツィアに対し、友好関係の構築に努めてきた。この時期「水の都」をドージェ（総督）として統率していたのは、ピエトロ二世・オルセオロ（在位九九一～一〇〇九）で、母はトスカーナ辺境伯ウーゴの義理の姉妹である。彼は、ラグーナの都市の影響力をアドリア海沿岸、特にダルマティア方面に向け拡大する積極策を展開していた。

ピエトロはこの時、息子を使節とともにヴェローナに送り、司教オトベルト（在位九九〇～一〇〇八以降）の手で堅信礼を受けさせた。国王は晴れやかな儀式の場で代父の任を司り、ドージェの息子に自らと同じ名前を与えた。こうして創出された精神的な意味での親族関係は、二つの家門間の紐帯をより強めたのみではない。それは、ビザンツ帝国における擬制としての「諸王の家族」、すなわち皇帝とその宗主権に服する君主たちとの間のフィクショナルな血縁的ネットワークの構築を模倣することも意味していたのである。

なお、上記の出来事を目撃者として伝えているのは、ピエトロの側近聖職者で、既に前年にオットーの宮廷に使節として派遣された経歴を有する助祭のヨハネス（一〇一八年以降歿）である。『ヴェネツィア年代記』（一〇一〇年頃成立）は、儀式の叙述に続けて、「この頃ヴェローナ市民とドイツ人 *Teutonici* の軍隊の間で争いが生じ、ドイツ人は市民によって都市の街路から排除され、若干名が殺害された」と記している。犠牲者の中に側近の若者がいるのを知った国王は激昂し報復を望んだが、司教の忠告によって制止されたという（二九章A）。

アルプス以北から支配者として到来した「よそ者」に対しイタリア人が抱く敵対感情は、オットー一世のイタリア遠征以来度々騒擾の原因となってきた。類する事件は今後も続くことになる。

新教皇グレゴリウス五世

九九六年四月一二日の復活祭、ウーゴに率いられたイタリア王国の有力貴族は、パヴィーアに参集し、九八三年にヴェローナで幼王におこなった臣従の誓いを更新した。以後、船でポー川を下りラヴェンナを目指すルートは、八〇年末の父の遠征時とまったく同じである。前回と違うのは、この間に起きた二つの出来事である。

クレモナに立ち寄った四月二〇日頃、市民たちは彼らの経済的な諸権利が司教によって侵害されているとの訴えをイタリア書記長へリベルトに提起した。この陳情は国王の裁可で認められ、ローマ滞在中の五月二二日に市民宛の正式な証書が発給された（DOIII 198）。市民を保護下に置き、漁労権、街道・港、共有地の用益権を保証するこの証書は、北イタリアの司教都市でこの時期台頭しつつある新興市民層が、国王の保護を後ろ盾に都市君主に対抗して「自由」を獲得していくプロセスを知るための貴重な史料である(5)。ただし、この決定は、その後同地の司教の反対に遇い覆されることになる。

四月下旬、ラヴェンナ目指して航行中に、都市ローマを代表する使者が到来した。彼らは、教皇ヨハネス一五世が三月に病死したとの報をもたらし、併せて後継者の推挙を懇請した。国王は、使徒座の高位聖職者ではなく、従兄弟のヴェローナ辺境伯オットーの息子で、同行の宮廷司祭ブルーノを推した。ブルーノは一行を離れ、ヴィリギス、ヒルディバルトに随行されて急ぎローマへと向かった。新教皇がサン・ピエトロ教会で聖ペテロの座に就き、グレゴリウス五世と改名したのは五月初頭、恐らくは「喜び呼ばれの主日」の三日である。

ブルーノ＝グレゴリウス五世は、ヘリベルトと同じく、ヒルディバルトが指導したヴォルムスの司教座聖堂学校を経て宮廷司祭に迎えられていた。ただ、この時はまだ二〇代半ばで、教会法の定める三〇歳には達していない。オットー一世期以降、国王側近の宮廷司祭が司教・大司教に登用された事例は珍しくないが、宮廷司祭が高位聖職者としてのキャリアを積み重ねることなく一挙に使徒座の高みにまで昇った前例はない。オットーが教皇との緊密な協力関係をいかに重視していたか、その一つの証しである。

サン・ピエトロ教会

その頃、オットーの一行はラヴェンナを急ぎ発ち、ローマ目指して一日五〇～六〇キロ走破するという強行軍でフラミニア街道を突き進みつつあった。途中で目にしたアペニン山脈の山上の住居群と、しのぎを削るようにそそり立つ無数の塔の異様な光景は、一行に強い印象を与えたであろう。イスラーム教徒やハンガリー人の襲撃から避難すべく、山上に張り付くように造られた城塞都市群である。道中を急いだのは、キリスト昇天祭の五月二一日に予定されている戴冠式に間に合わせるためであった。

「永遠の都」に到着したのは前日の二〇日である。沿道の市民による歓呼は、既に数マイル前から続いていた。ローマ市当局による公式の入市儀礼は、市の北西部の境界をなすモンテ・マリオの丘でおこなわれるのが慣例である。軍隊はここに駐屯するが、皇帝が宿営する宮殿もまたローマ市内にはない。ヴァティカンの丘のサン・ピエトロ教会の北側に位置し、カロリング朝期に建てられた二階建ての建物がそれである。

図32　ドメニコ・タッセッリ画，旧教会本堂前の中庭とオットー2世の棺（左下）　1605年以降。ヴァティカン図書館蔵（A64 ter.）

当時のサン・ピエトロ教会は、四世紀にコンスタンティヌス大帝によって建造されたもので、長方形の巨大な教会建築であった。二一日の朝、オットーが聖堂正面の前廊の五段の壁段を昇ると、枢機卿に取り巻かれた新教皇が待ち受けていた。ここでオットーは教皇に向けて、「皇帝」として「聖ローマ教会の守護者」たることを約束した。グレゴリウスは、オットーを玄関廊へと導き、次いで古代の列柱が並び立つ中庭《アトリウム》に足を踏み入れた。入り口の左側に据えられ、壮麗な斑岩の蓋で覆われた石棺が、父オットー二世のものであることを教えたであろう。棺をバジリカの内部ではなく戸外の入り口に安置したのは、皇后テオファーヌの考案で、故郷のコンスタンティノープルの方式を模したものと思われる(6)。

棺の位置は、一六〇五年に旧大聖堂の取り壊しが決定された後に、公証人のグリマルディ他が記録として残した正確なデッサンから知ることができる。亡骸は一六〇九年、質素な石棺に移し替えられた。一六一八年には大聖堂の地下墓室《グロッタ》に移葬され、教皇グレゴリウス五世の石棺の横に据えられた。なお、今日ヴァティカン美術館のピーニャの中庭に置かれているブロンズ製の松ぼっくりと孔雀は、当時は中庭の中央に位置する噴水に使われていた。中庭を抜けると、大理石とモザイクで見事に飾られた、全長一一九メートル、幅六四メートル、ヨーロッパでは当時最大規模の壮麗な五廊式の大バジリカに到達する。

皇帝戴冠式

皇帝戴冠式については各種の「皇帝戴冠定式書」が伝わっているものの、オットーの戴冠式の式次第がそれらのいずれに準拠したのかは不明である。一一世紀前半に作成されたと推定される「ザーリアー皇帝戴冠定式書」や他の定式書に従うならば、次のような経過であったと想像される(7)。

いわゆる「戴冠式」は、教会のミサの一部として挙行され、正確には「聖別」と「戴冠」の二部からなる。

まず「キリエ」と「グローリア」の間に、アルバーノ、ポルト、オスティアの三人の枢機卿司教により、司教の叙階式と類似した聖別式が執り行われる。前二者が順次新皇帝のための祈りを捧げた後、オットーは、聖職者の衣装に着替えた。主祭壇の真下の窪みに位置する聖ペテロの墓《コンフェッシオーネ》の前まで進み、斑岩の床石の上で十字架の形に両手を広げて伏して跪拝した。オスティア司教が聖香油《クリスマ》をオットーの右腕、両肩の間に塗り、さらに頭頂部にしたたり落とした。

この塗油儀礼は、旧約聖書の「国王にして祭司」たるダヴィデ王の故事(『サムエル書』下、二・四)に由来する。復活後のイエスに付されたギリシア語の「クリスト」は、ヘブライ語では本来「主に塗油されし者《メシア》」を意味した。司教叙階式類似の儀典において聖別を受けた皇帝は、もはや単なる俗人などではなく

「別の人」（同、上、一〇・六）、すなわち現世における「神の代理人」になったのである。皇帝の統治権も、世俗的権力とは異なり、神の恩寵によって「聖ローマ教会の守護者」に選ばれた者としての神権的性格を併せ持つことになる。この政治神学に即するならば、皇帝による高位聖職者の任命行為、「叙任」は、単なる俗人ではなく祭司的性格を濃厚に帯びた「神の代理人」による統治行為として、当然ながら正当化されうるであろう。半世紀後に始まる「聖俗分離革命」としての叙任権闘争の根本的争点が、この塗油儀礼の中に既に伏在しているのである。

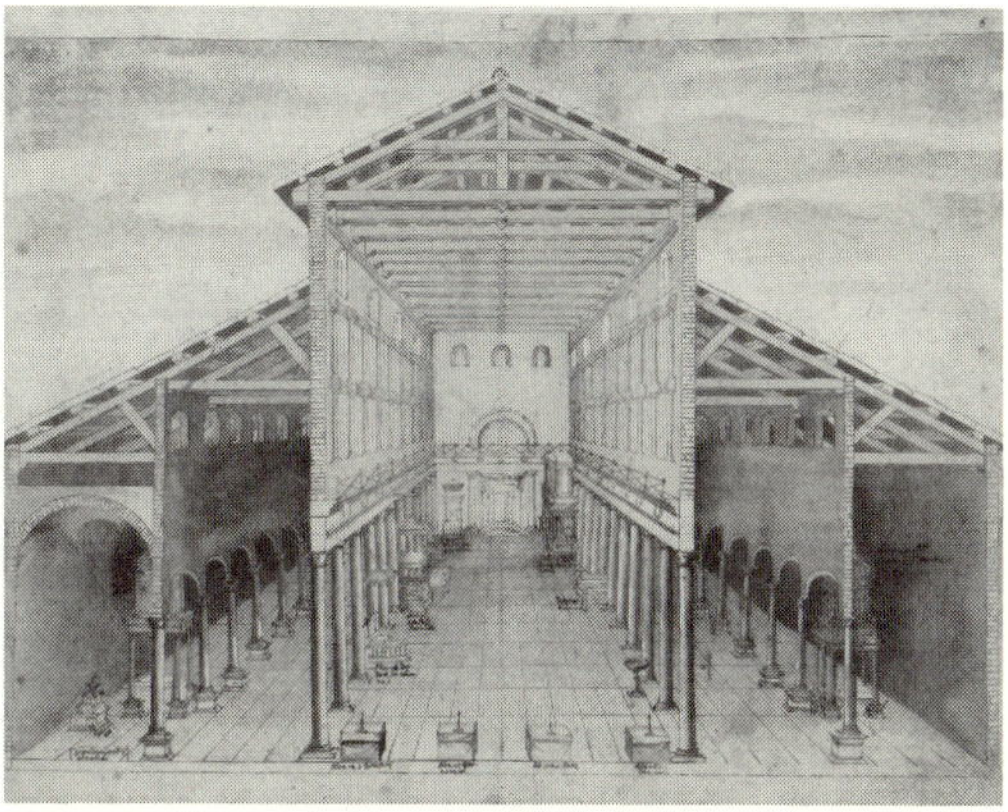

図33　ドメニコ・タッセッリ画，旧サン・ピエトロ教会本堂内部
1605年以降。ヴァティカン図書館蔵（A64 ter.）

なお、三四年前、すなわち九六二年の祖父のオットー一世の跪拝儀礼については、興味深いエピソードが伝わっている。その際彼は、随行の刀持ちに向かって次のように命じたというのである。「今日、余が使徒たちの聖なる敷居の前で祈禱を捧げる時、汝はその間常に剣を余の頭の上に掲げているのだ！　前任者たちにとって、ローマ人の誠実なるものがいかに怪しげなものであったか、そのことを余は充分に承知しているからだ。予期せずして打ち負かされることのないよう、将来起こりうるあらゆる不幸に前もって備える者、その者だけが賢明だと言えるのだ。それから後に歓喜の山〔＝モンテ・マリオの丘〕に戻って、汝が望むだけ祈るが良い！」（ティートマル『年代記』四巻三二章）。この時に戴冠式を挙行した教皇ヨハネス一二世がいかな

図34　帝冠　ウィーン王宮宝物館蔵，965 / 67年（?）。十字架は11世紀初頭，上部ブリッジはコンラート2世期に付加された

る人物であったか、それは後に触れることとする――。

次に、オットーは主祭壇への階段を昇り、そこに立つ教皇の前に跪いた。グレゴリウスは、「栄光の徴を受けよ、父と子と聖霊の名において」と唱えながら彼の頭に皇帝冠を載せた。続けて支配権標の笏、指輪、剣も授与された。皇帝は、金糸で『ヨハネの黙示録』の幻視を刺繍したマントを纏い、聖マウリティウスの拍車の付いた緋色のブーツを履いた。皇帝が玉座に就くと、「国王讃歌」が聖歌隊により交互に歌われ、ミサの儀式は終了した。オットーは、再び中庭を抜けてバジリカの正面入り口から外に姿を現した。待ちかねていた彼の軍隊とローマ市民が、新皇帝の誕生を歓呼の声で言祝ぎ、サン・ピエトロの鐘が打ち鳴らされた。

クヴェーアフルトのブルーノは、目撃者ではないものの、次の鮮やかな記述を残している（『アーダルベルト伝』一八章）。

この間、緋室生まれの国王オットー三世は、多数の従者を伴ってローマに到着した。それは、皇帝権の高みに昇るためであり、カール大帝以来歴代フランク人の国王の慣わしであった。彼は、長らく熱望されていた頭を、あたかも神に次ぐ第二の正義が到来したかの如く、ラテンの地に示した。罪人たちは皆震えあがり、善人たちは大いなる歓びに包まれた。彼は到来した目的を実行した。彼が自らの宮廷礼拝堂に呼び寄せ教皇に据えたグレゴリウスは、人民が憐れみの讃歌《キリエ・エレイソン》を声高らかに歌う中、彼を皇帝に聖別した。塗油を受け、帝国の冠を被った尊厳なる皇帝は、輝かしき表情と善なる意志に満たされた心で立ち上がった。

ラテラーノ宮殿の祝宴

群衆の歓呼の声を浴びながら市内に入って練り歩いた後、オットーにとっての長い一日は、伝統に従ってラテラーノ宮殿での祝宴で締め括られた。筆頭使徒たる聖ペテロの墓所のあるサン・ピエトロ教会は、ローマにおける信仰の中心であるが、ローマ司教としての教皇の司教教会は、ラテラーノ地区にあるサン・ジョヴァンニ大聖堂である⑻。隣接して大規模な教皇の居館と政庁を兼ねる宮殿も建てられており、ここは教皇庁が一三〇八年にアヴィニョンに移転されるまで、政治の中心であり続けた。

当時宮殿前の広場には、先に一言したようにマルクス・アウレリウス帝の騎馬像が立っていた（本書59頁）。ただし、同時代人はそれを、この宮殿を建造したコンスタンティヌス大帝のものと誤解していた。現在では、騎馬像はカンピドーリオ広場に移されており、大聖堂前には代わりにローマで最も古くかつ高いオベリスクが立っている。移設させたのは、都市ローマ再建事業の一環として旧宮殿を取り壊させた教皇シクストゥス五世（在位一五八五〜九〇）である。

教皇グレゴリウスが新皇帝の饗応の場としたのは、宮殿内にあるローマ最大の大広間《トリクリニウム》であった。これを建造させたのは、カール大帝を皇帝に戴冠したレオ三世（在位七九五〜八一六）である。当時、アプシスのモザイクは、中央にイエスと十二使徒を据えていた⑼。左側には、イエスが聖ペテロに天国の扉の鍵を、コンスタンティヌスには軍旗を授ける場面が、右側にはその聖ペテロがレオに肩衣《パリウム》を、カールには軍旗を

図35　復元されたラテラーノ宮殿大広間のモザイク（拡大）　聖ペテロを中央に，左がレオ，右がカール。1743年

授ける場面が描かれていた（図35、53）。ペテロの足下には、「聖ペテロよ、教皇レオには命を、国王カールには勝利を与え給わん」と書かれている。この日「聖ローマ教会の守護者」となったばかりのオットーは、饗宴の折に、現世における聖俗の権力と権威が、筆頭使徒たる初代ローマ司教を経て神の子にまで遡ることを物語るモザイク画を見上げながら、はたして何を思ったであろうか。

まだ一五歳の若き皇帝ではあるが、誕生以来の浮き沈みに富んだこれまでの歳月の中で、キリスト昇天祭を祝するこの一日がピークであったことは確かである。

3　「暗黒の世紀」の皇帝と教皇

〝イタリア皇帝〟の時代――「イタリア人は、常に二人の主人を有することを欲する」

ここで、「暗黒の世紀」の皇帝と教皇の歴史を振り返ってみよう。若干のデータを紹介しておく。教皇ヨハネス八世が毒殺（？）された八八二年から、改革教皇座が始動する一〇四六年までの一六四年の間、聖ペテロの座に就いた教皇・対立教皇は四五名を数える。このうち罷免されたのが一五名、亡命先か獄舎で死亡するか、あるいは暗殺者の手に斃れた者は一四名に上る。ローマから追放された者は七名、シスマも六回に及ぶ(10)。在位期間の平均は、一〇世紀の場合三年八か月にすぎない。

使徒座の混乱の背景は、「聖ローマ教会の守護者」たる皇帝の権力の局地化とそれに伴う権威低下、そして今や政争の具と化した皇帝位に代わって都市ローマの有力貴族門閥の影響力が増大してきた歴史的状況に求められる。

カール大帝の大フランク帝国を相続によって再統合した曾孫の皇帝カール三世が、八八七年に甥のアルヌルフによって廃位されて以降、帝国は五つの部分王国に分裂した（本書31頁）。「彼〔=アルヌルフ〕が長らく〔レーゲンスブルクに〕滞在している間に、幾多の小王たちがヨーロッパないし彼の叔父カールの王国において簇生してきた」（『フルダ編年誌（レーゲンスブルク本）』八八八年の項）(11)。「幾多の小王たち」は、フランク人の出自ではあるが、カロリング家の直系に属する者はアルヌルフを除きもはや誰一人としていない。

西フランク王国が、ロベール家のパリ伯ウードを新国王に据えたことについては先に触れた。イタリア王国では、フリウーリ辺境伯ベレンガーリオ一世と、一時は西フランク王位を狙ったスポレート大公グイードの二人が、八八八／八九年に相次いで国王に擁立され、以後両者間で対立抗争が繰り広げられることになった。新たに成立した（高地）ブルグント王国では、ヴェルフェン家のルードルフ一世（在位八八八〜九一二）、プロヴァンス（低地ブルグント）王国では、皇帝ロータル一世の曾孫のルイ（盲目、在位八九〇〜九二八頃）が、各々新国王の地位に就いた。彼ら「幾多の小王たち」は、ヴェルダン条約で皇帝ロータルに帰した中部フランク王国の出身であり、多くはカロリング家と女系の縁戚関係で結ばれていた（巻末系図1）。

このうち極度の混乱状況が続いたのは、イタリア王国である。理由は、権力の真空状態の中で互いに競合する各地の有力貴族党派が、各々外部から統治者を招聘しては追放するという方策を繰り返したことによる。教皇フォルモスス（在位八九一～九六）は、グイード（在位八九一～九四）を八九一年に皇帝に、翌年には息子ランベルト（在位八九二～九八）を共同皇帝に相次いで戴冠した。〝イタリア皇帝〟の時代の始りである。ところが、その後両者と不和になったフォルモススは、東フランク国王に救援を要請した。アルヌルフがローマを攻略し対立皇帝に戴冠されたのは、八九六年二月のことである。この事件は、オットー一世以降のイタリア政策、すなわちアルプス以北のフランク国王が強大な軍事力を梃子にイタリアの政局に介入する、その先例となった。ただし、新皇帝は、ローマからスポレートへの行軍中、重度の卒中の発作に襲われ、遠征は中断・撤退を余儀なくされた。フォルモススが約八〇歳の高齢で死去したのは、その二か月後の四月である。

ところが、二代後の教皇のステファヌス六世（在位八九六～九七）は翌九七年、埋葬されたフォルモススの遺骸を墓から掘り出して、教会会議の席であらためて裁くという前代未聞の「屍体裁判」を演出したのである。この間にローマを奪還した皇帝ランベルトの事件への関与の度合いは不明である。教皇の衣装を纏い椅子に座らされたフォルモススの遺体に向かって、三人の司教が次々に訴状文を読み上げ糾弾し、黙して語らぬ遺体の代わりに一人の助祭が弁護の任を演じた。下された判決は破門、彼が教皇として生前におこなった叙階は、過去に遡ってすべて無効とされた。遺骸はティベル川に投じられた。だが、ステファヌス自身も同年夏、地震によりサン・ジョヴァンニ大聖堂が崩壊したことに端を発する市民の騒擾のさなかに殺害された。

グイード・ランベルト父子、アルヌルフの諸皇帝の相次ぐ死（八九四、九八、九九年）を尻目にただ一人

図36　ジャン=ポール・ローランス画「屍体裁判」　1870年。ナント美術館蔵

生き延びたのは、北イタリアに勢力を張るイタリア国王ベレンガーリオ一世であった。しかし、侵攻してきたハンガリー人に彼が惨めな敗北を喫すると、敵対するトスカーナ辺境伯アーダルベルト二世の党派は九〇〇年、プロヴァンス国王ルイを対抗馬として招き入れた。彼は九〇一年、ローマで皇帝に戴冠された。だが、そのルイも九〇五年、ヴェローナでベレンガーリオに不意を襲われ盲目にされたことで統治能力を失ってしまった。ベレンガーリオは、一〇年後の九一五年に念願の皇帝位を獲得した。次に担ぎ出されたのは、ブルグント国王ルードルフ二世（在位九一二～三七）である。二二年にパヴィーアでイタリア国王に擁立され、翌年ベレンガーリオに勝利を収めるまでは順調に事が運んだ。敗れた皇帝は翌二四年、ヴェローナで自らの家臣の手にかかって殺害された。以後九六二年までの三八年の間、西欧カトリック世界に皇帝は不在となる。

「イタリア人は、常に二人の主人を有することを欲する。それは、一方を他方への脅威によって抑制するためである」（リーウトプランド『報復の書』一巻三七章）。九二六年四月、ルードルフの妻ベルタの父であるシュヴァーベン大公ブルヒャルト二世（本書34頁）が、支援のためイタリアに軍を進めたものの、ノヴァラで襲撃され殺害された。ルードルフがイタリアからの撤退を余儀なくされたのを承けて、対抗する貴族党派が七月に新国王として招聘したのは、盲目にされたルイに代わり、九〇五年以降プロヴァンス王国の事実上の支配者の地位にあったヴィエンヌ伯ユーグである（在位九二六〜四七）。後押ししたのは、教皇ヨハネス一〇世と、トスカーナ辺境伯アーダルベルト（九一五年歿）の息子グイードであった。そのグイードの妻こそ、「悪女」として歴史に名を残した女傑、テオフィラット家のマロツィアに他ならない。

「娼婦政治」

オットー三世のイタリア遠征の直接の動因を提供したクレシェンツィ二世・ノーメンタヌスは、「暗黒の世紀」の前半に都市ローマで権勢を誇り、三人の教皇を〝輩出〟したテオフィラット家とは縁戚関係にある（巻末系図4）(12)。ローマの官僚系都市貴族が、世俗的権力の集中する使徒座の重要行政職を占有することを通じて影響力を増大させ、外来のフランク系有力貴族との提携によって都市支配を確立したのは、一〇世紀初頭以降である。それはまた、「永遠の都」の盛名と使徒座の宗教的権威が地に堕ちた時代、すなわち当主テオフィラット（九二四／二五年歿）の妻テオドラ、そしてとりわけ娘マロツィアの二人の名に象徴される悪名高き「ポルノクラシー」の時代でもある。この言説が歴史小説や映画の題材となるほど有名になったのは、ローマ人を嫌うランゴバルト人のクレモナ司教リーウトプランド（九二〇頃〜七二?）が、劇的かつ饒舌に描き出した傾向的な歴史叙述『報復の書』（九五八〜六二年成立）と、ヴィッテンベルク大学神学部教授レッシャー（一六七三〜一七四九）の『ローマ娼婦政治の歴史』（一七〇五年）の叙述によるところが大きい(13)。

母テオドラ（九一四年以降歿）がラヴェンナ大司教ヨハネスと姦通し、彼をローマに呼び寄せるべく聖ペテロの座にヨハネス一〇世として擁立したこと、男勝りの野心家の娘マロツィアが、スポレート大公アルベリーコ一世（九一七年以降歿）との政略結婚（九〇四／九一五年以降?）の前後に、時の教皇セルギウス三

図37　フェリシアン・ロップス画「ポルノクラート」　1878年。ナミュール，フェリシアン・ロップス美術館蔵

世（在位九〇四～一一）との間に不義の男子をもうけたこと、そしてこの子をヨハネス一一世として教皇に据えるべく、かつての母の愛人で、ビザンツと連携してイスラーム教徒に勝利を収めた剛気なヨハネス一〇世（在位九一四～二八）を、九二六年頃に結婚した二度目の夫グイード（九二九／三〇年歿）を動かして襲撃・扼殺させたこと……。リーウトプランドが活写した一連のスキャンダラスな噂や事件は、一三世紀半ば以降流布し始める「女教皇ヨハンナ」の伝説にも影響を与えた節があるが(14)、ともあれ遺憾ながら大筋において事実のようである(15)。

ただ、それにしても、彼女が娘を用いてビザンツとの婚姻同盟を模索し、その傀儡であったヨハネス一一世（在位九三一～三五／三六）も、教会改革派の旗手たる第二代クリュニー修道院長オドン（在位九二七～四二）を支援し、九三一年に同院を教皇の直接の保護下に置いたことは、記憶に留められて然るべきであろう。

マロツィアとユーグ

マロツィアは九三二年夏、かねてより皇帝位の獲得を目論んでいたプロヴァンス（低地ブルグント）出身のイタリア国王ユーグと政略結婚した。義兄との近親婚として教会法に抵触するにもかかわらず……（両者の〝カオス〟とも言うべき幾重もの血縁関係については巻末系図5を参照）。双方にとって三度目となる結婚式は、彼女の居城サンタンジェロで催された。息子ヨハネス一一世による夫ユーグの皇帝戴冠式は、カール大帝と同じく降誕祭に予定されていた。

ところが、その直前、自らの立場を脅かされたマロツィアの最初の夫の息子アルベリーコ二世と、今や義父となったユーグとの間に、宴席での些細なトラブルに発する喧嘩が起きた。それはやがて、マロツィアを嫌うローマ市民を巻き込んだ大規模な蜂起へとエスカレートしていった。この時アルベリーコがローマ人に向かっておこなったとされる演説の一節を、リーウトプランドが伝えている（『報復の書』三巻四五章）。

都市ローマの貴顕の面々は、かくも愚かに成り下がり、娼婦の命令にすら従う有様だ。たった一人の女のふしだらさによってローマの都が破滅に瀕し、かつてローマ人の奴隷であったブルグント人が、今やローマ人を支配する――これ以上の侮蔑、これ以上の恥辱が、一体他にあるだろうか？かの者は、義理の息子たる私の顔を殴った。かの者は、今はまだ新参のよそ者だが、一度この地に住み着いたならば、その時汝たちに向かって一体何をするであろうか。汝たちは、ブルグント人の貪欲さと高慢さを知らぬとでも言うのか？……

アルベリーコは、よそ者の統治を望まぬ都市貴族を味方に引き込み、実母に叛旗を翻した。ユーグはからくもローマ脱出に成功したものの、マロツィアは捕らえられた。市内のいずこかに幽閉された挙げ句、最後は牢獄の露と消えたようである。正確な歿年は不詳であるが、九三七年以前であることは確かである(16)。

それというのも、ユーグは事件の五年後に実に四度目の結婚に及んでいるからである。皇帝冠を逸した彼は、その後鉾先を北のブルグント王国に向けた。九三七年、前イタリア国王で義理の息子でもある国王ルードルフ二世が死去すると軍を進め、寡婦となったベルタと結婚したのみならず、まだ五／六歳の幼い娘を息子の共同国王ロターリオと婚約させた。オットー三世の祖母アーデルハイトである。四度目の結婚《テトラガミー》は、一〇世紀初頭のビザンツ帝国では教会により厳しく非難され、皇帝レオン六世（在位八八六〜九一二）とコンスタンティノープル総主教の激しい対立に至った。しかし、西欧カトリックは寛容で、教皇を初めとしてこの問題にことさら目くじらを立てることはなかった(17)。

テオフィラット家からクレシェンツィ家へ

母に代わって都市ローマの実権を掌握したアルベリーコは、「プリンケプス」を称し、その後歴代教皇を操り人形の如くコントロール下に置いた。オットー一世は、第一次イタリア遠征（九五一〜五二年）の際、かねてよりその獲得を目指していた皇帝位をめぐる交渉のため、パヴィーアからローマ教皇の下に使者を派遣した。協議は不調に終わったが、それを頓挫させたのはアルベリーコである。二〇年以上にわたる彼の独裁体制が、外部勢力の介入を受けることなく比較的安定していたのは、それまで官僚系都市貴族に欠落していた軍事力を補強すると同時に、所領・権限もローマ市外に向けて著しく拡張し、大領主貴族化することに成功したからである。言い換えると、それに先行した「娼婦政治」とは、教皇を最高世俗権力者に戴くローマの官僚系都市貴族と、外部の軍人系貴族勢力、その両者を政略結婚で同盟させるという微妙なバランス関係の構築を通じて統治の再生を達成しようとした、特殊ローマ的にして過渡的な現象だったのである(18)。

テオフィラット家の凋落は、アルベリーコ（九五四年歿）の死の翌九五五年、遺言に則って（恐らく愛妾の）息子オクタヴィアヌスが、まだ約一八歳という若さにもかかわらず、教会法の規定に反して一挙に聖ペテロの座の高みに昇ったことで始まる。異教徒の名前は不適切としてヨハネス一二世と改名した彼は、色欲・放蕩・貪欲など、ありとあらゆるスキャンダラスな噂に事欠かない性格の若者であった（なお、教皇就位時の改名の伝統は、ここに由来する）。ロタ－リオの後を襲ったイタリア国王ベレンガーリオ二世――九二四年に殺害された同名の皇帝の孫――と教皇の対立は、結果的にオットー一世が九六二年に再度介入し、皇帝位を獲得する大義名分を提供することになった。

ヨハネスは、オットーを皇帝に戴冠した後に彼と袂を分ち、欠席裁判で罷免されたうえ叛乱の渦中に急死することになる（九六四年）。しかし、オットー一世、二世父子のいずれとも、在地の都市貴族層の影響力を「永遠の都」から完全に排除することはできなかった。ヨハネス一二世失脚後に台頭したクレシェンツィ家は、クレシェンツィ一世、同二世の時代になると、都市ローマと使徒座の諸々の官職、市内の土地やサンタンジェロ城に加えて、ラティウム地方南部のテッラチーナにも伯職と所領を有し、ローマの最有力都市貴族門閥の地位を占めるに至っていた。パレストリーナを本拠地とする同家傍系のステファーニア家のベネデット二世も、叔父の教皇ヨハネス一三世の後押しを得てサビーナ伯の地位を獲得し、同地方に勢力を拡大した。九八九～九〇年のテオファーヌのローマ滞在が平穏無事に終了したのは、錯綜したローマの党派抗争に介入することを巧妙に回避したからである――。

今回のオットー三世の場合も、皇帝の冠を獲得することが目的で、短期滞在で終わると期待したのであろう。クレシェンツィ二世・ノーメンタヌスは九九六年春、アルプスを越えて到来した皇帝の大軍を前に、武力をもって抵抗することなく、むしろあっけない程素早く恭順の意を示した。

オットーは、今や終わりに近づきつつある「暗黒の世紀」の使徒座の惨憺たる歴史を振り返り、教会改革の要となる教皇は、ローマ都市貴族の複雑に絡み合った利害関係から独立した存在でなければならぬと考え、側近親族の若き宮廷司祭を使徒座に就けた（ちなみに、一〇世紀の教皇のうちローマとその近郊以外の出身者は、ヨハネス一〇世と同一四世のみである）。このため、戴冠式の翌五月二二日に開催された裁判で、皇帝は強い姿勢で臨み、クレシェンツィに向かって前教皇ヨハネス一五世に対する迫害を厳しく弾劾した。

下された判決は追放刑であった。しかし、教皇グレゴリウスは刑の免除を嘆願した。皇帝が帰還した後に自らが置かれる孤立無援の状況を想像し、最大の実力者を政治的訴訟を通じて不倶戴天の敵とすることを怖れたのである。オットーはこれを聞き入れ、クレシェンツィを寛大にも赦免に処した。

4「ローマ人の尊厳なる皇帝」

ランの裏切り劇

新皇帝は皇帝戴冠式に続く数日間、サン・ピエトロ教会において教皇と共同で教会会議を開催するのが慣例である。九九六年五月二四〜二六（二七）日に催された戴冠式教会会議の場で、オットーは、その後の彼の運命を決定づける二人の人物と邂逅している。

ランス大司教座聖堂学校の高名な教師ジェルベールは、この八年の歳月の間極めて微妙な立場に置かれていた。

九八八年、カロリング家の家領が集中する王宮・司教都市ランをめぐり、国王ユーグとかつての西フランク国王ロテールの弟のニーダーロートリンゲン大公シャルルとの間で、戦闘の火蓋が切られたことについては先に一言した（本書58頁）。シャルルは同年初頭にランの占拠に成功したが、それは同地の司教教会の聖職者アルヌールが暗躍したおかげであった。彼はロテールの非嫡出子で、叔父との提携を画策したのである。同地の司教で、ランス大司教の同名の甥のアダルベロン（アスラン、在位九七七～一〇三〇）、そして彼を重用してきたロテールの寡婦エンマは、この裏切りの結果シャルルの手に落ちた。夏と晩秋の二度にわたりユーグが試みたラン奪還作戦は、見るべき成果を挙げないまま推移し、翌九八九年一月末には彼の最大の後ろ盾であるランス大司教アダルベロンが死去する事態となった。

アダルベロンが死の床で後継者として推挙したのは、ジェルベールであった。本人もまた、それが実現するものと確信していた。ところが、ユーグが大方の意向を無視してランス大司教の座に据えたのは、まだ二〇代のアルヌールであった（四月末／五月初）。国王は、親カロリング的人事を通じて、シャルルとの交渉を有利に進めることを企図していたのである。しかし、期待はまったく裏目に出た。アルヌールは間もなく国王を裏切り叔父シャルルに接近したのみならず、あろうことかニーダーロートリンゲン大公によって捕虜にされたとの口実の下、ランスまでをも彼の手に明け渡してしまったのである（一一／一二月）。この間ランで捕縛されていた司教アダルベロンは、脱走に成功したものの、エンマは虜囚の身のままで死去した。野望を打ち砕かれたジェルベールは、当初新大司教に従いシャルルの側に与していた。だが、その後ユーグ陣営に転じた。

状況が急変したのは、九九一年三月末である。司教アダルベロンは、陣営を鞍替えするとの口実で巧みにシャルルとアルヌールに接近し、二九日の枝の主日には、ラン宮廷の和解の饗宴の席で大公に忠誠の誓いまで立てた。ところが、数時間もたたぬ翌三〇日未明、司教は、潜伏させていた手兵を密かに廷内に導き入れ、シャルルとその家族、そしてアルヌールを襲い一網打尽にしたのである。裏切りに対して裏切りで報いる逮捕劇が功を奏した後、市外で待ち受けていたユーグ軍は、直ちに進攻し都市を占拠した。

シャルルはその後、幽閉先のオルレアンの獄中で悲運の生涯を終えることになる（九九二年?歿）。かつての主君オットー二世に因んでオットーと命名された息子は、従兄弟の三世とともに「東」の宮廷で育てられており、後に父の大公位を継承した。三世に最後まで忠誠を尽くした彼が一〇〇六年に歿することで、カロリング家のカール大帝の男系子孫は断絶することになる。

ランス大司教ジェルベール

前皇后テオファーヌが死去した二日後の九九一年六月一七日、国王ユーグは一挙に問題の決着を図るべく強行策に出た。彼の後押しでランス近郊ヴェルジーのサン・バール修道院で開催され、国内の一部大司教と司教一三名のみが参集した教会会議は、かなり強引な手法でランス大司教アルヌールの罷免と拘束を決議したのである。会議で国王派を代表して舌鋒鋭い弾劾演説をおこなったのは、オルレアン司教アルヌール（在位九七二〜一〇〇三）であったが、会議全体のシナリオは、ジェルベールが書いたものであった。そのジェルベールが予定通り後任新大司教に選出されたのは、二一日のことであった。

会議の場で異議を挟んだのは、クリュニー派のフルーリー修道院の院長アボン（在位九八八〜一〇〇四）である。彼は、司教の監督権からの自由を目指す改革派修道院グループのリーダー格であり、オルレアン司教とはかねてより鋭く対立していた。もう一人の批判者は、ローマ教皇ヨハネス一五世である。教皇から正式に承認された大司教が、その許諾なしに教会会議で罷免されるのは教会法に反する、というのが論拠である。数々の批判に対し弁明すべく、〝公式〟の装いの下にジェルベール本人が後年筆を執り脚色した会議録(19)は、オルレアン司教の口を通じて教会会議決議の至向性を主張する一方、「暗黒の世紀」の歴代教皇の腐敗・堕落の歴史を厳しく弾劾した。それはまた、ヨハネス個人に向けても教養の欠如、金銭への執着、ランス問題への対応の鈍さを、「反キリスト」という言葉さえ用いて批判するものであった（本書258頁)。糾弾の苛烈さは、まさしく「一〇世紀の教皇権に対するカティリーナ演説」(グレゴロヴィウス)に他ならなかった(20)。

一五世紀の公会議主義時代になると、フランスはガリカニスムを唱え、ローマ教皇の影響力からの自立を目指すことになる。その先駆者とでも言うべきジェルベールが、八年後には聖ペテロの座に就くことになるのであるから、歴史とはまことに皮肉である。

フランス国内に蔓延する「反ローマ」の気運に対抗して、教皇ヨハネスは、遅まきながらも教皇使節を九九一～九二、九三年、九五年の三度にわたり派遣した。選ばれたのは、アヴェンティーノの丘に立つサンティ・ボニファーチョ・エ・アレッシオ修道院の院長レオである。オットー三世も巻き込んだ彼の精力的活動により、国内の形勢はやがて反転し、親カロリング・ローマ派が優位に立ったのである。ヴェルジーの教会会議決議に賛同した司教たちは聖務停止の命を受け、ジェルベールもランス大司教としての職務執行を禁じられた。九五年末/九六年初頭頃、妥協へと傾く国王ユーグ、そして彼を取り巻く「宮廷の番犬たち」(G 190)の冷たい視線を浴び、孤立化を深めていたジェルベールは、直接教皇ヨハネスに向け書簡を執筆した。そして、自らの行動の正当性を擁護すると同時に、教皇の前で申し開きをするためにローマに赴く覚悟であることを伝えた(G 197)。この書簡がはたして教皇の手に届いたのか、それは不明である。ヨハネスは激しい高熱にうなされた挙げ句、九九六年三月にローマで死去したからである——。

五月末のサン・ピエトロの教会会議で、ジェルベールは並み居る高位聖職者を前に自身の立場を擁護すべく、修辞を散りばめ技巧を凝らした得意の弁舌を振るった。これに聞き入った若き皇帝は、もはやこの稀代の知識人が及ぼす圧倒的な影響力から逃れることはできなかった。ランス大司教座の教会分裂《シスマ》問題の解決は先送りされ、ジェルベールは暫時、限定的ながら大司教としての職務の遂行を許された。

前プラハ司教アーダルベルト

ジェルベールが大司教の地位を手放すまいとして苦労しているのとは対照的に、アーダルベルトは司教の地位から逃れることに腐心している。

プラハ司教は、既に言及したように、管区大司教ヴィリギスの強い命令で九九二年にローマから一旦プラハに戻り、復位した。プラハ近郊にブジェヴノフ修道院を建立するなど司教として尽力したが、ベーメン大公筋からの圧力に耐えられず、九五年、弟子たちとともに将来の伝道を計画していたハンガリーを経由して、再びアヴェンティーノの修道院へと向かった。加えて、同年九月、ベーメン大公が長兄を除くスラヴニーク一族を殲滅した結果、故郷への帰還は事実上不可能となった（本書87頁）。

ヴィリギスは、ローマの戴冠式教会会議の場でも、アーダルベルトが職務を放棄し、神によって娶《めあわ》された花嫁、つまり聖ヴィートゥスの司教座を見捨てたことを教会法に背く行為として厳しく指弾した。「すべての教会が結婚しているのに、プラハだけが司牧者を欠く寡婦であるのは罪業である。……寡婦とされた教会に対しては、夫が再び与えられるべきである」（『アーダルベルト伝（オットー版）』二一章）。下された裁定は、再度の帰還命令である。しかし、その後マインツ大司教が一足早く帰国の途に就くと、教皇は、皇帝の執り成しに動かされ決定を覆した。プラハの教区民が彼を拒絶するならば、という条件を付したうえで、東方の異教徒の下に伝道司教として派遣する、という代替任務を与えたのである。

オットーは、二歳の時にヴェローナですれ違ったこの人物を記憶してはいない。しかし、霊性の精神的高みに達した彼の名声は、母后のみならず、以前に会見した教皇使節レオを通じて聞き及んでいた。今や故郷のみか家族すら失ってしまった約四〇歳の孤高の求道者は、アヴェンティーノの修道院で二人きりの

TERCIUS OTTO DIVINA FAVENTE CLEMENTIA ROMANORV IMPERATOR AVGUSTUS

図38　「オットー3世，神の御慈悲に護られたるローマ人の尊厳なる皇帝*Tercius Otto divina favente clementia Romanorum imperator augustus*」（一部短縮形表記）　998年4月22日，ライヒェナウ修道院宛DOIII 279（拡大）。在カールスルーエ，バーデン=ヴュルテンベルク州立文書館蔵

対話を繰り返すうちに、やはり両親と早くに死別した皇帝に強烈な印象を与えたようである。オットーが戴冠式で用いた、『ヨハネの黙示録』の幻視を刺繡したマントが、一一世紀初頭に同修道院に所蔵されていたことが記録に残されている(21)。このローマ滞在時に、感謝の印としてアーダルベルトに下賜されたのであろう。

皇帝と教皇

九九六年五月二四日に始まった教会会議の合間に、皇帝と教皇は、帝国の各地から到来した多数の請願者に対し証書を発給した。両者の良好な協力関係は、発給者と執り成し人の役割を交互に担っていることからも窺える。

オットーの名前は、グレゴリウスがボン近郊のフィリヒ女子律院、コンスタンツ司教に宛てた二点の教皇証書で、執り成し人として言及される（PUU 326,327）。特にフィリヒ宛の証書で、皇帝は一二名の司教とともに自筆の署名を書き記している（原本は伝存せず）。グレゴリウスも同じく、オットーがフライジング司教、ザルツブルク大司教に宛てた二点の皇帝証書で、助言者として登場する（DOIII 197,208）。注目されるのは、トスカーナのモンテ・アミアータ修道院宛の教皇証書において、皇帝が、執り成し人ではなく、帝国とともに祈禱の対象として言及されていることである。グレゴリウスは、同院の修道士たちに対し、「輝かしき皇帝オットー三世陛下の帝国の安寧、我々、我々の祖先、我々の子孫の魂の救済のために」日々祈ることを命じたのである（PUU 329）。皇帝証書では皇帝と帝国のための祈禱義務への言及が稀に見い出されるが、教皇証書でのそれは他に類例がない(22)。

なお、七五六年にフランク国王ピピン三世（在位七五一／五二〜六八）が、ランゴバルト追討に際しラヴェンナ他を寄進して以来、歴代皇帝は戴冠式後にこの教皇領の安堵を確認・更新するのが慣例となっていた。オットーは、この時それを留保している。それは五年後に、これもまた前例のない形で実現することになる。

最後に、戴冠式教会会議で示された皇帝と教皇の極めて緊密な提携関係は、一四世紀になると一つの伝説を生み出すことになった。周知のように、一三世紀半ばの「大空位時代」以降、ドイツ国王は七名の選帝侯によって選出されるようになる。この「選帝侯団」とその選挙制度の確立は、伝説では理想的な「聖」と「俗」の調和を具現したこの二人の定めに帰せられたのである(23)。

「ローマ人の尊厳なる皇帝」

クレシェンツィ裁判と同じ九九六年五月二二日、先に触れたクレモナ市民宛の皇帝証書が、イタリア書記長ヘリベルトの執り成しで正式に発給された（DOIII 198）。ところが、五日後、前皇后アーデルハイトの庇護を受けた古参の司教オデルリヒ（在位九七三〜一〇〇三）がソフィアの仲介で皇帝と謁見し、漁労権、河川の用益権については、既に先代のオットー一・二世が司教宛に特権を授与していた事実を挙示し、市民宛証書の撤回を強く迫った（DOIII 204–206）。

書記局の勇み足である。ただ、先行証書の存在を知らなかったのは無理からぬことである。国王・皇帝の書記局が発給証書を記録した台帳を組織的に作成・管理し始めるのは、一三世紀も後のことである。特にイタリアで発給された証書では、受領者正本の占める割合が相当の高率を占める。皇帝の書記ではなく、受領者側が事前に作成した証書が書記局に提出され、日付書式、署名・印璽等の認証を付して、あらためて正式の証書として交付されるケースである。二二日の証書は、結局二か月後に撤回されることになった（DOIII 222）。

ただ、問題の証書は、別の観点で重要な文言を含んでいる。冒頭の称号部において、新称号が採用されたのである――「ローマ人の尊厳なる皇帝 *Romanorum imperator augustus*」。同じ称号は、蠟製印璽の周囲にも刻印された。直径が従来型よりも一回り大きい七・五センチ大のもので、初出は、同じ五月二二日のフライジング司教宛証書である（DOIII 197）。父帝が九八二～八三年に南イタリアで発給した証書中で例外的に用いられたこの称号は（本書20頁）、以後公式称号として、実に一八〇六年の帝国の終焉まで使われていくことになる。

称号に表現された支配の正当性原理を理解するために、それ以前の公式の皇帝称号を一瞥しておく。カール大帝は、七七四年にランゴバルト王国を征服した際、それまで歴代フランク国王が用いてきた「フランク人の国王」を、「フランク人ならびにランゴバルト人の国王にしてローマ人のパトリキウス」へと拡大した。この国王称号は、八〇〇年のローマでの皇帝戴冠から間もなく、カールの書記局が案出した複雑な皇帝称号の中へと組み込まれた。「ローマ帝国を統治する皇帝《インペラートル》にして……フランク人とランゴバルト人の国王」。

しかし、西欧史上初のこの時の皇帝戴冠は、「東」の「ローマ皇帝」の認可なくして挙行されたものであり、コンスタンティノープル宮廷との間にローマ帝国の正統な後継者の地位をめぐる「二皇帝問題」を惹起することとなった。問題は八一二年、カールが、東西間で領土問題と化していたヴェネツィア地方に対する領有権主張を放棄する一方、ビザンツ皇帝ミカエル一世（在位八一一～一三）の側もアーヘン宮廷に使者を派遣し、「西」のカールを「インペラートルにしてバシレウス *imperator et basileus*」とラテン語とギリシア語を並記して呼んだことで一応の妥協を見い出した。ミカエルが譲歩したのは、当時ブルガリアとの抗争で窮地に陥っていた事情による。

　ビザンツでは、それまで単なる「バシレウス」が公式称号であったが、この事件を契機に「ローマ人の皇帝 *Basileus tōn Rhōmaiōn*」と称し始めた。これに対し、八一四年にカールの後継皇帝として登位したルートヴィヒ一世（敬虔帝、在位八一三～四〇）は、民族名を伴う国王名のみならず「ローマ帝国」をも除いたシンプルな皇帝称号を採用した――「尊厳なる皇帝 *imperator augustus*」。この結果、公式称号においては、「東」の「ローマ人の皇帝」と「西」の「尊厳なる皇帝」が並立する状況が九九六年まで続いていたことになる。

図39　オットー3世の皇帝第2蠟印璽　オットーの皇帝印璽は，従来の胸像（図21）に代わり初めて立像を採用した。風に揺れるマントを纏い，杖とグローブスを手にもつ立像スタイルは，キリストの模倣を示す。銘文は，「オットー，神の恩寵によりローマ人の尊厳なる皇帝」。997年7月15日，マインツの聖シュテファン律院宛，DOIII 249。ハイデルベルク大学図書館蔵

　つまるところ、「東」の帝国は、常に古代ローマ帝国の唯一にして正統な継承者たることを主張してきたし、そのことは自他共に認めるところであった（「ビザンツ帝国」は、近世以降に創られた呼称である）。したがって、九九六年にオットー三世が従来の「尊厳なる皇帝」に「ローマ人の *Romanorum*」を加えたことは、その「東」に対する「西」の帝国の対等性を前面に打ち出したことを意味する。ただし、彼はそのことで「東」の皇帝権の正統性を否

定することまで意図していたわけではない。ビザンツ皇女への求婚は、当時のヨーロッパにおける最高の権威がどこに存するか、それをオットーが充分に理解していたことを物語っている。そして、二年後には両帝国の平和的共存を前提とした新たな政治的スローガン――「ローマ帝国の改新」――を打ち出すことになるのである。

西欧人が抱き続けた「ギリシア」的なものへの憧憬、「キリスト教」と並ぶ支配の正当性原理としての「ローマ」。それを一身に体現したのが、オットー三世という数奇な運命の星の下に生まれた人物なのである。

バシレイオス二世

同僚のヴュルツブルク司教を中途で失い、求婚使節団を単独で率いることになったピアチェンツァ大司教ヨハネス・フィラガトスが皇帝に拝謁を許されたのは、前年九九五年の秋頃、金角湾を見下ろすコンスタンティノープルの宮殿においてであったと推定される。それは、ファーティマ朝を敵とするシリア遠征から帰還したばかりの皇帝が、次のブルガリア遠征に向かう準備に多忙な日々の合間であった(24)。

多数の柱頭とモザイク画で壮麗に装飾された宮殿の大広間に現れたバシレイオスは、豪華なマントや皇帝の権標など一切纏うことなく、あたかも隠修士であるかのような質素な身なりであった。皇帝は、弁舌家のヨハネスとの会談に際しても寡黙であり続け、暗く、疑い深く、人間不信の印象さえ与えた。弟の共同皇帝コンスタンティノス八世（在位九七六～一〇二八）が、政治にはほとんど迂遠で、溢れんばかりの富を浪費し、享楽的な宮廷生活に満足を見い出しているのとはまったく対照的である。

九七六年に父帝の後を継いで一八歳で即位したものの、皇帝とは名ばかりで、宮廷に渦巻く陰謀、側近たちの裏切りに悩まされ、内憂外患に翻弄され続けた曲折の一三年間。そして安定的地位を築いた後も、コーカサスからバルカン半島までの広大な世界を舞台に、絶えざる戦闘に明け暮れた日々を通じて、彼の性格は、国家権力の強化と領土の拡大以外には他に何の関心ももちえない、偏屈な人間に変貌してしまったのである。継嗣を遺し王朝の存続を確保する責務があるにもかかわらず、彼は宮廷に女性を一切近づけず、ついに独身のまま生涯を終えることになるであろう。

皇帝と使節の交渉内容については、いずれの側の史料も残されてはいない。「緋室生まれ」の皇女としては、皇帝の妹アンナがいたが、彼女は既に八九年にキエフ大公ウラディーミルに、救援軍派遣の見返りとして降嫁していた。大公とその人民がキリスト教を受け入れることが、条件であった（本書65頁）。

ところで、大公の祖母オルガ（九六九年歿）は、その三〇年前の九五九年、オットー一世にキエフ大公国でのキリスト教の布教を依頼したことがあった。オットーは六一年、当時トリーア近郊の聖マクシミヌスの修道士であったアーダルベルトを伝道司教として派遣した。彼が途次のベーメンでヴォイチェフに堅信礼を授けたのはこの時である（本書61頁）。しかし、この間のキエフ宮廷の政情の変化もあり、伝道は結局失敗に終わった。ロシアがローマ・カトリックではなくギリシア正教を受け入れる決定は、こうして下された。

図40　武装姿のバシレイオス2世　ヴェネツィア，1000年頃。ヴェネツィア，サンマルコ図書館蔵（Cod. Par. Gr. 17，復元画）

なお、アンナ（九六三～一〇一一以降）は、結果的にキエフ大公と結婚したが、ことによるとオットー二世の妃に迎えられていた可能性もある。父帝オットー一世は九六七年、当時一二歳の息子の求婚使節としてヴェネツィア人ドミニクスを、翌年にはランゴバルト人のクレモナ司教リーウトプランド（本書106頁）を、ニケフォロス二世――テオファーヌの叔父のヨハネス・ツミスケスの前任将軍皇帝――の下に派遣していたからである。南イタリアの領有問題と再燃した「二皇帝問題」が原因で、見事なまでに失敗に終わった後者の使節行の顚末については、饒舌な司教が『コンスタンティノープル使節記』（九六九年頃成立）の中で、自己弁明も含め熱く語っている。優れた邦訳もあるので、ここでは立ち入らないでおく(25)。

バシレイオスの弟コンスタンティノスには娘が三人いる（男子はなし）。長女エウドキアは、子供の時に患った天然痘の後遺症が顔に残り、早くから修道院に入れられていた。次女ゾエと三女テオドラは、九五年当時それぞれ推定一七歳と六歳。一五歳のオットー三世にとって候補となりうるのは、年少の妹であったろう。

もっとも、皇女を嫁がせることは、ビザンツ皇帝を取り巻く「諸王の家族」の一員として、「西」の統治者を正式に承認することを意味する。権威高揚の見返りとして、当然ながらビザンツ側から何らかの条件提示があったと思われるが、詳細は不明である。バシレイオスから見れば、オットーは今なお〝蛮族〟に留まる「ザクセン人の国王」にすぎない。しかも、その母方の大伯父二人はいずれも、かつて自らに対して叛旗を翻した帝位簒奪者であった。さすがに求婚の申し出を即座に足蹴にすることはなかったものの、国王本人についての情報も不足する状況に鑑みて、結論を下すのは時期尚早と判断したのであろう。具体的な交渉の開始は先送りとなった。

第四章　インターメッツォ　九九六〜九九七年

1　アーダルベルトとジェルベール

グレゴリウスのローマ追放

皇帝のローマ滞在は、三週間にも満たずして切り上げられた。真夏の酷暑と蔓延する疫病を避けるためである。

彼は父をマラリアで失っている。なお、オットーはもとより知る由もないが、バルバロッサ（赤髭）の異名で知られる皇帝フリードリヒ一世（在位一一五二〜九〇）は、第四次イタリア遠征さなかの一一六七年八月、ローマを見事攻略したものの、その後市外の陣営内で発生した疫病——マラリアではなく恐らくは赤痢——に襲われ、歴史的なカタストローフを経験することとなる。念願の勝利を目前にして、数日間のうちに側近の聖俗諸侯多数を初めとする数千名の兵が落命し、皇帝自身も一時期病のため床に臥した(1)。総崩れ状態となった皇帝軍は、その後反皇帝派のロンバルディア都市同盟に行く手を阻まれ、逃走する敗残兵がほうほうの体でアルプスを越えたのは、翌年三月のことであった。

オットーは、九九六年六月初頭、涼しいウンブリア経由でゆっくりと北上し、トスカーナ地方を経てパヴィーア到着は七月末、八月中旬にはコモ湖からアルプスの峠を越えて上ライン地方へと入った。初のイタリア遠征は半年足らずで終了した。この間、アーダルベルトは、九八三年のヴェローナでの出会い以来懇意のリュッティヒ司教ノートガーとともに、一足先に出立していた。ジェルベールも皇帝に暇を告げ、重い足取りでランスへと向かった。

「教皇をローマ人の誠実に託すること、それは小羊を狼の群れに託するようなものだ」(リーウトプランド『オットー史』一八章)(2)——。クレシェンツィは、皇帝の一行がアルプスを越え強大な軍隊が解散する、その時が来るのをじっと待ちかまえていた。一〇月初頭、彼は、自らを寛大に赦免したことを嘲笑うかのように、突如としてグレゴリウスを襲った。教皇はローマから逃走、ロンバルディア地方に向かい、トスカーナ辺境伯ウーゴらの保護を求めた。これまで幾度となく繰り返されてきた光景の再現である。

同月中旬頃、教皇の退避先のスポレートを、フランス国王ロベールの依頼でフルーリー修道院長アボンが訪問している。ランス大司教座のシスマ問題でジェルベールを批判する論陣を張ってきた、改革派修道院グループの代表格である。この時も、拘禁中のアルヌールのために肩衣《パリウム》を拝領し、併せて国王の結婚問題(後述)について協議すべく、はるばる旅してきたのである。院長の高潔な人柄に感銘を受けた教皇は、大司教位の象徴を授けることに同意した。ジェルベールは、ますます不利な立場に追い込まれることになった。

同月末頃、ヨハネス・フィラガトスは、嵐と雨に難渋したコンスタンティノープルからの辛い船旅を終え、プッリアのバーリの港に上陸した。しかし、アルプスを越えてオットーの宮廷へと直行することはなかった。大司教座のあるピアチェンツァ、もしくは院長職を兼任するエミーリア地方のノナントラ修道院に留まり、ここから成果に乏しい使節行の顚末を皇帝に向け書簡で報告した模様である。

懐疑的な皇帝バシレイオスは、カラーブリア生まれでギリシア語の達者な弁舌家を、信頼に値する人物とは評価していなかった節がある。待望の皇妃降嫁の言質を与える代わりに、ヨハネスの帰国に際しビザンツ側の使節団を同行させたからである。使節を率いる聖職者のレオンは、ローマに滞在しながら西方の情勢について逐一コンスタンティノープルに報告する一方、実力者クレシェンツィとの接触を図っている。ヨハネス・フィラガトスとクレシェンツィ、両者を結び付ける仲介役としてのレオンの暗躍がこうして開始された。

マインツのアーダルベルト

オットーは、九月中旬から一〇月末にかけて、インゲルハイムの王宮、次いでマインツに滞在している。マインツではアーダルベルトと再会し、統治者たる者の徳性、信仰問題のみならず、彼の今後について二人きりで昼夜を問わず、時には皇帝の寝室で夜更けまで飽くことなく話し合いを続けた。オットーは、ベルンヴァルトが司教に就位した三年前以来、良き相談相手を失っていた。若き皇帝にとってのアーダルベルトは、現世の儚さを知り尽くした信頼できる助言者であり、友人にして父の如き関係で結ばれている。このように特別待遇を許されながらも、アーダルベルトは決して驕り高ぶることなく、宮廷礼拝堂に集う皇帝の若き側近たちにも、その謙虚さの故に強い印象を与えた。真夜中に彼は、既に寝入った宮廷人たちの履き物を、身分の上下にかかわらず従僕の如く手ずから洗い、人知れず元に戻していた――。このエピソードは、友人にして教養人としても高名なリュッティヒ司教ノートガーが執筆したと推定される『プラハ司教アーダルベルト伝（オットーⅠ版）』（一三章、本書140頁）と、それを用いたクヴェーアフルトのブルーノの手になる同名の聖人伝（二〇章）の双方において伝えられている。他方、両者とも、当地の大司教の反応については沈黙を守っている。

アーダルベルトは、自らの死がそう遠くはないことを既に予感していたのであろうか、皇帝に一旦暇を告げ、フランスの修道院への巡礼行に旅立っていった。目的地は、著名な聖人たちの眠るロワール地方のトゥール、フルーリー、そしてパリ近郊のサン・ドニ、サン・モール・デ・フォッセの名刹である。

オットーはこの六週間の間、政務を司ることはなかった。一〇月末、ようやく巡幸を再開し、ブルッフザルの王宮で二点の皇帝証書を発給した。一一月一日にフライジング司教に宛てた証書は、バーベンベルク家の辺境伯が統治するバイエルン東方の領域の一つを、「オスタルリヒ *Ostarrichi*」と指称したことで有名な証書である（DOIII 232）。一九四六年、当時連合国の占領下に置かれていたオーストリア政府は、これを「建国証書」と位置付け、建国九五〇周年を祝する盛大な行事を催した。しかし、他の周年記念祝典《ユビレウム》の例に漏れず、その歴史的根拠はなお薄弱である。新たな国民的アイデンティティの構築を目指す政治的意図についてはともかく、*Ostarrichi* として理解されているのは、政治的概念としての「東方の国」ではなく、「東方の地」という地理的概念である(3)。

一一月六日の寄進証書はヴィリギス宛で、執り成し人はヴォルムス司教ヒルディバルトと姉ソフィアである（DOIII 233）。オットーに対するマインツ大司教の影響力はなお保持されてはいるものの、皇帝側近の大幅な若返り、「プラハ問題」、あるいはポーランドとの同盟関係を重視する皇帝の東方政策をめぐって、両者の間にはこの頃から心なしかすきま風が吹きつつある。

オットーは、その後ライン左岸に渡り、一一月一八日、祖母アーデルハイトが建立したゼルツ修道院の献堂式に臨んだ。両使徒ペテロとパウロの教会の献堂の祝日に聖別を挙行したのは、シュトラースブルク司教ヴィルデロート（在位九九二～九九）である。皇帝は、祖母や伯母マティルデとの再会を果たした他、バイエルン大公ハインリヒも姿を見せ、このセレモニーは、参列した多数の聖俗諸侯の前で王家一族の協調体制が示される格好の場となった。

ジェルベールの挫折

一〇月二四日、長らく病に臥せっていたフランス国王ユーグが死去した。フランキア大公としてカロリング家の国王を凌ぐ程の強大な権勢を誇った彼も、皮肉ではあるが、国王に登位してからは、自らの王権の弱体な権力基盤に悩まされ続けた一〇年間であった。単独国王となったロベール二世（在位九九六～一〇三一）は、それから間もなく教会改革派筋の異議を斥けて、ブルグント国王コンラートの娘で同年寡婦となったばかりのベルタ（九六五～一〇一〇以降）との再婚に踏み切った。反対の声が挙がったのは、彼女が国王よりも五～九歳年長だったからではない。又従姉妹だったからである。教会の倫理刷新の気運が高まる中で、近親婚との非難は免れ得なかった(4)。それだけになおさら、ロベールは、九九一年以来続くランス大司教座のシスマ問題を、教皇側の意図に即した方向で早急に解決する必要があった。

ランスのジェルベールは、この九九六／九七年の冬に大司教位放棄の決断を余儀なくされた。ただでさえ病身のため弱気となっていた彼は、国王ロベールの圧力、反対勢力の優勢、大司教座教会の聖職者による聖務の妨害に見舞われ、完全に孤立化してしまったのである。フランスの聖職者の最高位にまで昇りつめたはずの四〇代後半のジェルベールは、九九六年八月、故郷オーリヤックの修道院のかつての教師で、今や院長となったレーモンおよび修道士仲間に送った書簡の末尾で、苦しい胸の内を思いがけず率直に吐露している。「年少の頃に学んだこと、それを若者になった時には忘却しておりました。若者の時に追い求めたことは、歳を重ねると軽蔑すべきことに思えます。……どうぞ私が経験から得たことを信じてください。君侯とは、うわべの栄光によって高められれば高められる程、心中は苦悶によって悩まされるものなのです」（G 194。一部、パウロ「コリント人への第一の手紙」一三・一一のパラフレーズ）。

挫折感に苛まされていた一二月中旬頃、「万学に通じ、哲学の三学において傑出した学者、愛すべき教師ジェルベールへ」という宛名書きで始まる一通の書簡がランスに届けられた。当時ナイメーヘンに滞在していたオットーからである。その極めてプライヴェートな内容は、「知識も教養も欠く」一六歳の皇帝に対し、様々な学問分野、特に算術について教授し、「ザクセンの粗野の代わりにギリシアの洗練に到達させること、そして政治的助言者として仕えることを丁重に請い求めるものであった（G 186）。書簡には、オットー自身の手になるラテン語の短い詩歌も添えられていた。

ジェルベールは早速オットーの期待に応えた。〝ザクセン〟には一切触れることなく、ギリシア人としての出自と皇帝としてのローマ的性格を讃美する返書をしたためたのである（G 187）。この頃皇帝は、カロリング時代に制作されたボエティウスの『算術論』の貴重な写本を入手し、彼個人の蔵書に加えている。これは、ジェルベールの献呈か仲介によるものと考えられる(5)。「新たなアレクサンドロスはついに、彼のアリストテレスを見い出したのである」（シュラム）(6)。

冬のアーヘン――九九六～九九七年

オットーは降誕祭をケルンで祝した。母が眠る聖パンタレオン修道院を訪れ、深々と祈りを捧げたであろう。その後アーヘンに移動したが、これは九九七年四月中旬までの異例の長期滞在となった。復活祭（三月二八日）も、慣例に反しクヴェトリーンブルクではなく同地で迎えている。この間年末には、アーダルベルトが巡礼から戻り、皇帝に最後の暇を告げポーランドを目指して旅立っていった。

三月中旬頃、アーダルベルトの第二の故郷となったローマのアヴェンティーノの修道院長レオが到来し、教皇グレゴリウスからヴィリギス宛の書簡を持参した。二月初頭に退避先のパヴィーアで教皇が主宰し、北イタリアのミラノ・ラヴェンナ両大司教管区の高位聖職者のみが参集した教会会議についての報告である。聖職売買《シモニア》の禁止、ランス大司教アルヌールの復位、フランス国王ロベールの近親婚の廉での召還、クレシェンツィの破門……。これらは既定路線と言えるが、目を惹くのは「メールゼブルク司教ギーゼラー」を、教会法に反して司教座を立ち去った廉で降誕祭にローマに召還するとの厳しい裁定である。「メールゼブルク問題」は、既に九九二年のハルバーシュタットでの献堂式で〝手打ち〟が成立していた（本書78頁）。そのシナリオを書いたヴィリギスは、プラハ司教に対し司教座を見捨てたことを教会法に背く行為として繰り返し批判し、強硬な姿勢で臨んだが、マインツの大司教がマクデブルクの同僚に向け同じ論理を振りかざした形跡は皆無である。ティートマルは、メールゼブルク司教区再興を、亡き夫の過ちを正すべくテオファーヌが息子に託した強い遺志に求めている（『年代記』四巻一〇章）。事態の新たな転換をもたらしたのは、当事者の一人、すなわちハルバーシュタット司教職を二九年間の長きにわたり務めたヒルディヴァルトが、前年一一月二五日に死去したことであった。オットーは新司教に、聖堂参事会の一部によって選出された前司教の腹心ではなく、側近の宮廷司祭アルヌルフを任命した。その際、就位の条件として、ハルバーシュタット司教管区の一部をメールゼブルク司教区の再興に際し返還することに同意させたのであろう（7）。このパヴィーアでの教皇裁定を機に、「メールゼブルク問題」は一挙に再燃することになった。

ところで、パヴィーアの会議参列者は、破門に処したはずのクレシェンツィが、同じ二月の初頭頃、ローマでピアチェンツァ大司教を対立教皇に擁立していた事実をまだ知ってはいなかった。オットーは三月二五日、今やヨハネス一六世と改名したヨハネス・フィラガトスが兼任していたノナントラ修道院長の職をレオに委ねている。事件の一報は、レオ自身か、パヴィーアの場にアルプス以北から唯一人参列していたフルダ修道院長ハットー（本書85頁）によって、アーヘン宮廷にもたらされたと考えられる。その主が皇帝と教皇に背いたピアチェンツァ大司教座は、再びラヴェンナ大司教管区の一司教座へと降格された。

皇帝は四月中旬、南のローマではなく、東方に向かった。かねてより予定していたスラヴ人討伐のためである。アーダルベルト殉教死の悲報がポーランドから届いたのは、ザクセンに滞在していた夏頃であった。

2　殉教、再起、裏切り

アーダルベルトの殉教死

アーダルベルトは、九九七年一月初頭にポーランド大公ボレスラフ・クロープリーをグネーゼンに訪れ、協議の後、プルス（プルーセン）人伝道を決意した。ポーランド東方のヴァイクセル（ヴィスワ）川下流域とメーメル（ネマン）川の間の沿岸地方に住むバルト人系の異教徒である。「プロイセン」の名は、この民族名に由来する。

アーダルベルトは、ポーランド西部のミエンジジェチに同行の修道士たちのために修道院を創建した後、四月初頭頃、異母弟ガウデンティウスおよびベネディクトという不詳の修道士を伴い宣布の旅路に出た。大公から三〇名の武装した護衛と船を与えられ、最初に向かったのは、ヴァイクセル川の河口近くのダンツィヒ（グダニスク）である（『アーダルベルト伝（オットー版）』一、七章。なお、これは「ダンツィヒ」の史料初出である）。ミサを挙行し多数の異教徒を改宗させた後、翌日バルト海沿いの不詳の河口の小さな島に上陸した。護衛はここで帰還させている。ところが、プルス人の住民の一団が三人の前に現れ、詩篇を歌う伝道者の背中を舵で打ち据えた。そして、よそ者はこの地を立ち去るようにとの警告を与えた。五日間森の中を彷徨した後、アーダルベルトは、プルス人への伝道活動を断念し、言葉も通じるエルベ川流域のリュティチ族に向けて神の福音を伝えることを決断した。

四月二三日、早朝のミサを終えた後に移動し、一時の間休息していると、今度は異教徒の祭司に率いられた武装集団が現れた。彼らは、三人に襲いかかり縄で縛り上げた。アーダルベルトは、恐怖におののくガウデンティウスとベネディクトに向かって次のように勇気づけた（同三〇章）。

兄弟たちよ、悲嘆するな！　汝たちも承知しておるように、我々はこの苦しみを主のために受くるのだから。主の徳は、すべての徳に勝り、主の美しさは、あらゆる光輝を凌ぎ、主のお力は筆舌に尽くし難く、敬虔さは唯一無二である。我らが甘き生命を最も甘いイエスのために捧げること、それ以上に勇敢なこと、美しいことが他に一体あるであろうか。

リーダー格の祭司は、シッコという名であった。その兄弟は、ポーランド人との戦いで殺害されていた。縛られたまま跪き、祈りを捧げるアーダルベルトを見ると、シッコは、激昂し槍を投じた。槍は一撃で心臓を貫いた。他の仲間たちもこれに続き、伝道者は、十字架のイエスと同じく槍で脇腹を突かれた（『ヨハネ福音書』一九・三四）――しかも、その数は実に七度にも及んだ。縄を解かれたアーダルベルトは、両

図41　アーダルベルトの殉教　グネーゼン大聖堂のブロンズ扉レリーフ　1170～90年

手を十字架の形に広げ、主に向かって自らの魂と迫害者たちの魂の救済を恭しく懇請した。しかし、ついに力尽きて大地に倒れ臥すと、そのまま息絶えた。

ブルーノによる同名の聖人伝（三二章）によれば、アーダルベルトは、最初に槍で突いた者〔＝シッコ〕に向かって弱い声で尋ねるように述べたという。「……七つの贈り物によって、キリストは汝を豊かにした。大いなる力をもって、聖霊の恩寵は汝へと注がれた。そして今、その〔＝キリスト〕栄光のために、七度の槍によって貫かれることで、これまで待ち望んできたキリストを抱擁するのだ！」。

捕らわれた二人の眼前で、一団はアーダルベルトの首を刎ね杭の先に刺すと、何処かへと立ち去った。ボレスラフは後に、プルス人から首を取り戻し、放置された胴体も、その後の探索の末に莫大な財貨を積んで買い取っている。今や殉教者として聖人の列に加えられることになったアーダルベルトの亡骸を、グネーゼンの教会に聖遺物として祀るためである。

ティートマルは、場所の記載を誤ってはいるものの、悲報を聞いた際の皇帝の反応を伝えている。「ローマでこの報せを聞いた皇帝は、神に向かって恭しく然るべき讃歌を捧げるように命じた。自らの統べる時代に、かかる殉教の勝利の栄光に飾られた者を、己の側近くにもち得たことにただひたすら感謝する讃歌を捧げるように」（『年代記』四巻二八章）。マインツ大司教の反応について伝える史料は存在しない。

教師ジェルベール

皇帝にとってのもう一人の師は、夏の始まり以来宮廷に滞在している。ランス大司教座のシスマ問題は、既に九九七年六月初頭に最終的な解決を見い出していた。アルヌールは、フルーリー修道院長アボンと教皇使節レオの働きかけで正式に復位し、教皇より授けられた肩衣《パリウム》をアボンの手から拝領した。

五月中旬に始まったリュティチ討伐遠征は、従来通りギーゼラー率いるザクセン人の軍隊を主力とし、マクデブルク北方の要衝アルネブルクをめぐる攻防戦となった。しかし、今回もまた、九九〇年の時と似た経過を辿り失敗に終わった。

七月二日、ギーゼラーは、和平を持ちかけてきたリュティチ族の首領の奸計に陥り、交渉の場でまたしても襲撃されたのである。大司教本人は、逃げまどう馬にいち早く飛び乗り無事逃げ帰ったが、お伴の兵はその場でほぼ全員が殺害された。アルネブルクの城塞も、その後敵側によって火を放たれ焼け落ちた。敗北の責任は、後詰めのノルトマルク辺境伯リウタールに擦り付けられた。辺境伯の甥で、当時マクデブルクの聖堂学校で修学の身であったティートマルは、その一一日後に母を喪ったことと相俟って、事の次第を苦々しげな筆致で書き残している（『年代記』四巻三八章）。ギーゼラーの不可解な行動を、「メールゼブルク問題」で教皇との協調路線へと舵を切った皇帝に対する無言の抵抗、一種のサボタージュと解釈するのは、はたしてうがちすぎた見方であろうか(8)。

それに先立つ六月後半頃、ジェルベールはマクデブルクの宮廷で、皇帝とその側近、若き宮廷司祭たちの驚嘆の声に包まれていた。遠征中にもかかわらず、皇帝は、ジェルベールが説くアリストテレス＝ボエティウス流の哲学的議論に大いに触発され、理性の本質を主題とする討論会を主宰した。しかし、論争は

図42　アストロラーベ

決着には至らず、これに満足しない皇帝は、ジェルベールにこの主題に関する著作を執筆するよう依頼した。

時代の学問水準をはるかに超越した世紀の知識人は、一世紀後になると、悪魔と契約したファウスト的な魔術師という伝説を創作されることになる（本書366頁）。その原因の一つは、カタルーニャ滞在中に「十二世紀ルネサンス」に先駆けて、アラビア伝来の算術や天文学を修得し、その成果をヨーロッパに伝えたことにある。ランスの聖堂学校の授業では、算盤に類似した計算機器アバクス、各種の天球儀、あるいはアラブ人によって開発された天体観測機器アストロラーベなどが惜しむことなく投入された。マクデブルク滞在中も、レンズを欠く長筒の遠眼鏡（フィストゥラエ）を使って北極星の位置を観測している。アストロラーベを面前で組み立て披露するジェルベールの得意げな姿に接したザクセンの宮廷人の感慨は、いかなるものであったろうか（ティートマル『年代記』六巻一〇〇章）(9)。

地球の形状に関する認識は、円盤状というのが中世初期の大方の常識である。ところが、ジェルベールは、地球平面説に先行するヘレニズム時代の球体説、特にプトレマイオス『アルマゲスト』の内容を何らかのルートで承知しており——当時ボッビオ修道院に所蔵されていたボエティウスによるラテン語訳（伝存せず）か？——、その大きさを測定する方法についても考案していた。彼の弟子と覚しき聖職者が一〇世紀末に著した『アストロラーベ論』は、赤道から北半球のヨーロッパを南北方向に七つの気候帯に分類し、一気候地帯の南北方向の幅は、夏至の日に観測される太陽の位置が半時間異なる距離に相当するというエラトステネス流の方法論を論じている（一八・一九章）。付された目録は、当時知られていたヨーロッパ・

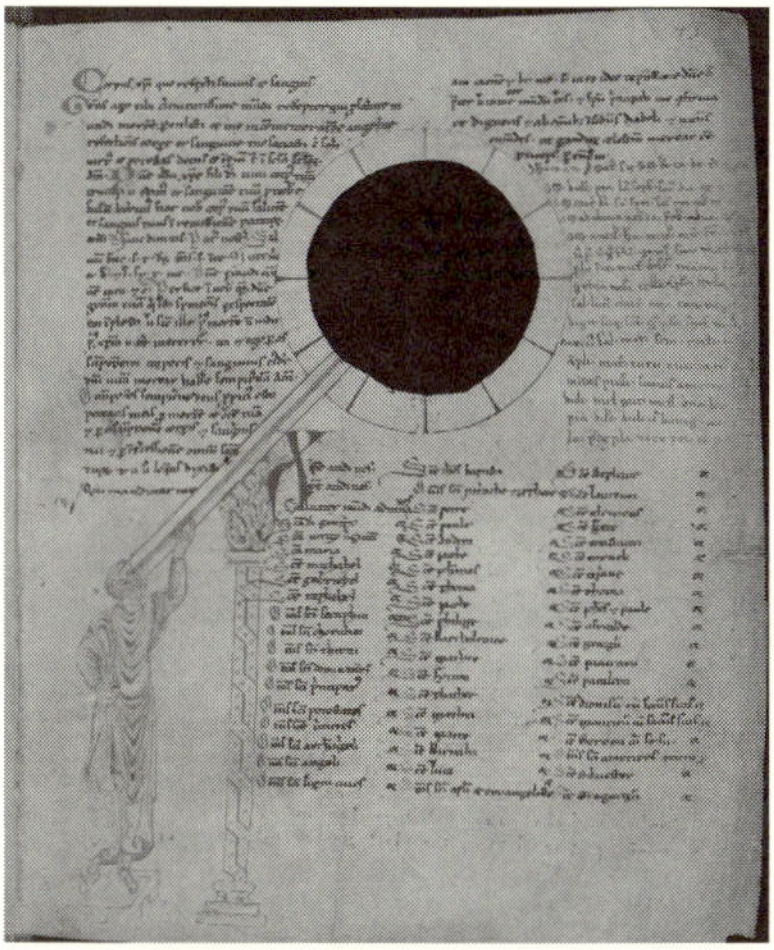

図43　遠眼鏡を使う修道士　ザンクト・ガレン修道院，1000年頃。同院所蔵（Cod. Sang. 18）

アジア・アフリカの都市・河川・山脈の名を多数リストアップし、各気候帯とその緯度を記している。南半球の地理的知識は欠けているが、やはり七つの気候帯から構成されることを前提としている(10)。『アストロラーベ論』の著者が星の運行の観測と天球儀を駆使して得たデータを、現代の基準に換算するならば、極圏を五四度としたのは確かに不正確である（正しくは六六度三三分）。しかし、回帰線二四度という数値は、ほぼ正解である（正しくは二三度二六分）。

ジェルベールが次々と繰り出す未知の機器とまったく新たな「世界像 *Imago Mundi*」に、知識欲旺盛にして高度な理解力を有する若き皇帝が、すっかり心を奪われ魅了されたことは想像に難くない。ただし、ジェルベールとの関係は、アーダルベルトとの場合とは異なり、あくまでも教師と弟子の関係であった。両者間に、それを越える友情の絆が存在したことは確認されない。

ヨハネス・フィラガトスの裏切り

テオファーヌの寵臣として大司教の地位にまで昇りつめたヨハネス・フィラガトスが何故、彼を信頼する皇帝を裏切り、クレシェンツィと結託して聖ペテロの座を簒奪するに及んだのか。二人の野心家の間を取りもった陰の黒幕は、高慢さと諧謔を併せ有する屈折した性格の老聖職者であった。ビザンツ皇帝バシレイオスの命で西方に派遣された使者レオンである。

恩顧のある教皇グレゴリウスを追放することで皇帝に叛旗を翻したクレシェンツィだが、その彼も、やがてアルプスを越えて再び到来するであろう報復遠征の大軍に、単独では太刀打ちできないことは重々承知していた。裏で糸を引くレオンが対抗策として提案したのは、コンスタンティノープルの皇帝との提携である。陰謀家の真の狙いは、もちろん叛乱者に助太刀することなどではない。ビザンツ皇帝にとっての長らくの宿願、ローマ奪還のために彼を最大限に利用することであった。クレシェンツィの傀儡となる対立教皇を擁立するよう提案したのも、ビザンツ皇帝の臣下たるべき人物の権威を高揚させることが目的であった。

レオンが目を付けたのは、宮廷での交渉と辛い船旅を通じてその人格の裏側まで熟知していたヨハネスである。クレシェンツィにとっても、グレゴリウスへの対抗馬として、ローマの都市貴族出身の聖職者ではなく、コンスタンティノープル宮廷との接点を有するカラーブリア生まれのギリシア人を教皇に据えることは、ビザンツとの提携をより容易にするのに好都合であると思われたであろう。

九九七年二月、ヨハネスは、主が不在のサン・ピエトロ教会で新たなローマ教皇に〝選出〟された。有力都市貴族の支持を取り付けるためには、財貨による買収も厭わなかった。教会改革派が目指した目標の一つは、パヴィーアの教会会議決議にも見えるように、まさにこの聖職売買《シモニア》を根絶することであった。

政治の表舞台に出ることなく裏から手を回すレオンが、この頃ヨハネス一六世に対して心中でいかに屈折した感情を抱いていたか。それは、コンスタンティノープル総主教シシニオス二世（在位九九六～九九）に宛てた書簡中で吐露されている。主君たる皇帝をいとも容易く裏切り、西欧カトリック世界における教会の最高位を策謀で手に入れる提案を躊躇せず受け入れたこの野心家を、彼は心底では志操を欠く成り上がり者として、徹頭徹尾侮蔑し嘲笑していたのである。

〔グレゴリウス追放の後〕生きるに値しないある男が下から這い上がってきた。我が友よ、それはギリシア人のフィラガトスである――まったくのふてぶてしさ、この破廉恥、この汚物、この面汚し。……私はこれまで、この者がいかにして下から這い上がってきたか、その様を見てきた。今度は、それと同じく、この者がいかにして再び落ちぶれていくか、その姿を見てみたいものだ。

レオンがローマに来た真の目的は、「我々の高貴にして偉大なる皇帝の名声のために尽力すること」である。「ローマは、我々の偉大なるいとも高き皇帝の手中にあり、足下にひれ伏している。神がそれを望まれ、定められた。そして、神は、私の助力でそれが成就することを望まれたのである」(11)。

しかし、レオンの期待とは裏腹に、この時コンスタンティノープルの皇帝バシレイオスは、ローマへの軍事介入を望んではいなかった。宿敵ブルガリアとの戦闘はなお続いていたし、シリアをめぐるファーティマ朝との緊張関係も予断を許さぬ状況の中で、ローマ奪還の提案がいかに魅力的とはいえ、西方で新たな戦線を開くだけの余裕はなかったのである。主人の意向を了解したレオンは、対立教皇擁立を画策した陰謀家から一転して、今度はローマ情勢の攪乱者へと見事に変貌を遂げる。九七年の夏頃、彼はローマ滞在を切り上げ、アルプスの彼方を目指して出立した。ビザンツ使節団の代表としてオットーとの会見に臨むためである。

同じ頃ヨハネス・フィラガトスは、同郷のカラーブリアのロッサーノ出身の大先達から、厳しい叱責の言葉に満ちた書簡を受け取っていた。書き手は、バシレイオス派隠修士運動の指導者として、高い名声と人々の尊敬を一身に集めていたネイロスである（本書62頁）。彼はこの間、隠修士的生活に理解を示さないモンテ・カッシーノ修道院長マンゾと決裂し、九九四年以来ガエタ郊外のセルペリ（セラーポ）の丘で共同体を営んでいた。

徹底的な禁欲主義を旨とする隠修士の眼には、皇帝の寵臣にしてピアチェンツァ大司教として世俗的な地位と名誉を既に充分に享受していたヨハネスが、さらなる欲望に駆られて惹起した聖ペテロの座の簒奪劇は、許し難い背信行為と映った。若き日の理想を想い起こし、一修道士としての静穏な生活に戻ることを強く勧告したネイロスに対し、自らが置かれた状況に懐疑的になりつつあった対立教皇は、その意があることを伝えた。この半年間の動向を通じて、彼はようやく気付かされたのである。教皇とは名ばかりの飾り物でしかなく、己はローマの都市貴族がのめり込んだ危険な政治的賭の道具として利用されたにすぎないことに。

秋のアーヘン――九九七年

オットーは、九月から一一月末まで再びアーヘンに長期滞在している。姉ソフィアの他、かつての教師であるヒルデスハイム司教ベルンヴァルトもザクセンから同行した。

カール大帝ゆかりのアーヘンは、ローマと並んでオットーが最も厚遇した地である。既に二月七日、パヴィーアで教会会議を開催中の教皇グレゴリウスは、皇帝の懇請に応じて、王宮付属の聖マリア教会に対し異例の特権を付与していた（PUU 340）。同教会の各々七名の司祭・助祭に対し、都市ローマのそれと同じく枢機卿としての名誉ある地位が認められた。また、主祭壇でミサを執行する権限は、彼ら以外では同地を管轄するリュッティヒ司教と管区大司教たるケルン大司教のみに留保された。この規定の鋒先は、ヴィリギスに向けられている。歴代マインツ大司教は、同教会でオットー三代の国王戴冠式を主導してきた。特にヴィリギスは、ゲルマーニアの教皇代理職（本書79頁）に任命された九七五年に、併せて国王戴冠権を教皇から正式に認められていた（PUU 237）。しかし今後は、戴冠式がアーヘンで挙行される限り、栄えある典礼執行の任を格下のケルンの同僚に譲らねばならないのである。

オットー自身も一〇月一二日、聖マリア教会の二階席にある救世主の祭壇に対し広大な王領地を寄進した――「神への愛のために、余と余の両親の魂の救済のために、そしてかの尊敬すべき記憶に留まるカール大帝 *Karolus magnus imperator* のために」（DOIII 257, 258）。

同じ一〇月前半頃、アーダルベルト殉教死の詳細と続報が王宮に届けられた。報告者は、その最後を見届けた異母弟ガウデンティウスであったと考えられる(12)。ポーランド大公ボレスラフ・クローブリーによる殉教者の首の獲得、さらに亡骸の探索の試みも伝えられたであろう。アーダルベルトの死は、なるほどオットー個人の直接の瑕疵ではない。しかし、それにしても、結果的に彼を死の淵に追いやったことに対する自責の念と圧倒的な喪失感に、若き皇帝が強く苛まれたであろうことは想像に難くない。友人にして精神的父ともいうべき人物の悲劇的な最期がオットーにいかに大きな衝撃を与えたか、この不幸な事件は、以後の彼の政治的行動と信仰、その双方を決定的に規定するモティーフになっていく。

図44　アーダルベルト教会，アーヘン

オットーは、殉教者を祈念すべく、アーヘンに聖アーダルベルト教会を急ぎ建立することを決めた。彼はまた同地に、殉教者ゆかりのアヴェンティーノの丘の修道院の伝統も移植した。母が庇護したカラーブリア出身の隠修士グレゴリオス（本書63頁）と初めて出会ったのは、前年のイタリア遠征の際であったろう。彼の隠修士共同体のためにアーヘンの南の丘陵地にブルトシャイト修道院を建て、グレゴリオスをアルプス以北では稀有のギリシア典礼系修道院の院長として招いたのである。さらに、『プラハ司教アーダルベルト伝（オットー版）』（九九八〜九九年頃成立）の執筆を依頼したのも、オットー自身であったと推定される。不詳の著者は、近年の研究では、殉教者と生前に懇意であったリュッティヒ司教ノートガーに求められている（フリート）(13)。

レオン率いるビザンツ使節団が皇帝を表敬訪問した一〇〜一一月頃、アーヘン王宮は以上の理由から重い空気に包まれていた。会見内容は不明であるものの、策略に長けたレオンは、婚姻問題についてオットーに何ら言質を与えることなく、主人の意図を汲んで巧みに交渉の引き延ばしを図ったものと思われる。対立教皇擁立事件についても、自身がそれを舞台裏で画策した張本人であることをひた隠しに隠し通したことは言うまでもない(14)。むしろ、彼はオットーに対し、イタリアに向け一刻も早く出立し、使徒座の混乱を解消して、ローマに巣くうクレシェンツィ一派を討伐することを強く促した。

玉座のオットー三世

秋のアーヘン王宮滞在中に書記局は、再び印璽の図像を刷新した。前年五月の皇帝戴冠以来使われていた立像（図39）に代わり、玉座に威厳をもって坐する座像を採用したのである。最後の審判における「荘厳のキリスト」の姿の模倣《ミメーシス》である。「諸王中の王」たるキリストのアナロジーで、「主に塗油されし者」として現世における「神の代理人」になった国王・皇帝が理解されている。笏とグローブスをもつ両手が上方に持ち上げられているのは、支配権を天上の神から授けられたことを示唆しているのであろうか。同じモティーフのオットーの玉座像は、彼が一〇〇〇年頃に聖マリア教会に寄贈した象牙製の聖水桶にも見い出される。これはまた、皇帝戴冠式で用いられた帝冠（図34）を伝える最初の図像資料でもある。

こうした神権的君主観念《テオクラシー》は、実はその帝冠において支配表象として既に明言されていた。四枚の図像プレート中の最上位に位置する一枚は、「荘厳のキリスト」を中央に描き、上部の銘文で旧約聖書の『箴言』の一節を引用していたからである（八・一五）――「私によって、王たちは統治する *P(er) me reges regnant*」、と。

図45　オットー3世の皇帝第3蠟印璽　998年2月6日，ペーターリンゲン修道院宛，DOIII 273。在ローザンヌ，ヴォー州立文書館蔵

やはり同じ一〇〇〇年頃にシュヴァーベンのライヒェナウ修道院で皇帝のために制作され、聖マリア教会に寄贈されたオットー朝絵画の最高傑作、リウタール『アーヘンの福音書』の扉の見開き絵は、以上の政治神学論をさらに凌駕して余りある（本書口絵）。左頁の献呈図では、両手に福音書を携えた（不詳の）修道士リウタールの姿が中央に描かれ、上下には、「皇帝オットーへ、神がこの書物によって汝の心臓を包まれんことを。それをリウタールから得たことを忘れぬように」と記されている。

右頁では、この神への誓願を可視化した、唯一無二の特異な図像が対置される。オットーは、天上の高みから神の手によって冠を授けられ、下から大地母神《テッラ》によって支えられた玉座の上に、最後の審判の「荘厳のキリスト」の如く坐している。彼は世界の支配者《コスモクラトール》として、上では四人の福音

図46　聖水桶に描かれたオットー3世の玉座像（拡大）　ライン地方，1000年頃。アーヘン大聖堂宝物館蔵

図47　帝冠，「荘厳のキリスト」

書記者を象徴する有翼動物、中央では二人の国王、下では各々二人の冠を戴く国王と肩衣《パリウム》を纏った大司教によって取り囲まれている。通常はその使用がキリストにのみ留保された身光《マンドルラ》によって包まれた皇帝と玉座は、あたかもそれが中空に浮かんでいるかのように立体的に描き出される。皇帝の頭の一部は、十字架と神の手が描かれた青色の円形の後背《ニンブス》、すなわち現世を超越した天上の世界の内部に入り込み、冠を授ける神の手の人差し指と中指は、彼の頭に軽く触れている。福音書記者が手に摑む白い福音書の帯飾は、心臓を包み込むのみならず――「主イエス・キリストを着なさい」（パウロ「ローマ人への手紙」一三・一四）のフレーズを想起されたい――、戴冠式で塗油された胸から上部を覆うことで、皇帝の身体が、天上の「聖」（＝父なる神の領域）と地上の「俗」（＝人間の領域）の双方に跨る中空、すなわち「キリストの領域」に位置することを示している。場面全体を包み込むアーチ型の天蓋に塗られた緋色は、ビザンツ皇帝が排他的に使用した皇帝位を象徴する色

である。

カントロヴィチ（一八九五〜一九六三）は、『国王の二つの身体』の中でこの図の解釈に多くの頁を割き、皇帝の神格化という解釈を導き出した。「皇帝は、単に「キリストの代理人」とか、天上の世界支配者の人間的対応物といったものではなく、むしろほとんど栄光の王（＝キリスト）自身のごとき者、真に「キリストの模倣者《クリストミメーテス》」、キリストを演ずる役者のごとき者である。これはあたかも、天上の不可視のキリストを地上のキリストにおいて具現する目的で、神人が地上の皇帝の栄光のために、天における自らの玉座を譲ったかのようである」(15)。「黙示録を基盤とする君主の宇宙誌的自己表象」（千葉敏之）としての『アーヘンの福音書』は、以後、聖マリア教会で戴冠された新国王が、神に向かって誓約をおこなう儀典の際に使用され続けることになる。

第五章　「ローマ帝国の改新」　九九八年

1　第二次イタリア遠征

遠征の開始――九九七～九九八年

九九七年一一月初頭、オットー三世はアーヘンに多数の聖俗諸侯を招集し、イタリア遠征について協議した。教皇グレゴリウスからは、救援を督促する使者がかねてより繰り返し遣わされていた。中旬頃、夏にローマの叛乱者たちの下に派遣していた急使が相次いでアーヘンに帰還し、それぞれ対照的な返答をもたらした。対立教皇ヨハネスは、使徒座を立ち去り、余生を修道生活に捧げる覚悟のあることを伝えてきた。これに対し、クレシェンツィは、皇帝の使者を捕縛し投獄することで、交渉拒否の態度を鮮明にした。下旬、オットー三世は、二度目となるイタリア遠征の開始をついに決意した。

オットー三世に再度の遠征の決断を促したのは、ローマ情勢だけではない。皇帝の軍事介入を不可避とする秩序の悪化も、かねてより問題化していた。北イタリアでは、パヴィーア教会会議のさなかの同年二月中旬に、イヴレーア辺境伯アルドゥイーノがヴェルチェッリ司教の支配を嫌って武力をもって蜂起し、三月一七日に司教ペトルスを殺害、亡骸を焼くという衝撃的な事件が起きていた。ペトルスは、九八二年のコロンネ岬の戦いの際、イスラーム軍の捕虜となった人物である。彼は、その後アレクサンドリアにまで連行され長期間拘禁されていたが、九〇年、聖地イェルサレムを巡礼者として訪れたヴェルチェッリの一修道士の働きかけでようやく解放され、司教座に帰還したのであった。

この時期ロンバルディア地方では、ボッビオやクレモナの例に見えるように、聖界諸侯の強固な支配に抵抗する運動が、新興勢力である在地下級貴族や市民層の間に拡大しつつあった（本書42、95頁）。ヴェルチェッリの場合も、イタリア国王ベレンガーリオ二世の係累で、アオスタ渓谷の要衝を本拠地とするイヴレーア辺境伯が、司教から封《レーン》として貸与された教会所領を簒奪したことが、紛争の直接の原因であった[1]。

皇帝戴冠を目的とした第一次遠征とは異なり長期化が予想されるにもかかわらず、オットーは、留守中のアルプス以北の統治を経験豊かな書記局長ではなく伯母マティルデの手に託した。この異例の決定は、ヴィリギスとの亀裂が相当深刻化していた事実を示唆するものである。第二次遠征開始以後、マインツ大司教[2]のみならず、マクデブルク大司教、そして姉ソフィアも、皇帝の周辺からその姿をほぼ完全に消すことになる。ギーゼラーの場合、「メールゼブルク問題」が影を落としていたことは言を待たない。ただ、ソフィアは、九九五年の一〇月からイタリア遠征も含め、ほぼ二年間にわたり弟と行動を共にしてきた。一〇月一日の皇帝証書でも、「余の最愛の姉 *nostra dilectissima soror*」として執り成し人の一人に名を連ねていた（DOIII 255）。それにもかかわらず、何故彼女との関係が急速に冷却化したのか、その理由は謎に包まれている[3]。

遠征に参加する宮廷司祭の顔触れにも、二年前とは変化が見られる。

かつてランス大司教の地位まで昇りつめたジェルベールは、夏の始まり以来宮廷に滞在していたが、その後病を得て、皇帝から与えられたブライザッハ近郊のザースバッハで休養していた。この間正式に宮廷司祭に任命され、バイエルンに向かう皇帝の遠征軍に途中から合流した。

宮廷司祭レオの名は、九九六年九月にオットーがアーダルベルトとともにマインツに滞在していた時の側近団の一人として初めて登場する。それ以前のキャリアは不詳である。第一次遠征の際に、皇帝の目に留まったものと考えられる(4)。ランゴバルト人生まれの傑出した教養人は、アルプス以北では当時ほとんど知られていなかった古代ローマの文芸・学術と法学について該博な知識と深い理解を有し、その雄弁さと相俟って、皇帝側近の中ではジェルベールに比肩しうる名声を享受しつつあった。

最後に、後年厳しいオットー二・三世父子批判を展開することになるクヴェーアフルトのブルーノ（本書72頁）は、マクデブルクの聖堂学校を経て、前年の九六年かこの九七年に宮廷司祭に取り立てられたばかりである。

世俗諸侯では、マイセン辺境伯エッケハルト、聖界諸侯では、リュッティヒ司教ノートガーとシュトラースブルク司教ヴィルデロート、ライヒェナウ修道院長アラヴィヒ（在位九九七〜九九）らが参加したが、とりわけ注目に値するのは、皇帝に次ぐ実力者のバイエルン大公ハインリヒの存在である。彼は、第一次遠征時にもヴェローナまでオットーを随行していた。オットーは、「国王支配の遠隔地帯」（本書38頁）に属していたバイエルンを、皇帝による帝国全域の直接的統治の枠組みの中に徐々に統合しつつあるのである。なお、一行の中には、アーヘンからローマに帰還するレオンの姿も混じっていた。

遠征の出発点は、前回と同じくバイエルンである。ブレンナー峠を越えたのは一二月上旬頃、一三日頃にはトリエントで忠臣のトスカーナ辺境伯ウーゴが皇帝軍を出迎えた。降誕祭を祝するパヴィーアでは、イタリア書記局長のコモ司教ペトルスを初めとする北イタリアの多数の聖界諸侯が集結する中、教皇グレゴリウスとその父のヴェローナ辺境伯との再会を果たした。

オットーは、ペトルスの後任のヴェルチェッリ司教レギンフレート（在位九九七〜九八？）の要請で、同司教教会を皇帝の庇護下に置くことも忘れてはいない（DOIII 264）。諸司教と在地貴族が割拠する北イタリアの場合、両者のバランスを維持しつつ権力基盤を固めることが祖父以来の基本政策であった。オットーは、司教の他とりわけ修道院長との結び付きを強化し、諸特権を付与・更新したのみならず、在地貴族によって簒奪された教会所領の回復に重きを置いた。

年を越えて九九八年一月下旬、ポー川を下る中途でフェラーラに達すると、ヴェネツィアのドージェ、ピエトロ二世・オルセオロの息子オットーネが、二年前の堅信礼で代父となった皇帝とその一行を豪華に飾り立てた船を仕立てて出迎えた。以後の行程は前回と同じである。ラヴェンナでは、四年前に第五代クリュニー修道院長に就位したオディロン（在位九九四〜一〇四九）の姿も確認される。ローマ到着は二月二〇日頃である。

ヨハネス・フィラガトスの末路——九九八年

ローマはパニック状態に陥っていた。皇帝率いる大軍迫る、との報に接したからである。もっとも、大方の市民はクレシェンツィを早々に見限り、皇帝軍に率先して服従し歓呼の声で市内に迎え入れた。クレシェンツィの軍隊は、当初ヴァティカンとティベル川間の新市街区を占拠したものの、やがて撤退し、二月末にはかねてより厳重に防備を固めてあったサンタンジェロ城に立て籠もった。

憐れなのは、ヨハネス・フィラガトスが辿った末路である(5)。市外の城塞の塔に身を潜めつつ、使者

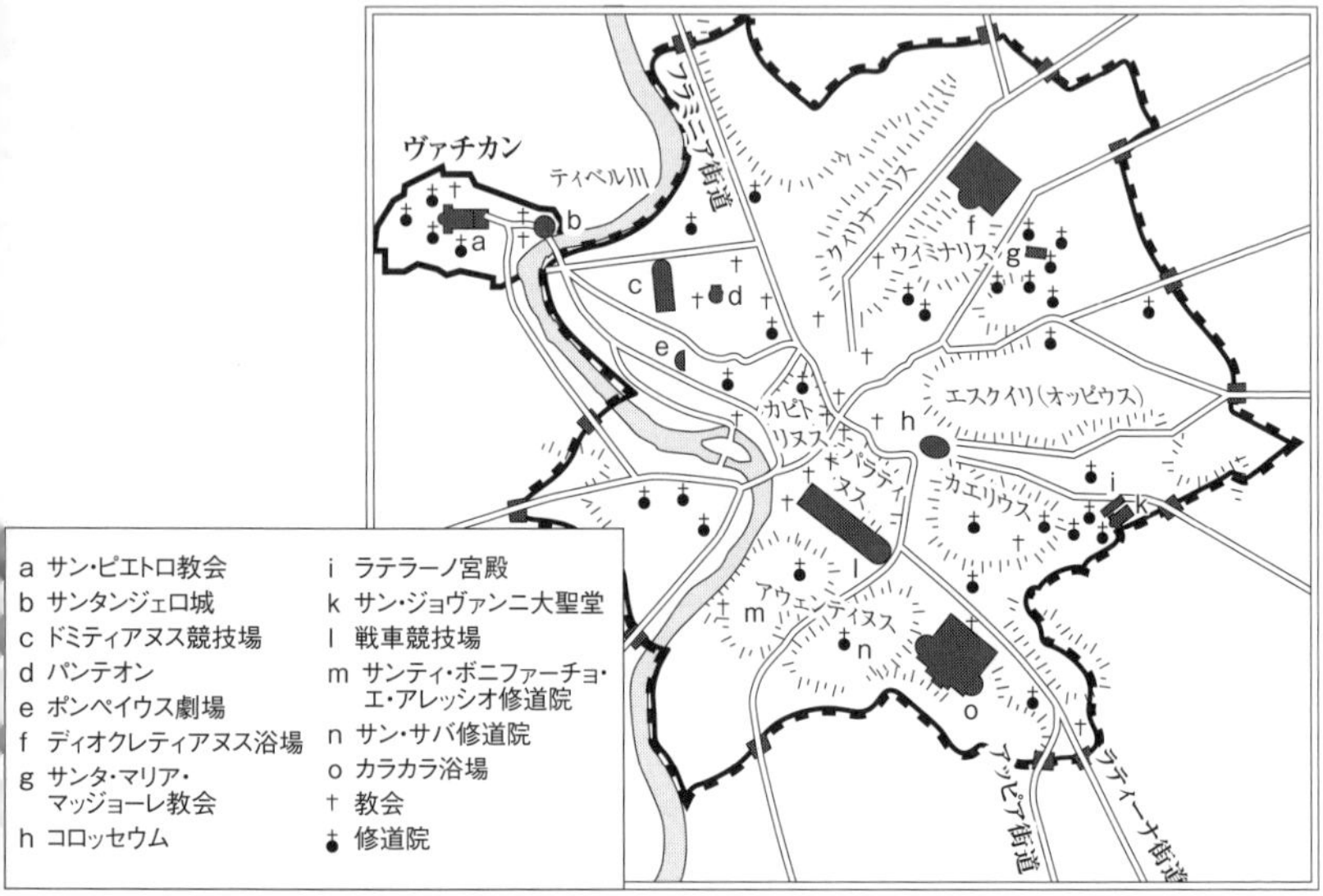

図48　中世前期のローマ

を通じて皇帝に慈悲を請うたものの、返事を得ぬうちに二月二〇日頃、トゥールガウの伯ベルトルトの軍によって発見された。簒奪者を待ち受けていたのは、鼻と耳を削ぎ、舌をくり抜き、眼を潰すという陰惨な身体刑であった。罪人は、その後ロバの上に後ろ向きで座らされ、その尻尾を手で握りしめたまま、観衆の嘲笑と罵倒の声を浴びせられながらローマ市内を引き回された。彼がその後引き摺られていった先は、ギリシア人修道士たちが生活する聖アナスタシオス修道院であった。

処断の残酷さは、まことに目を覆うばかりである。ただ、個々の刑罰は、ビザンツ皇帝レオン三世（在位七一七～四一）が定めた『エクロイ』（「法の抜粋」の意）に準拠している。誓いを破った者は偽誓の言葉を述べた舌を失い、祭壇の聖遺物を横領した者は眼を潰される。鼻を削がれたのは既婚女性との姦淫の故、すなわち既に教皇グレゴリウスと（霊的に）結婚していた聖ローマ教会に対し姦通を強要したからである。加えて、これらの身体刑は、ユスティニアヌス大帝（在位五二七〜六五）の『ローマ法大全』では死刑とされた刑罰を、人道主義的観点から緩和した結果であった。市内引き回しも同じくビザンツ＝ギリシア法、ロバの上に座らされるのはローマ法に由来する(6)。

前年の夏に書簡でヨハネスを叱責した隠修士ネイロスは、教皇罷免の報に接すると、ほぼ九〇歳という高齢にもかかわらず、三月初旬頃、ガエタからローマへと徒歩で向かった。ところが、高名な隠修士到来の報は、本人の到着よりも先にローマに達していた。皇帝と教皇は、ぼろ服を纏った老人を市門前に出て丁重に迎え入れた。両者はネイロスをラテラーノ宮殿へと案内し、二人の間の名誉席に座るよう請うた。隠修士の願い事は、囚われの身にあるヨハネスの身柄を引き取り、罪深き一修道士として自らの共同体で贖罪に勤しませることであった。皇帝はこの申し出を認めたが、その際、ネイロスがローマ市内のギリシア系修道院いずれか一つを統括するという条件を提示した。大都会での生活と世事との関わりを拒絶する隠修士は、高齢を理由にこの提案を断った。

図49　ネイロス　制作年代不詳　マンモラ，サン・ニコデモ教会蔵

皇帝はその後、その雄弁さで評判の側近の一大司教を、聖アナスタシオス修道院に滞在するネイロスに遣わし、事情を説明し理解を求めた。この難題を任せられた使者とは、四月末頃にラヴェンナ大司教に就位したばかりのジェルベールであったと思われる。その弁明の言に落胆した老隠修士は、大司教に向かって皇帝と教皇への怒りの言葉を吐いたとされる。「神が汝たちの手に託した者〔＝ヨハネス〕に対し、汝たちが赦しを認めないのであるならば、天の父は、

汝たちの罪もまた赦すことはないであろう」、と(7)。立腹したネイロスは、ローマを立ち去り、空しくガエタへと引き返していった。

上記のエピソードを伝えるのは、隠修士が最晩年にローマ近郊に建てたグロッタフェラータ修道院で一〇二〇年代に成立した『聖ネイロス伝』（九一章）である。聖人伝は、陰惨な恥辱刑を主張した主たる責任を、報復心に燃えた教皇グレゴリウスに帰している。その彼が一年後に予期せずして突如死去した事件についても、暴君と化した教皇は眼を剔《えぐ》られて殺害されたと伝えている。人口に膾炙《かいしゃ》した噂に基づく記述と思われるが、不詳の著者は、事後の経過を踏まえつつ、教皇の無惨な突然死に因果応報の証しを看取している（本書177頁）。いずれにせよ、この時の出来事が後々まで皇帝の心中に禍根を残すことになったのは間違いない。

サンタンジェロの攻防戦（後述）が終結した後の五月初頭、ヨハネスは、聖アナスタシオス修道院から皇帝と教皇が主宰するサン・ピエトロ教会の教会会議（本書164頁）の場に引き出された。口のきけない罪人は法廷に出頭すると、教皇の衣装を纏わされた。教皇位罷免の判決が正式に下されると、その衣装を剝ぎ取られ牢獄に繋がれた。その後の足跡については、市内の一修道院で八月二六日に亡くなったことしか記録に残されていない。不詳の年次は、三年後の一〇〇一年であったと推定されている(8)。

ビザンツ帝国からの使者レオンは、皇帝軍到着と同じ二月以来ローマに帰還していた。五月初頭の教会裁判が終了して間もなく、かつてヨハネスの対立教皇擁立を裏で画策した彼は、今度は同じヨハネスが失脚し処罰される一部始終を、故国の友人宛の書簡中で抑え難い興奮と底意地の悪さを交えて詳述している。

君は今頃、きっと高笑いしていることだろう……あのフィラガトス、端的に述べるならば、その口が冒瀆と悪意、誹謗と中傷に満ち溢れかえった、他に例なき者、比類なき者、およそ我々が知っている限り誰も比肩し得ぬ者、まさに血にまみれた教皇、尊大にして高慢な人間、おお、神よ！　おお、正義よ！　おお、太陽よ！　彼は巻き添えになって、ついに地に崩れ落ちたのだから！　君に対し、あの男の失脚の顚末を語らない理由などありはしまい。彼は……〔この後、身体刑、引き回し、裁判の叙述が続く〕」(9)。

任務を無事に終えたレオンは、秋頃に帰国した。論功行賞として与えられたのは小アジア、シナダの府主教への抜擢であった（一〇〇三年頃歿）。

サンタンジェロの攻防戦

この間、クレシェンツィの立て籠もるサンタンジェロの攻防戦は、二か月間の長きにわたり続いている。今や難攻不落の要塞と化したハドリアヌスの廟墓の壁に穴を穿ち、城壁をよじ登るためには、大量の木材を調達して巨大な攻城塔と長大な梯子を作る必要があった。包囲軍は、そのための時間を要したのである。四月二四日、すなわち復活祭翌週の白衣の主日に開始された総攻撃を指揮したのは、勇猛果敢で鳴らしたマイセン辺境伯エッケハルトである。必死の抵抗ももはや無駄と悟ったクレシェンツィは、二七／二八日、交渉による妥協の道を模索した。各種の史料証言内容は微妙に異なる。クリュニー修道士ラウル・グラベルが、当時ローマに滞在していた院長オディロンに由来する情報を元に後年執筆した『歴史五巻』（一巻一二章、本書251頁）の詳述に最も信を置くべきであろう(10)。攻防戦の最後は次のような経過を辿った。

クレシェンツィは、皇帝軍に属する調停者――ヒルデスハイム司教の兄タンモ（?-）――を通じて和平交渉の手筈を整え、味方に気付かれることなく密かにサンタンジェロを抜け出した。皇帝の前に現れ出ると、突如としてその足下にひれ伏し、自らの命乞いのために慈悲を請うた。これに対し皇帝は、側に控える家来たちに向かって当て擦りの言葉を浴びせかけた。「汝たちは何故、ローマ人の主人《プリンケプス》たる人物がザクセン人の粗末な陣幕に入られることを許したのだ。このお方は、皇帝を選び、法を定め、教皇を立てる方であられる。その栄誉に相応しい歓待の準備が整う時まで、このお方をかの高みにある玉座へとお戻しせよ」。クレシェンツィは、そのまま無傷でサンタンジェロの塔の入り口まで護送された。もはや交渉による解決の道は閉ざされたことを悟った彼は、家来たちを前に諦め顔で呟いた。お前たちが生きる望みをもてるのは、敵勢がこの要塞を攻略する

図50　サンタンジェロ城

その時までだ、と。

二八日、戦いが再開された。「すべてのローマ市民は、ドイツ人 *Teutoniqui* の軍隊とともに攻撃に取りかかった」（ヨハネス・ディアコヌス『ヴェネツィア年代記』、三〇章Ｂ）。エッケハルト率いるザクセン人部隊が激しく攻め立てる中、兵士の一部は、要塞の最上部に到達することに成功し、同時に門を壊して内部への突入を図った。クレシェンツィは、長時間にわたり果敢に攻撃を防いだものの深傷を負い、ついに敵勢の手に落ちた。囚われの身となった彼は、防御回廊で直ちに首を刎ねられた。

皇帝はこの報を受けると、家来たちに命じた。「その者を最も高い鋸壁から下にそのまま突き落とせ。

自らの主人を汝たちが何処かへ連行した、などとローマ人に言わせないようにするために」。見せしめにされたクレシェンツィとその配下一二名の遺骸はその後、市の境界をなすモンテ・マリオの丘まで引き摺られ、そこに立てられた木製の十字架に架けられた――頭を逆さにして。

皇帝は同じ二八日、「余と余の両親の魂の救済のために」アインジーデルン修道院宛に所領を寄進する証書を交付している（DOIII 285）。その日付書式中の付記からは、クレシェンツィに対する彼の憤激がいかに大きなものであったかを窺い知ることができる。「主の生誕から九九八年、五月のカレンダの四日前……、オットー三世の国王統治一五年、皇帝統治二年、ローマにて。この日、クレシェンツィが斬首され吊された」。

報復か不文律か

「暗黒の中世」の「暗黒の世紀」――。いささか陳腐ではあるが、クレシェンツィの惨めな最期に、思わずステレオタイプのレッテルを貼ってみたくもなる光景ではある。しかし、この残虐な処刑は、まだ一七歳の若き皇帝が一時の激情に駆られて犯した無慈悲な報復行為ではない。ヨハネス・フィラガトスへの処断は、ビザンツ＝ギリシア法に則っていたが、クレシェンツィの場合は、中世前期の政治的コミュニケーションにおいて妥当した不文律が適用されているのである――「お慈悲 *clementia* は一度限り」（アルトホフ）(11)。

ハインリヒ喧嘩公の政治的服従儀礼（本書49頁）、あるいは「カノッサの屈辱」を想起されたい。統治者に対し一度は叛旗を翻した者でも、公の場で贖罪の衣装を身に纏って裸足でひれ伏し、涙を流しつつ自らの罪を悔悟することで服従の証しを立てるならば、その罪を赦されるのが当時の紛争解決における大原則である。否、時には、まるで何事もなかったかのように、元の地位に復帰することさえ認められた。統治システムの制度化・客観化がなお未成であったこの時代、社会秩序の毀損を法によって修復することは、まだ部分的にしか実現されていない。最も重視されたのは、利害対立をまず「密室」での紛争当事者間の合意形成によって調整・統御し、次いで得られた成果を劇場的機能を帯びた「公の場」(王国・宮廷会議、教会会議)において、儀礼・象徴・演出・身振りを用いて可視的にデモンストレーションするという方策であった。

ただ、それにしても、お慈悲にすがることができるのは一回限りである。この論理は、後の一三世紀に確立されることになる異端審問制度において、「戻り異端」すなわち再犯者に対しては減刑が認められず、ほぼ自動的に火刑の判決が下されたのと同じである(例えば、ジャンヌ・ダルク裁判)。その意味で示唆的なのは、各種の同時代史料が両名を異端者ないし背教者と同列に見なしている事実である。ティートマルにとって、クレシェンツィは「倒錯者」(『年代記』四巻三〇章)であり、『クヴェトリーンブルク編年誌』は、「悪魔の欺瞞によって騙された者」が、ヨハネスを教皇にではなく「背教者」に据えたと記した(九九七年の項)。『ヒルデスハイム編年誌』によれば、オットーがイタリアに赴いた目的は、「ローマ人の肥だめ」を浄化するためであった(同)(12)。

ヨハネスとクレシェンツィ、両名に対する過酷とも思われる扱いについて、同時代の史料は残虐性それ自体を決して批判してはいない。むしろ、『クヴェトリーンブルク編年誌』は、両名に「サタンの僕たち」の烙印を押す一方、ヨハネスを捕縛した者たちを「皇帝の友というよりも前にキリストの友」と賞讃した(九九八年の項)。皇帝とその周辺はこの処罰の本質を、復讐心に基づく報復行為ではなく、「キリストの敵」に対する宗教的戦いとして理解していたのである。

六月初頭、オットーとグレゴリウスは、クレシェンツィ家のサビーナ伯ベネデット二世（本書60、110頁）の息子クレシェンツィの捕縛に成功した。ベネデットは、皇帝と教皇の前で、彼が占拠していたローマ北西の都市チェルヴェーテリを引き渡すことを約束したが、その後ローマから逃走を図り、チェルヴェーテリに立て籠もった。皇帝と教皇は、追討軍を率いて都市を包囲した。グレゴリウスは、両手を縛られ目隠しをされた捕虜のクレシェンツィを、市門前に急ぎ建てさせた絞首台の前に座らせた。息子の命を父との交渉の取引材料とするためである。結局、チェルヴェーテリは教皇側の手に落ち、クレシェンツィ一族の掃討作戦はこれで一段落した。

2　「ローマ帝国の改新」

「ローマ帝国の改新」

ところで、総攻撃が始まる直前の四月二二日、随行するライヒェナウ修道院長アラヴィヒへの感謝の印として同院宛に発給された証書では、注目すべき変化が起きていた（DOIII 279）。旧来の蠟製の印璽に代わり、それまでローマ教皇ないしビザンツ皇帝のみが専有してきた鉛印璽《ブッレ》が採用されたのである。大きさは四センチ大、表面には髭を蓄えた若い男性の横顔と「尊厳なる皇帝オットー *OTTO IMPERATOR AVGVSTVS*」の文字が、裏面にはローマを擬人化した女性が手に楯と槍をもつ姿が描かれている。そして、その周囲には次の銘文が刻印された――「ローマ人の帝国の改新 *RENOVATIO IMPERII ROMANORVM*」。この標語は、以後一〇〇一年一月に「黄金のローマ *AVREA ROMA*」に交替するまで用い続けられることになる。なお、フシュナーの研究によれば、DOIII 279 を初めとする一連の皇帝証書を九九八年以降作成した匿名の書記の

図51　オットー3世の皇帝第1鉛印璽　998年4月28日，アインジーデルン修道院宛DOIII 285（左，表面）。同院所蔵

素顔は、クリュニー修道院長オディロンであったと推定される(13)。

五月二五日のモンテ・カッシーノ修道院宛の証書では、交付場所として「ローマの宮殿にて」と記されている（DOIII 291）。カロリング＝オットー朝の歴代皇帝は、「コンスタンティヌスの定め」（本書272頁）と教皇に配慮して市壁外のヴァティカンの丘の宮殿に、しかも短期間のみ滞在した。これに対し、オットーは長期滞在用の新たな宮殿を市中心部のパラティーノの丘に造営し始めた。初代皇帝アウグストゥスから、帝国の分裂時の西皇帝ホノリウス（在位三九五～四二三）に至るまで、皇帝宮殿の聳えていた丘である。上記の「ローマの宮殿」が、サン・ピエトロ教会の北側にある既存の宮殿、あるいはこの市内の新宮殿のいずれを指すのかは判然としない。ともあれ、後者が着工・完成したのは、この九九八年か翌九九九年頃であったと推定される(14)。

「ローマ帝国こそ我らのもの！」

サンタンジェロの総攻撃開始と同じ四月末頃、皇帝の学問上の師である宮廷司祭ジェルベールは、ラヴェンナ大司教に任じられた。彼は、それに先立つ冬頃、前年九七年の夏にマクデブルクで執筆を依頼された『理性論』を書き上げ皇帝に献呈した。その序言で彼が歌い上げた熱烈な皇帝讃美はあまりにも有名である。

我らのもの、ローマ帝国こそ我らのもの！　それに力を与えるのは、実り豊かなイタリア、戦士に満ちたガリアとゲルマーニア、そしてスキタイの強き国々も疎遠ではない。カエサルよ、ローマ人の皇帝にしてアウグストゥス、汝こそ我らのもの！　汝はこのうえなく高貴なギリシアの血から出て、力においてギリシア人に勝り、父祖の権利によってローマ人を統べ、精神と雄弁において両者を凌駕する(15)。

ジェルベールが「ローマ」の独占を否認する鋒先は、ビザンツに向けられている。軍事的・経済的実力、出自・世襲権、人格・教養、そのいずれにおいても古代のローマ帝国の伝統に連なる正統な継承者は、コンスタンティノープルの「ギリシア人」などではない。「我らのもの、ローマ帝国こそ我らのもの」。「ガリアとゲルマーニア」という対句は、今日のフランスとドイツではなく、ライン河以西のロートリンゲンと以東の王国領域全体を指している。「スキタイ」の解釈は、「スラヴ人」、「ハンガリー人」、「帝国に従属するスラヴ諸国」（＝ポーランド、ベーメン）と研究者により微妙に異なる。いずれにせよ、ジェルベールの理解とおおよそ一致する「ローマ帝国」の空間的地平、そして皇帝を中軸とするヒエラルヒーの構図は、オットーの委嘱によりこの頃ライヒェナウ修道院で作られた『オットー三世の福音書』の献呈図に描き出されている（九九八年頃〜一〇〇一年、本書カバー）。覇権的な地位に到達した皇帝が支配する多数の民族の序列も、挿絵では「ローマ」、「ガリア」、「ゲルマーニア」、「スラヴ」の順であり、まったく同一の構成である。

同じ宮廷司祭のレオも、九八年の三／四月頃、ローマに帰還した教皇グレゴリウスと皇帝オットーの共治を祝する頌歌を両者に献呈した。

キリストよ、我らが願いを聞き給え、汝のローマを見下ろし給え
ローマ人を敬虔に改新し、ローマの力を呼び覚まさせ給え！
ローマを立ち上がらせ給え、第三のオットーの皇帝支配の下で。
……
鋼の如きバビロニア、黄金のギリシアもまた
偉大なるオットーを畏れ、背を屈めて彼に仕える。
全世界を彼は統べる、諸王中の王が自由へと高めたその世界を。
……
歓喜せよ、教皇、歓喜せよ、皇帝――歓喜せよ、教会！
ローマ市内では歓びが、宮殿では祝典が！
皇帝の強大な守護の下、教皇はこの世を浄め給え！
汝の二つの天の光！　地上の至るところ
教会を明るく照らし、闇を押しのける
一方は、剣で打ち勝ち、他方は言葉を響かせる！(16)

「玉座の夢想家」？

「ローマ人の皇帝」称号の採用に始まる若き皇帝の一連の変革の試みは、しかしながら、「国民教育」の

一環として中世ドイツ人の「国民史」の叙述と取り組んだ一九世紀の歴史学者にとって、政治的現実から遊離した「驚嘆すべき幻想的な性向」の所産としてしか理解できなかった。ギーゼブレヒト（一八一四～八九）が教養市民層に向けたベストセラー、『ドイツ皇帝時代の歴史』（第一巻、初版一八五五年）から引用する。「この才能溢れる君主は、自らがドイツ人である以上にギリシア人、ローマ人であると意識し始めると、直ちにザクセン人を粗野であると蔑み、より高度な、しかし今や死滅しつつあるビザンツの文化を理想視するようになった。このことは、ドイツ民族《フォルク》にとってまったくの不幸であった。その結果、彼の計画すべては、父祖たちの仕事を育んだ民族の国土から離れてしまったのである」。「彼は、理想視した新しいローマ帝国を樹立するために、ドイツ人の支配をすべて打ち砕いてしまった」(17)。

ランケ門下のロマン主義的歴史学者による否定的評価は、中世の「普遍的キリスト教帝国」を論じる指標を、近代に固有の「国民国家」に置いていたという点で、批判を浴びせたオットー三世の帝国理念以上に「幻想的」にして「非現実的」であった。否、そもそも、ギーゼブレヒトがその存在を前提している〝ドイツ人〟なる民族自体が、実は「ローマ帝国の改新」によって初めてもたらされた成果であったことに鑑みるならば（本書348頁）、議論の前提そのものが既に時代錯誤《アナクロニズム》であると言わざるを得ない。もっとも、こうした問題性にもかかわらず、「玉座の夢想家」というナショナル＝ロマン主義的解釈は、自らが「遅れてきた国民」であることに焦燥感を感じていた近代ドイツの知識人の歴史像を、その後長らく刻印することになった。このこともまた紛れもない事実である。

伝統的なオットー三世像が大きく修正されたのは、ギーゼブレヒトが夢見、一八七一年にビスマルクによって建国された「ドイツ帝国」が瓦解した後のことである。パラダイム転換をもたらしたのは、若き日にハンブルクでアヴィ・ヴァールブルクと出会い、後にゲッティンゲン大学教授となったシュラム（一八

図52　ペルシー・エールンスト・シュラム

九四～一九七〇）が、戦間期の一九二九年に『皇帝・ローマ・改新――カロリング帝国の終焉から叙任権闘争の間におけるローマ改新理念史の研究』を公刊した〝事件〟であった。彼は、カントロヴィチとともに学んだハイデルベルク大学で教授資格を取得した同書において、その視座を「ドイツ＝ナショナル」対「ローマ＝普遍的」というオーソドックスな権力史ではなく、政治観念史に据えた。そして、ブールダッハの「ルネサンス論」の影響下に、古代ローマ帝国からイタリア・ルネサンスに及ぶ「ローマ帝国改新理念」の様々な潮流とその系譜関係を再構成し、カエサルからカール大帝を経てオットー一世へと至るローマ皇帝理念の伝統の頂点にオットー三世を位置付けたのである。

シュラムによれば、「ローマ帝国の改新」という標語は、皇帝の統治プログラムと理解されるべきである。オットーが掲げたのは、支配の中心をアルプス以北から、永遠の都にして両使徒の殉教地でもあるローマに移し、古代帝国の伝統を復活させ、なおかつ教皇との協働により普遍的・キリスト教的皇帝権を樹立するという壮大な構想であった。シュラムは、先に挙げたレオの頌歌を改新理念の最初の構想化の試みと位置付け、その趣旨を次のように要約することで、「ローマ帝国の改新」についての有名な定義を与えた。「ローマ教会とローマ帝国の改新。ローマの地から、聖ペテロの栄誉と帝国の名声のために、教皇と皇帝両者の協働によって」(18)。この構想実現の参画者には、皇帝自身の他、イタリア書記長のヘリベルトら側近の宮廷司祭、加えて前プラハ司教アーダルベルト、クリュニー修道院長オディロンの名も挙げることができる。しかしながら、改新理念を理論・実践の双方において強力に推進した中心的存在は、当代の最高の教養人と謳われたジェルベールとレオの二人であった。

以上、シュラムが提示した「ローマ帝国の改新」の二大構成要素――「政治」（＝古代ローマ帝国）と「宗教」（＝教会改革）――については近年、古代ローマ帝国の伝統への接合という前者の妥当性について特に批判が提起された（ゲーリヒ）。シュラムのテーゼが部分的に修正を要することは疑いないが、全体的には九〇年近くの歳月を経た今日でもなお妥当すると見て大過ないはずである。本書の筆者は、むしろ後者の「宗教」について、皇帝の教会改革政策に対する黙示録的終末論の影響をより重視すべきではないかと考えている（本書八章）。

「ローマは世界の頭である。ローマ教会はすべての教会の母である」

それでは、「改新」されるべき「ローマ帝国」とは、いかなる帝国なのであろうか。それは、アウグストゥスに始まる（異教時代も含めた）古代の大ローマ帝国を指すのであろうか。

かつてカール大帝は、八〇〇年の皇帝戴冠後に印璽でやはり *RENOVATIO ROMANI IMPERII* を用いたことがある。その時彼の念頭にあったのは、四七六年に滅亡した「（西）ローマ帝国」の復興であった。ただ、九世紀半ば以降の大フランク帝国の分裂と、皇帝権のイタリアへの空間的限定というその後の経過において、「ローマ帝国」の概念は、広狭様々なヴァリエーションをもつようになった。①都市ローマないし教皇領に限定されたローカルな「ローマ帝国」。②「アルプス以北の王国」、「イタリア王国」、さらに（一〇三三年に統合される）「ブルグント王国」を〝三位一体〟として構成される「ローマ帝国」。③西欧のローマ＝カトリック教会に服する普遍的・キリスト教的意味での「ローマ帝国」(19)。

九・一〇世紀の史料で圧倒的なのは、教皇との共治体制に基づく都市ローマと中部イタリアの教皇領に対する、「皇帝的支配」を本質とする「ローマ帝国」の語法である（①）。特に、九世紀末以降の〝イタリ

図53　復元されたラテラーノ宮殿大広間のモザイク（拡大）　イエスを中央に，左が聖ペテロ，右がコンスタンティヌス。1743年

ア皇帝〃の統治は、支配権の局地化の好例である。アルプス以北を包摂する拡大された全体帝国の意味での「ローマ帝国」が出現し始めるのは、九六二年のオットー一世の皇帝戴冠以後である（②）。オットー三世の帝国の空間的地平も、ジェルベールの『理性論』の序言や、ライヒェナウの『オットー三世の福音書』の挿絵が示すように、このカテゴリーに属する。しかし、皇帝の自己理解において目指すべき「ローマ帝国」とは、もちろん現状の全体帝国の追認などではなく、古代の異教的な大ローマ帝国の「復興」(20)でもなかった。それは、③の意味での「キリスト教的ローマ帝国」の継承・発展であったはずである。

皇帝周辺で成立した『アーダルベルト伝（オットー版）』は、九九六年のオットー三世の皇帝戴冠に関連して、次のように述べている（二一章）。

> ところで、ローマは世界の頭 *caput mundi* にしてあまねき都市の主人であり、またそう呼ばれている。国王を皇帝にするのは、唯一この都市のみである。それは、使徒たちの亡骸を懐に抱いているので、それ故にこの世の君主を定める義務を担っているのである。

ローマが「世界の頭」たる所以は、あくまでも筆頭使徒たる聖ペテロ、そして聖パウロの殉教地という宗教的中心地という意味においてである。

ローマを使徒座の所在地として普遍的・キリスト教的に理解する見解は、九六七年、オットー一世の求めに応じてヨハネス一三世がマクデブルク大司教座の設立を事実上承認した教皇証書に既に見える。「尊厳なる皇帝オットーは……、ローマを再び全世界の頭にしてすべての教会の頭に復させた」(PUU 177)。オットー三世自身も、一〇〇一年一月、ローマ教会の所領・支配権を聖ペテロに向けて寄進した有名な証書の冒頭で、次のように信条告白している(DOIII 389)。

余は告白する、ローマは世界の頭 *Roma caput mundi* である。余は証明する、ローマ教会はすべての教会の母 *Romana ecclesia mater omnium ecclesiarum* である。

繰り返しになるが、「世界の頭」としてのローマの地位は、何よりもまず使徒座という聖ローマ教会の普遍的な観点によって規定されている。ローマが世界帝国の「あまねき都市の主人」として古代に占めた異教的・権力的地位は、使徒の活躍とその殉教死によって聖化され、「キリスト教世界の頭」というより高次の意味へと止揚されたのである。

先にオットー三世の皇帝戴冠の祝宴が挙行されたラテラーノ宮殿には、イエスが聖ペテロに天国の扉の鍵を、キリスト教を公認したコンスタンティヌス大帝(在位三〇六~三三七)には軍旗を授ける場面が描かれていたと述べた(本書101頁、図35)。史料では、それとして明記されていないものの、「改新」されるべき「ローマ帝国」とは、コンスタンティヌスによって初めてキリスト教的に聖化された「ローマ帝国」であったと考えて間違いあるまい。上述ヨハネス一三世の教皇証書は、オットーの祖父を「歴代皇帝《アウグストゥス》たち

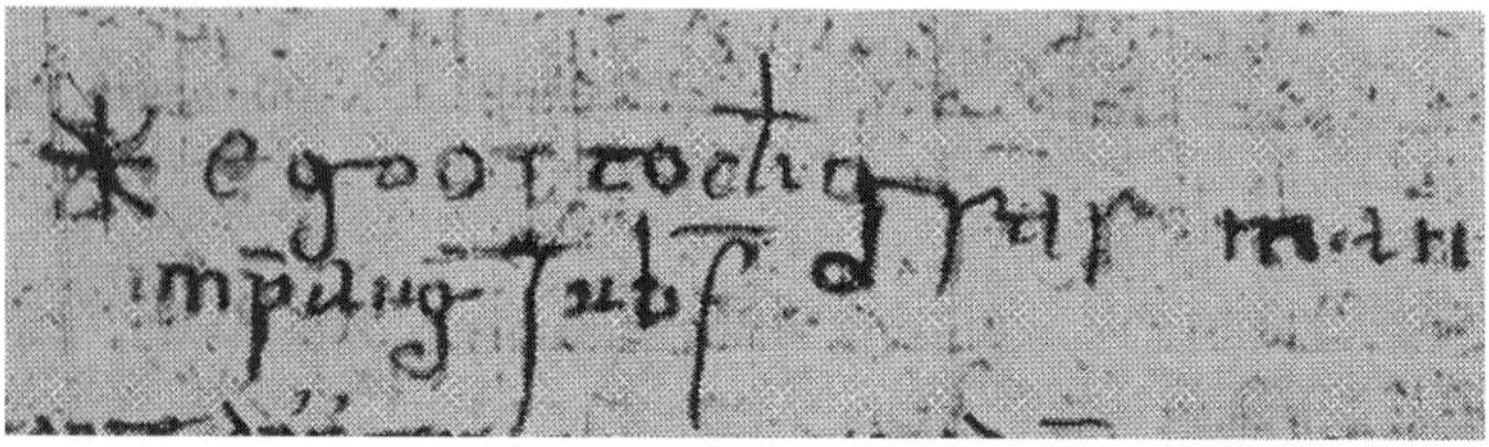

図54　PUU 357，オットー3世の署名　*ego otto dei gratia romanorum / imperator augustus subscripsi*（一部短縮形表記）。ヴィク聖堂文書館蔵

すべての中で、コンスタンティヌス以降、第三の最も尊厳なる者《アウグストゥス》」と賞讃していた（「第二」として理解されているのはカール大帝である）。翌九九九年四月にジェルベールがグレゴリウス五世の後任教皇に選ばれた際に採用した新教皇名は、まさにそのコンスタンティヌスのパートナーの名、シルヴェステルであった。「改新」の目指すべき方向性を象徴的に示す実例である。

「キリスト教的ローマ帝国」の地平

再び九九八年の春に戻ろう。サンタンジェロの攻防戦が終結して間もない五月九日、教皇グレゴリウスは皇帝と共同で、サン・ピエトロ教会において教会会議を開催した。主たる議題は、ヨハネス・フィラガトスの裁判の他、ヒスパニア辺境領のヴィク司教座のシスマをめぐる裁定である（PUU 357）。帝国の領域に属さず、名目上は隣国のフランス国王に服属する司教座の人事問題の解決に、「ローマ人の皇帝」が主導的役割を果たした事実は、オットーが西欧カトリック世界を統率する「聖ローマ教会の守護者」たることを強く自覚して行動していたことを示唆している。かつてアルクイン（七三〇頃～八〇四）は、カール大帝の帝国を「キリスト教帝国 *imperium Christianum*」と呼び、その理念は、後にクリュニー派によって継承された。オットーの「ローマ帝国の改新」は、こうした宗教的に理解された帝国理念の潮流に接合するものであったと言える。

「余、神の恩寵によってローマ人の尊厳なる皇帝が署名した」。国王・皇帝は、読み書き能力を欠くのが通例であり、先に一言したように、その署名も、あらかじめ準備された花押型のモノグラムに横の一線を加えるという形でなされた（本書51頁）。オットーが自筆で署名したケースは他にも知られているが（本書116、289頁）、当該証書は、皇帝の署名を含む教皇証書のうち唯一原本（パピルス）で伝存するものである。加えて、証書が体現する二重の権威は、裁判官の主席を務め、証書末尾に署名したジョヴァンニの肩書きが象徴的に物語っている――「ジョヴァンニ、総督・宮中伯にして委任裁判官」。ローマ市総督の地位は教皇・皇帝両者の管轄下にあるが、新設官職である宮中伯としての彼は皇帝に対してのみ服属したのである。

皇帝と教皇の協働によってローマの地から、「聖ペテロの栄誉と帝国の名声のために」（シュラム）なされるべき「ローマ帝国の改新」。それが射程に収めたのは、「帝国」とそれに隣接する「西欧カトリック諸国」（フランス、イングランド、ヒスパニア、等々）のみではない。翌九九九年以降は、さらにその「外」をも視野に捉えることになる。皇帝の友人にして精神的父であったアーダルベルトが異教徒伝道を展開した舞台、東欧スラヴ世界である。レオの頌歌の最後を今一度想起されたい。

皇帝の強大な守護の下、教皇はこの世を浄め給え！
汝の二つの天の光！　地上の至るところ
教会を明るく照らし、闇を押しのける
一方は、剣で打ち勝ち、他方は言葉を響かせる！

3　ロンバルディア地方の情勢

封建化の進行と教会の保護

既述のように四月末頃、ジェルベールは、イタリアではローマに次ぐ伝統と権威を誇るラヴェンナの大司教に任じられたことで、ランスで喪失した名誉を再び手中にした。皇帝に対する学問上の師の影響力は、今後ますます強まることになる。その一端は既に、五月九日のサン・ピエトロの教会会議がヴィク、すなわちジェルベールが若き日にその聖堂学校で学問に勤しんだ司教座の紛争を取り上げたことに現れていた。

第一次遠征は、半年にも満たぬ短期間で終了した。しかし、それとは対照的に、今回のイタリア滞在は長期化しつつある。パラティーノの丘の新宮殿の造営も、この時期着実に進んでいたであろう。六月中旬頃、皇帝は、第一次遠征時と同じく酷暑と疫病を避けるためローマの地を離れた。同行したのは、ジェルベールの他、ヘリベルト、レオらの側近集団である。北上してピストイア、ルッカ、マルリアーナに九月初頭まで長期滞在し、その後アペニン山脈を越えて下旬にパヴィーアに到着した。遠征途次に降誕祭を祝して以来、この年二度目の滞在となる。

九月二〇日からは、教会会議が同地のサン・ピエトロ・イン・チェル・ドーロ修道院で開催された。会議を単独で主宰し、参列する多くの高位聖職者を前に重要な決議を定めたのは、教皇ではなく今や一八歳となった皇帝であった（グレゴリウスは、この夏ローマに留まった）。東フランク王国では九世紀前半以降長らく途絶えていた包括的立法、勅令（カピトゥラリア）の形式で布告したのは、統治システムの封建化の進行に伴い危機に晒されている教会を保護するための一連の経済的措置である。一、司教・修道院長による教会所領の貸与の制限、および在地貴族による教会の所領・権益への侵害厳禁。二、教会所領の隷属民に対する自由身分付与の禁止、三、安息日および特定の祭日を除く期間における裁判集会の開催の義務化。

対象地域として特に念頭にあるのは、ロンバルディアの北西地方である。布告の直接の引き金となったのも、同じパヴィーアでの教会会議のさなかにイヴレーア辺境伯アルドウイーノが、教会所領の簒奪に端を発する紛争でヴェルチェッリ司教を襲撃、殺害するに至った前年三月の事件であった。教会勢力の経済的弱体化は、皇帝にとってもまた憂慮すべき事態であった。例えば、軍役奉仕において司教・修道院長が皇帝に提供する軍隊は、全軍の実に三分の二を占めていた。レオとともに勅令のテキストを起草したジェルベールは、ボッビオ修道院長時代の苦い経験から北イタリアの実情に精通しており、会議では皇帝の良き助言者となったはずである。

パヴィーアのボエティウス

天井の梁に金箔を被せたことに因んで、「イン・チェル・ドーロ」と名付けられたサン・ピエトロ修道院の地下聖堂《クリプタ》には、アウグスティヌス（三五四〜四三〇）の亡骸が聖遺物として今日もなお安置されている。かつてのヒッポ、すなわち今日のアルジェリア、アンナバの司教の亡骸は、八世紀のイスラーム教徒の侵攻の際に難を避けてこの地へと移送されたのである。

最大のラテン教父からさほど離れていない所には、ローマの貴族家門に生まれ、東ゴート王国で活躍した政治家・哲学者のボエティウス（四七五／八〇〜五二四）の墓がある。執政官《コンスル》にまで昇りつめたものの、反逆に与した嫌疑で国王テオドリックの怒りを買い、パヴィーア近郊の牢で囚われの身となった。獄舎の中で間近に迫る死と向き合いつつ筆を執ったのが、新プラトン主義・ストア派的観点に立つ古典的著作

図55　ボエティウスの墓

『哲学の慰め』である。アーリア派を信奉する国王の命で処刑された彼は、後にカトリックの側から殉教者と同等に遇された。古代ギリシア・ローマの重要作品のラテン語訳のみならず、算術・幾何学・天文学・音楽に関するギリシア哲学・科学の成果を紹介した各種の著作は、修道院・司教座学校の教育の場で重宝され、一二世紀に興隆するスコラ哲学に先駆けて中世思想に大きな影響を与えた。「自由七科」のうちのこれら四つの学問に、本来「四つ辻、十字路」を意味する*Quadrivium*、「四科」という総称を充てたのもボエティウスである。

『算術論』を愛読するオットー三世は、恐らくこの時の滞在の際に、敬服する哲学者のためにジェルベールに頌歌の詩作を命じ、墓碑銘として捧げている。

最強のローマがその法を世界に布告した時、
汝、セヴェリーヌス・ボエティウス、祖国の父にして光明は、
執政官《コンスル》の職にあって国事を掌り、
学問によって光を広めた、自らを決して
ギリシア人の知力に従属させることなく。汝の神の如き精神は、
この世の帝国を包み込む……

今日、帝国の誉れにして、万学に知悉する
第三代のオットーは、汝が彼の宮殿に入るに値することを認め、
汝の業績を記念する永劫の碑を建て、
功績ある汝を相応しき栄誉をもって顕彰する(21)。

ローマへの帰還は、もう冬が始まる一一月であった。アルプス越えの大規模な軍事遠征に始まったこの九九八年という年は、前半が日々戦闘に明け暮れていたのに対し、後半は不気味なくらい穏やかに推移した。

第六章　贖罪、そして死　九九九年

1　南イタリア巡礼行

サン・ピエトロの教会会議

九九九年は、オットーにとって贖罪に明け暮れる年となった。それはまた、身近な人々を相次いで失った一年でもあった。

一月初頭、皇帝と教皇は共同で、サン・ピエトロ教会において教会会議を主宰した(1)。フランス国王ロベールとベルタの近親婚の問題については、結婚を解消せず、なおかつ国王が七年間の贖罪を果たさないならば破門するとの警告を課した。不法な手続きで叙階されたル・ピュイ司教は、罷免された。フランス王国に関わる案件に教皇のみならず皇帝が関与した事実は、「世界支配」を企図するオットー朝皇帝による隣国のカペー朝への〝内政干渉〟と理解されがちである。しかし、ヒスパニア辺境領のヴィク司教座のシスマ問題と同じく、西欧カトリック世界の守護者としての行動と見なすべきである。

「メールゼブルク問題」に関しては、ギーゼラーは確かに、九九七年のパヴィーア教会会議の決議とは

図56　1000年頃の南イタリア

異なり、「マクデブルク大司教」の肩書きで呼ばれた。しかし、彼が教会法に則して「聖職者と人民」により正当に選出されて大司教に就位したことを証明できないならば、再びメールゼブルク司教職に復位するよう要求された。さらに、彼が単なる「野心と貪欲」に駆られて行動したのであるならば、大司教・司教のいずれの地位も失う、という厳しい条件が課せられた。ギーゼラーの選出手続きが教会法に則していたことを論証することは、まずもって不可能であることを承知のうえでの裁定である。何故ならば、マクデブルク大司教座聖堂参事会が新大司教に選出したのは、オトリックだったからである。一年後に皇帝は、ポーランドの地で教会組織と東方伝道について、極めて重要な決定を下すことになる。その構想は、この時期ローマで既に俎上に載っていたのであろうか。

そのマクデブルクで、皇帝不在中の統治を委ねられた伯母マティルデは、同じ一月にザクセンの諸侯を招集して会議を開催している。「メールゼブルク問題」が協議されたか否かは残念ながら不明である。

この他、イヴレーア辺境伯アルドゥウイーノへの処罰も協議された模様であるが、会議録には言及がない。彼に対する寛大とも思われる皇帝の対処は、娘ヴィッラを辺境伯の息子アルディキーノに嫁していたトスカーナ辺境伯ウーゴに配慮してのことかもしれない。

カープアとモンテ・カッシーノ修道院

一月下旬／二月上旬頃、皇帝は教皇をローマに残して、今度は南イタリアへの巡礼行に出発した。政治と宗教が不可分の関係で結び付いていたこの時代においては、巡礼も当然ながら高度に政治的性格を帯びることになる。目的地は、「西」の帝国の緩やかな影響下にあるランゴバルト系諸侯領、カンパーニャ地方の半自立的な海港都市、そしてビザンツの軍管区《テマ》という、各々性格の異なる三つの政治空間である。もっとも、二歳の赤子の時の九八二年に、父が大軍を率いて臨んだ征服戦争を繰り返す意図は毛頭無い。諸侯領については、皇帝の宗主的地位をあらためて確認させることが主眼であったが、他の地域については情勢視察も含めた巡礼が目的であった。史料が乏しいため確たる情報を欠くものの、随行者としてはイタリア書記長ヘリベルトとリュッティヒ司教ノートガーの二人の聖職者しか確認されず、小規模の編成であったと思われる。

最初の目的地はランゴバルト系諸侯領の一つ、カープアである。二月二〇日頃に到着した狭い峡谷に聳え立つ市街は、八四一年にイスラームによって徹底的に破壊された旧市から四キロ離れた地に建てられた新都市である。大司教座聖堂や大公の居城も、一〇世紀に建造されたばかりである。オットー二世の後押しで同地を九八三年以来支配したのは、スポレート大公パンドルフォ一世（本書18頁）の息子ランデノルフォであった。しかし、九九三年の復活祭に市民は蜂起し、彼と大司教を殺害するという事件を起こした。

トスカーナ辺境伯ウーゴは、皇帝の使者として介入し、首謀者を捕らえ、大公の弟のライドルフォを後継者に据えていた。カープアでのオットーの行動として確認されるのは、一修道院への特権状授与のみである。大公に対し皇帝の宗主権を認めさせたことは、確かである。

皇帝は、そこから西欧修道制の発祥の地であるモンテ・カッシーノ修道院にも当然足を延ばしたであろう。ヌルシアのベネディクトが、急勾配の柱頭状の岩山（標高五二〇メートル）の上に修道院を建てたのは五二九年のことである。「祈りそして働け」をモットーとする「ベネディクト戒律」も、ここで起草された。もっとも、アッピア街道でローマと結ばれた交通の要衝に位置する同院は、以後、破壊と再建の歴史を繰り返し経験することになる。オットーが訪れた当時、同院は既にランゴバルト人（五七七年頃）、イスラーム勢力（八八三年）の襲撃により二度灰燼に帰していた。その後も、ナポレオン（一七九九年）、そして、第二次世界大戦末期（一九四四年）に連合軍の空爆によって破壊を被る運命にある（現在の建物が献堂されたのは一九六四年）。

図57　モンテ・カッシーノ修道院

一〇世半ばに再建された修道院は、オットーの訪問時には再び興隆期を迎えていた。同院はまた、皇帝個人とも結び付きが深かった。前院長のマンゾ（在位九八六～九六）は、カープア大公家の出で、その名前は、アーダルベルトやネイロスとの接点、あるいはハルバーシュタットの献堂式の列席者として本書でも既に登場している（本書62、78、138頁）。しかし、九九六年、カープア市民との紛争がエスカレートする中で、彼らの奸計に陥り、マンゾは、誘き出されたカープアで捕縛され眼を潰されるという悲運に遭遇していた（歿年不詳）。

ガエタのネイロス

ティレニア海に突き出した半島部に位置するガエタは、ナポリ、アマルフィとともに、名目上コンスタンティノープルの皇帝を宗主に戴いている。海に面したカンパーニャ地方の狭隘な都市国家群がビザンツの衛星都市となったのは、その主たる産業が地中海を舞台とする交易活動にあることによる。ところが、本来敵であるはずのイスラームとの交易も盛んにおこなわれており、それが海港都市の経済的隆盛に大きく貢献したこともまた紛れのない事実である。それまで諸勢力の狭間にあって半自立的地位を享受してきたガエタの大公ジョヴァンニ三世が、二月末頃に到来した「西」の皇帝の宗主権を認めたことは、ノートガーが当地で裁判集会を主催し、大公の証書も以後オットーと大公両名の統治年を記載し始めた事実に反映されている。

しかし、オットーのガエタ訪問の最大の目的は、市外のセルペリ（セラーポ）の丘で隠修士共同体を営むバシレイオス派の最長老との面会であった。前年の春にヨハネス・フィラガトスの身柄引き渡しを拒否したことで、ネイロスから怒りの言葉を浴びせられたことが、深い心の傷として脳裏を離れなかったのである。

『聖ネイロス伝』（九二・九三章）によれば、オットーは、皇帝としての華麗さを脱ぎ捨て、伴回りもなく、贖罪をおこなう一人の巡礼者としてセルペリに到来した。迎えに出たネイロスの足下に身をひれ伏すと、老隠修士による祝福を受けた。そして、ネイロスが隠修士共同体とともに、豊かなローマ市内の修道院に移住するようあらためて提案したが、謝絶された。懇願は、祈禱の後の別離に際しても今一度繰り返された。「それならば、汝が望むものを、息子であるが如く余に対して申し述べよ。余はそれを他に先んじて授ける所存である」。ネイロスは即座に返答した。「私が陛下に望むものは、あなた様の魂の救済をおいて他には何もありませぬ。陛下もまた、いずれは死せる身なのであって、その所業について申し開きをせねばならぬのですから」。オットーは、心の底から湧き起こる感情の高まりを抑えきれず、涙を流しながら自らの皇帝の冠をネイロスの両手に差し出したという。

この逸話が仮に聖人伝作者の創作でなく事実であるとしても、この行為は、オットーが皇帝位を退くことを意味していたのではない。むしろ、冠が象徴する自らの地位に祝福の聖別を授けるよう求めたのであろう。ネイロスが彼に望んだのもまた、世捨て人となることではなかった。罪深き人間に赦しを与えるだけの広い度量と寛容を備えた統治者たらんことであった。

ベネヴェント、モンテ・ガルガーノ巡礼

ランゴバルト人が南イタリアに進出したのは七世紀である。ベネヴェントは、当時はまだ統一されていた諸侯領全体の首都であった。同市の司教座は九六九年、オットー一世の尽力により大司教座に昇格された（本書18頁、図6）。九八一年以来この都市を掌握しているのは、パンドルフォ一世の息子パンドルフォ二世である。ただ、ここでも皇帝の目的は、贖罪者としての巡礼に向けられており、同市に遺した足跡は三月一一日に一修道院に特権状を授与したことに尽きる。四旬節に合わせて彼が目指したのは、その先のビザンツ統治下のプッリア地方北部の僻遠の地、モンテ・ガルガーノである。

大天使ミカエルに捧げられた同地に裸足での巡礼行をおこなうよう皇帝に強く勧めたのは、前年夏にトスカーナ地方で知り合ったカマルドリのロムアルドゥス（一〇世紀半ば〜一〇二七）であった。ラヴェンナ大公の息子に生まれた彼は、父が犯した親族殺害の罪を贖うため、九七三年頃に外港クラッセのサンタポリナーレ修道院に入った。しかし、修道士たちの現世的生き方に満足できなかった厳格主義者は、ヴェネツィア近郊で隠修士としての孤独な生活に身を投じた。七八年にはピレネー山脈の麓に立つクリュニー派のサン・ミシェル・ド・キュクサ修道院に移り、ここでの修行はほぼ一〇年間続いた。その後故郷に戻り、ギリシア系のバシレイオス派の影響も受けつつ、北イタリアを中心に数多くの弟子を集め、隠修士共同体を営んでいた。

モンテ・ガルガーノは、アドリア海を見下ろす標高八五〇メートルの断崖に立つ名刹である。三月中旬頃、オットーは、贖罪用の粗末な服を纏い、眼前に広がる大海原のパノラマに感嘆しながら、裸足で急勾配の階段をひたすら登り続けた。最後に、岩山に掘られた縦穴を通って洞窟に降り下ると、教会の入り口に出る。この地は、もともとはミトラ教の神殿として、雄牛の生け贄が捧げられた地であり、アリウス派のランゴバルト人によって教会が造られたのは八世紀であった。しかし、その後イスラームによって破壊されており、オットーが訪れたのは再建されたばかりの建物である。

祭壇には大天使ミカエルの像が描かれている。その前で保護と執り成しを祈願したのは当然であるが、それは別の意味合いも帯びていた。『ヨハネの黙示録』の一二章によれば、「女と子供」、すなわち聖母マリアと幼子イエスを襲った竜（本書234頁）を天上での戦いで打ち負かし、地上に投げ落としたのは、大天使であった。ミカエル崇敬は、アルプス以北ではカール大帝の時代以来広く普及していたし、彼はまたランゴバルト人の守護聖人でもあった。ミカエルに祈願するこの巡礼は、オットー個人のキリスト教的贖罪行であると同時に、ランゴバルト人との平和的共存を目指す政治的アピールとしての性格も併せ持っていたのである。

皇帝は静寂の中で、壁や天上に描かれたまだ真新しいフレスコ画を注視しつつ黙想の時を過ごした。ただし、その表情には暗い陰も投影されていたはずである。洞窟の薄暗さの故のみではない。恐らくはガエタからベネヴェントへと移動する途次、ローマからの急使が一行に教皇急逝の悲報をもたらしていたからである。

ローマへ向かう帰途にベネヴェントに再び立ち寄ったオットーは、それまでの謙虚さとはうって変わったように大胆な要求を市民に突きつけた。同地が誇る最高の聖遺物、十二使徒の一人聖バルトロマイの骨を引き渡すよう命じたのである。友人アーダルベルトの殉教を祈念すべくローマのティベリーナ島に建造予定の教会に奉献するためである。皇帝の要求に真っ向から抵抗できない修道士たちは、無理難題に計略を用いることで対抗した。ノラ司教パウリーヌス（三五五頃〜四三一）の骨を、使徒のそれと偽って差し出したのである。だが、このすり替え工作は、それから程なくして露見するところとなった。

2　贖罪、そして死

グレゴリウスの死

教皇グレゴリウスが逝去した日は、史料により二月四日、一一日、一二日、一八日、そして三月一二日と幅があり定かではない。死因についても、後世の史料は毒殺や、蜂起した市民の手で眼を剔られて殺害されたといった噂に基づく憶測を伝えているが（本書150頁）、急性疾患による死であったと考えられる(2)。教皇の死後もローマの情勢が平静を保ち続けていたことは、皇帝が巡礼行を中断し急ぎ帰還しなかった事実からも窺える。従兄弟の息子は、オットーよりも約一〇歳年長であるが、まだ三〇歳にも達していない若さであった。

グレゴリウスの亡骸は、サン・ピエトロ教会内に埋葬された。死後間もなく造られた石棺の墓碑銘には、次のように刻まれた。

ここに大地が覆い、眼差しと容貌の美しきこの者は、／グレゴリウスという名の第五の教皇／旧名ブルーノ、フランク人の王族に属し、／オットーの息子にしてユーディトを母とする。／言語においてドイツ人*Teutonicus*、都市ヴォルムスで教えを受け、／若くして使徒の座に就いた／二年とほぼ八ヶ月、二月一八日まで。……フランク語、卑俗語（＝古イタリア語）およびラテン語を操り、／三つの言語による雄弁さをもって人民を教化した。／第三のオットーは彼にペテロの司牧職を委ね、／この親族の手により皇帝へと塗油された／グレゴリウスがこの世の肉体の軛を脱した後、／彼は同名の者の右側に葬るよう命じた。／三月のカレンダの一二日前に逝去。

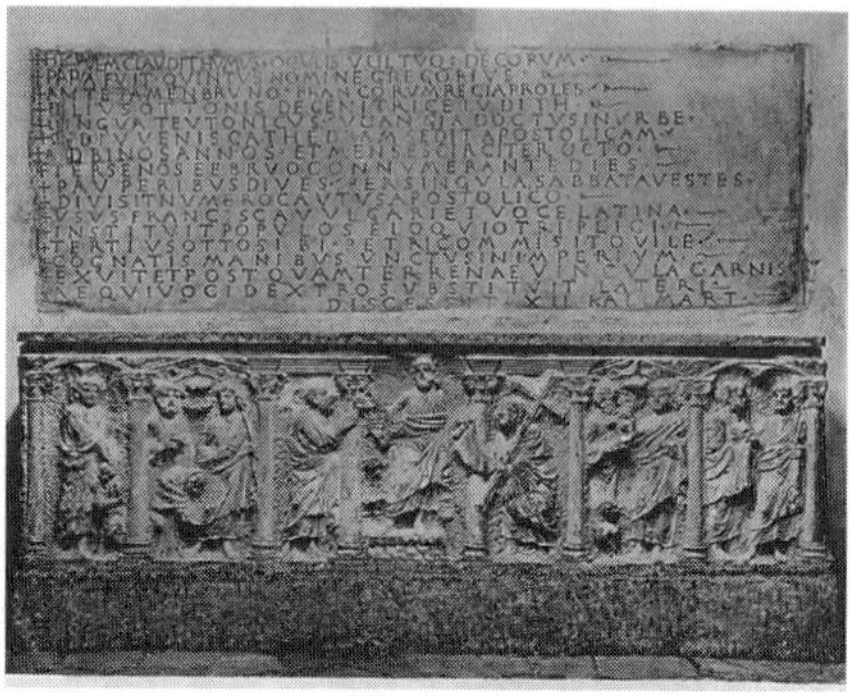
図58　グレゴリウス5世の石棺の墓碑銘

「同名の者」とは「大教皇」と賞されたグレゴリウス一世（在位五九〇〜六〇四）である。起草者はイタリア人と推定される。ただし、皇帝自身の起草に帰す見解もあるし、後任教皇ジェルベール＝シルヴェステル二世の影響を指摘する研究者もいる(3)。なお、サン・ピエトロ教会が一七世紀に改築された際、教皇の棺がオットー二世の棺と隣合わせに並び替えられたことについては、既に述べた通りである（本書98頁）。

マティルデの死

オットーが教皇不在のローマに戻ったのは三月末頃である。程なくして、もう一つの訃報がアルザスの王宮エルシュタインに滞在中の祖母からの使者の手でもたらされた。伯母マティルデが二月八日、クヴェトリーンブルクで逝去したとの報せであった。父と同年に生まれた伯母の享年は四四歳であった。臨終の場で終油の秘蹟を授けたのは、ヒルデスハイム司教ベルンヴァルトである。

マティルデは、九三六年に同名の祖母によって建立されたクヴェトリーンブルク女子律院において、オットー家の死者の記念祈禱《メモリア》の任を掌ってきた。同院における「死者祈念の書《ネクロローグ》」の記録は、一〇一七／一八年に国王ハインリヒ二世の意向でメールゼブルクに移され、司教ティートマルが親族・友人のために独自に作成していたネクロローグと合体されることになる(4)。追悼文の名手は、家族の反応を次のように伝えている（『年代記』四巻四三章）。

> 彼女の死去は、母の皇后アーデルハイトを痛く悲しませた。皇后は、皇帝に使者を送り、死去の報を伝えさせると共に、自らと同名の姉を後継者に任命するよう願い出た。伯母の死を聞いた皇帝は、悲しみ、そして泣いた。それから、この敬虔な願いを認め、愛する姉に律院を与えることとした。彼は、ベツェリンを派遣して黄金の院長杖を贈り、〔ハルバーシュタット〕司教アルヌルフによって彼女の叙階式を挙行させた。

マティルデの亡骸は、律院に安置されていた祖父ハインリヒ一世と同名の祖母の棺の脇に葬られた。棺の蓋に刻印された墓碑銘には、「パトリキウス *patricius*」の女性形で「国母」を意味する「マトリキア *matricia*」の文言が見える。翌年の復活祭に同院を訪れた際（本書213頁）、イタリア遠征中に統治代理を託した伯母のためにオットー自身が起草したものと推定される(5)。後継院長となった次姉のアーデルハイト（九七七〜一〇四三）は、その後長命に恵まれた。彼女の死をもって、オットー一世の直系の血筋は絶えることになる。使者に立ったベツェリン（ベルトルト）は、ヨハネス捕縛で功を挙げた伯で（本書148頁）、一一世紀後半以降シュヴァーベンの有力大公家門に上昇するツェーリング家の始祖となる。

新教皇シルヴェステル二世

教皇グレゴリウス五世を聖ペテロの座に昇った最初の〝ドイツ人〟とするならば、その後継者として四月九日の復活祭の日に登位したのは、最初の〝フランス人〟であった。

今回の人事でも、皇帝自身の強い意向が貫かれたことは言うまでもない。ジェルベールは、前任者のように有力貴族家門の生まれでもなかったし、もちろんローマの都市貴族を後ろ盾にしてもいなかった。オーヴェルニュの貧しい家に生まれた彼の手に、西欧カトリック世界の聖職者中の最高位をもたらしたのは、ヒスパニアからローマ、ランスからマクデブルクを一人渡り歩く中で獲得した並外れた教養と人的ネットワーク、浮沈に富んだ聖界諸侯としての豊富な経験と政治的駆け引きの巧妙さであった。だが何にもまして決定的だったのは、二年半前には失意のどん底にあった彼を救い出してくれた、約三〇歳も年少の皇帝との間に個人的に取り結んだ師弟関係の絆であった。

彼が教皇名として、キリスト教を初めて公認したローマ皇帝のパートナーの名前を選択したことも、理想的な皇帝と教皇の協調関係を誇示する意図に発するものであろう（本書164頁）。ジェルベールが「シルヴエステル二世」を名乗ったことはまた同時に、彼の皇帝に対し「現今のコンスタンティヌス」たることを期待したことを意味する。ただ、「コンスタンティヌス」の名は、西欧世界における教皇の世俗的統治権の正当性という問題に関連して、別の意味をももちえた。このことは、後に取り上げることとする（本書272頁）。

空位となったラヴェンナ大司教の職は、サンティ・ボニファーチョ・エ・アレッシオ修道院長レオが得た。ランスのシスマ問題で、教皇使節として「背教者」ジェルベール（本書259頁）を敵に回して精力的に活動した人物である。そこには、なお禍根の残るランス問題をこの際一挙に清算し、当事者間の和解を実現しようとする皇帝と新教皇の意図が働いていたと考えられる。新教皇は四月中旬頃、かつて自らの献策でその地位を奪い取ったアルヌールに対しても、「汝の罷免がローマの同意を欠く」不当な措置であったことを詫び、肩衣《パリウム》の使用を追認した他、各種の特権も更新・授与した（PUU 366）。教会会議の至高性を訴え続けたかつての「ランス大司教ジェルベール」の正当性を、今や使徒座の高みに昇った「教皇シルヴェステル二世」の立場から否認することで、自らの不都合な過去を葬り去ったのである。

ほぼ同時期、オットーは新教皇とサン・ピエトロ教会で教会会議を開催した。かねてより召還命令を突きつけられていたイヴレーア辺境伯アルドウィーノは、これに応じ会議の場に出頭した。彼は、ヴェルチェッリ司教殺害を事実として認めた。裁定の結果、命は赦されたものの、すべての所領の没収と追放刑、そして生涯に及ぶ贖罪が科せられた。

他方、既に二度にわたり召還されていた大司教ギーゼラーは、病気を口実に姿を現さず、代理の使者を派遣してきた。しかし、いかに扱いに手を焼くとはいえ、当事者を欠く状況で決着をつけることはできず、判断は、皇帝とマクデブルク大司教管区の属司教たちとの協議を待つこととなった。

「メールゼブルク問題」に関する皇帝の一連の対応は手緩い、との印象を与えるかもしれない。しかし、官僚機構や軍隊・警察などの強大な権力装置と法治主義の実践を欠く中世前期の国家は、制度面よりもむしろ個々人間の人的結合関係に大幅に依拠しており、重要な決定も、当事者間の合意形成を見い出すことによって初めて実効性のあるものとなりえた。「メールゼブルク問題」の場合、解決を著しく困難にしたのは、本来調停者としての役割を期待されるはずの皇帝・教皇が、紛争の一方の当事者としてギーゼラーに引導を渡す役割を担っていたことにある。マインツ大司教は、ゲルマーニアにおける教皇代理（本書79頁）の職責からして、第二の調停者たるべき立場にあった。しかし、彼は、皇帝との確執の故に、この問題に介入する意志は持ち合わせていない。この案件に関する限り、政治的コミュニケーションは機能不全に陥っていたと言える(6)。

レオとヘリベルト

重要人事は、この後もさらに続いた。五月上旬、ジェルベールと並ぶ「改新」の推進者レオがヴェルチェッリ司教に抜擢された。アルドウイーノの脅威に晒されてきた同司教座に側近を送り込んだ事実からは、紛争解決への皇帝の強い意志が窺われる。イヴレーア辺境伯とその家臣から没収された所領の多くも、ヴェルチェッリ司教教会に寄進された。(DOIII 323, 324)。

それに先立つ同年初頭頃、イタリア書記局長のコモ司教ペトルスの甥で、オットーの友人のロメロ伯オットーネが、パヴィーア宮中伯の要職を与えられていた。アルドウイーノに与した前パヴィーア伯の権限も、併せて付与された。不安定なロンバルディア地方の動静に、皇帝支配の睨みをきかせるためである。

七月九日には遠征先のベネヴェント（後述）で、ヘリベルトが前月来空位となっていたケルン大司教に叙階された。九九四年にイタリア書記長の地位に就いた彼は、アルプス以北を長らく書記長として管掌していたヴォルムス司教ヒルディバルトが前年の九九八年八月に死去したのを承け、その後継も併せて託され、アルプスを南北に挟んだ書記局を実質的に統括する要職にあった。ヘリベルトは、大司教就位後も双方の書記長職を兼任し続け、皇帝との密接な連携を堅持した。なお、ヴォルムス司教の後任には、若き宮廷司祭フランコが就いていた。

後年ヘリベルトによって創建されたケルン近郊、ドイツ修道院の修道士ラントベルト（一〇六九年歿）が著した『ケルン大司教ヘリベルト伝』（一〇四六～五六年成立）によれば、叙階に先立つ六月末、皇帝は、当時ラヴェンナ滞在中のヘリベルトに宛てベネヴェントからやや奇妙な書簡を自ら書き送っている（五章）。

神の恩寵によってのみ皇帝たるオットーは、
大長官ヘリベルトに挨拶を送る。
そしてケルン、さらに一エレの長さの肩衣《パリウム》を〔送る〕。

一エレは尺骨の長さで約五〇～八〇センチ、これでは大司教のシンボルである肩衣《パリウム》には寸足らずである。実際のところ、今日に伝存するヘリベルトのそれは、三・五メートル以上もの長さがある。かつてシュラムは、三行に及ぶ挨拶文に皇帝証書冒頭の厳かな定型文のパロディを、最後の文言にはオットー独特のユーモアを読み込んだ。

しかし、最近年ヘールは、皇帝がこの時期アーヘンに新司教座を設置する計画を進めており、「一エレの長さの肩衣《パリウム》」には、アーヘンを管轄下に置く新ケルン大司教に対し、裁知権の縮小への同意を迫る意味

図59　大司教ヘリベルト　「ヘリベルトの聖遺物匣」（拡大）　ケルン，1175年頃。ドイツ，聖ヘリベルト教会蔵

が込められていたのではないか、と推定している。オットーは、自らの最後の安らぎの場である墓所を、単なる教会ではなく、祖父と同じく司教が坐す大聖堂に求めていた。皇帝は、大司教位に就く条件として、有能な助言者にして友人が新司教座設置計画に同意することを望んでいたのである、と(7)――。この仮説は、これだけでは論証として不充分である。しかし、一年後のアーヘンにおける〝事件〟、そしてオットーが生前に聖マリア教会を墓所に指定していた事実を先読みして考えると、筆者には蓋然性が高いように思われる。

なお、「（大）長官《ロゴテータ》」と仮に訳した *(archi)logoteta* は、ヘリベルトが前年以来用いていた官職名である。レオも後年、「宮廷長官 *logotheta palacii*」と称している（DOIII 396、一〇〇一年）。これはビザンツの、本来八種類存在した宮廷官職の名前を受容したものである。オットーの宮廷における正確な職務内容は不明であるが、宮廷成員の中でも特に皇帝の信頼篤い政治的助言者に限って使用されている(8)。

この他では、同年初頭頃、「ローマ人のパトリキウス」の職が復活され、それまで皇帝の納戸役《ケメラー》を務めていたザクセン人貴族のツィアゾに与えられている。ピピン三世、カール大帝以来、ローマ市民の第一人者としてローマ教会の守護を担う要職である。もっとも、ツィアゾの場合は、皇帝の代理というよりは、パラティーノの丘に造営された新宮殿の総管理者、すなわち宮中伯類似の任務を負ったのではないかと考えられる(9)。

サン・クレメンテ教会での贖罪行

六月、皇帝は側近のヴォルムス司教フランコとともに、従者を伴うことなくコロッセウム近くのサン・クレメンテ教会を訪れた。厳しい贖罪の勤行に心身ともに献げるためである。二か月前のモンテ・ガルガーノ巡礼の時と同じく、贖罪用の衣装に着替え裸足で向かう先は、四世紀に建てられた地下の祠《ほこら》である（今日その上に立つ教会は一二世紀の建築）。かつてミトラ教の神殿であった点でも共通する。

『マタイ福音書』は、主の言葉として祈禱、断食の重要性を説いている（六・五〜一八）。贖罪とは、犯した罪そのものを拭い去るものではない。それは、罪を贖うための償いを免除することを意味しており、自らの魂の救済に資する敬虔さの表現としてキリスト教徒によって理想視されていた。ただ、それにしても、西欧世界の歴代皇帝の中で、オットー三世ほど厳しい禁欲的な精進に繰り返し没頭した皇帝は他にはいない。静寂に包まれた暗闇の中での孤独な、夜を通しての祈禱と断食の勤行は、実に二週間もの長きに及んだ。

なお、皇帝の若き友人にはもう一人、厳しい信仰実践を通しての霊性の鍛錬に身を委ねた聖職者がいる。宮廷司祭のクヴェーアフルトのブルーノである。彼は、九九八年二月にローマに到着してから間もなく皇帝の側を離れ、一修道士としてサンティ・ボニファーチョ・エ・アレッシオ修道院に入った。回心の契機となったのは、アーダルベルトの殉教死である。アヴェンティーノの丘の修道院は、殉教者がかつて修道士として身を置いていたゆかりの場所である。しかし、これは二人にとっての永遠の別離ではなかった。禁欲的生活への憧憬と異教徒伝道という宗教的目標を共有するオットーとブルーノ、両者は互いに相手を必要としたし、運命は二人をイタリアの地において再び邂逅させることになるであろう。

図60 「聖アレッシオの生涯」から　サン・クレメンテ教会，11世紀

サン・クレメンテ教会は、そのキリスト教伝道とも関わりのある教会である。「スラヴ人の使徒」と呼ばれたテサロニケ出身の兄弟、メトディオス（八一五頃～八五）とコンスタンティノス（八二六／二七頃～六九）は、八六七年頃にローマを訪れた。メーレン（モラヴィア）での伝道活動をめぐる教会政策上の問題を解決し、教皇の支援を得るためである。グラゴール文字の考案者としても知られる兄弟が抱えていた問題は、説教やミサ典礼における教会スラヴ語の使用の是非であった。二人は訪問の際、使徒教父の聖クレメンス（一〇〇年頃歿）、すなわちペテロとパウロの両使徒の弟子で、クリミアで殉教死したとされる第四代ローマ教皇の骨を持参していた。この聖遺物は、ローマの政治家フラウィウス・クレメンス（九五年歿）の家教会の跡地に四世紀に新たに建てられ、聖クレメンスに奉献された由緒ある名義教会（*Titulus*）に奉納された。名前をキュリロスと改めた弟はその後病に罹り、このサン・クレメンテ教会の修道士となって同院で最期を迎えた（八六九年）。

皇帝とフランコは地下教会で、一一世紀に描かれた貧者の聖人、エデッサの聖アレッシオのフレスコ画をまだ見ることはできなかった。ただ、アヴェンティーノの丘に立つバシレイオス派修道院の守護聖人でもある彼の生涯は、二人とも承知していたはずである。ローマの裕福な都市貴族の息子として生まれたアレッシオは、結婚式の当日、突如として両親と許婚《いいなずけ》の下を去って東方への巡礼に出、エデッサで隠修士として一七年間清貧に暮らした。静穏な生活が破られるのを危惧してローマの生家に戻ったが、己の正体を隠し、一介の召使いとして玄関先の階段の下で再び一七年の間奉公した。彼が亡くなった後に奇蹟が起き、そのことですべての事実が初めて明らかになったという。

俗世の権力と富、そして名誉の一切を投げ打ち、霊性の高みに到達すべく孤独で禁欲的な生活に没頭する観想的な生のあり方。ランヴォルト、ネイロス、あるいはロムアルドゥスの生き様は、この教会で贖罪に勤しむオットーにとって模倣すべき一つの理想像であった。しかし、皇帝にまで昇りつめた彼が、自らの魂の救済のためにその地位と責務を投げ出すことは、はたして許されるのであろうか。

ベネヴェント遠征

盛夏の季節になると、疫病が蔓延するローマを抜け出し北の清涼な山地に退避するのが、オットーのこれまでの習慣であった。しかし、贖罪行を終えた六月末、皇帝は、教皇と名だたる聖俗諸侯、そして大軍を率いて、南のベネヴェント目指して再び遠征に出発した。

同地に奉納されている聖バルトロマイの聖遺物をめぐる同年春の騒動については、先に紹介した。六月二九日、すなわちアーダルベルトがプラハ司教に叙階された日に、教皇シルヴェステルは、殉教者を正式に聖人に列聖した。皇帝も、殉教者に捧げるティベリーナ島の教会の建築準備を着々と進めていた。この土地は本来、サンティ・ボニファーチョ・エ・アレッシオ修道院の所有に属するものの、かつてテオファーヌが、カラーブリアから逃れてきた隠修士グレゴリオスのために利用に供した土地である。彼らはその後、オットーがアーヘン近郊に建立したブルトシャイト修道院（本書140頁）に移っており、残された礼拝堂と庵をアーダルベルトのために再建するという段取りである。十二使徒の聖バルトロマイの聖遺物は、殉教者のそれと並んで安置される手筈となっていた。

図61　アーダルベルトの井戸

ただ、今回の遠征は、この間に露見した聖遺物すり替え事件の処罰のためではない。オットーは後に、聖人司教のパウリーヌスの骨を最高の栄誉をもってアーダルベルト教会に奉献させている。主たる目的は、「西」のローマ帝国、「東」のビザンツ帝国、そしてイスラーム勢力の三者の間を揺れ動くランゴバルト系諸侯領に対し、皇帝支配の手綱を引き締めることにあった。ベネヴェント包囲の後、七月上旬に市内に入った皇帝は、聖バルトロマイの聖遺物には手を出すことなく、パンドルフォ二世とその長男ランドルフォに皇帝支配を承認させた。次男アテヌルフォは、人質として皇帝に差し出された。

　この間の七月四日、随行者の一人、シュトラースブルク司教ヴィルデロートが死去している。二週間前、ミサの場で気分が悪くなり、その後の宴席で卒中の発作に襲われたのである。ミサにはオットーも参列していた。後継司教には、同行のライヒェナウ修道院長アラヴィヒが就いた（在位九九九～一〇〇二）。九日には、ケルン大司教位に任じられていたヘリベルトの叙階式が挙行された。

　皇帝と教皇は、ここでローマに帰還した。ただ、彼が事後処理を託したカープア出身の若き貴族は、既定路線を外れて暴走することになった。アデマーロは、幼少期からオットーの側近くにいた数少ないイタリア人の一人である。彼は、シュヴァーベン人とフランケン人から成る部隊を委ねられ、まず故郷のカープアへと向かった。同地で大公ライドルフォに人質を差し出させた後、ナポリに鉾先を転じ、大公ジョヴァンニ四世を捕縛してカープアへと連行した。ガエタ大公ジョヴァンニ三世については、その統治が引き続き認められた。同年秋、アデマーロはカープアに再度軍を進め、念願の君主の座に就いた。ライドルフォは捕虜とされ、六年前の兄殺害事件関与の嫌疑でローマで裁判にかけられ、アルプスの北への追放刑に処せられた。

しかしながら、ローマの〝前庭〟であるカンパーニャ地方に対する影響力を強化せんとする皇帝側の思惑は、結果的にはエピソードに終わり、持続的な成果をもたらすには至らなかった。早くも翌一〇〇〇年の六月、アデマーロはカープアからの逃亡を余儀なくされ、代わりにベネヴェント大公家の上記ランドルフォが迎えられた。ナポリは、海上交易を通じてその後もコンスタンティノープルと利害を共有していたし、アマルフィにいたっては、最後までオットー三世の命に服することはなかった。なお、彼の人質とされていたアテヌルフォは、オットーの死後ベネヴェントに帰還を許され、後年モンテ・カッシーノ修道院長に就位している（在位一〇一一～二二）。

最後に、ティベリーナ島のアーダルベルト教会に祀られた偽の聖バルトロマイの聖遺物のその後の運命について。教会は、一一五六年のティベル川の洪水の際に破壊されてしまった。しかし、偽の聖遺物はほとんど毀損なく良く保存された状態で、聖アーダルベルトのそれとともに発見された。この奇蹟的事件をきっかけに、件の聖遺物は真正の聖バルトロマイの骨であるとの確信が定着することになったのである。

今日、サン・バルトロメオ・アル・イゾラ教会を訪れると、地下聖堂《クリプタ》にある「アーダルベルトの井戸」が、オットーと殉教者の記憶をかすかに伝えている。一〇〇〇年頃（あるいは一二世紀？）に一メートルの高さの大理石製の井戸にレリーフとして彫られたのは、イエス・キリスト、聖バルトロマイ、聖アーダルベルト、そしてオットー三世の四人の姿である。

スビアーコでの贖罪行、フランコの死

オットーは、ベネヴェントからの帰還後の七月末、休む間もなく再びフランコとともに贖罪行に出た。場所は、ローマ東方のスビアーコである。アニエーネ川沿いの狭い峡谷は、かつてヌルシアのベネディクトがモンテ・カッシーノ修道院を建てる前に、一二人の弟子たちと初めて共住生活を営んだ由緒ある地である。妹のスコラスティカも近郊に女子修道院を建てており、オットーの祖父一世は同院に寄進をしていた（九六七年）。オットー自身も、この時同地に殉教者アーダルベルトに捧げた礼拝堂を建てている。

二人が向かった先は、ベネディクトが共住生活を営む前に一人で庵を拓き三年間生活した、スビアーコ北方のモンテ・タレオ山の南斜面の洞窟群である。岩盤に張り付くように聳え、フレスコ画で有名な今日のサン・ベネデット修道院は、一二世紀以降の建築である。オットーの時代には、まだ自然のままの素朴な「神聖洞窟 *Sacro Speco*」であった。

図62　サン・ベネデット修道院

薄暗く湿った瞑想の場所で二人が日夜明け暮れたのは、ここでも徹夜の祈禱と断食である。オットーは、この間の七月三一日と八月一一日に証書を発給していることから、随行した書記たちは、スビアーコの街に滞在していたのであろう。しかしながら、盛夏のさなかの二度に及ぶ長期の勤行は、まだ若いとはいえ、ヴォルムス司教の肉体にとってあまりにも過酷な試練であった。彼は間もなく高熱にうなされ、ローマに戻った後の八月二八日に病死した。マラリアの可能性が憶測されている(10)。身近な友人の死が、

皇帝にとって大きな衝撃であったことは言うまでもない。

祖母のアーデルハイトも、この評判の高い若者をかねてより可愛がっていた。オットーの指示で、悲報を伝える使者が遣わされた。クリュニー修道院長オディロンが後年著した『皇后アーデルハイトの墓碑銘』によれば、旅先のサンモリッツ滞在中に訃報を受け取った彼女は、思わず泣き崩れて叫んだという（一五章）。

神様、私は一体どうしたら良いというのでしょうか？　あるいは、私の主人である孫について何を言ったら良いのでしょうか？　私が思うに、彼と共にイタリアにいる多くの人々が亡くなっていきます。私が恐れるのは、彼らの後に気高きオットーも亡くなり、不幸な私一人が、人としてのすべての慰めを失って後に取り残されることです。おお、主にして永遠の国王よ！　私がそのような惨い喪失を被ることがなきようお祈りします。

『墓碑銘』が執筆されたのは一〇〇二年前半と推定される(11)。アーデルハイトが神に託した希望――孫よりも早く自らが先に逝くこと――、そして彼女が懸念した恐れ――孫がイタリアの地で亡くなること――は、いずれも既に過去に起きた事件についての「事後予言」であって、当然ながら的中することになる。

ヴォルムス司教の後継人事は難航した。フランコは弟の宮廷司祭ブルヒャルトを望んだが、現皇帝と前皇后の寵愛を一身に集めたフランコの弟が台頭することを、宮廷の聖職者たちは危惧した。そこで、オットーは、ハルバーシュタット司教教会出身の側近宮廷司祭エルポーを任命した。当時ローマ北方のファルファ修道院に滞在していたエルポーは、しかしその三日後の九月初頭に急死した。次の候補は、ブレーメン司教教会出身の宮廷司祭ラツォーであったが、彼もまたアルプス越えの中途にクーアで客死した。候補者の相次ぐ急死に、神の御意志の顕現を読み解くのは、ごく自然の成り行きである。オットーは最終的にブルヒャルト擁立を決意した。ただ、その実現は翌年まで持ち越されることになった。

3　皇帝・教会・都市貴族

都市貴族門閥によるローマ支配の実態

九月下旬、皇帝と教皇は、トスカーナ辺境伯ウーゴ、クリュニー修道院長オディロンとともに、ローマ北東のサビーナ地方に位置するファルファ修道院を短期間訪れた。同地方に加えて南方のラティウム地方にも広大な所領を有するのみならず、ローマ市内にも土地をもつ帝国修道院である。ここを統制下に置くことは、ローマの統治者たる者が都市内外の支配を強化するうえで欠かせない前提であった。

オットー一世が皇帝となるまでは、テオフィラット家のアルベリーコ二世がサビーナ地方と同修道院を事実上の支配下に置き、修道院の帝国直属性は名目化していた。その後台頭したクレシェンツィ家が、サビーナ地方やラティウム地方南部のテッラチーナに伯職と所領を獲得したことは、先に触れた（本書110頁）。前年六月にローマから逃走した同家傍系ステファーニア家のサビーナ伯ベネデット二世は、それまでファルファ修道院の所領の一部を簒奪していた。

都市ローマと使徒座の諸々の官職や市内の土地・権益を梃子に興隆した最有力都市貴族門閥のローマ支配は、このように市外の大規模な土地所有や諸権限によって背後から支えられていた。皇帝はそこに楔を打ち込み、内外の連携関係を断ち切る必要があったのである。もっとも、都市貴族門閥の影響力を完全に排除することは、いかに皇帝といえども、彼が独自の所領をほとんど有さず、かつ〝よそ者〟である限り不可能である。現実の課題となったのは、互いに競合する各家門間の勢力均衡に配慮しつつ、官職・特権等の授与によって、皇帝支配に対する彼らの協力関係を可能な限り確保することであった。

クレシェンツィ二世の処刑後には、同家に代わって複数の家門勢力が、皇帝・教皇の行政官職保持者として登場してくる。トゥスクルム家の伯グレゴリオは、テオフィラット家の女系の出であったと推定され、伯父の教皇ベネディクト七世の庇護を得て台頭してきた（巻末系図4を参照）(12)。その意味では、旧来の都市貴族党派の典型例である。トゥスクルムを本拠地とする同家の勢力は、ラティウム地方の大半に及んでおり、このためクレシェンツィ家とは、利害が衝突することになる。もっとも、教会領の簒奪によって家門の権力強化を図る、その目的と手法自体はいずれも同一である。

それ故、親皇帝派の都市貴族門閥の掌握と「教会の自由」の担保、互いに矛盾する二つの条件を同時に両立させることは、皇帝にとって相当の難題であった。加えて、権益がローマ教会の所領・権限に帰属する場合は、教皇との間にも摩擦が生じることになり、錯綜した利害関係を当事者たちすべてを満足させる形で調整することは、もはや至難の業であった。裏返すならば、（イタリア人から見れば〝よそ者〟にすぎない）皇帝のイタリア王国統治は、あくまでも個人間で取り結ばれた人的絆のネットワークによって支えられる、極めて脆弱な基盤の上に辛うじて存立し得た、ということになる。

都市貴族門閥のリソースが限定されている中で特に注目されるのは、オットーが新興勢力のデ・イミツァ家を重用したことである(13)。同家は、かってテオファーヌの友人であったイミツァ（本書29頁）を始祖とし、教皇ベネディクト六世もその係累である可能性が憶測されている。一二月二日の皇帝証書には、イミツァの孫のグレゴリオが、かつてテオフィラットもその職を保持していた教皇財務官として、息子のアルベリーコはパラティーノの丘の皇帝宮殿の執事として各々登場する（DOIII 339、本書199頁）。反クレシエンツィ系の教会改革派に属し、市内中心部のアヴェンティーノとパラティーノの丘に勢力を張る同家は、門閥が割拠する都市ローマの権力地図において、皇帝支配を支える枢要な地位を占めるようになっていた(14)。

「教会の自由」、「帝国の繁栄」、「国家の再建」

オットーは、サンタンジェロ攻防戦のさなかの前年四月にサン・ピエトロ教会で開催した裁判において、ファルファ修道院の所領をめぐる訴訟に介入し、修道院を皇帝の保護下に置いていた（DOIII 278）。オディロンを伴った九九九年九月下旬の訪問時には、世俗権力の干渉からの保護と修道院の内部改革をより徹底するために、あらためて所領を確認したのみならず（DOIII 329, 332）、同院にクリュニーの修道慣習規定を導入することに成功している。クリュニー派修道院は、ローマ教皇に直属することで、在地の管区司教の監督権から免れることができたのである。

ローマ帰還後の一〇月三日にファルファ修道院長宛に発給した証書でも、「修道院の自由」を再確認する一方、その目的が皇帝支配の回復、すなわち「国家の再建 *restituenda res publica*」であることを明言している（DOIII 331）。「余はその時（＝九月下旬）ローマを離れ、国家の再建のために辺境伯ウーゴと交渉し、教皇シルヴェステル二世猊下、そして他の余の有力者たちと余の帝国の問題について協議した」。証書末尾の定型的な「罰則規定文《コロボラツィオ》」は、その内容と厳しい文言の故に極めて異例と言わざるを得ないものである。「もし、いずれかの教皇、あるいは余の後継皇帝の誰か」が、同院に対する保護を認めた本証書の規定を遵守せぬ場合、その者は、「キリストが到来し、この世界を炎をもって裁くその時、余とともに申し開きをせねばならない」。証書の法的規定は、「俗権」と「教権」の調和した協調関係の頂点に位置すべき将来の皇帝・教皇たちを、「最後の審判」の時が到来するその時まで拘束し続けるのである。なお、これはオットーの証書が「審判」に直接言及した最初の事例である。しかも、証書テキストの起草には、シルヴェステルとともに「ローマ帝国の改新」政策を支えるもう一人の柱のレオや、書記長ヘリベルトのみならず、皇帝本人も直接関与していたことが近年解明されている(15)。

そのレオは、先に挙げた五月上旬のヴェルチェッリ司教教会宛の皇帝証書（DOIII 324、本書183頁）において既に、その起草者として「教会の自由」と「国家の再建」、そして「帝国の繁栄」の密接な因果関係を言明していた――「神の教会の持続的な自由と安寧によって、我々の帝国が繁栄し、我々の軍隊が勝利の冠を獲得し、ローマ人民の力が拡大し、国家が再建されんことを」。執り成し人としては、ファルファと同じく教皇シルヴェステル、辺境伯ウーゴの他、書記長ヘリベルトの名が登場する。

同証書には、「改新理念」の表明のみならず、別の観点からも重要な意義が帰せられる。ヴェルチェッリ司教教会の所領の侵害を禁じた末尾の定型的な罰則規定文には、次の文言が記された。「いかなる大公・辺境伯、特にイヴレーアの辺境伯・伯・副伯・大司教・司教も、そしてさらに余の帝国のいかなる有力者・力無き者も、またいかなるイタリア人・ドイツ人も *Italicus que Teutonicus* 決して……を侵害し、苦しめることのなきよう」。レオの語法の影響下にヘリベルトが起草した上記ファルファ修道院宛の証書（DOIII 329）では、「イタリア人とドイツ人」が「ドイツ人とラテン人 *Teutonicus sive Latinus*」へと変更された。この二点は、「ドイツ人」という民族名に初めて言及したオットーの皇帝証書である。その背景については、本書の「エピローグ」で取り上げることにする。

アーデルハイトの死

九九九年という年は、死神にとってまことに豊かな収穫に恵まれた一年であった。降誕祭を目前にした一二月一六／一七日、祖母アーデルハイトがゼルツで息を引き取った。推定六八歳。亡骸は、生前から準備されていた棺に納められた。今や一九歳になったオットーにとって、残された身近な家族は姉三人のみとなった。王家の記念祈禱《メモリア》を掌るクヴェトリーンブルク女子律院で成立した『編年誌』は、この時の皇帝の孤独な心情を察している（『クヴェトリーンブルク編年誌』一〇〇〇年の項）。

尊厳なる皇帝は、彼女の死去の後間もなく、およそ人の想像を超える程の辛い悲嘆の念に襲われた。神聖なる神の教会は、それを今まで揺らぐことなく見事なまでに確固と支えていた三本の柱〔＝教皇、祖母、伯母〕を、瞬く間に相次いで失ってしまった。皇帝は、その結果教会がぐらつき始め、今や彼一人にのみ依拠しているのを看て取ると、心中の重荷によってひどく苦しめられたのである。

ブルグント国王の王女という高貴な家系に生まれ、皇后にして「諸王国の母」（G 74, 128）という女性としての最高の高みにまで昇ったアーデルハイトは、数々の悲嘆にも事欠かないその生涯を通じて、修道院の再興・建設に精力を傾注した。第二の故郷であるイタリアでは、パヴィーアのサン・サルヴァトーレ修道院、故郷ブルグントでは母ベルタ（九〇七／〇八～六六）とともに創建したペーターリンゲン（パイェルヌ）修道院、そして最晩年を過ごしたアルザスのゼルツ修道院である。三つの王国に建立された三修道院はすべて、ブルゴーニュのクリュニーを発祥地とする改革派修道院の傘下に置かれた。

彼女と息子オットー二世が、第四代院長マイユールと密接な協力関係にあったことについては、これまでも触れてきた（本書13、25頁）。第五代院長オディロンは、庇護者への『墓碑銘』において、皇帝オットー一世の共治者を、「すべての皇后の中で最も偉大な皇后」と讃えたのみならず、神への畏敬の念と謙虚さを失うことなく、贖罪と貧者救済の善行に勤しんだ敬虔な彼女を理想視し、〝聖女〟の高みへと押し上げた。実際、同時代史料において彼女ほど高い評価と尊敬を勝ち得た皇后は他にいない(16)。

アーデルハイトが、かつてクリュニーの修道士であった教皇ウルバヌス二世（在位一〇八八〜九九）によって、聖女として正式に承認されたのは、一世紀後の一〇九七年である。教皇主導による列聖制度が一〇世紀末に確立されて以降、聖女に列せられた最初の女性である。なお、ゼルツ修道院は、一三〇七年にライン河の洪水により破壊された。瓦礫に押し流された棺は救い出されたものの、亡骸はその後行方不明となってしまった。現在の修道院は、場所を近隣の高台に移して再建されたものである。

オットーがアルザスからの急使によって祖母の訃報を知らされた地は、降誕祭を祝したラヴェンナであったと思われる。「紀元千年」の始まりを告げるまさにこの時、皇帝は、再び贖罪巡礼の旅の途次にあった。ただし、目指す先はもはやイタリア国内の名刹ではない。歴代皇帝が足を踏み入れたことさえない、はるか彼方ポーランドの、殉教者が眠る地グネーゼンである。

第七章　グネーゼンとアーヘン　一〇〇〇年

1　グネーゼン巡礼

「聖なる殉教者アーダルベルトの大司教」

殉教者の列聖は、既に六月二九日に教皇シルヴェステルによってなされていた（本書187頁）。九九九年九月下旬のファルファ修道院訪問の直前、皇帝とその側近団たちがローマ近郊に参集している。顔触れは、教皇シルヴェステル、トスカーナ辺境伯ウーゴ、書記長ヘリベルト、ヴェルチェッリ司教レオ、ラヴェンナ大司教レオ、クリュニー修道院長オディロンである。グネーゼン巡礼の構想が初めて具体化したのは、この頃であったろう。

その計画の最終的な内容は、一二月初頭に固まった。同月二日にローマ、パラティーノの宮殿で皇帝が主宰した裁判集会は、ファルファ修道院の訴訟問題を取り上げたが、集会にはラヴェンナ大司教レオ、辺境伯ウーゴらの他にガウデンティウスも参列していた（DOIII 339）。かつてサンティ・ボニファーチョ・エ・アレッシオ修道院で院長レオ、すなわち現ラヴェンナ大司教の下で禁欲的瞑想生活に没頭した殉教者の異母弟である。肩書きは「聖なる殉教者アーダルベルトの大司教」――。

彼はこの間、ポーランド大公ボレスラフ・クロープリーの使者としてローマに到来し、教皇シルヴェステルによって伝道大司教としての叙階を受けていたのである(1)。証書の署名者リストには、ハルバーシュタット司教アルヌルフの名も見える。九月二九日の大天使ミカエルの祝日に、クヴェトリーンブルクで皇帝の姉アーデルハイトを女子律院長に叙階したばかりである。司教のローマ滞在は、「東方伝道」と「メールゼブルク司教座の再興」という本来別個の懸案が、ローマとグネーゼンを結ぶラインを引くことでこの時クロスしつつあることを示唆している。

ポーランド大公の父ミェシコは、オットー一世と三世に対して臣従の誓約を立てていた(本書54、208頁)。皇帝が家臣にして「貢納義務を負う者」(本書208頁)を自ら訪問するというのは、これまでの西欧の歴史において前例のない事態である。グネーゼン訪問は、何よりも「名誉」を重んずる中世の政治秩序を無視した大胆な企図であり、それを正当化するためには、「巡礼」という宗教的性格を強調する必要があったのである。もっとも、「政治」と「宗教」、双方の関係は、すくなくともオットーの自己理解においては、何ら矛盾無く調和していたはずである。

遠征参加者の顔触れで確認されるのは、皇帝とガウデンティウスの他、ヴィツェンツァ司教ヒエロニュムス(在位九九九〜一〇一四)、ローマ人のパトリキウスのツィアゾ、パヴィーア宮中伯オットーネ、それに使徒座の奉献官ロートベルトらに限られる。ただし、フシュナーの筆跡研究によれば、この他にもオディロンの参加がほぼ確実で、ヴェルチェッリ司教レオもその可能性があるという(2)。一〇月末にローマで教皇から肩衣《パリウム》を授けられたヘリベルトは、任地のケルンに向かっており不在であった。ちなみに彼も降誕祭前日の二四日、皇帝のモンテ・ガルガーノ巡礼を想起させる祈禱行列でケルンに入市している。到着前に肩衣《パリウム》や大司教の式服をあらかじめ送り届け、贖罪者の衣装を纏い、冬の厳しい寒さにもかかわらず裸足で市内に歩を進めたのである。

一二月上旬にローマを立ち、ラヴェンナ到着は中旬頃、「紀元千年」の始まりを告げる降誕祭も同地で祝した。この間、王宮で一つの事件が起きている。皇帝はかねてより、同地出身のロムアルドゥスに対し、彼が若き日に身を置いていたクラッセのサンタポリナーレ修道院の院長職を引き受けるよう迫っていた。激情家の隠修士はある日、憤慨した面持ちで王宮に現れ、院長職の象徴である杖を皇帝と大司教レオの足下に投げつけたのである。ネイロスの場合と同じく、修道院改革を隠修士の手に委ねようとするオットーの試みは、今回も実を結ぶことはなかった。ロムアルドゥスはこの地を立ち去り、その後静寂と孤独を求めてモンテ・カッシーノ修道院近郊の庵へと引き籠もった。しかし、この事件で皇帝との関係が絶たれることはなかった。

「イエス・キリストの僕」と「最後の審判」

一〇〇〇年一月中旬、一行は、ブレンナー峠を越えてシュタッフェルゼーに到着した。皇帝がアルプス以北に姿を見せたのは、実に二年一か月ぶりのことである。ティートマルは、「ローマに遠征し再び帰還した皇帝が、これほど壮麗な姿を示した例しはこれまでなかった」と記し、陣容の見事さに驚嘆の声を上げている（『年代記』四巻四四章）。

皇帝を待ち受けていたのは、意外にもマクデブルク大司教ギーゼラーであった。四月のサン・ピエトロの教会会議を病気を口実に欠席した彼に、難儀な冬の旅を決意させたのは、懸案の「メールゼブルク問題」のみではなかったろう。「東方伝道」というマクデブルク大司教座の存在意義に関わる問題が、グネーゼンでの交渉の主題になることを憂慮したからである。皇帝と大司教、両者の内密の会見内容はヴェールに包まれている。オットーは、一月一七日に「尊敬すべき余の祖母アーデルハイトの魂の救済のために」大司教座にテューリンゲン地方の所領を寄進しているが（DOIII 344）、損なわれた信頼関係の回復には至らなかった。

なお、この証書の冒頭では、まったく異例の称号が用いられている――「オットー三世、イエス・キリストの僕にしてローマ人の尊厳なる皇帝、救世主にして我々の解放者たる神の御意志により」。ペテロとパウロの両使徒は、書簡中で「イエス・キリストの僕／使徒」と自称した（「神の御意志により」の文言を加えたのはパウロのみ）。グレゴリウス一世（大教皇）以降の歴代教皇は、謙虚に「神の僕たちの僕」と称した。皇帝の新称号は、教皇ではなく使徒の称号とパラレルな関係にある。オットーはグネーゼンに、皇帝としてよりもむしろ、贖罪の巡礼者にして神の福音を宣布する「使徒」として赴いたのである。この称号は、その後マクデブルク、クヴェトリーンブルク、トリブールを経てアーヘンに到着する五月までの間、ほぼ継続的に用いられることになる。最後に使用されたのは、特徴的なことに巡礼を無事終えてイタリア王国に帰還した時であった（七月六日、於パヴィーア、DOIII 375）。フシュナーによれば、この称号の発案者は、アルプス越えの後に一行に合流した東方政策の中心的推進者、ヘリベルトであった(3)。

図63　ペテロとパウロによって皇帝に戴冠されるオットー3世　『バンベルクの黙示録』，ライヒェナウ修道院，1000年頃。在バンベルク，バイエルン州立図書館蔵（Msc.Bibl.140）

バイエルンの〝首都〟レーゲンスブルクに到着したのは、一月二〇日頃である。大公ハインリヒ、司教ゲープハルト、それにソフィアとアーデルハイトの姉たちによって盛大な歓迎を受けた。滞在は二週間に及んだ。この間、王宮近傍の聖エメラム修道院でランヴォルトと再会したものと思われるが、記録にはない。孤高の隠修士は、同年の六月一七日に天に召される運命にある。実はこの時期、大公ハインリヒと密接な繋がりのあるハンガリーの情勢も大きく動きつつあるのだが、そのことについては九章で一括して記すことにしよう。

発給された数点の証書の中で注目されるのは、二月六日、「余の前任者たる最も高名な尊厳なる皇帝カールによって創建され聖別された余の玉座」が据えられた、アーヘンの聖マリア教会の聖職者宛に発給した所領寄進証書である。その罰則規定文に、またしても異例の厳しいトーンで「最後の審判」への言及が見える。「もし、余の後継国王・皇帝の誰か」が、この寄進を撤回しようとするならば、その者は、「最高の裁判官の前での恐ろしい裁きの場において、余とともに申し開きをせねばならないし、かのお方によって永遠の呪いを受けなければならぬ」(DOIII 347)。前年一〇月三日のファルファ修道院宛の証書と同様、皇帝は、このテキストの起草に自ら関与している。同日、アーヘン近郊のブルトシャイト修道院(本書140頁)に宛てた所領寄進証書でも、ほぼ同一の文言が繰り返された(DOIII 348)。グネーゼンへの巡礼行が、贖罪、異教徒伝道に加え、いずれ来るべき「最後の審判」を強く意識して計画・実行されたことは確かであろう。

ボレスラフ・クローブリー

北上を再開した一行は、テューリンゲンでマインツ大司教ヴィリギスとヴォルムス司教就任を予定されているブルヒャルトの謁見を受けた。もっとも、書記局長がその後グネーゼン巡礼に合流した形跡はない。

二月一〇日頃にツァイツで司教フーゴー（在位九九〇頃〜一〇〇二以降）と接見した後、向きを東方に転じ、マイセンで辺境伯エッケハルトと司教アイト（在位九九二〜一〇一五）による盛大な歓迎を受けた。四年前にオットーは、マイセン司教区をベーメンのプラハ司教区やポーランド支配下のシュレージエンにまで拡大する方向を構想していた（本書86頁）。目下彼の胸中にある計画は、それとは根本的に異なる内容である。

レーゲンスブルクを発してから、二月下旬にシュレージエンでボレスラウによって迎えられるまで要した日数は、約二週間である。その後グネーゼンを経て三月二三日頃にマクデブルクに到着するまで、一四〇〇キロの長大な距離を実質三六日間で踏破した。一日の平均移動距離は、約四〇キロになる(4)。これは、先行するアルプス越えの疲労、真冬の寒さの厳しさ、途中に横たわる山地や河川などの地理的環境、巡礼行参加者の巨大な規模、常設の宿営地の欠如などの諸条件を勘案すると、相当に早い速度である。強行軍を可能としたのは、何よりもまずオットーの頑健な身体と不屈の意志であろう。敢えて冬の季節を選んだのは、大地や河川が凍結して固まったこの時期の方が、騎馬による行進や橇を使った物資運搬に好都合だったからである。春では、雪解け水によって街道筋が湿地や沼沢地と化してしまい、より大きな困難が伴った。さらに、巡礼行を禁欲と贖罪の期間である四旬節に合わせるという宗教的動機も作用していたと思われる。

図64　ボレスラフ・クローブリー　グネーゼン大聖堂のブロンズ扉レリーフ　1170〜90年

マイセンからシュフィドニツァ東方のツォプテンを経て、ボーバー（ボブル）川沿いの国境に位置するオイラウに到達すると、ボレスラウが皇帝一行を迎えるため待ちかまえていた。ポーランド大公は、伯父にしてライヴァルのベーメン大公ボレスラフ二世が前年二月に死去した結果、今や東欧世界最強の支配者となっていた。「ポーランド」という固有名詞が史料に初出するのも、彼の時代である（本書345頁）。「豪胆」を意味する〝クローブリー〟という異名を冠せられたのは一三世紀のことで、同時代人が用いた異名は「偉大な*Magnus*」であった。ピアスト家のその後の歴史において好まれたボレスラフという名を与えたのは、母のドブラーヴァで、彼女の兄弟の上記ベーメン大公に因んだものである。

ベーメンとの提携は、しかしながらその後崩れ、父ミェシコは、路線をザクセンとの協調関係に大きく転換した。そのことは、父がノルトマルク辺境伯の娘オーダと再婚した事実のみならず（本書67頁）、息子ボレスラフの結婚政策にも反映されている。最初の妻はマイセン辺境伯リクダグ（在位九七九～八五）の娘であったし（九八四年）、三人目の妻の姉妹は、リクダグの後任辺境伯エッケハルトの弟と結婚していた。後年のことであるが、そのエッケハルトの娘を四人目の妻に迎えることになる（一〇一八年）。九九二年の父の死去後は、王国分割を阻止すべく、義母オーダと彼女が生んだ弟たちを追放し、父の遺領の単独継承を力づくで貫徹した。

グネーゼン墓参

「いかなる壮麗さをもってこの者が皇帝を迎え入れ、グネーゼンまで自らの国内を随行したのか、それはおよそ信じ難きことであり、言葉で言い尽くすことはできない」（以下、ティートマル『年代記』四巻四五・四六章）。ポーランド大公は、配下の有力諸侯と重装備の騎兵すべてを召集し、皇帝を歓迎すべく、グネーゼンの前に広がる平原にあらかじめ戦闘体型で整列させていたのである。しかし同時に、彼ら受け入れ側にとっても、皇帝が率いるきらびやかな聖俗諸侯と多数の騎兵の姿は、驚嘆すべきものであったに違いない。

　整然と配置された軍隊の背後のレフ丘に聳え立つのが、グネーゼンの街並みである。ピアスト家の統治者の居城、聖ゲオルク教会、そして質素な家来の住居群から構成され、周囲を市壁と湖で囲まれた小都市である。市壁の一段手前にも、小規模な城塞が立つ二重構造になっている。皇帝が馬から降りたのは、教会まで徒歩にして二時間程の距離の地点である。

> 長らく切望していた都市を前にすると、彼〔=皇帝〕は裸足になって恭しく歩を進め、同地の〔ポーゼン〕司教ウンガーに大いなる畏敬の念をもって歓待された後、教会へと導かれた。ここで皇帝は、キリストの殉教者に対し、キリストの赦しを得るための執り成しを涙を流しつつ哀願した。それから、彼は直ちにこの地に大司教座を設立した。私は、それが正当であったと望むものである。何故ならば、この地全体を司教区に含む前述の司教の同意を欠いていたからである。彼は、この大司教座を殉教者の弟のラディム〔=ガウデンティウス〕に託した。それに下属するのは、コールベルク教会の司教ラインベルン、クラカウ教会の司教ポッポー、ブレスラウ教会の司教ヨハネスである。ポーゼン司教ウンガーのみ除外された。彼はまた、そこ〔=グネーゼン大司教教会〕に祭壇を設け、厳かに神聖な遺物を納めさせた。／すべての問題を片付けた後、皇帝は、大公から数多くの贈り物を献呈されたが、中でも彼を最も喜ばせたのは、三〇〇名の重装騎兵であった。帰還に際し、ボレスラフは選りすぐりの家来と共に、彼をマクデブルクまで護衛した。同地では枝の主日が厳かに祝された。

図65　アーダルベルトの銀製棺　1662年, グニェズノ大聖堂

グネーゼン到着は二月末、出立は三月一〇日頃、一〇〇〇年の枝の主日は同月二四日である。

それまでポーランドで唯一人の司教であったウンガーが、反対姿勢を貫いたのは無理からぬことである。当該司教の事前の同意なしにその司教区内に大司教座を設置することは、明らかに教会法に反しているからである。マクデブルク大司教座設置計画に対するハルバーシュタット司教側の抵抗を想起されたい（本書16、78頁）。しかも、ポーゼン司教は今後、司教管区を大きく縮小されるのみならず、自らの頭越しに登場した殉教者の義弟に属司教として服さねばならないのである(5)。

聖墓参りが終了した後、大公主宰の祝宴が三日間にわたり催された。宴の席が政治的コミュニケーションの絆を固める重要な機能を担っていることは、今も昔も基本的に変わりはない。贅を尽くした饗宴と贈り物、それはポーランド大公にとって、皇帝に対し自らの権勢と富を誇示する格好の機会であった。一世紀後にポーランド宮廷に滞在した「不詳のガリア人」によって著された『ポーランド人の大公・君主の年代記と事績録』（一一一四／一五年頃成立）は、飽くことなく皇帝への贈り物を列挙している――多色のマント、豪華な衣装、宝石……。皇帝の随行者たちに対しても、宴席の度に毎回新たな金銀製の食器が提供され、最後にすべて皇帝に贈呈された（一巻六章）。「数多くの贈り物」については、ティートマルも言及していた。

これに対し、『クヴェトリーンブルク編年誌』（一〇〇〇年の項）は、大公から提供されたいかなる贈り物も皇帝は受け取らなかったと記している。「彼は、奪いそして得るためにかの地に来たのではなく、与えそして祈るために来たのだから」。些細なことのようだが、贈与にまつわる序列関係は、儀礼上のエチケットの問題を超えて、この時代の統治者にとっての最大の価値、すなわち「名誉」をめぐる問題へと直結する。「不詳のガリア人」が上記の饗宴について、「国王の如く、皇帝の如く」豪華に祝したと饒舌に賞讃しているのには、やはりそれなりの理由があるのである。いずれにせよ、皇帝は、心中で最も所望するものを大公から得ることはついになかった。それが何であるかを大公は充分に承知していた。列聖され、今や聖遺物となった殉教者の亡骸である。皇帝が得たのは腕の骨のみであった（後述）。

ボレスラフの国王推戴？

オットー三世の後継国王となったハインリヒ二世は、前任者の東方政策路線を根本から覆す方向に舵を切った。一〇〇三年三月、これまで敵対していた異教徒のリュティチ同盟と手を組み、翌年にはボレスラフ・クロープリーを敵に回しての戦闘を開始したのである。戦役は一進一退のまま一〇一八年まで一五年もの長きにわたり続いたが、結果的にポーランド大公の支配を突き崩すことはできなかった（本書332頁）。その渦中の一〇一二〜一八年に『年代記』の筆を執ったメールゼブルク司教は、ボレスラフに敵対的な立場から、グネーゼンの決定を次のように回顧・批判している（五巻一〇章）。

勇敢なホドー（ザクセン・オストマルク辺境伯、在位九六五〜九九三）の時代には、この者（＝ボレスラフ）の父ミェシコは、在宅と知ってその館を訪れた時、毛皮を着たまま中に入ることは決してなかったし、ホドーが席を立つ時に坐したままでいるということもなかった。神よ、皇帝〔＝オットー三世〕を赦し給え！　彼が、貢納義務を負う者を君主へと高めたことを。そして、父の教訓を忘れ、高き地位の者が徐々に従属者へと陥ることを飽くことなく切望したことを。彼らを僅かな額の安っぽい餌で誘き寄せ捕まえることで、隷属民と自由人に損害をもたらしてしまったことを。

父ミェシコは、九六三年にオットー一世に服従した際、ヴァルタ川以西の所領について貢納の支払いを課せられていた（二巻一四、二九章）。「貢納義務を負う者を君主へと高めたこと」とは、ボレスラフが自立的地位を獲得したことを意味する。ティートマルは、それ以上は述べていないが、「不詳のガリア人」は、ボレスラフの国王戴冠にまで言及している。

彼〔＝オットー三世〕は、皇帝の冠を頭から取り、友好の絆としてボレスラフの頭に載せた。さらに、勝利の軍旗の代わりに、主の十字架の釘を聖マウリティウスの槍とともに贈った。これに対し、ボレスラフの側では、聖アーダルベルトの腕〔の骨〕を贈った。そして両者はこの日、大いに尊敬し合うことで互いに一致したので、皇帝は彼を、帝国の兄弟にして共働者 *frater et cooperator imperii* に定め、ローマ人民の友人にして同盟者 ***populi Romani** amicus et socius* と呼んだのである（一巻六章）。

著者は、続けて、ボレスラフがポーランド教会に対する全権限を授与されたことを記し、「彼は皇帝によってかくも輝かしく国王へと高められたので」、その返礼として上述の三日間の祝宴が催された、との叙述に至るのである。

皇帝の冠を与えられたボレスラフは、この時大公から一挙に「国王」の地位へと推戴されたのか。

この冠の存在は確認されていないが、「主の十字架の釘」を含む「聖マウリティウスの槍」、すなわち「聖槍」については、実際にその複製がクラカウに伝わっている。今日ウィーン王宮宝物館に所蔵されているオリジナルの聖槍は、鉾先の中央部に縦に孔が穿たれ、そこにイエスの磔刑の際に手足を十字架に打ち付けたとされる釘が埋め込まれている。それ故、聖槍は、帝冠他と並ぶ支配権標であると同時に、極めて貴重な聖遺物でもある(6)。

これに初めて言及したのは、本書でも度々登場するリーウトプランドである（『報復の書』四巻二五章）。同書によれば、聖槍は九二六年ないし三五年、かつてイタリア王国をも治めたブルグント国王ルードルフ二世（本書105頁）から、オットーの曾祖父ハインリヒ一世に提供されたもので、ルードルフはその見返りとしてシュヴァーベンの一部を獲得した。クレモナ司教は、聖槍をイェルサレムで聖十字架を発見したヘレナの息子コンスタンティヌス大帝の槍と見なし、これをイタリア王国に対する支配権の象徴として理解していた。しかし、オットー一世期以降は、三世紀末頃に今日のスイスのサンモリッツで殉教死したとされるテーベ軍団の指揮官、聖マウリティウスの槍であると考えられていた。オットーは、異教徒に対する戦勝を約束する聖人を篤く崇敬し、九五五年のレヒフェルトでは聖槍を自ら手に取って戦い（ヴィドゥキント『ザクセン人の事績』三巻四六章）、彼が創建したマクデブルク大司教教会は、聖マウリティウスを守護聖人として祀

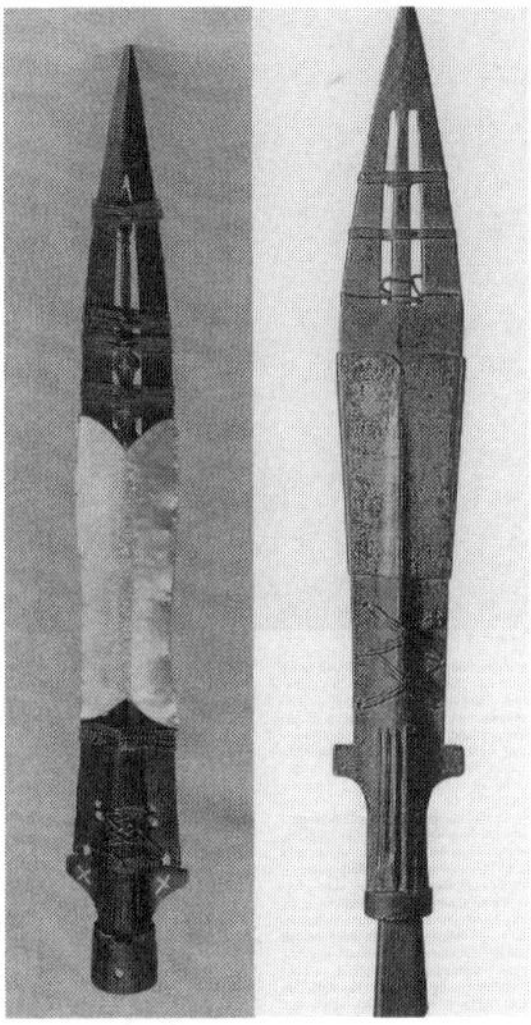

図66　二つの聖槍（左）ウィーン王宮宝物館蔵，（右）クラコフ大聖堂蔵

った。聖槍が、イエスの脇腹を突いたとされるローマ人兵士ロンギヌスの槍と考えられるようになったのは、後世のことである。

ボレスラフの国王推戴に関する乏しくかつ傾向的な史料証言に関しては、「不詳のガリア人」の〝素顔〟と相俟って、研究者の解釈が長らく激しく対立してきたし、今日でも議論は続いている。その振幅は、「塗油儀礼を欠く世俗的儀式による国王戴冠」（フリート）から、「ローマ人のパトリキウス位の授与」、「友好同盟の締結」（アルトホフ）を経て、史料証言のほぼ全面否定にまで及ぶ。事実として確定可能なのは、ボレスラフは〝グネーゼン〟以降も引き続き「大公」のタイトルを帯び続け、最晩年の一〇二五年に初めて王位を僭称した、ということのみである。

この他、グネーゼンでは、皇帝一族とピアスト家との間に婚姻同盟が締結された節もある。この推定は確度が高い(7)。ボレスラフのまだ幼い息子ミェシコ二世（九九〇～一〇三四）と皇帝の姪リヘツァ（九九五頃～一〇六三）、すなわち姉マティルデとロートリンゲン宮中伯エツォーとの間に生まれた娘の婚約である。正式の結婚式が挙行されたのは、一〇一三年頃である。ボレスラフの末子も、洗礼に際し皇帝の名前を与えられた。キリスト教世界の君主を互いに密接に結び付ける「諸王の家族」の絆は、ここでも有効に機能している。

東部ラテン＝キリスト教世界に向かって

「国王推戴問題」への回答は留保しなければならないが、グネーゼン巡礼がもたらした成果全体については、確定的な評価を下すことが許されよう。

オットーの教会政策は、マクデブルク大司教座の利益、すなわち〝ドイツ王国〟の国益を犠牲にしてスラヴ人（＝ポーランド）の国家的・教会的自立を容認した非現実主義的政策である――。こうした非難は、特に戦間期からナチズム期にかけての「東方研究」において繰り返されてきたし、ギーゼブレヒトの「驚嘆すべき幻想的な性向」という批判（本書159頁）も、その先駆けとなるものである。しかしながら、研究者が生きる同時代のドイツ対ポーランドという「国民国家」間の敵対関係を、中世にストレートに投影したナショナルな歴史認識は、今日では根底から書き換えられつつある(8)。

まずボレスラフは、ポーランド教会に対する全権限を授与されることで、通常の大公を超えた国王類似の高い地位を認められた。それは、父ミェシコに始まるこの国の成立過程を完成させ、国家教会の礎石を据えたことを意味した。一方、「ローマ人の皇帝」は、「ローマ帝国」の枠組みを超える東方のスラヴ人の統治者を皇帝のパートナー――「帝国の兄弟にして共働者」、「ローマ人民の友人にして同盟者」――に任じ、自らの政治的・宗教的宗主権に服せしめることで、西欧カトリック世界の普遍的・帝国的秩序をより拡大することを平和裏に実現した。ビザンツ帝国の影響下に組み込まれ、ギリシア正教を受容したロシア他とは異なり、東欧世界のポーランドが今日に至るまでカトリック圏に留まった、その歴史的基礎はこうして築かれた。〝グネーゼン〟は、「ローマ帝国」を基盤とする東部ラテン＝キリスト教世界の再編・統合プロセスの中にポーランドを取り込むことに成功した、極めて斬新にして現実的な「改新政策」だったのである。

オットーにとって、〝グネーゼン〟は、アーダルベルトが夢見た異教徒伝道を展開するための一つの解決策でもあった。マクデブルク大司教とマイセン辺境伯を主軸に、武力討伐によってエルベ―オーデル間のスラヴ系諸民族を強制改宗させる策は、これまで繰り返し見てきたように、問題の根本的解決に役立つものではなかった。長年来の膠着状態を打破するためには、母テオファーヌがその方向性を既に示して

図67　司教ティートマル　メールゼブルク大聖堂内陣，1500年頃

いたように、オーデル川の向こうのポーランドを伝道政策の中に引き込むことが不可欠であった。しかし、それはポーゼン司教一人の手には余る仕事であった。今や大ポーランド（ポーゼン）に加え、ポンメルン（コールベルク）、小ポーランド（クラカウ）、そしてシュレージエン（ブレスラウ）へと大きく国土を拡張したこの新興国家は、大司教を戴く独自の教会組織を必要としていたのである。新たな組織の確立は、ヴァイクセル川のさらに向こうの、アーダルベルトが命を賭して試みたプルス人改宗のためにも大いに資することになるはずである。

マクデブルク大司教座筋からは、〝グネーゼン〟に対する批判はまったく確認されない。異教徒伝道を本来指揮すべき大司教ギーゼラーは、この時「メールゼブルク問題」のため被告席に立たされており、東方伝道を自らの責務として主張できる状態にはなかった。二〇世紀前半の「東方研究」は、ネガティヴなポーランド像を描き出したが、その相当部分は、「国家の敵」たるボレスラフ、というメールゼブルク司教ティートマルの傾向的叙述の影響下に置かれている(9)。しかし、それは、ハインリヒ二世とボレスラフの戦闘という〝グネーゼン〟以後に起きた展開を踏まえたうえでの遡及的思考の所産に他ならない（四・五巻の執筆は一〇一三年後半）。マクデブルク大司教教会がグネーゼンの決定に初めて抗議したのも、ポーランド戦役が勃発した直後の一〇〇三年末のことである。それは、ポーゼンが同大司教座の属司教区であることを明記した同大司教教会宛の教皇ヨハネス（一五世）名の偽証書を捏造するという形でなされた。しかし、これは草稿段階に留まり、ついに公にされることはなかった（PUU †412）。

祖父が、マクデブルク大司教座の創設により東に向け拡張した帝国とキリスト教の勢力は、父の時代にエルベ川の線まで大きく後退を余儀なくされた。オットーは、急速に変化しつつある時代の要請に対し、「ローマ帝国の改新」という斬新な構想をもって鋭く応え、東方伝道の門戸を大きく開くことに成功したのである。彼は、祖父が掲げた理想をユートピア的幻想に惑わされて破壊した非現実主義者ではない。それを平和的に実現させた完成者と位置付けられるべきである。

2　アーヘン、そしてカール大帝

聖霊降臨祭のアーヘン

枝の主日の翌三月二五日、ボレスラフとともに赴いたマクデブルクで、皇帝はギーゼラーと三年来の懸案である「メールゼブルク問題」について直接協議した。彼は、同地の大司教の地位にほぼ二〇年近く坐している。「彼は、使者に多額の金銭を持ちかけることによって、辛うじてクヴェトリーンブルクまで問題を先送りすることに成功した」（ティートマル『年代記』四巻四六章）。

クヴェトリーンブルクで迎えた聖週間の間、オットーは姉アーデルハイトとともに、前年来律院に眠る伯母マティルデの棺を前に敬虔な祈りを捧げた。復活祭の翌四月一日には教会会議が開催されたが、マクデブルク大司教は、またしても病気を口実に欠席し、代理の使者を通じてアーヘンでの会議への引き延ばしを図った。

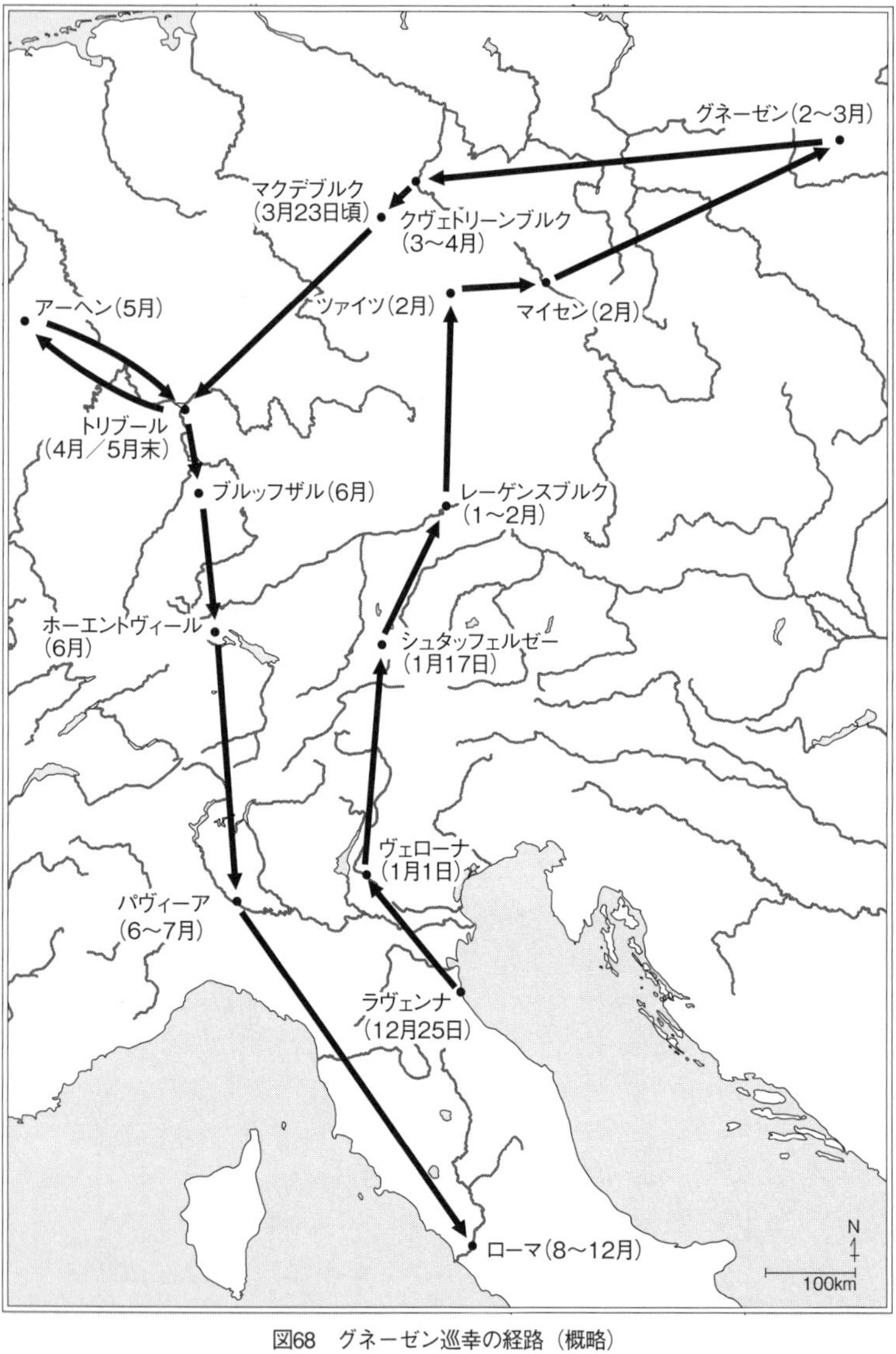

図68　グネーゼン巡幸の経路（概略）

ローマとグネーゼンを結ぶラインは、最後にアーヘンにおいて三角形として形を結んだ。『クヴェトリーンブルク編年誌』は、その後オットーがマインツ、ケルンを経てアーヘンに赴いたことを記述し、併せて次のように注記した。「彼は、それを、ローマの次に、そして他のすべての都市に優先して厚遇することに努めた」（一〇〇〇年の項）。実際のところアーヘンは、オットー三世の巡幸路の頻度と期間において突出した位置を占める。九九四年末／九五年初頭の親政開始以来、皇帝は早くも五回滞在しており、この回数はインゲルハイムと並び最も多い（マクデブルクは四回）。しかも、滞在期間は異例に長い。二度のイタリア遠征の狭間の大半は同地で過ごしていた（九九六年末〜九七年四月中旬、同九月〜一一月末）。

一〇〇〇年春のアーヘン滞在も、四月末から五月末までの一か月間に及んだ。五月一九日の聖霊降臨祭には、姉アーデルハイトの他、バイエルン大公ハインリヒ、ザクセン大公ベルンハルト、ケルン大司教ヘリベルトとヴュルツブルク司教ハインリヒ兄弟らが参集した。二年一か月間もの長きにわたる皇帝不在にもかかわらず、アルプス以北の政治的情勢は安定していた。ただ、マインツ大司教ヴィリギスの姿は見えない。彼はこの間の四月一〇日頃にハイリゲンシュタットで、空位が続いていたヴォルムス司教に、フランコの弟で自らの弟子でもあるブルヒャルトを叙階している。皇帝が式に臨席した可能性もあるが、不確かである。学識豊かな新ヴォルムス司教（在位一〇〇〇〜一〇二五）は、後に西欧世界で広く流布した教会法の体系的集成、『ブルヒャルト教令集』（一〇〇八〜一二年頃成立）の編纂者として歴史にその名を残すことになる。

なお、聖霊降臨祭には、ギーゼラーもついにその姿を現している。彼は、教皇特使が主宰する教会会議に臨むと、裁定はローマの教会会議の場で下されるべきであると主張し、これを認められた。ところが、奇妙なことに、その後ローマ他で開催された教会会議で、「メールゼブルク問題」は二度と取り上げられることはなかった。

九九七年二月のパヴィーア教会会議に始まる紛争に終止符を打ったのは、被告、すなわち当事者たるギーゼラー本人の死であった（一〇〇四年一月二五日）。この時が到来するのを雌伏していた国王ハインリヒ二世は、かつてレーゲンスブルク司教位を逸した側近の同司教座聖堂参事会員ターギノ（本書84頁）を、マクデブルク側の意向を無視して直ちに後継者に据え、併せてメールゼブルク司教座の再興を貫徹したのである（二月六日）。オットーは結局、この結末を知ることはなかった。彼は既にその二年前、ここアーヘンの聖マリア教会に最後の安らぎの場を見い出していたからである。

カール大帝の墓所探索

オットーはこの頃、「南」のローマと並ぶ「北」のアーヘンに、政治のみならず、宗教的意味においても〝首都〟としての重要な機能を与えることを構想していたようである。聖霊降臨祭の頃に起きた前代未聞の事件が、そのことを示唆している。

『ノヴァレーザ年代記』（一〇二七～五〇年頃成立）を著したピエモンテ地方の不詳の修道士は、グネーゼン巡幸に随行したパヴィーア宮中伯オットーネ（一〇二五年以降歿）の目撃証言を伝えている。それによれば、皇帝は、聖マリア教会内にカール大帝の墓所を探索させた。八一四年に亡くなった皇帝の墓所の位置について、アインハルトは、『大帝伝』の三一章の葬儀の叙述中で明記していない。カロリング朝時代の他の史料も同じである。加えて、八八一／八二年の冬にアーヘンがノルマン人の襲撃に見舞われた際、略奪を免れるべく墓所の在処が隠蔽されたようである。異教徒は、この時教会を何と厩《うまや》として使用したのであった。ティートマルやアデマールは、捜索が難航したことを伝えている（後述）。ようやく在処が判明すると、皇帝は二人の司教とパヴィーア宮中伯の四人のみで、墓を開き中へと入った(10)。

我々は、そこでカールの居場所へと降り下っていった。しかしながら、彼は、通常の死者の亡骸のように横たわってはおらず、高い玉座の上にあたかも生きているかの如く真っ直ぐに坐していた。黄金の冠を被り、笏を両手にもっていたが、指の爪は手袋を貫いて伸び、外に出ていた。上半身には、石灰と大理石で造られた覆いが被せられていた。我々はそれを壊して彼に近づいた。降り下ると、強い芳香が立ちこめた。我々は敬意を表し跪いた。それから程なくして皇帝オットーは、白い衣装を纏わせ、指の爪を切り、欠損しているものすべてを補うよう命じた。実際には、四肢のいかなる部分も、腐敗によって朽ちてはいなかったのであるが。ただ、鼻のみが少し欠けており、皇帝はそこを黄金で補修させた。彼は口から歯を一本抜き取ると、墓室を去り、それは再び塞がれた。

図69　騎馬像　メッツ　870年頃，ルーブル美術館蔵。カール大帝像というのが通説であったが，近年ではシャルル2世の可能性が有力視されている

将軍ユリウス・カエサル（前一〇二？～前四四）、あるいは甥の初代皇帝アウグストゥス（在位前二七～後一四）が、アレクサンドリアのプトレマイオス王家の霊廟《セーマ》に埋葬されていたアレクサンドロス大王の墓を表敬訪問した出来事は、それぞれルーカーヌス（三九～六五）、スエトニウス（七〇頃～一三〇頃）が伝えている。特にアウグストゥス

が遺体を棺から出させ、プトレマイオスたちのも見たいかと尋ねられて、「私が見たかったのは、王であって死んだ者ではない」と返答したという逸話は有名である(11)。ただ、これは異教時代の出来事である。ティートマルも、オットーによる古代ローマ＝ビザンツ帝国の伝統の復活・採用の試みに対して懐疑的姿勢をほのめかす文脈の中で、アーヘンの事件を伝えている（『年代記』四巻四七章）。

皇帝は、ほとんど没落したローマ人の風習を自らの時代に改新する *renovare* ことを望み、多くのことを試みたが、それについての人々の考え方は様々であった。彼は、半円形状の、高い位置に置かれたテーブルに向かい、一人で食事を摂るのを常とした。皇帝カールの亡骸の埋葬場所は不明であったので、彼はそれと覚しき場所で、密かに石張りの床を崩し掘削させた。そして、それが国王の玉座にあることを発見した。首に掛けられた金製の十字架と、まだ朽ちていない衣装の一部を取ると、それ以外のものは深い畏敬の念をもって再び元に戻した。

忌まわしき墓荒らしになりかねない皇帝の行為は、人々の驚嘆と恐怖の念を誘ったであろう。実は、あろうことか当のティートマル本人が、墓荒らしをした過去があることを赤裸々に告白している。祖父が建立したヴァルベックの律院の院長職を聖職売買《シモニア》（！）で一〇〇二年に取得した彼は、兄弟の妻が亡くなった際、彼女の亡骸を聖堂内に埋葬する場所を確保するために、意に反しつつも、元院長ヴィリギスの墓を開き遺骸を掘り出したのである。「異教徒においてさえ破廉恥な行為」と自らが認める罪業のため、彼は病を得、罪を贖うためにケルンへの巡礼の旅に出た。しかし、メールゼブルク司教は同地で、深夜に枕元で響き渡る元院長の亡霊の声に目を覚まされた――「ここにいるのは、わしだ、ヴィリギスだ。汝の罪の故に、わしはこうして彷徨わねばならぬのだ！」（『年代記』六巻四五章）(12)。

オットーについても、その二年後に彼が辿った運命を、教会法に背いて死者の静寂を害したことに対する天罰の結果、と事後的に解釈する史料もある（『ヒルデスハイム編年誌』一〇〇〇年の項）(13)。

彼は、偉大なる皇帝カールの骨を祈禱のために掘り起こすよう命じたが、これは神の教会の規定に反することであった。それから彼は、隠された棺の中に驚くべき多くの物を発見した。しかし、そのために彼は、後に明らかになったように、永遠の報復者の罰を受けることになった。前述の皇帝（＝カール）は、甚だしき冒瀆行為の後に彼の前に現れ、そのように予告したのである。

図70　アデマール『年代記』の手書本（11世紀前半）に描かれた聖マリア教会とカールの墓所
ヴァティカン図書館蔵（Cod. Vat. Reg. lat.263）

ただし、編年誌は、探索の目的について「祈禱のために」と明記している。『ノヴァレーザ年代記』の目撃証言談にも、非難がましいトーンは感じられない。

シャバンヌのアデマール（九八九～一〇三四）の報告も、動機として幻視によるお告げを挙げる他、探索に先立つ三日間の断食に言及することで、それが宗教的行為であったことを示唆している（『年代記』第三系統本C稿、三巻三一章、一〇二八／二九年頃成立）。

その頃、皇帝オットーは夢の中で、アーヘンに埋葬されたカール大帝の亡骸を取り出すよう警告された。しかし、長い時の経過によって、正確な埋葬場所は忘れ去られていた。三日間の断食の後、亡骸は、皇帝が夢で見た覚えのあるまさにその場所で発見された。マリア教会内部の墓所で発見された彼は、黄金の玉座に坐しており、宝石で飾られた冠を被っていた。手には純金の笏と剣をもち、肉体そのものは朽ちていない状態であった……。

カールの列聖？

最近年の研究は、亡骸が玉座に坐していたという西欧では極めて特異な「座葬」については、これを疑問視し、通例のように石棺に横たえられていたと推定している（本書368頁）(14)。他方、一連の状況証拠、特に秘密裏の探索や、亡骸が腐敗していないという証言に着目し、まったく新たな解釈も提示されている。墓所捜索は、実はカールを将来聖人として列聖するための準備手続きの一環であった、というものである（ゲーリヒ）(15)。歴代オットー朝皇帝の中でカールを模範的君主と見なし、熱烈な崇敬を捧げたのは三世が最初である。九九七年の聖マリア教会宛の証書中で、寄進目的として「かの尊敬すべき記憶に留まるカール大帝」の魂の救済のためと明言したこと、僅か三か月前の二月六日に同教会の聖職者宛の証書で、「カール大帝の玉座」に言及していたことを想起されたい（本書139、202頁）。いずれも、史料では初のケースである。そこには、カロリング的伝統への接合を通じて、自らの支配の正当性を強化せんとする皇帝の意向が反映されている。

彼がアーヘンに、アーダルベルトを守護聖人とする教会の建立を、早くも死の同年に決定したことは既に述べた（本書139頁）。アデマールは、オットーがその後カールの「黄金の玉座」をアーヘンにまで到来したボレスラフに贈呈し、代わりにアーダルベルトの腕の骨を聖遺物として得た、と伝えている。やや創作臭がするものの、それが事実だとするならば、両者間の同盟関係は、相互の聖遺物贈与を通じてキリスト教的にも強固に裏打ちされたことになる。ボレスラフの息子ミェシコ二世と皇帝の姪リヘツァの間に一〇一六年に生まれた男子は、後年カジミール（＝カール）と命名されたし、クラカウ司教教会の建築は聖マリア教会に模して構想されたという傍証もある。なお、アーダルベルトの聖遺物はその後分骨され、アーヘンのみならず殉教者ゆかりの各地の教会・修道院（ローマ、ラヴェンナ、リュッティヒ、ライヒェナウ）の祭壇に捧げられた。

図71　ヴィルヘルム・フォン・カウルバッハの原画に基づく作者不詳の復元画「カール大帝の墓所のオットー3世」
1863年。アーヘン，ブルク・フランケンベルク博物館蔵

図72　アルフレート・レーテル画「カール大帝の墓所のオットー3世」　1847年（復元画）。アーヘン市庁舎，戴冠式の間

オットーは、「イエス・キリストの僕」たる皇帝＝使徒として、このアーヘンの地でスラヴ人の伝道者とザクセン人の改宗者を結び付け、二人を彼の統治を祝福・庇護する「帝国の守護聖人」の地位へと高めようとしたのではあるまいか。前年のヘリベルトの新ケルン大司教就位に関連して憶測されているアーヘン司教座設置計画（本書184頁）も、これら事後の展開と組み合わせて考えるならば、その蓋然性は一層高まってくる。

もちろん、カールは、ザクセン戦役による征服・改宗と教会組織の確立を通じて「ザクセン人の使徒」（『クヴェトリーンブルク編年誌』八一四年の項）と呼ばれるには値するが、殉教者でもなければ禁欲的苦行者でもない。また、アーヘンにおけるカール崇敬の伝統や、墓所で起きた奇蹟などの逸話も、この時代にはまだ確認されない。オットーが試験的に着手したのは、あくまでも列聖準備のための第一歩であった。それは結果的に、彼の夭折とともに葬り去られる運命にある。カールの列聖が皇帝フリードリヒ一世・バルバロッサによって実現されたのは、一世紀半後の一一六五年、司教座が設置されたのは、アーヘンがフランスの統治下に置かれていた、実に八世紀後の一八〇二年のことである（本書368、372頁）。

3　イタリアへの帰還とガンダースハイム紛争の再燃

イタリアへの帰還

五月末、オットーは、同名の又従兄弟のニーダーロートリンゲン大公に随行され、アーヘンを出立した。間もなく夏の季節が訪れるのにもかかわらずイタリアに向かったのは、半年もの間不在にしたかの地の情勢が懸念されたからである。バイエルン大公とケルン大司教らは、留守居役としてアルプス以北に留まった。

六月初頭、オットーは、祖母アーデルハイトの甥、ブルグント国王ルードルフ三世（在位九九三〜一〇三二）をブルッフザルの王宮に招き会見した。南北間の交通の要衝であるアルプスを懐に抱くブルグントを確保することは、皇帝のイタリア統治にとって不可欠の前提であり、それは祖父以来の伝統的政策であった。この会見の後、オットーは半年前に死去した祖母が眠るゼルツ修道院に墓参したであろう。

同月後半、一行は、クーアからアルプスを越えてコモに到着。教皇シルヴェステルが使者として派遣したトゥスクルム家の伯グレゴリオ（本書193頁）、イタリア王国の聖俗諸侯の使者、そしてヴェネツィアから来訪したヨハネス・ディアコヌスらによって歓待された。ヨハネスが派遣されたのは、ピエトロ二世・オルセオロが、春から夏にかけてダルマティア方面の海岸都市に自ら艦隊を率いての遠征を展開中で、その経過を報告するためであった。やや気懸かりなのは、グレゴリオがもたらしたローマの治安悪化を伝える教皇書簡である。六月一日付けの書状は、サンタンジェロ城内の教会が深夜に侵入した賊の手によって荒らされ、聖具が奪われたことを伝えていた。

二〇日頃に足を踏み入れたパヴィーアでは、ヴェルチェッリ司教レオおよびイヴレーア、ノヴァラの各司教たちと、今だに脅威であり続けるアルドウイーノへの対応について協議した。教会保護を目的としてこれまで発給された各種の皇帝証書を更新するとともに、新たに諸特権も付与した。この頃アルドウイーノの息子アルディキーノは裁きのために召還され、実際に姿を見せている。しかし、自らに不利な成り行きを看取したのであろう、夜陰に乗じて逃亡を図った。当事者不在の裁判が下したのは、所領剝奪の判決であった。もっとも、北イタリアの一部にはアルドウイーノに与する司教もいた。同年秋に教皇は、ピエモンテ地方のアスティ司教に対しローマへの召還命令を繰り返し発しているが、これはアルドウイーノ支持の姿勢を崩さない同司教を譴責するためであった。

そのシルヴェステルからの六月一二日付けの第二信は、この間に教皇の訪問先で起きた騒擾に関する報告である。場所はローマの北七〇キロに位置するオルテ、内容はより深刻である。一部住民が教皇に対する貢納の支払いを拒絶したばかりか、当地の伯も彼らに与した。教皇参列のミサの場に武装者が多数乱入して大混乱となり、シルヴェステルは同市を逃げるようにして立ち去った、というのである。オルテを含むサビーナ地方は、二年前までクレシェンツィ家の伯ベネデットの勢力下に置かれていた。その後南イタリアからは、アデマーロが六月中旬頃にカープアから追放されたとの報も入った（本書189頁）。

聖母マリア被昇天祭

ローマに無事到着し、帰還を待ち侘びていた教皇や枢機卿によって歓迎されたのは、八月一五日の聖母マリア被昇天祭の直前である。「紀元千年」の到来とともに始まった四五〇〇キロを超える八か月間の大巡礼行は、不在にしたイタリアでの不穏な動きを別にすれば大過なく終了した。

一四日から一五日にかけての夜、市民は松明を手に、キリストのイコンを担ぐ荘厳な祈禱行列を挙行した。イコンは、ラテラーノのサン・ジョヴァンニ大聖堂に付設され、「全世界にここよりも聖なる場所はない」という銘文で知られた教皇礼拝堂（*Sancta Sanctorum*）の「アケロピータ」である。人々は宗教的熱狂と歓呼の叫びに包まれながら、ラテラーノを出発して、聖母子イコンの伝わる市内の各教会を順々に訪れるのである。最後は、「ローマ市民の救い」の名で知られるサンタ・マリア・マッジョーレ教会の聖母子のイコンが、アケロピータを迎え入れて締め括られる。七世紀に始まり、教皇レオ四世（在位八四七〜五五）によって確立された盛大なプロセッションには、皇帝自らも参加した。

図73　アケロピータ　サン・ジョヴァンニ大聖堂

この時作られた不詳のローマ人による讃歌は、やや陰鬱なトーンで最後の審判を示唆しつつ――「全世界が服する主の肖像が御座します、／裁きの徴（*signum iudicii*）として主の肖像が御座します」――、両使徒ペテロとパウロの殉教によって聖化されたローマの名声を賞讃した。末尾では、二年前にレオが詠った頌歌（本書158頁）と同じ観点から、オットーとその「ローマ帝国の改新」を讃美する。「誰しもが歓喜する、第三のオットーが統べることを、／その支配を誰しもが歓喜する」(16)。

この夜遅く、ローマは突然の激しい雷雨に襲われ、ティベル川は氾濫した。ブルーノは、後年この凶事を「将来の不幸についての悲しむべき兆し」と事後予言している（『五修道士殉教伝』一二章）。ともあれ、一〇〇〇年夏の時点において、ローマはすくなくとも表面的にはなお平静さを保っていた。この後オットーは、翌年の二月末まで「永遠の都」を離れることはなかった。半年を超える長期滞在は、これまでに前例がない。

紛争の再燃

皇帝不在のザクセンで「ガンダースハイム紛争」が再燃したのは、一月後の九月一四日のことである。紛争の争点は、同律院がヒルデスハイム、マインツのいずれの司教区に帰属するかという問題である。九八九年に起きた最初の争いの発火点は、オットーの姉ソフィアの律修女としての聖別式であった（本書

80頁)。今回のそれは、九七一/七二年に火災で損壊した律院の教会堂の再建を祝する献堂式である。ただし、オットーの親政開始以降ヴィリギスは政権の中枢から次第に遠ざけられていたし、ソフィアも九九七年秋以来弟とは疎遠になり、皇帝に対する両者の影響力はこの間大きく後退していた。これとは対照的に、ヒルデスハイム司教ベルンヴァルトは、皇帝の幼少期の教師であり、彼の信頼は極めて篤い。

喧嘩公の姉である高齢の院長ゲルベルガは、律院がヒルデスハイム司教区に属するとの立場から、ベルンヴァルトによる聖別を望んでいた。しかし、次代の院長職を事実上約束されているソフィアは、マインツ大司教と再び手を組み、式典を機に律院運営の主導権を掌握しようと企図していた。

院長は、献堂式の日程を九月一四日の聖十字架賞讃の祝日に設定し、ベルンヴァルトを招待した。しかし、ヴィリギスはこれを一方的に二一日の福音書記者マタイの祝日へと変更し、属司教に参集するよう命令を与えた。ヒルデスハイム司教は、当初の予定日である一四日にガンダースハイムに赴いたが、彼を待ち受けていたのは、ソフィアに煽動された律修女たちによる式典ボイコットである。「それ故、彼は、自らに属するこの教会を他の者が許可なしに聖別することを禁止する旨を教会法に則って布告した。これに対し、ただでさえ既に憤慨していた律修女たちは、さらにひどく激昂した。奉献の段に及ぶと、彼女たちは、興奮し信じ難い怒りの言葉を吐きながら供物を投げつけ、司教に向かって罵詈雑言を浴びせかけたのである」。

一週間後、ヴィリギスがパーダーボルン、フェルデンの両司教とザクセン大公ベルンハルトおよび多数のお伴を引き連れ、献堂式を自らの手で挙行すべくガンダースハイムに現れた。ベルンヴァルトは、シュレスヴィヒ司教エッケハルトを代理の使者として派遣し、大司教の行動が教会法に反するとの異議を唱えさせた(同司教は、九八三年のスラヴ人の叛乱に端を発する異教徒の脅威のため、司教座を離れヒルデスハイム司教の庇護下にあった)。自らの主張の正しさを論証できないヴィリギスは、紛争解決のための教会会議を、聖アンドレアスの祝日の二日前、一一月二八日に問題のガンダースハイムの地で開催することを命じた。「メールゼブルク問題」やグネーゼン大司教区設置問題と同じ対立構図が、ここでも繰り返されている。司教権限をめぐる問題の解決には、紛争当事者の合意形成が不可欠な前提であったし、それ以外の解決法は、彼らの望むところではなかったのである。

ところが、ベルンヴァルトは、この政治的コミュニケーションの不文律とは異なる解決策に打って出た。大司教管区レヴェルの教会会議では、当然ながら大司教が議事を取り仕切ることになる。そのような会議で対立する当事者から譲歩を引き出す見込みは、ほぼ皆無であった。そこで彼は、ローマに赴き皇帝と教皇に自らの主張の正当性を直接訴え、教会法に則した裁定を仰ぐことを決断したのである。

ベルンヴァルトは、幼年期の教師で聖堂参事会長の職にあるタンクマルを引き連れ、一一月二日、ザクセンの地を出立した。紛争の経過とヒルデスハイム側の主張を後世に伝えるべく、後年『ヒルデスハイム司教ベルンヴァルト伝』(一〇〇七年～一二三／二四年成立)を執筆することになる人物である。難儀な冬の旅を克服しローマに無事到着したのは、年を越えて一〇〇一年一月四日のことであった(以上、一四～一九章)。

第八章　「紀元千年」と終末論

1　終末論における「ローマ帝国」

「紀元千年」の終わりに到達したところで、叙述を一端中断する。本章では、救済史上の「ローマ帝国」、キリスト教における「終末論」、そして「紀元千年の皇帝」、三者の関係について中間的考察を加えておく。

「四世界帝国論」

キリスト教的に理解されたローマ皇帝権の本質は、「世俗史」に属する権力の領域にはない。これは、一九世紀以降の「国民史」を標榜する歴史学者の多くが見誤った点である。「皇帝の冠は、支配者が統治する領域において、状況によっては彼の権威に一定の重要性を与え得た。……しかし、既に国王が有する諸々の権限に、それ（＝皇帝の地位）が新たに何かを付け加えるということはなかった」（テレンバッハ）(1)。これらの世俗的権力は本来、戴冠以前に充足されていなければならない前提条件であって、その帰結ではなかった。また、皇帝権は、王権とは異なる独自の権力装置を備えていたわけでもない。純粋に権力史的に見た場合、皇帝権とは王権のいわば拡大版、すなわち覇権《ヘゲモニアール》的な大王権に他ならない。

ローマ皇帝権の最も重要な本質は、宗教的な権威の次元に存する。皇帝たる者の使命は、「キリスト教帝国」として理解された西欧カトリック世界の、全教会の母にして頭たる「聖ローマ教会の守護者」として、平和《パクス》と正義《ユスティティア》を実現することにある。加えて、皇帝は、神の召命によって現世の最高位を委ねられた「神の代理人」として、「神の国」の完成に至る人類の「救済史」を正しき方向へと教導し、最後の審判において神の前で申し開きをする責務をその双肩に担わねばならないのである（本書195、202頁）。

ところで、オットー三世のローマ皇帝権は、カール大帝を越えて古代のコンスタンティヌス大帝のそれに接合するのみならず、さらに、筆頭使徒にして初代ローマ教皇たる聖ペテロ、否、イエス・キリストの誕生以前のユリウス・カエサル、アウグストゥスにまで遡る長大な歴史と伝統を有する。古代末期以降のキリスト教歴史神学においては、異教時代も含めた「世界の歴史」の中で、この「ローマ帝国」には第四にして最後の「世界帝国」という特別の地位が与えられてきた(2)。

その根拠となるのは、紀元前一六六年に成立した旧約聖書の『ダニエル書』の第二章「ネブカドネザルの夢」他と、後にそれを『ダニエル書釈義』（四〇七年頃成立）の中でキリスト教的に再解釈した四大ラテン教父の一人、ヒエロニュムス（三四七／四八〜四一九／二〇）の「四世界帝国論」である。

「ネブカドネザルの夢」によれば、ユダヤ人の「バビロン捕囚」で歴史にその名を残した新バビロニア（カルデア）の国王は、夢の中で四つの部分が各々異なる材料で作られた巨大な像を見た。預言者ダニエルは、夢の内容を次のように言い当てた。

その像は、頭が純金、胸と腕が銀、腹と股《もも》は青銅、脛《すね》が鉄、足は一部が鉄、一部はタイルでした。

あなた〔＝ネブカドネザル〕がじっと眺めておられると、しまいには一つの石が人手によらず切り出され、鉄とタイルでできたこの像の足を叩き、粉々に砕きました。やがて、鉄、タイル、青銅、金銀も一緒に砕け、夏の脱穀場の籾殻のようになり、風にさらわれて行き、その跡形もありませんでした。像を叩いた石は大山となって全地を覆いました。

これに続く七章の「四つの獣」の幻、八章の「四つの角」の幻と総合すると、預言者ダニエルが与えた解釈は、頭がネブカドネザルのバビロニア、第二・第三がメディアとペルシア、そして第四の脛と足は、マケドニアを樹立したアレクサンドロス大王の死後分裂したヘレニズム期のギリシア人の諸国ということになる。それが最終的に崩壊した後、石、すなわち「神の国」が到来し世界は終末に臨むことになるのである。

図74　ドメニコ・ギルランダイオ画,「書斎の聖ヒエロニュムス」 15世紀。フィレンツェ，オニサンティ教会蔵

ヒエロニュムスは、ユダヤ教の黙示文学的解釈を、その後の現実の歴史展開、特にローマ帝国とキリスト教の成立を踏まえ、バビロニア（アッシリア）→メディア＝ペルシア→マケドニア→ローマへと組み替えた(3)。この「四世界帝国論」は、最大のラテン教父アウグスティヌス（三五四～四三〇）の『神の国』（二〇巻二三章）に受容され、さらに中世の世界年代記に決定的影響を与えた弟子のオロシウス（三八〇／八五～四一八以降）の『異教徒反駁史』（四一七／一八年成立）へと引き継がれた。ただ、

政治的性格の濃厚なこの時代区分論は、六世紀半ばを最後に下火となり、オットー三世の時代の歴史神学においては、宗教的色彩の強い「創世紀元」に基づく「六世界年代論」が主流を占めていた。

「六世界年代論」

アダムに始まる人間の歴史が六〇〇〇年で終末を迎えるという普遍史的時間観念は、使徒教父文書の中の「バルナバの手紙」（七〇～一四〇年頃成立）の一節に由来する。典拠とされるのは、『創世記』の冒頭に見える、神が六日間で万物を創造したという「天地創造」の物語である。

子供たちよ。六日間に完成したということが何を意味しているかに注意なさい。これは、主は六千年の間に全てを完成されるであろう、ということである。というのは、彼においては一日は千年を意味しているからである。実際彼自身がわたしに、「見よ。主の一日は千年のようであろう」〔『詩篇』九〇・四〕と言って、〔そのことの〕証言をしておられる。それゆえ、子供たちよ。六日の間に、〔つまり〕六千年の間に、すべては完成されるであろう（一五・四）⑷。

アウグスティヌスは、『神の国』の最後において、「聖書の表現にしたがって、諸時代を日々として数え、それによって時代区分をあげるならば」と前置きしたうえで、「天地創造」の六日間を、「地上の国」における人間の歴史の六つの時代区分に対応させる象徴的解釈を展開している（二二巻三〇章）⑸。

第一の時代がいわば第一日で、アダムから洪水に至るまでである。第二の時代は、洪水からアブラハムまでである。これらはその時代の経過において等しくあるのではないが、諸世代の数にかんしていえば、それぞれ十世代が見られる。その時代から、福音書記者マタイが区切っているように〔『マタイ福音書』一・一七〕、キリスト降臨に至るまで三つの時代がある。それぞれが十四世代によって説明される。第一はアブラハムからダビデまで、第二はダビデからバビロン捕囚まで、第三はそこからキリストの肉における生誕までである。このようにわたしたちは五つの時代をもつこととなる。わたしたちはいま第六の時代にいるのであるが、しかし、世代の数によって計ることはできない。それというのも、「時期や場合は、父がご自分の権威によって定めておられるのであって、あなたがたの知るかぎりではない」〔『使徒行伝』一・七〕といわれているからである。このあと、いわば第七日に神は休まれるであろう。……この第七日は、わたしたちの安息であり、その終わりは夕べではなく、いわば主の永遠の第八日であるということである。

創世紀元とキリスト紀元

キリスト教年代学に最も大きな影響を与えた「教会史の父」エウセビオス（二六三頃〜三三九）と、そのギリシア語で著された『年代記』のラテン語訳（三八一年頃成立）を後世に伝えたヒエロニュムスは、イエス生誕年を創世紀元の五二〇〇年と計算した。第六の世界年代が終了する六〇〇〇年は、「キリスト紀元」（＝西暦）では八〇〇年となる。ローマ帝政末期の時代に生きた教父たちにとって、終末までの時間はあまり残されてはいなかったのである。アウグスティヌスも、彼が生きる現在＝「第六の時代」を、上述のように慎重に計算不可能と言いつつ、人間の歴史の最後の段階と位置付けていた。

一例を挙げるならば、ヒスパニア辺境領、アストゥリアス地方のリエバナの修道士ベアトゥス（七九八年以降歿）は、七七六年に完成させた『ヨハネ黙示録釈義』の初稿を七八六年に改訂した際、この年を創世紀元の五九八六年と計算し、「第六の時代」の終わりまで僅か一四年間しか残されていないことを確認している(6)。第六の世界年代に続く第七の世界年代＝「世界の安息日」は、西暦八〇一年、カトリック暦では八〇〇年末の降誕祭とともに始まる。この日は、カール大帝がサン・ピエトロ教会で教皇レオ三世によりローマ皇帝に戴冠された、あの歴史的事件の起きた日に他ならない。これは、はたして偶然の一致なのであろうか(7)。

　世界の終末が到来する前に、「六世界年代論」に即する創世紀元は修正されねばならない。それをタイムリーに実行したのは、アングロ＝サクソン人の神学者・歴史家ベーダ・ヴェネラビリス（六七三／七四～七三五頃）である。中世暦算学の創始者は、『時間計算論』（＝『大年代記』七二五年成立）において、天地創造の年を紀元前三九五二年、月日を三月一八日と算定し直した。例えば、イエスの生誕年は、「三九五二年、カエサル・アウグストゥスの統治第四二年……第一九三オリンピアドの第三年」と記された(8)。彼はまた、世界年代を六〇〇〇年とするヒエロニュムス流の解釈も斥けている。

図75　『バンベルクの黙示録』，女と竜　ライヒェナウ修道院，1000年頃。在バンベルク，バイエルン州立図書館蔵（Msc.Bibl.140）

　ベーダはその後、キリスト紀元を、歴史叙述としては初めて『アングル人の教会史』（七三一年頃成立）の中で使用した。六世紀にローマで活躍したスキタイ生まれの修道士ディオニュシウス・エクシギウス（五五六年以前歿）が、イエス復活の主日を算定する目的で考案した暦法である。そうすることで、終末到来の時期をめぐる問題を後景へと押しやる一方、キリスト紀元が、「年代記」、「編年誌」や証書の紀年方式として一〇世紀以降徐々に普及する基礎を据えることとなった。ただし、それが西欧全体で普及するには、なお五〇〇年もの時を要したのである。

ところで、「四世界帝国論」が提示する第四にして最後の「世界帝国」＝「ローマ帝国」という歴史的解釈はともかく、当時優勢であった「六世界年代論」のキリスト教的解釈に即する限り、オットー三世の時代は、世界の終末とは直接関わりをもたないことになる。しかしながら、彼の時代に独自の意味づけを与えうるもう一つの理論がある。『ヨハネの黙示録』が説く終末論である。

『ヨハネの黙示録』の終末論

ドミティアヌス帝（在位八一〜九六）のキリスト教徒弾圧下に小アジアで書かれた『ヨハネの黙示録』は、新約聖書の最後に採録されはしたものの、異教的要素を濃厚に帯びており、最も問題含みの黙示文学である。

ヨハネが見た幻視《ヴィジョン》によれば、小羊が七つの封印を次々に解き、その後天使が七つのラッパを次々に吹いていくと、その度に天変地異が起こり、禍に見舞われた世界は最後の時に向かって近づいていく（六〜一一章）。次いで、キリスト教会とその敵との間の熾烈な戦いが繰り広げられる。「女と子供」を襲う、七つの頭と一〇本の角をもつ赤い竜（一二章）。一〇本の角と七つの頭をもつ第一の獣と二本の角をもつ第二の獣（＝六六六の数字で象徴された皇帝ネロ）による四二か月間に及ぶ聖徒の虐殺、竜への礼拝の強制（一三・一四章）。バビロンの大淫婦と一〇本の角をもつ赤い獣（一七章）……。終末の緒戦において、白馬に乗った騎士と天の軍勢は、両方の獣を捕らえ、生きながらに硫黄の燃えている火の池に投げ込んだ。そして、問題の二〇章へと至る。

また私は、一人の天使が、底なしの深淵の鍵と大きな鎖とを手にして、天から降って来るのを見た。そして、竜、かの太古の蛇——これは、悪魔またサタンのことである——をつかまえ、一千年間縛った。そして、その竜を底なしの深淵に投げ込んで錠をおろし、その上に封印した。一千年の期間が終わるまで、竜がもはや諸民族を惑わすことのないためである。一千年の後に、竜は短期間解き放たれるはずである。……彼ら〔＝信仰を棄てずに殺害された聖徒〕は生き返って、キリストと共に一千年間統治した。それ以外の死人たちは、一千年の期間が終わるまで、生き返ることはなかった。これが第一の復活である。幸いなるかな、また聖なるかな、第一の復活に与る者、これらの者たちに対しては、第二の死はなんの支配力も持たず、彼らはキリストの祭司となって、一千年間彼と共に統治する。

「一千年の期間が終わった時、サタンはその牢獄から解き放たれる」。サタンは、諸民族、ゴグとマゴグを率いて、「地上の広い地」（＝パレスティナ）に攻めのぼって、「愛された都」（＝イェルサレム）を包囲した。「すると、天から火が降り注いで、彼らを焼き尽くした。そして、彼らを惑わす悪魔は火と硫黄の燃える池に投げ込まれた。同じ炉には、かの獣と偽預言者も〔投げ込まれていた〕。そして、かの者どもは昼も夜も、世々永遠に苦しめられる」。サタンの最終的敗北の後、第二の復活が起き、再臨した神による「最後の審判」

がおこなわれる。「神の国」は、こうしてついに実現するに至るのである。

それから、私は大きな白い玉座とその上に座っている者とを見た。池と天とはその方の御前から逃げ出し、跡形もなく消え去った。また私は、死人たちが、偉大な者も卑小な者も、玉座の前に立っているのを見た、もろもろの書物が開かれたが、もう一つの書物、つまり命の書も開かれた。そして、死人たちはそれらの書物に記録されていることに従い、各々の行いに応じてさばかれた。

「千年王国論」

「千年王国はいつ到来するのか」。キリスト教徒の敵たる「サタン」＝反キリスト(9)とは誰なのか——。隠喩、寓意、象徴、そして数字に満ち溢れたこの黙示文学の解釈は、当然ながら各々の立場によって大きく異なる。前者の「いつ」の問いについて、これまで提起された説は、大きく二種類に分類することができる。

①「千年王国」の到来に先立ちキリストが再臨（前千年王国論）。この解釈は、キリスト再臨が目前に迫っていることを強調し、その後に来るべき黄金時代、「ユートピア」としての「千年王国」の到来を予示することで、弾圧下にあって棄教の誘惑に駆られる現在のキリスト教徒の信仰心を鼓舞し、将来の救済に希望を抱かせることを目的とする。『ヨハネの黙示録』の不詳の著者の執筆意図はここにあり、禁教時代の初期教会もこの説を採った。

②「千年王国」の到来の後にキリストが再臨（後千年王国論）。「千年王国」は、神の子イエスの降臨と使徒たちの活躍とともに既に始まっている。人間の歴史は、「神の御国《みくに》」の実現に向かって確実にその歩

みを進めつつあるのである。特にアウグスティヌスによれば、教会によって統べられた現前の地上の国こそ、既に到来している「至福千年」の王国、すなわち「キリストの王国」、「天の王国」に他ならない（『神の国』二〇巻九章）[10]。終末論的熱狂を抑制し、現世の秩序の維持と存続を図る、ある意味では楽観的・現実的なこの「無千年王国論」は、四三一年にエフェソスの公会議で正統教義として承認された。アウグスティヌスはまた、「千年」の期間を文字通りにではなく、完全数として「完成」を含意する隠喩であると解し、その象徴的寓意《アレゴリー》を歴史の特定の経過と結び付けて解釈することを斥けた（同七章）。神の子が自ら警告したように、「かの日と〔かの〕時刻については、誰も知らない。天の御使いたちも、子も知らない。ただ、父のみが知っておられる」（『マタイ福音書』二四・三六）のだから。

①の「ユートピア的千年王国論」は、ヨーロッパが様々な社会的変動や危機に見舞われる中世盛期以降になると、現世の社会が直面する深刻な混迷状況を打開するための理論的武器として再び機能するようになる。中でもカラーブリア出身のシトー会修道士、フィオーレのヨアキム（一一三五頃～一二〇二）が唱えた三位一体論的歴史解釈は、実に近代にまで及ぶ圧倒的な影響を有したし[11]、現状に不満を抱く民衆異端運動の一部も、その裏返しとして、時に熱狂を超えた狂信的とさえ言える終末への待望を表明した。ウンベルト・エーコのベストセラー小説『薔薇の名前』を通じて我が国でも知られるようになった「使徒兄弟団」（ドルチーノ派）は、教皇ボニファティウス八世（在位一二九四～一三〇三）を

図76　『バンベルクの黙示録』，サタンの捕縛と解放

図77　『バンベルクの黙示録』，最後の審判

反キリストとして名指しし、既成の教会によって支配された現世の腐敗・堕落した社会と乱れた秩序を、武力を用いて打倒することに奔ったラディカルな事例の一つである。

　正統派の②の説を採りつつも、アウグスティヌスとは異なり「千年」を文字通りに理解し、かつキリスト紀元に即するならば、「千年王国」は紀元千年に終わりを迎え、竜、すなわち「悪魔またサタン」は牢獄から解き放たれることになるであろう。神による人類の救済計画が、最終的には「最後の審判」をもって成就することを願いつつも、それに先行する「紀元千年の恐怖」が問題となる所以である。

　九四〇年頃に生まれたフルーリー修道院長アボンは、ランスのシスマ問題の渦中にあって、国王父子に向け執筆した『弁明の書』（九九四／九五年頃成立）の中で、九七〇年頃の自身の体験を語っている。「まだ若かった頃、私はパリのある教会で説教を聞いた。それによれば、千年が終わった後直ちに、反キリストが現れ、その後間もなく最後の審判が下されるというのである」(12)。

　なお、黙示録の「サタン」ないし反キリストの出現は、アボンが伝えるように正確を期すならば、紀元一〇〇一年になるはずである。しかし、一般的には「紀元千年」の年次が中世のみならず今日の歴史家においても、それとして広く流布している。

「最後の皇帝」

以上概観してきた第四にして最後の世界帝国たる「ローマ帝国」論と、救済史的・終末論的歴史神学は、皇帝オットー三世にとっても決して無縁ではなかった。否、それどころか、彼の父祖オットー一世、二世は、当代を代表する終末論神学の権威と直接の接点を有してさえいた。二世が、九八〇年末にパヴィーアで会見したシャンパーニュ地方のモンチエ・アン・デル修道院の院長アドソ〔九一〇／一五～九二〕である〔余談だが、彼は上記『薔薇の名前』の主人公ウィリアム修道士の弟子であるベネディクト会修練士、メルクのアドソのモデルでもある〕。彼はその一二年後に、イェルサレム巡礼の途次で亡くなったが、まだ同院の修道士であった九四九～五四年頃、オットー一世の妹で、西フランク国王ルイ四世〔在位九三六～五四〕と再婚したゲルベルガ〔本書55頁〕の求めに応じて、『反キリスト論』を書簡の形式で執筆していた。ヒエロニュムスの『ダニエル書釈義』の「四世界帝国論」によりつつ、その中で彼が展開したのが有名な「最後の国王論」である。

出発点に位置するのは、パウロの名による「テサロニケ人への第二の手紙」に見えるイエス・キリストの再臨に関する一節である。「〔その時には〕主イエスが自分の支配下にある御使いたちと共に天から出現する。炎〔々と燃え上がる〕火の中に。〔そして主イエスは〕神を知らない者たち、そして私たちの主イエスの福音に聞き従わない者たちに懲罰を課す……」〔一・七～八〕。それでは、その終末の裁きの日はいつ来るのか。

さて兄弟たちよ、私たちは私たちの主イエス・キリストの来臨と、主のもとへの私たちの参集のことでお願いする。霊によってであれ、言葉によってであれ、あるいは私たちから〔送られて来た〕とされる手紙によってであれ、〔これらのものが〕あたかも「主の日は〔すでに〕来ている」という趣旨〔のことを言っていると〕の理由で、すぐに分別を失って〔頭が〕混乱したり、恐怖心を抱いたりすることのないように。またどのような仕方であれ誰もあなたがたを欺くことがあってはならない。というのも、〔主の日は〕最初に背教が生じ、無法の者、滅びの子が出現しない限り〔到来しないからだ〕(二・二〜三)。

一〇世紀半ばに生きるアドソによれば、「背教が生じ、無法の者、滅びの子」、つまり反キリストが出現する時期は、「ローマ帝国」の崩壊と結び付けられる。

我々は、かつてギリシア人の帝国、次いでペルシア人の帝国が、双方とも当時は偉大なる栄光に満ちて隆盛を見、強大な力をもって繁栄し、さらにその他の帝国が続いたものの、いずれもその後滅び、最後にローマ帝国が始まったことを知っている。それは、これまで最強の帝国であり、世界のすべての王国をその勢力下に置いた。すべての民族は、ローマ人に従属し、彼らに対し貢納者として仕えた。それ故、使徒パウロは述べたのだ。反キリストが到来するのは、離反 *discessio* する時に初めて、すなわちそれまでローマ帝国に従属していたすべての王国が、帝国から離反する時である、と。しかし、その時はまだ来てはいない。何故ならば、確かに今、我々はローマ帝国の大半が既に崩壊しているのを眼前にしているが、ローマ帝国の統治を委ねられるべきフランク人の国王たち *reges Francorum* がいる限り、ローマ帝国の威信が完全に失われることはないからである。学識者たちの言によれば、フランク人の国王たちの中から現れるある国王が、今一度ローマ帝国全体を手中にするという。彼はすべての国王たちの中で最強にして最後の国王 *maximus et omnium regum ultimus* であり、彼の王国を幸福に治めた後、最後はイェルサレムに赴き、オリーヴ山に自らの冠と笏を置く。ローマ人とキリスト教徒の帝国 *Romanorum christianorumque imperium* は、ここに終焉を迎え、完成することとなる[13]。

図78　『バンベルクの黙示録』，終末の緒戦

反キリストが出現するのは、その直後である。キリストの敵は、神によって遣わされた預言者エノクとエリヤを殺害し、三年と半年の間キリスト教徒を迫害する。しかし、最終的には再臨したキリストの吐息によってオリーヴ山で討ち滅ぼされ、世界は来るべき最後の審判へと向かっていくのである——。

「最後の国王」に関する部分は、アドソのオリジナルではない。それは、六八二～九二年頃にシリアで成立したビザンツ黙示文学の最高峰、『偽メトディウス』に由来する。シリア語の原著は、間もなくギリシア語に翻訳され、七一〇～二〇年頃にフランク王国の修道院でさらにラテン語へ重訳され、西欧版として広く流布した。『偽メトディウス』によれば、第七の世界年代＝「世界の安息日」が終了すると（＝創世紀元の七〇〇〇年）、キリスト教世界は「イスマエルの子ら」（＝サラセン人）によって征服される危機に瀕する。しかし、「ギリシア人、すなわちローマ人の国王」が現れ、イスラーム教徒、次いでかつてアレクサンドロス大王が封じ込めた北方の蛮族を次々に打ち倒す。その後彼は、ゴルゴタの丘で自らの冠を十字架の上に置き、「キリスト教徒の王国」を父なる神の手に返上し昇天する、とされていた(14)。『偽メトディウス』の不詳のシリア人著者は、本来「最後の国王」としてイスラーム勢力と戦うビザンツ皇帝を念頭に置いていた。しかし、アドソは、「四世界帝国論」に基づき、自らの生きる〝現在〟における(西)ローマ帝国の存続を前提としつつ、「最後の国王」を西欧の「フランク国王」へと修正・適合させたのである。「フランク国王」の具体的な指示対象については、長らく議論があった。一〇世紀半ばの政治的現実に照らすと、王妃ゲルベルガの兄のオットー一世の東フランク＝オットー朝王権ではなく、被献呈者たる西フランク＝カロリング朝王権であると考えられる(15)。

なお、『偽メトディウス』の「最後の国王論」は、さらに古代ローマ帝国で流布した一連の予言書「シビュラ(巫女)の託宣」の中の「ティブルのシビュラの託宣」と一部接点を有する。皇帝テオドシウス(在位三七九〜九五)の治下の三八〇年頃にギリシア語からラテン語に訳された同書の最古の写本は、一〇一五〜三九年頃に北イタリアで作成されたものである。そこでは「最後の国王」として、一一二年間統治する「ローマ人とギリシア人の国王」の〝コンスタンス〟について予言されている。この記述が、テオドシウス時代のラテン語訳に由来するのか、あるいは『偽メトディウス』からの受容の所産なのか等々、伝承史については議論が絶えることはない(16)。

「ローマ帝国」の滅亡？

アドソは、反キリストの出現を「ローマ人とキリスト教徒の帝国」の終焉の直後(*statim*)と考えている。

その出現を阻止するためには、「それまでローマ帝国に従属していたすべての王国」の「離反 *discessio*」を極力押しとどめ、〝現在〟の「ローマ帝国」を可能な限り長きにわたり存続・繁栄させることが、統治者たる皇帝の責務となる。初期ラテン教父のテルトゥリアヌス（一六〇頃～二二〇以降）は、『護教論』（一九七年頃成立）において既に次のように述べていた。「ここにもう一つ、われわれが皇帝や帝国全土およびローマ帝国の国益のために祈る理由がある。われわれは、全世界を脅かす大きな力があり、恐るべき苦痛と恐怖を伴う世の終わりが来ること、そしてそれは、ローマ帝国の成立によって延期されていることを知っている。われわれはそうした〔世の終わりの〕体験はしたくない。だからわれわれはローマがいつまでもつづくことを願い、世の終わりの日の来るのが延ばされるように祈っているのである」（三二章）(17)。

オットー三世の「ローマ帝国の改新 *Renovatio*」政策は、紀元千年の到来を二年後に控えた九九八年に始まった。それは、はたして「神の国」の実現へと至る普遍的人類史のプロセスを見据えたうえでの、皇帝なりの一つの反応だったのであろうか。あるいはまた、皇帝は、自らを「フランク人の国王たちの中から現れる最後の国王」、すなわち「最後の皇帝」と見なしていたのであろうか……。

図79　『バンベルクの黙示録』，獣とサタンに対する勝利

その検討の前に、アドソについて一言しておく必要がある。彼は、反キリストの出現を特定の年次――例えば「紀元千年」――と結び付ける性急な考えは持ち合わせてはいなかった。また、「裁きの日」についても、反キリスト殺害の後、悔い改めの四〇日間が与え

られるが、その後「裁きのために主が到来するまで、どのくらいの時を要するのか、それは解らない」とアウグスティヌス流の不可知論を貫いている。アドソが重きを置いたのは、あくまでも西カロリング王家が将来「最後の国王」を輩出するとの言説によって、フランク王権の権威と救済史的使命感を高揚させることであった。『反キリスト論』についても、これは中世盛期になって初めて広く流布した作品であって、同時代の終末論神学に対する影響力は決して過大に評価されるべきではない。

アドソが採用した「四世界帝国論」もまた、当時としては例外的であった。当時主流をなしたのは、セヴィリアのイシドールス（五六〇頃～六三六）の『語源』(18)や、ベーダを通じて広く普及した「六世界年代論」であった。また、九～一一世紀の終末論神学に対しより多大な影響を与えたのは、アドソも承知していたオーセールのエモー（九世紀）のより穏健な解釈である。八四〇～六〇年頃に多数の聖書釈義書を著したサン・ジェルマン修道院の修道士は、ローマ帝国は既に破壊され、従属していたすべての王国は離反したと見なした。また、反キリストの出現は滅亡の直後ではなく、「神によって定められた」後世（*deinde*）であると解釈した(19)。それ故、この場合〝現在〟は、「ローマ帝国」の滅亡後から反キリストの出現以前の「狭間」に位置するか、あるいは現下の帝国は、歴史的存在としての「ローマ」とは異質な別の範疇、例えば宗教的に理解された「キリスト教帝国 *imperium Christianum*」（アルクイン）として捉えられたのである。

「改新 *Renovatio*」

最後に「改新 *Renovatio*」とは何であろうか。この概念は、様々な歴史的淵源を有する精神史的な諸潮流を内包した、一つの政治的プログラムである。

既に一言したように、カール大帝にとっての *RENOVATIO ROMANI IMPERII* とは、四七六年以来皇帝が不在の西欧カトリック世界の〝現在〟に、かつての西ローマ帝国を「復興 *Revocatio*」させることであった（本書161頁）。それは必然的に過去への回帰的志向を示したが、カールの継承者としてのオットー三世の構想は、将来に向けた革新的性格を濃厚に帯びていたと言える。彼は、コンスタンティヌス大帝によって初めてキリスト教的に聖化された「ローマ帝国」を、皇帝と教皇の協働によって理想的な姿へと「修正 *Reparatio*」し「改革 *Reformatio*」することを意図していたからである。当面の課題は、カトリック世界の頂に君臨すべきローマ教皇を、ローマの都市貴族の影響力から解き放ち自律性を確保すること、さらに、イタリア王国各地で頻発する教会の所領・権限に対する世俗貴族の干渉・簒奪を取り除き、教会を保護することである。

「改新」プログラムに内包される過去への回帰という時間的・遡及的観点はまた、統治者が非ローマ人であるにもかかわらず、「ローマ帝国」を統べる、その正当性を提供する論拠でもあった。カール大帝もオットー三世も、民族的属性はフランク人ないしザクセン人であって、彼らがローマ皇帝権を手中にする根拠を、帝国の担い手の連続性に求めることはできない。ところが、「改新」は、一旦「中断」された古代の（西）ローマ帝国の伝統を「復興」させ「継承」する役割を、神慮によって「選ばれし者」の手に帰することで、担い手の変遷を超えた連続性を担保しえたのである。この場合、「西」から見るならば、「東」のローマ帝国、すなわちビザンツ帝国の存在は、対等なパートナーとして基本的に容認されうる。他方、時間的連続性を誇りとするビザンツ帝国にとっての「改新」とは、何よりもまずかつてユスティニアヌス大帝によって実現された「西」のイタリア支配を、〝現在〟に「再生」させることを意味したはずである。

「移転 *Translatio*」

ところで、「改新 *Renovatio*」とは異なるもう一つの歴史的正当性の論理も、なお萌芽的ではあるが、この時期既に提起されていた。「移転 *Translatio*」である。それは、時間的な連続性を基軸に据えつつも、帝国の「所在地」とその「担い手」の継起的交替にアクセントを置く見方である。「移転」は、特にその歴史的枠組みとなる「四世界帝国論」と結び付くと、人類の歴史に壮大なダイナミズムを与えることが可能となる。

最も早期の事例は、カール大帝の皇帝戴冠に関連して、ギリシア人からフランク人への「帝権移転 *Translatio imperii*」を示唆した『ブレーメン司教ヴィレハート伝』(八三八〜六〇年成立)に見い出される。不詳の著者は、八〇〇年の事件について、「皇帝の権能はそれまで、いとも敬虔なる皇帝コンスタンティヌスの後、コンスタンティノープルのギリシア人の下で統治してきた」と記す。しかし、男系が断絶し、女帝イレーネ(本書65頁)が支配したため、それは「司教および他の神の僕の多くの助言を得たローマ市民の選挙により、フランク人の支配権へと移転された」(五章)(20)。女帝統治は、ビザンツ帝国ではローマ法を根拠に正当視されていたが、西欧では皇帝位は空位であると見なされたのである。

『ヴィレハート伝』の場合、移転に際し主体的に行動しているのは、古代帝国の伝統に則して「ローマ市民」である。しかし、『ダニエル書』は、それが最終的には神の御意志に発すると説く。「彼は時代と時を変え、王をしりぞけ、王をたて、人に知恵を賜わってこれを賢者となし、知識を賜わって、これを分別ある知者となす」(二・二一)。

オットー三世の同時代人であるザンクト・ガレン修道士ノートカー三世(テウトニクス、九五〇頃〜一〇二二)が、ボエティウス『哲学の慰め』の古高ドイツ語訳に付した序文によれば、ローマ帝国はゴート人、

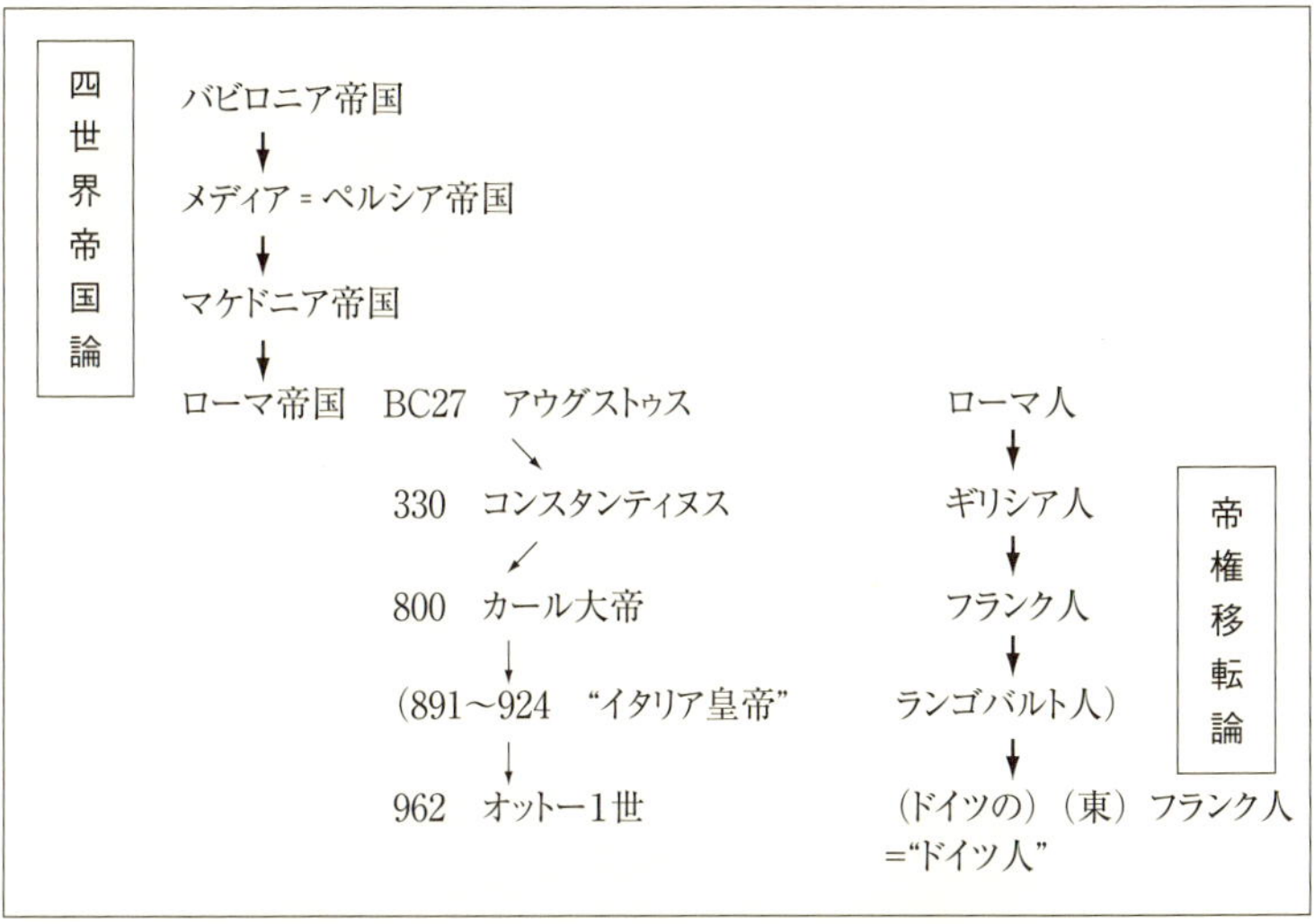

図80　オットー・フォン・フライジングの「帝権移転論」

ランゴバルト人の相次ぐ侵攻によってとうの昔に滅びている。「フランク人の国王カール」は、二一〇年に及ぶランゴバルト人の支配を倒し、「使徒座の守護のために彼を招聘した教皇レオ〔三世〕の権威によって皇帝に任じられた。しかし、彼とその息子たちの後、皇帝の称呼は、ザクセン人の国王たちに移転された。かくしてローマ帝国は、パウロが予言したように既に滅びているのである」(21)。

ノートカーは、ローマ帝国が既に滅亡したとの立場を採る一方、反キリストの出現を滅亡の「直後」とはしておらず、彼の解釈は、アドソではなくエモーの延長線上に位置する。カールが統治した帝国は、「復興」されたローマ帝国ではなく、新たに樹立された帝国であり、それは今、ザクセン人によって担われている。ただし、ザクセン人に皇帝称号の移転をおこなったのが誰であるかは述べられていないし、修道士の生きる〝現在〟の帝国の名前も明言されてはいない。

「東」から「西」への帝権移転は、その論理的帰結として、それ以後の「東」の皇帝を簒奪者ないし局地的形象——例えば「ギリシア人の／コンスタンティノープルの皇帝」——の地位へと貶めることを意味する。オットー三世とその周辺が「帝権移転論」を知っていたか否かは不明であるが、いずれにせよ、それは直ちには受け入れ難い歴史解釈であったことに変わりはない。彼が志向したのは、「東」のローマ帝国との、対等にして平和的な共存関係であったからである。

「帝権移転論」が支配的となるのは、叙任権闘争を経た一二世紀初頭以降である。そして、それは最終的には、中世最大の歴史家、オットー・フォン・フライジング（一一一二頃〜五八）の『年代記』（一一四三〜四六年成立）において、「四世界帝国論」を枠組みに完成されることになる。ちなみに同書の皇統譜でオットー三世は、アウグストゥス以来第八六代目の皇帝とされている（六巻二六章）(22)。

2 「紀元千年の恐怖」？

「紀元千年の恐怖」？

「時が慌ただしくなってきた。間もなくカピトールの丘の鐘が深夜の到来を告げるであろう。そして、紀元千年という年の最後の瞬間は、黙示録の恐るべき言葉が成就するのを見ることになる。……弔いの鐘が最初に響いた時、恐怖におののく群衆は跪き、両手を合せたが、涙を流すことはなかった。恐怖心のため強ばった声が瞬く間に拡がり、こだまが廃墟の間を轟きわたった。……塔の展望台に二人の人物の影が現れた。教皇と皇帝である。オットーは、雪よりも白いアーミンのマントに身を包み、ブロンドの髪を黄金の兜で覆っている。ジェルベールは、ベネディクト会の黒のトゥニカを纏い、禿げ上がった額を独特の姿勢で屈めている。落ち着き払った態度で自らの天体観測の鏡を用い、頭上の天空で時間が紛うことなく経過していくのを観察しているのである。……彼は皇帝を招き寄せると、星々の徴、すなわち神の徴を指で示し、そして皇帝にキスをした。その後、強ばった声は、遠くの霧の深みに沈んでいくかに思われた。チェリオの丘とラテラーノのサン・ジョヴァンニ大聖堂では、恐怖心に満たされた歌声と、神に向けて御慈悲を哀願する祈りの声が突如として鳴り止んだ。皇帝が教皇の足下にひれ伏すと、ジェルベールは、まるで使徒の都市を抱きしめるかのように両手を大きく広げた。……こうして紀元千年は過ぎ去り、後に残されたのは悪しき夢のみであった」(23)。

スペインの哲学者オルテガ・イ・ガセット(一八八三〜一九五五)の博士論文『紀元千年の恐怖』(一九〇四年)の一節である。運命の年が何事もなく過ぎ去った時、不安が杞憂に終わったことに安堵し、胸を撫で下ろす皇帝と教皇の姿である。しかし、この印象的な文章中に含まれた歴史的真実はただ一つに尽きる——一〇〇〇年の暮れに二人は実際ローマに滞在していた。それ以外は、すべて哲学者の想像の産物である。

恐ろしい夢に取り憑かれていたのは、紀元千年の時代に生きたローマ市民ではなく、むしろ一九世紀のロマン主義の時代に生きた歴史家たちのようである。「紀元千年の恐怖」の実在性をめぐっては、その提唱者である一九世紀のミシュレ(後述)以来、フランスの中世史学界を中心に活発な議論がなされてきたが、趨勢としては、否定的な評価が圧倒的に優勢であった。広範な史料を渉猟したドイツのフリートの研究(一九八九年)は、実在説に新たな弾みを与え、議論は二〇〇〇年のミレニアム前後にも当然ながら再燃した。筆者は、複合的視点に立ちつつ問題の所在と方法論そして評価を、より精緻に整理し直すべきであると考えている(24)。

先に引用したアボンは、問題の文章(本書238頁)に続けて、反キリストが千年の終了後に現れるとの解釈に対し聖書の該当箇所を挙げ論駁し、アウグスティヌスの象徴的解釈に従っている。さらに、当時ロートリンゲンで流布していた噂――イエス受難の聖金曜日が、受胎告知、すなわち聖母マリアのお告げの祝日（三月二五日）と重なった時、世界は終末を迎える――を、まったく取るに足らぬものとして一蹴している。ちなみに、噂の根拠は、キリストの受肉を否定する者を反キリストと断罪した「ヨハネの第二の手紙」の一節である。「彼らはイエス・キリストが肉体において到来することを告白しない。こういう者こそ惑わす者、反キリストである」（七）。また、聖金曜日と聖母マリアのお告げの祝日の一致は、既に九七〇年、九八一年、九九二年に生じていたが、史料に反響を残してはいない。

加えて、暦算学にも精通したアボンは、ディオニシウス・エクシギウス＝ベーダの暦が計算を二一年誤っており、イエス生誕後の千年目とは、正しくは既に何事もなく過ぎ去った西暦九七九年であったと考えていた(25)。これとは逆に九年遅らせ、一〇〇九年とする説もあり、これは広く受容された。さらに「千年」の起点を、キリストの受肉ではなく受難に置く解釈も存在した（一〇二一年、一〇三三年、一〇四二年）。紀年法のみならず年始の設定も、地域によってかなり異なっていた（一二月二五日、一月一日、三月二五日等々。ビザンツは九月一日）。

そもそも、この当時、キリスト紀元＝西暦が西欧世界ではなお充分に普及していなかったことは、既に触れた通りである（本書234頁）。オットー三世の証書の日付書式は、国王・皇帝在位年、インディクティオ(26)とともに、キリスト紀元を並記している。問題の一〇〇〇年に発給された皇帝証書で、「主の受肉から一〇〇〇年 *anno dominicae incarnationis M*」と明記したものは三七点を数え(27)、皇帝とその周辺がこの年次を認識していたことは間違いない。しかし、シルヴェステル二世の教皇証書は、古代末期以来の伝統に即して教皇および皇帝の在位年を記しているにすぎない。司教・修道院長などが発給した私証書に至ると、国王在位年のみの記載である。ローカルな次元では、抽象的で際限なく遠くに感じられるキリスト紀元＝西暦よりも、統治者の在位年による具体的な記載の方が明解かつ実践的だったのである。西暦が歴史叙述や証書等で広く普及するのは、一一世紀末以降のことである(28)。さらに、中世人の「時間に対する無頓着さ」（マルク・ブロック）という、現代人とは異なる独自の時間意識も考慮されねばならない(29)。

紀元千年前後の時代に生きた人々が何らかの恐怖心を抱いていたことに直接言明した同時代史料、つまり「エゴ＝ドキュメント」は、アボンの（ネガティヴな）証言以外には皆無である。反キリストが出現しなかったことに胸を撫で下ろす証言や、一〇〇一年をもって新たな時代の始まりを画する史料もまた存在しない。存在するのは、多分に主観的で相互に連関を欠く間接的・断片的証言のみである。

ただし、それらを網羅的に収集・列挙し、個別にアクセントを与えることで、「恐怖」の実在性、特に民衆レヴェルにおけるそれの傍証とすることは、あながち不可能ではない。あるいは、同時代史料の沈黙という事実を、逆説的に解釈して論証手段とするテクスト分析論的方策もある。それは、紀元千年を事後的に振り返った知識人や教会が、かつて高揚した「恐怖」に関する証言を意図的に削除・隠蔽した〝記憶の弾劾〟の結果である、と。しかし、「沈黙による論証 Argumentum e silentio」を安易に導入するならば、どんな恣意的解釈も可能となってしまい、歴史学の方法論に基づく議論としては、意味を見失ってしまいかねないであろう(30)。

ラウル・グラベルと「千年」の〝徴〟

肯定論者がほとんど唯一の証人として繰り返し引用するのは、ブルゴーニュの修道士ラウル・グラベル（九八〇頃～一〇四七）である。その著作『歴史五巻』は、「恐怖」の時が過ぎ去った後の一一世紀第二・四半紀に執筆された。ラウルは、オーセールのサン・ジェルマン修道院、すなわちエモー以来の終末論神学の拠点から、ディジョンのサン・ベニーニュ修道院（一〇三〇年頃以前）を経て、クリュニー修道院に移り（一〇三〇〜三四／三五年）、最後はサン・ジェルマンへと戻った。サン・ベニーニュ時代に三巻二章まで執筆し、サン・ジェルマンで一〇三六年頃〜四一年の間に四巻まで完成させた。その際、一巻を改訂するとともに、クリュニー修道院長オディロンへの献呈辞を付した（最晩年の一〇四五〜四六年に執筆された五巻は未完成に終わった）。院長は、後述するように終末論に強い関心を示していた人物である（本書260頁）。

同書では、イエスの受肉と受難、それぞれの事件の千年後の一〇〇〇年（一〜三巻）と一〇三三年（四巻）に重きが置かれ、忌まわしき事件（異端の族生）、天変地異（日蝕、月蝕、彗星、地震）、凶事（飢饉、人肉食、疫病）、あるいは不可思議な幻視が、神罰としての災厄、あるいはその前兆として列挙される(31)。そして、紀元千年が無事に終わった時、人々は、神に感謝して新たに教会を建て、数え切れないほどの人々が、こぞってイェルサレムの聖墳墓を目指して巡礼行に赴いたという(32)。

前述の千年目の年よりほぼ三年が経ようとする頃、世界のほとんどすべてのところで、とりわけイタリアとガリアにおいて、諸教会堂が新たにされるということが起こった。これらの多くは立派に建てられており、〔建て替えることは〕決して必要ではなかったが、キリストを崇める人々からなる民のそれぞれは、他の人々にもまして、より立派な教会堂を享受しようと競っ〔て建設し〕たのである。それはあたかも世界そのものがその身を揺り動かして、老いを投げ捨て、いたるところで諸教会の白い衣を纏ったごとくであった（三巻一三章）。

しかしながら、これらの年次や幾多の凶兆は、ラウルにとっては、あくまでも人智を超えた、隠された「善なる創造主の神的計画」を読み解くための徴《しるし》（*signa*）の一つであった。

その始まりより、善なる創造主の神的計画によって、事物による驚くべき奇蹟と、自然力の怪異な徴と、希望や畏れをもたらす神からのより知恵ある人々による託宣が人間に示されたのである。この創造主が六日間のうちに現世の事物の仕組みのすべての働きを創り完成させ、これらを成し遂げて七日目にやすまれたように、六千年のあいだ神は人間の教化のために働かれ、人間にしばしば徴によって示されたのである。過去において、永遠の神を示すこれらの奇蹟による徴に欠く時代はこれまでなかったのである（一巻二六章）。

様々な災厄の徴は、「紀元千年」のみを指示しているのではない。また、神からの徴は、恩寵としてのポジティヴな奇蹟や幻視を初めとして他にも多々存在した。そもそも、『歴史五巻』は、世俗的な歴史叙述とは性格を異にする。それは、相当に高度な神学的教養とベーダの暦算学を基に救済史的観点から構想されている。根底に潜むのは、神が人類と世界に対し災厄、そして救済・新生をもたらすという、象徴的・目的論的時間意識であって、およそ機械的《メカニカル》な計算とは無縁の歴史観である。例えば、「千年目」は、かつてのイエスの受肉と受難が〝現在〟において再現する年として寓意的《アレゴリカル》に理解され、かつ機能している。二つの「千年目」を軸とするシェーマの中に、ラウルは、神の救済計画の徴と見なす諸々の事件を、時にはクロノロジーを歪めてでも凝集させることを躊躇《ためら》わなかった。それにもかかわらず、「創造主の神的計画」は、彼が叙述の頂点を措定した「受難から千年目」の年に成就することはなかったのである──人間の罪深さの故に（四巻九章）(33)。

数々の災厄や凶兆の克明な記録は、ラウルが民衆の間に根強く広まっていた黙示録的終末論の代弁者（ランデス）(34)だったからではあるまい。むしろ、著者の執筆意図は、クリュニー修道士という知的エリートのそれ、すなわち自らの罪業を自覚していない民衆が、魂の救済のために神の教えに深く帰依し、「その時」に備えて常日頃から祈禱、断食、喜捨、聖遺物崇敬、巡礼などの善行・贖罪行為に努めるよう鼓舞することにあったのではなかろうか。

こうした不可知論を前提とした敬虔な精神的態度への要請は、必ずしも紀元千年前後に限られた現象ではない。それはまた、聖書の教えに適った振舞いでもある。「その時」については、「ただ、父のみが知っておられる」（前出『マタイ福音書』二四・三六、本書237頁）。しかし、信徒は、いつ何時来るか解らない終末に備えておかねばならない。「だから目を覚ましておれ。あなたたちの主がどの日に来るか。あなたたちは知らないためである」（同二四・四二）。

警戒せよ、目覚めておれ、その時点がいつであるか、あなたたちは知らないからだ。それはちょうど、旅立つ一人の人が自分の家を去ろうとし、自分の僕たちのおのおのにその仕事を与えて権限を持たせる時、門番にも目覚めているようにと指示するようなものだ。だから目を覚ましておれ。家の主人がいつ来るか――夕方か、真夜中か、鶏の啼く頃か、早朝か――あなたたちは知らないからだ。彼が突然やって来て、あなたたちの眠っているところを見つけたりしないためだ（『マルコ福音書』一三・三三～三六）。

ティートマルも、一〇一八年に起きたスラヴ人の叛乱に関連して警告を発している（『年代記』八巻六章）。

いかなる信仰者の心も、こうした不幸の故に絶望に陥る必要はないし、裁きの日が目前に迫っていると考える必要もない。何故ならば、パウロの思慮深い教えによれば、それは、離反と忌まわしき反キリストの出現より以前に起きることはないからである〔本書240頁参照〕。……ただし、至るところで平和、安全、静穏について語られている時であっても、我々は、予期せぬ不幸に対して恐怖の念を抱くべきである。このことの故に、常に用心深くかつ目覚めていなければならぬ。何故ならば、来るべき未来について何も知らないし、我々の存在の儚さの故に、継続性が欠けているからだ。いかなる者も、最後の日の到来ないし接近を疑ってはならぬ。しかし、だからといって、それが間もなく来ることを切望してもいけない。それは、義人にとってさえ恐れるべきものであるし、ましてや罪に値するすべての者にとっては、はるかに恐ろしきことなのだから。

「近代の神話」

それでは、一九世紀以降の歴史学者が熱く議論を闘わせた「紀元千年の恐怖」という「共同幻想」は、いつ、どのようにして形成されたのであろうか。

史料を基に諸々の歴史的事実を再構成し、次いで事件の間の因果関係を分析して、それをカテゴリーに整理・分類する。そして、最終的には時代区分を設定する――これは歴史学者の重要な使命である。ただし、そこには遡及的思考に伴い、時には時代錯誤《アナクロニズム》に陥る危険性も秘められている。

特に、歴史を「世紀 *saeculum*」に分割して、区分された各々の時代に特徴づけを与え、そこに連続と断絶を見い出す歴史認識は、中世人にとってはまったく無縁の思考法であった。それは、一六世紀の宗教改革の時代、ルターの弟子のマティアス・フラキウス（一五二〇～七五）の主導下に、プロテスタントの歴史学者・神学者たちが共同で執筆した普遍史的教会史、『マクデブルクの諸世紀教会史』（全一三巻、一五五九～七四年）とともに始まった。この論争書的性格の濃厚な歴史叙述に対してカトリックを護教すべくアンチ・テーゼを試みたのが、エウセビオスと並んで「教会史の父」と賞讃された枢機卿チェーザレ・バロニオ（一五三八～一六〇七）、すなわち一〇世紀を「暗黒の世紀」と呼んだヴァティカンの図書館長である（本書7頁）。

図81　チェーザレ・バロニオ　1599年。ミラノ，アンブロシアーナ絵画館蔵

彼は、イエスの生誕から一一九八年までを対象とする『教会編年史』（全一二巻、ローマ、一五八八～一六〇七年）の第一〇巻で、八四三～一〇〇〇年を取り上げた。ところが、第一一巻は、一一世紀（一〇〇一～一一〇〇年）を対象とし、次のように書き起こした。「新たな世紀が始まる。一〇〇〇年に続く最初の年、インディクティオ第一四年が始まる。少なからぬ者たちは、この世の終わりを予言したが、この主張は根拠のないものであった」。そして、「テサロニケ人への第二の手紙」、アボンに続けて、ヴァティカン図書館に埋もれていたラウルの『歴史五巻』の写本から件の記事を採録したのである(35)。バロニオは、「無知な者たちは恐れたが、学識者はほとんど信じはしなかった」と述べ、あくまでも慎重な姿勢であった。『歴史五巻』は中世ではほとんど流布しておらず、それを知らなかったフラキウスは、「恐怖」について何も

語ってはいない。

ところが一九世紀になると、バロニオの時代の転回期としての「恐怖」の叙述は、当時のフランスを代表する著名な歴史家ジュール・ミシュレ（一七九八～一八七四）の着目するところとなった。彼は、「七月革命」というやはり時代の変革期に著した『世界史入門』（一八三一年）の注、および『フランス史』第四巻（一八三三年）の冒頭で、「世界そのものがその身を揺り動かして、老いを投げ捨て……」という一節を引き合いに出したのである。こうして、ラウルの叙述（のみを）を根拠に、社会全体に蔓延する集団的恐怖とその克服というロマン主義的〝神話〟が構築され、絵画的な印象を与えるレトリックと相俟って、センセーショナルとも言うべき反響を喚起することになったのである(36)。バロニオとミシュレによる『歴史五巻』の〝再発見〟がなければ、「紀元千年の恐怖」という言説も存在しえなかった、そう考えるのは過ぎた言であろうか。

「紀元千年の恐怖」――この年、黙示録の伝える天使は、ラッパを吹くことはなかった。

3　オットー三世と終末論

皇帝周辺の終末論

それでは本当に何もなかったのであろうか？

矛盾していることを言っているようであるが、「終末論」をめぐる内実というのは、実際のところそれだけ複雑なのである。筆者は、「紀元千年の恐怖」と「終末思想」は区別すべきであると考える。確かに、紀元千年は実際には、「世界の終末」はもとより、特筆すべき凶事もなく穏やかに経過した平凡とも言える一年であった。社会的パニックとしての「紀元千年の恐怖」という一九世紀の歴史学者が想定した集合意識は、確たる史料上の裏付けを欠く構築であった。しかし、同時代人がいずれ来たるであろう「最後の審判」を強く意識しつつ善行と贖罪に励み、裁きの場での執り成しを切望していたことまで否定するならば、それは明らかに行きすぎである(37)。すくなくとも、一部の知的エリート、すなわちオットー三世とその周辺においては、その徴が断片的ながらも確認される。

最も明解なのは、ジェルベール＝シルヴェステル二世である。ランスの聖堂学校教師時代の彼は、『反キリスト論』の著者アドソとは友人関係で結ばれており、二人は九八〇年末に大司教アダルベロンに随行してオットー二世をパヴィーアで表敬していた。九九四／九五年頃に「反キリスト」、「最後の審判」について具体的に言及したフルーリー修道院長アボンは、ランス大司教座のシスマ問題をめぐる論敵であった。ところで、このシスマをめぐる論争において「反キリスト」の出現と「世界の終末」が近いことに最初に言及したのは、実はジェルベールである。九九一年のヴェルジー教会会議で国王派を代表して弾劾演説をおこなったオルレアン司教アルヌールの演説文、およびそれを記録した公式の会議録は、この会議でランス大司教に選ばれたジェルベール本人が起草したものだからである（本書113頁）。

> おお、嘆かわしきローマよ！　汝は、我らが祖先に教父たちの輝かしき光をもたらした。しかし、今日の我々には恐ろしき暗闇をもたらし、その悪評は将来をも覆い尽くしているのだ。……これは一体何なのか？　私は尋ねる、尊敬すべき諸兄たちは、高き玉座に就き、黄金と緋色の衣装で光彩を放つこれ（＝ローマ教皇）を何とお考えなのか。もし、彼がキリストの愛について何も知らず、ただひたすら虚栄心に満ちた学問によって自惚れ、褒めそやされるのであるならば、これこそ神殿に

坐し、己があたかも神そのものであるかの如く振舞う反キリストであることは自明ではないか。

続けて、「反キリスト」＝ローマ教皇を、異教徒が神として崇拝する「偶像」に準え、それに対して返答を求めるのは、大理石に向かって語りかけるのと同じくらい無意味であるとこき下ろす。「テサロニケ人への第二の手紙」に見える、反キリストの到来に先行する「離反 *discessio*」についても、これを、アドソのようにローマ帝国ではなく、教皇統治下のローマ教会と結び付けて解釈する。「かくして、使徒によれば、離反は、諸民族についてのみならず、教会からもまた生じたのである」。古のローマ人の権力は消え失せ、ローマにおいてキリスト教信仰は、神からの背教によって死滅した。かつて「あまねき民族の主人」であったローマ、それは今や「反キリストの出現が間近に迫っている」ことの徴と化したのだ、と(38)。

二年後の九九三年になって初めて会議録を入手した教皇使節の修道院長レオは大いに憤慨し、「背教者」（＝ジェルベール）に反論する書簡を国王ユーグ・ロベール父子宛に送付した。彼は、反キリストは、教皇のローマではなく国王父子のお膝元に出現していると警告し、「ヨハネの第一の手紙」の一節を引用した。「幼子たちよ、いまや終わりの時が臨んでいる。反キリストが来るとあなたがたがかつて聞いたとおり、いままさに多くの反キリストが現れてきた。ここから私たちは、いまが終わりの時であることを知る」（二・一八）(39)。

教皇ヨハネス一五世の死去とランスのシスマの解決、そして「背教者」自身が聖ペテロの座に昇るというその後の予想外の展開により、「紀元千年の教皇」が反キリストについて再び語ることはなかった。ジェルベールが反キリスト論の影響を受けたのは、若き日のヒスパニア修学時代であったと推定される。リエバナの修道士ベアトゥスの『ヨハネ黙示録釈義』（本書233頁）の終末論と、後世に制作された多数の彩色挿絵付き写本が、一〇世紀後半以降カタルーニャでは大きな反響を呼び起こしていたからである(40)。それにしても、かつてローマ教皇を反キリストとして弾劾した彼が、叙任権闘争期になると、悪魔に魂を売った魔術師の烙印を押されることになるのだから、歴史とはまことに皮肉である（本書366頁）。

ジェルベール以外の皇帝側近では、ケルン大司教ヘリベルトが、アドソ『反キリスト論』の写本の作成を〝アルブイン〟という不詳の人物（ロートリンゲンのゴルツェ修道院の修道士?）に委託している。内容を一部改訂したこの写本は、アドソの原著にもましてその後広く書写され、同書の普及を促すこととなった(41)。

クリュニー修道院長オディロンが、終末論について強い関心を抱いていたことは良く知られている。彼は、一〇〇〇年の到来を目前にした時期に、説教において反キリストの出現と世界の終わりが間近に迫っていることを繰り返し説いていた(42)。そのことと、彼が「ローマ帝国の改新」の標語を初めて使用したこと（本書155頁）との間に何らかの因果関係があるのか、この肝心の点は定かではない。

皇帝証書に見える「最後の審判」

「その周辺を彼に比肩しうる程黙示思想で取り囲んだドイツ＝ローマ皇帝は――さしずめ、フリードリヒ二世を除けば――、他に類を見ない。オットー三世は、一般に考えられている以上に持続的に、終末の時を不安な気持ちで待ち受けていたのかもしれない」――。「紀元千年の恐怖」、「黙示思想」とオットーの「ローマ帝国の改新」の因果関係を積極的に肯定するフリートは、その根拠を八点列挙している(43)。このうち最も注目されるのは、九九九年秋～一〇〇〇年春にかけての半年間に発給された皇帝証書四通が、「最後の審判」に直接言及している事実である。

グネーゼン巡幸を協議していた九九九年一〇月三日、ローマでファルファ修道院宛に発給された証書（DOIII 331）、およびグネーゼンに向かう途次の一〇〇〇年二月六日、レーゲンスブルクで発給されたアーヘンの聖マリア教会、ブルトシャイト修道院宛の証書（DOIII 347, 348）。以上三点の罰則規定文中において、異例の厳しいトーンで「最後の審判」に触れていることについては既に取り上げた（本書194、202頁）。第四の証書は、同年五月一五日、そのアーヘン滞在中に、「余の父と、余の母たる尊厳なる皇后テオファーヌの魂の救済のために」、ヴュルツブルク司教ハインリヒ、すなわちケルン大司教ヘリベルトの弟の懇請に基づき同司教教会に宛てた所領寄進証書である。同じく罰則規定文に、「余と余のすべての後継者、そしてすべての死すべき者たちの誰かが、この世界の終わり、そして遠い将来に来るであろう裁きの日まで、異を唱えることのなきように」と記されている（DOIII 361）。

いずれも、オットーのこの時期の政治的行動が、「審判」を意識してなされていたことを示す貴重な史料証言である。ただ、フリートの主張するような「その時」が直ちに到来するという切迫感、ましてや恐怖感は認められない。ファルファ修道院および上記ヴュルツブルク司教教会宛では、「後継皇帝／余の後継者」について明言されている。後者では、「裁きの日」の到来が「遠い将来 *longe remota*」のこととされ

図82　最後の審判で跪拝するオットー（左頁）『オットー3世の祈禱書』マインツ，984～91年。在ミュンヒェン，バイエルン州立図書館蔵（Clm 30111）

ている。

同時期の他の証書の「前文《アレンガ》」では、自らの魂の救済のために、現世における善行を神が然るべく評価して欲しいという皇帝の率直な願望が表明されている。グネーゼン巡幸を無事に終えた四月一〇日にインゲルハイムで発給した証書は、「神の教会とその聖人たちの歓びとなるべく、余がたとえ何であれ与えること、それが余にとってこの世の生の長さと永遠の救済のための報酬をもたらすであろうということ、このことを余は疑いはしない」と告白した（DOIII 354）。五月一日のアーヘンの証書も同旨である。「神の教会とその聖人たちの歓びとなるべく、皇帝たる者がたとえ何であれ気前良く与え寄進すること、そのことが、余にこの世の生の快適さと永遠の報酬の歓びを恵むであろうということ、このことに疑いの余地はない」（DOIII 358）。

現世における「生」の歓びを肯定し、それを神に感謝するテキストの行間からは、いずれ来るべき裁きの日を意識しつつも、目前に迫った「最後の審判」に怯える皇帝の姿は窺われない。否、そもそも、裁きへの「恐怖」と救済への「希望」は、決して対立するものではない。両者は、むしろ表裏一体の関係にあるのである。

加えて、「審判」への言及は、何も「紀元千年の皇帝」に限ったことではない。それは、祖父の皇帝証書にも既に見い出される。九六五年六月一七日にマクデブルク大司教教会に城塞を寄進した証書では、前文の中で寄進の目的の一つとして、「余の罪が、来るべき偉大なる裁きの日に赦免されるように」と明記されていた（DOI 293）。二年後の九六七年九月二三日に同大司教教会に所領を寄進した証書では、罰則規定文中で背反者は、「最後の審判の日に、全能の神と聖なる殉教者マウリティウス〔＝同教会の守護聖人〕の復讐を受けることになるであろう」と見える（DOI 345）。これら一連の事例は、来るべき裁きの日に備

図83　最後の審判に臨むオットー1世（左下）　手に抱いているのはマクデブルク大司教教会，背後で執り成しをしているのは聖マウリティウス。ミラノ，962〜68年。ニューヨーク，メトロポリタン美術館蔵

えて、現世における罪を贖い善行を積むのみならず、「聖ローマ教会の守護者」たる皇帝として「最後の審判」の場で申し開きをする責務を負う者の自覚の高まりを示すものである。

ところが逆に、「最後の審判」を引き合いに出した神罰の威嚇にもかかわらず、皇帝の善行が後継者によって覆されたケースもある。上述のアーヘンの聖マリア教会に対してオットー三世が寄進した所領は、「神によって永遠の呪いを受けなければならぬ」という文言を無視するかのように、皇帝の死から三年と経たぬうちに同教会から没収されてしまったのである(44)。決定を覆した「余の後継国王・皇帝」とは、レーゲンスブルクでの発給時にバイエルン大公として臨席していた次代の国王ハインリヒ二世に他ならない。その意味するところは、ハインリヒが終末論を強く自覚していたとの指摘がなされているだけになおさら重い(45)。

オットー三世と終末論——あるいは、「伝記」を書くことの難しさについて

フリートは、以上紹介した皇帝証書、ヘリベルトの『反キリスト論』写本の他、次の六点を指摘している。

①オットー朝君主の図像表現。オットー朝君主はカロリング朝期とは異なり、ビザンツの影響下に、最後の審判において再臨するキリストを前にした創建者・献呈者として描かれる。一例を挙げるならば、

図84　『バンベルクの黙示録』，第一の獣　ライヒェナウ修道院，1000年頃

九八四～九一年頃にオットー三世個人のために制作された祈禱書（本書52頁）において、彼は、冠なしで素手を広げて神を跪拝する皇帝の姿で描かれた（図82）。

②皇帝戴冠式で使用されたマントの図像。一〇一〇年頃にサンティ・ボニファーチョ・エ・アレッシオ修道院で成立した『聖アレクシウスの奇蹟』の記述によれば、オットーが用いたマントには、『ヨハネ黙示録』の各場面が金糸で刺繡されていた（本書100、116頁）。これは、書物の挿絵以外では最古の事例である。

③『バンベルクの黙示録』（図63、75～79、84）に描かれた反キリスト像。一〇〇〇年頃にライヒェナウ修道院で制作され、恐らくオットーに献呈された同書は、ベアトゥス写本（本書260頁）以外では最古の反キリスト像を提供する。

④グネーゼンから帰還後の聖母マリア被昇天祭（一〇〇〇年八月一五日）に、ローマで歌われた讃歌に見える最後の審判への示唆（本書225頁）。

⑤リウタール『アーヘンの福音書』の挿絵（本書口絵）。オットーは、他に例を見ないことに神権的君主《テオクラシー》観念に基づき、最後の審判で再臨する天上のキリストと同等の、「地上のキリスト」の地位を与えられていた。

⑥イタリアの隠修士たちが抱いたオットー三世＝「最後の皇帝」という観念。彼らは、一〇〇一年に退位して荒野で一人の修道士となることを約した若き皇帝の姿（本書290頁）に、「シビュラの託宣」他が予言

したイェルサレムで退位する「最後の皇帝」の姿を見ていた。

この他にも、積極的な異教徒伝道という政策そのものが、終末を強く意識していた証しであると解釈することも可能である。「〔終末前の数々の苦しみ克服した後〕そして、王国〔について〕のこの福音が、あらゆる異邦人に対する証しとなるために、全世界に宣べ伝えられるであろう。その後にこそ、終末は到来するであろう」（『マタイ福音書』二四・一四）。終末に際して救済に与るためには、福音を全世界にあまねく宣布することが使徒たちの使命として要求されているのである(46)。

いずれも状況証拠の域を出るものではない。だが、先に挙げた皇帝証書の所見と併せるならば、「最後の審判」については九九六年以降、遅くとも九九九年には皇帝がそれを、いずれ来るものとして強く意識していた節がある、と言えよう。「オットー三世は、ローマ帝国の改新とその存続を表明したが、彼はそのことで同時に、反キリストが間もなく出現するその可能性を阻止したのだ」。メーリングの一歩踏み込んだテーゼは極めて魅力的であるし、同意見の研究者は少なくない(47)。しかし、残念ながら史料的裏付けは不充分である。皇帝自身が反キリストについて直接言及したことは一度もない。また、一連の状況証拠は、「紀元千年」という特定の年次との直接的連関を欠いている。この点については、「時間的に規定された具体性のある終末というよりも、漠然とした世界の終わりの感覚」という甚野尚志の解釈(48)の方が妥当である。

本書は、純然たるフィクションとしての歴史小説《ロマン》では無論ない。しかし、一時代のポートレイトを描き出すためには、歴史的〝事実〟と並んで、時に「創造的な想像 schöpferische Phantasie」もパレットに備えておく必要がある。

主人公のオットー三世と彼の父・祖父が生きた「暗黒の世紀」、すなわち一〇世紀の後半から一一世紀初頭にかけての半世紀は、史料の点において一〇世紀の前半に比べると質と量、いずれの側面においても格段に増大する。そのため、個々の歴史的事実を確定し、そこからオットーの行動の軌跡を再構成することは、空白箇所はまだ多数残されてはいるものの、相当程度可能である。

もっとも、同時代人が皇帝個人をどのように理解していたのか、それを直接知る術はない。カール大帝はアインハルトという優れた伝記作者を得たが、オットーはそれに恵まれることはなかった。皇帝自身、自らが抱く政治的構想について直接かつ具体的に表明したのは、証書中の断片的言及に限られる。さらに踏み込んで、「伝記」に不可欠な要素、すなわち彼の行動をその背後に潜むであろう動機の観点から説明する段となると、それは史料的にも方法論的にも極めて困難な試みであると言わざるを得ない。

そもそも、個人の行動の軌跡から、そこにある種の計画性、プログラムの存在を直ちに帰結することには慎重でなければならない。行動と動機の間には、ストレートな対応関係よりもむしろ齟齬・矛盾のある方が通例だからである。アルトホフはかねてより、アルカイックな性格をなお色濃く残す中世前期の社会について、個人の政治的行動における自覚的な構想、計画的プログラムの存在を疑問視する立場を繰り返し主張してきた。その持説を彼が初めて提起するに至ったのは、特徴的なことにオットー三世に関する伝記的研究においてであった(49)。学問的に可能なのは、オットーが生きた時代とその基底に潜む精神的潮流を、分析的に点描することに限られる。

「オットー三世と終末論」──。この問いに対して、いくら状況証拠を積み重ねてみたところで、行動と思想の間の因果関係を証明することはできない。しかしながら、逆にその関係が存在しないことを論証することもまた、同じくらい、あるいはそれ以上に困難なはずである。歴史学者が陥るジレンマがここにある。

オットーが九九六年の皇帝戴冠以降、折に触れておこなった異例とも言える数々の瞑想的・禁欲的な贖罪行為、モンテ・ガルガーノ、グネーゼン他への贖罪巡礼、アーダルベルト、ネイロス、ロムアルドゥスらの隠修士たちへの精神的傾倒、メールゼブルク司教座再興の試み、カール大帝崇敬とアーヘン新司教座構想、そして「ローマ帝国」を基盤とする東部ラテン＝キリスト教世界の再編・統合。これら一連の行動、あるいは九九八年に初出する「ローマ帝国の改新」という政治的構想の背後に、当時皇帝周辺で高揚していたであろう「その時」への恐怖と希望の影響を読み取ること、それは、はたして可能なのであろうか。上述のように、この問題は、いまだ充分な説得力をもって立証されてはいない。しかしながら、筆者は――「紀元千年」との直接的連関は留保しつつも――、それを基本的には肯定すべきだと考えている。かつて、ハンガリー出身のビザンツ学者デーアは、「オットー三世は、ビザンツ抜きでは理解不能である」という有名な言葉を残した。今や、〝ビザンツ〟の後に「および終末論」という文言を付け加えることが許されるものと信じる(50)。

それでは、オットーは、自らを黙示文学、終末論神学が予言した「最後の皇帝」と見なしていたのか。そう問われるならば、即座に否定せざるを得ないだろう。彼が目指したのは、あくまでも「ローマ人とキリスト教徒の帝国」（アドソ）の「改新」であって、その「終焉」を到来させることではないのだから(51)。オットーが自らをもって「最後の皇帝」とする気など毛頭なく、むしろ後継者を望んでいたことは、ビザンツ皇女との婚姻交渉の継続にも表れている。ミラノ大司教アルノルフォ（在位九九八～一〇一八）を求婚使節としてコンスタンティノープルに向け送り出したのは、まさに「紀元千年」が終わらんとする年の暮れ頃であった。

第九章　「恩知らずのローマ人」一〇〇一年

1　「黄金のローマ」

ローマのベルンヴァルト

「謙虚にして敬虔な皇帝は、このこと〔ベルンヴァルトのローマ訪問の報〕を聞くと、愛情の念の故に、愛する教師の顔を見る時が来るのを待ちきれなくなった。皇帝は、彼がわざわざ到来するのを待つのではなく、自ら宮殿を出て約二マイルの道を急ぎ、サン・ピエトロ教会まで迎えに出た。大いなる愛情をもって彼を迎え入れ、最良の友人の如く抱擁し接吻した後、宿営まで同行した」。翌一月五日、皇帝と教皇は、揃ってパラティーノの新宮殿のエントランスホールまで迎えに出ることで、ベルンヴァルトに対し異例とも言うべき表敬の意を示した。司教の宿泊には、宮殿の皇帝の寝室の隣室が提供された（タンクマル『ヒルデスハイム司教ベルンヴァルト伝』一九章）。

公現の祝日の八日後の一三日、両者が主宰する教会会議が同じパラティーノの丘に立つサン・セバスティアーノ教会で開催された。ローマ近郊から二〇名、トスカーナから数名の司教、そしてアルプス以北からはアウクスブルク司教ジークフリート、ヴュルツブルク司教ハインリヒ、ツァイツ司教フーゴーの三名が出席した。この他、バイエルン大公ハインリヒも臨席している。前年六月に皇帝がクーアからアルプス越えをした際、彼は一旦バイエルンに帰還し、この一月初頭に再びローマを訪れていたのである。

会議は、ベルンヴァルトの訴えを聴取した後、基本的にはその主張を是とした。ただ、教皇シルヴェステルが議論の中心としたのは、争われている律院の領域的帰属問題よりも、マインツ大司教が前年一一月にガンダースハイムに教会会議を招集したことの適法性であった。参列者は、これを大司教の越権行為と断じ、会議自体の有効性を否認した。論点が、隣接する司教区間の境界問題や、ましてや当事者間の合意形成などではなく、教会法上の手続き問題へと移行していることは注目すべき兆候である。ここには、教皇を頂点とするヒエラルヒー的裁治権組織の確立、そして法治主義の原則の浸透が予示されているからである。もっとも、教皇といえども、一方の当事者を欠いた状態で最終的な裁決を下すことはできない。調停のためにザクセンの王宮ペールデで来る六月二一日、教皇使節主宰による教会会議を開催することが決定された。特使に選ばれたのは、ザクセン出身でローマ教会の枢機卿司祭の任にある若きエリート聖職者フリードリヒである。

図85　福音書を聖母マリアに献呈するベルンヴァルト　『ベルンヴァルトの福音書』，ヒルデスハイム，1015年頃。ヒルデスハイム聖堂博物館蔵

一〇日後の二三日、皇帝は、「余の両親の門弟にして、余の幼少期からの第一の同志」、「余の青少年期における愛すべき学識豊かな教師」に対し、所領寄進の証書を交付した（DOIII 390）。冒頭部の皇帝称号は、通例の書式を逸脱した稀有な構成である――「オットー三世、

ローマ人、ザクセン人そしてイタリア人、使徒たちの僕にして、神の下賜によってローマ世界の尊厳なる皇帝」。

前段部分は、古代ローマ皇帝の勝利者称号を模した、異彩を放つ構成である。後段の、公式の「ローマ人の尊厳なる皇帝」に代わる「ローマ世界の尊厳なる皇帝」も、他に例を見ない。前段の〝三位一体〟は、カール大帝以来西欧カトリック世界の皇帝がその支配権を主張した三つの領域を指称していると考えられる。「ローマ人」は、かつてカールが「ローマ人のパトリキウス」として管轄した教皇領と都市ローマを、「イタリア人」は、ランゴバルト＝イタリア王国を表示する。「ザクセン人」は、皇帝およびヒルデスハイム司教の出自共同体を指示すると同時に、広義ではアルプス以北の王国全体を意味する。同証書が「オットーのローマ理論の頂点」と位置付けられる所以である(1)。しかも、皇帝個人の感情が濃厚に刻印された本文テキストは、オットー自身の起草に他ならず、称号は、クリュニー修道院長オディロンを初めとする側近聖職者による考案と推定される(2)。

「黄金のローマ」

紀元千年が終わり、一〇〇一年が始まったこの時期、皇帝証書には二つの顕著な変化が起きている。印璽は貨幣大の一・八センチに小型化され、表面には「ローマ人の皇帝オットー *ODDO IMPERATOR ROMANORVM*」、裏面には人物像と「黄金のローマ *AVREA ROMA*」の銘文が刻印された。「ローマ人の帝国の改新」から「黄金のローマ」への交替の意図は不明である。九九八年に始まった「ローマ帝国」の「改新」の試みは、「紀元千年」を大過なく終えた今ここに無事完成し、「黄金のローマ」の時代が到来することを期待したのであろうか。称号にも、ベルンヴァルト宛証書が示すように変化が見られる。グネーゼン巡幸で新たに採用された「イエス・キリストの僕」は、「使徒たちの僕」へと変形された。以後は、新称号「使徒たちの僕にして、救世主たる神の御意志によりローマ人の尊厳なる皇帝」が公式称号として使用された。「使徒たち」として理解されているのは、ペテロとパウロである。

印璽と称号、いずれも最初に確認されるのは、ベルンヴァルト宛証書とほぼ同時期の一月下旬頃、聖ペテロ宛（！）に発給された証書である。冒頭で「世界の頭」としての「ローマ」に信条告白したあの証書である（DOIII 389、本書163頁）。オットー本人の「ローマ」理解が直接表出されたこの有名な証書は、形式のみならず内容においてもセンセーショナルな要素を多分に含んでいる。カール大帝の父ピピン三世による、いわゆる「教皇領寄進」（七五六年）以来、歴代皇帝は、戴冠式後に教皇領の安堵を確認・更新するのが慣習であった。ルートヴィヒ一世（敬虔帝）は、八一七年にこれを文書化し、祖父のオットー一世もまた、九六二年二月二日の戴冠式直後の一三日に、同文書に依拠して寄進を更新した。しかも、作成されたのは、緋色に染められた羊皮紙に金文字で綴るという大変豪華な皇帝証書であった（DOI 235）。

ところが、オットー三世は、九九六年以降更新を留保してきた（本書117頁）。一〇〇一年の証書の特異性は、寄進の法的根拠となる「コンスタンティヌスの定め」の改竄の批判、そして寄進の更新をローマ教皇ではなく、筆頭使徒にして初代ローマ司教たる聖ペテロに向けて直接おこなったことにある。

図86　オットー3世の皇帝第2鉛印璽（1001～02年）　宮廷司祭マギンヴァルト宛，DOIII 417（右，表面）。在ミュンスター，ノルトライン=ヴェストファーレン州立文書館蔵

「コンスタンティヌスの定め」

偽作には事欠かない中世においても、その内容と影響力の故に最大の偽文書とされるのが「コンスタンティヌスの定め」である。二部構成で、前段では、ハンセン病に苦しむコンスタンティヌス大帝が、ローマ教皇シルヴェステル一世（在位三一四～三五）の手からキリスト教の洗礼を受けたことで病が治癒したという伝説が綴られる（「シルヴェステル伝説」）。

後段の寄進証書によれば、ローマ司教は、アンティオキア、アレクサンドリア、コンスタンティノープル、イェルサレムの四つの名誉ある首座、および全世界のすべての教会の上位に位置し、君主として君臨する（一二章）。コンスタンティヌスは、病気治癒の感謝の印としてローマ司教とその後継者たちに、皇帝が有するラテラーノ宮殿に加え、皇帝の一切の権標（冠、ミトラ、緋色のマント、笏、印璽等々）を譲渡し（一四章）、さらに都市ローマ、イタリアと西方世界のすべての地方に対する支配権を寄進した（一七章）。天の皇帝が聖職者の君主にしてキリスト教会の頭たるローマ司教を据えた地において、世俗の皇帝が権力を行使することは不遜である。このためコンスタンティヌスは、帝国の首都をローマからビザンティオンに遷都することを決断した（一八章）――(3)。

この大胆にして想像力豊かな「定め」は、一一世紀後半に始まる叙任権闘争以降、教皇権側によって、皇帝権に対する優越性を主張する重要な法的論拠として引証され続けることになる。その真正性に対し根本的な疑問を突きつけたのは、一五世紀の人文主義者ロレンツォ・ヴァッラ(4)らである。偽作であることが立証されたのは、ようやく一八世紀になってのことである。それでは、「定め」は、いつ、どこで、いかなる目的のために捏造されたのか。この難問は、今日に至るまでなお解決されてはいない。大多数の研究者は、その起源を八世紀後半のローマ教皇、特にパウルス一世（在位七五七～六七）の周辺に求めてき

図87　シルヴェステル（左）とコンスタンティヌス　ローマ，ラテラーノ近郊のサンティ・クアットロ・コロナーティ教会の連作フレスコ画の一部，1246年

た。最近年では、上記ルートヴィヒ一世の専横を批判する高位聖職者グループの手で、八三三年頃にサン・ドニ修道院で作成されたとの説が新たに提起されている（フリート）(5)。

コンスタンティヌスが遷都した理由は、「定め」によれば、都市ローマにおける統治権を教皇に譲渡したことによる。実際、歴代皇帝はローマ訪問の際には、教皇に配慮して市外のヴァティカンの丘に立つ宮殿に、しかも短期間のみ宿営した。しかし、「ローマ帝国の改新」を唱えるオットー三世は、ローマを「皇帝たる余の都市」（後述）と理解し、市中心部のパラティーノの丘に新宮殿を構えることで、ここを「西」の帝国の〝首都〟にすることを誰の眼にも鮮明にしたのである。

聖ペテロに向けて

オットー三世の寄進証書は、既に述べた「使徒たちの僕にして、救世主たる神の御意志によりローマ人の尊厳なる皇帝」という新称号で始まり、次いで、件の信条告白が続く。「余は告白する、ローマは世界の頭である。余は証明する、ローマ教会はすべての教会の母である」。ところが、この後「すべての教会の母」に対する批判が延々と続くのである。

しかし、歴代教皇の軽率さと無知によって、その名誉ある盛名は長らくの間曇らされてきた。彼らは、都市の外にあるものを売却し、それを放漫な経営によって聖ペテロの座から喪失させたのみならず、心の痛みなしには語れないことであるが、皇帝たる余のこの都市が所有するものさえ、財貨との交換で遍く投げ売りしたのだ。その放縦な生活を損なわれることなく保つ、ただそれだけの目的のために。

祭壇を略奪することさえ厭いはしなかった彼らは、自らの瑕疵で喪失した財産を埋め合わせるべく、今や他者の財産、すなわち帝国と皇帝の財産にすがろうとしているのだ、と。

次いで、九六二年の寄進の更新の際に、ローマ教会枢機卿助祭ヨハネスによって祖父の眼前に提示された「コンスタンティヌスの定め」の豪華手書本（伝存せず）について、これを贋作と断じる。しばしば誤解されているが、オットー三世は、「定め」それ自体の真正性を否認したわけではない。彼の批判は、枢機卿助祭が、教皇ヨハネス一二世の委嘱で「定め」の写本を基に（贋作の）〝原本〟を捏造したという点に向けられている(6)。オットー一世と教皇は、翌年には主導権をめぐって激しく対立することになる（本書110頁）。枢機卿助祭も、その渦中にあって教皇の命で鼻と舌それに右手の指二本を奪われるという残酷な身体刑を科せられた（九六四年）。ローマ教会を放逐され皇帝の下に逃亡してきたヨハネスを通じて、「定め」を伝える件の手書本が贋作であったことを、四〇年後の証書の作成者は承知していた。九六二年の寄進の有効性を否認したオットーにとって、ローマはもはや教皇ではなく、「皇帝たる余の都市」に他ならなかったのである。

一四世紀の写本でのみ伝承するDOIII 389は、そのあまりにも大胆な内容の故に長らく偽作と見なされてきた。しかし、今日では真正証書であるのみならず、起草者の素顔も解明されている。それは、教皇シルヴェステル自身が、ヴェルチェッリ司教レオの助けを得つつ起草したものである(7)。九九一年にランス大司教位をアルヌールから奪取した彼は、シスマ問題では最終的に屈服し、教皇就任後には自らの主張を事実上撤回することを余儀なくされた。しかし、一〇年前当時、ヴェルジー修道院の教会会議で、教皇ヨハネス一五世を初めとする「暗黒の世紀」の歴代教皇の腐敗・堕落を厳しく指弾した、そのジェルベールの非難の言葉を、今やシルヴェステル二世として聖ペテロの座に昇った彼は、皇帝の名において語らしめているのである。

最後に、皇帝は、ラヴェンナ以南のペンタポリス地方に位置する八つの伯領の寄進を、教皇ではなく直接聖ペテロに向けておこなった。

それ故、余はこれら贋作の証書類および捏造された文書を棄却し、聖ペテロに対し余が実際に有するものを寄進する。……余は、聖ペテロへの愛の故にシルヴェステル猊下、余の教師を教皇に定め、高貴なる彼を神の御意志をもって叙階させ〔聖ペテロの座に〕昇らせた。それ故、教皇シルヴェステル猊下への愛の故に、聖ペテロに対し、余の支配権から寄進をなさんとするものである、教師が教え子から提供されたものを、我々の主人たるペテロに捧げることができるように。

オットーは、単なる皇帝ではなく「使徒たちの僕」としての立場から、「聖ペテロの代理人」としての教皇ではなく聖ペテロ本人に向けて直接譲渡した。そのことで、教皇の財産と聖ペテロのそれを理論上分離させ、「使徒たちの僕」にして「聖ローマ教会の守護者」たるオットーは、寄進した所領・支配権に対する自らの影響力を引き続き行使する権限を留保したのである。

2　市民蜂起

ティヴォリの叛乱

一〇〇一年という年が始まった時、すべては順調に推移しているように思われた。この時既に足下で綻びが生じていたことに気付いた者は、ほとんどいなかったであろう。

最初の前兆となったのは、一月中旬頃にローマ近郊で起きた事件である。古代から別荘地として知られたティヴォリで皇帝支配に対する不満が鬱積し、市民がついに叛旗を翻したのである。蜂起の指導者たちが都市を掌握する際、市政を委ねられていた役人で皇帝の友人でもあるマツォリヌスが殺害された。オットーは、ティヴォリに軍隊を派遣、市を包囲させ、攻城塔、投石機、そして大規模な壕の建築に取りかからせた。しかし、市民の抵抗は予想外に激しく、皇帝自らが出向き包囲戦の指揮を執ることとなった。教皇シルヴェステルの他、ベルンヴァルト、前年秋以降モンテ・カッシーノ近郊に滞在していたロムアルドゥスも同行した。

数日が経過した後、籠城に疲弊した市民の側で和睦への気運が高まった。ある日、上記三人の聖職者が執り成しのため市門の前に歩み出ると、市民は門を開き彼らを中に迎え入れた。翌日、三人は恭順の意を示す市民の指導者たちを引き連れて、ローマの宮殿に戻っていた皇帝に謁見した。オットーは市民を寛大にも赦免し、マツォリヌス殺害の下手人のみがその母親に引き渡された。しかし、彼もまた、ロムアルドゥスの執り成しで赦しを得ることができた。
タンクマルは、慈悲を請うべく皇帝の前に現れた指導者たちが演じた服従儀礼を詳述している。当時の政治的コミュニケーションのあり方を知るうえでの好材料として紹介しておく（『ベルンヴァルト伝』二三章）。

翌日、司教たちは見事な勝利の行列を従えて、皇帝の下に戻ってきた。何故ならば、前述の都市のすべての有力市民たちは、裸身に腰巻きのみ纏い、右手に剣を、左手には鞭をもって宮殿に向かって従って来たからである。市民の言い分は次の通りであった。彼らは皇帝に対し無条件にすべての財産を、否、命さえも差し出す覚悟である。皇帝は罪ありと見なす者を剣で斬首させるか、お慈悲を寄せるならばさらし柱で鞭打たせるがよい。都市の市壁を完全に破壊することを望むのなら、自分たちはそれを喜んで実行に移す覚悟である。さらに、今後は命ある限り、二度と再び陛下の命令に背いたりはせぬ、と。

裸、贖罪服、剣と鞭、言葉による自己批判……そして、赦免と和解。ハインリヒ喧嘩公やクレシェンツィの服従儀礼（本書49、153頁）とも共通する儀礼化されたデモンストレーションが、ここでもまた典型的な形式に則って繰り返されている。一見するとコミカルな降伏者の姿形と身振りは、突発的に思いついたものなどでは決してなく、調停者——皇帝が市内に送り込んだ三人の聖職者——とあらかじめ綿密に協議し、細部に至るまで合意された所産である。皇帝の面前に現れた彼らは、贖罪者としての役割をシナリオ通り演じているにすぎない。他方、勝者の側にしても、敗者がその役割を然るべく演じる限り、お慈悲をもって赦しを与えるのは半ば当然の義務であった。最後に、この服従儀礼の一部始終を現場で眼前にした多数の公衆は、不文律が正しく履行されたことを保証する証人としての機能を託されているのである。
なお、叛乱収束後、ヒルデスハイム司教の兄で皇帝側近のタンモは、オットーの側から離れ、アヴェンティーノの修道院にいたクヴェーアフルトのブルーノとともに、ロムアルドゥスの隠修士共同体に加わっている。ロムアルドゥスは、その後モンテ・カッシーノから、ラヴェンナとコマッキオの中間に位置するペレウムへと活動の拠点を移し、両者も彼に同行することとなった。

ローマの叛乱

同月末、ティヴォリの市民蜂起はローマへと飛び火した。これは、皇帝にとっては不意を襲われる形の、まったく予想外の事件であった。軍隊も、市内には皇帝配下の僅かの手勢しかおらず、トスカーナ辺境伯ウーゴやバイエルン大公ハインリヒらの主力は、市外に宿営していた。タンクマルの証言を続ける（二四章）。

ところが、ローマ人は、皇帝がティヴォリの住民と和解したことに不満で、彼らの都市の市門を閉ざし、道を封鎖した。ローマでの自由な往来は許されず、商品を市内外に運ぶことも禁止された。皇帝の友人の中でも数名が、恥辱的なことに殺害されるに至った。皇帝宮殿の中にいた人々は、司教ベルンヴァルトに有益な指示を仰ぐと、彼は、告解によって身を浄め、聖なるミサの儀式の間に最後の聖体拝領によって強め、敵に対して出撃し勇敢に攻め立てるべく準備した。司教ベルンヴァルトは聖槍を手に取り、生を与える十字架の守りの徴を自らと他の者すべてに与え、厳かに祝福を授けた。彼は他の者に勇気と力の言葉を与える一方、自身は、軍勢の先頭に立って聖槍と旗を手に出撃すべく武装を整えた。翌日、尊敬すべき司教は、厳かなミサの後、皇帝とその家来たちを神聖な秘蹟と敬虔な勧告によって力づけると、戦いのために出撃した。先頭には司教自らが立った。彼が手にする聖槍が放つ光は、畏怖の念を掻き立てたが、心中で彼は、常に平和を造り出したお方に向かって平和を懇願していた。そして、それは現実のものとなったのである。彼の敬虔なる祈りに対し、間もなく平和の君主たるキリストが自ら顕現されたのである。かのお方は、既にその生涯の最初、すなわち生誕の際に平和の歓喜をお告げになり、後に福音書において平和を愛する人々を神の子らと呼ばれたのであった〔『マタイ福音書』五・九参照〕。その敬虔さによって、すべての争いと叛乱は鎮められた。敵方は和平を請い、武装を解除すると、翌日宮殿に出頭することを約束した。神の恩寵によって翌朝、彼らは実際にその場に現れて和平を請い、皇帝に永遠に仕えることを誓約をもって約束した。

叛乱は、一月末から二月初頭にかけての三日間続いた。皇帝側にとっては確かに突発的な事態であった。しかし、大規模な軍事衝突を推測させるような切迫感はないし、市民は、都市ローマに対するオットーの支配権そのものを否定していたわけでもない。タンクマルの証言が、『ベルンヴァルト伝』の主人公にやや誇大な役割を帰しているのはやむを得ないにせよ、その基本線においてティートマルの伝聞情報と大筋で変わるところはない（『年代記』四巻四八章）。

その後、グレゴリオは、皇帝によって大いに厚遇されていたにもかかわらず、策略を用いて皇帝を力づくで捕らえようとし、内密に罠を仕掛けた。その結果、叛乱者たちは、突如として大勢で集結し、彼に対して蜂起したのである。まさにその時、皇帝は、僅かの従者とともに、ある門から外に脱出することができた。しかし、従者の大半は中に閉じ込められた。これまでその主人に決して満足した例しのない民衆たちもまた、言葉では言い尽くせない程の皇帝の恩顧に対し、これを仇で報いた。その後、皇帝は、彼の側近たちすべてに使者を送り、自らの下に参集するよう求め命令を与えた。各人に対し、もし皇帝の名誉と無事を気遣うのであるならば、急ぎ武装して馳せ参じ報復するよう要請したのである。ところが、ローマ人は、己の所業が不遜であることが明白になると、その罪を今更ながらに後悔し始め、互い同志で激しく非難し合った。そして、閉じ込められた者全員を無事に解放させ、皇帝に赦しと和平を懇願すべくあらゆる手を尽くした。しかし、皇帝は、彼らの欺瞞に満ちた言葉を信用せず、何であれそれに値する人と物に対して躊躇《ためら》うことなく懲罰を加えさせた。これまでローマ人とランゴバルト人が集う地方すべては、彼の支配に忠実に服従してきた。ただ、彼が何にもまして愛しみ、常に厚遇してきたはずのローマだけは、従おうとしなかったのである。

叛乱の首謀者として唯一人その名を挙げられたグレゴリオは、クレシェンツィ家のライヴァルであるローマの有力貴族家門、トゥスクルム家の伯である（本書193頁）。皇帝と教皇の恩顧に浴した彼が、蜂起の先頭に立っていたことは、オットーの心を深く傷つける事態であった。ティヴォリとローマは長らく犬猿の仲にあり、蜂起した前者に対する無罪放免という極めて寛大な皇帝の裁定は、逆に後者の不満の爆発へと連動してしまったのである。また、この決着は、サビーナ地方への進出を期待していたトゥスクルム家にとっても、失望を与えるものであった(8)。

ところで、ローマ人の信頼性に対する皇帝の疑念は、サンタンジェロ攻防戦の叙述中にも既に見い出された。ラウル・グラベルは、オットーがクレシェンツィの屍体を鋸壁から突き落とさせた理由を、皇帝自身の口から語らせていた――「自らの主人を汝たち〔＝皇帝の家来〕が何処かへ連行した、などとローマ人に言わせせないようにするために」（本書153頁）。「恩知らずのローマ人」というステレオタイプ化されたメタファーは、ブルーノも見事に一言で表現している――「皇帝は〔ローマ人を〕愛したが、彼らは〔彼を〕愛しはしなかった」（本書314頁）。やや遅れて『カンブレー司教事績録』（一〇二四／二五年頃成立）を著した不詳の一聖職者も、ローマ人に批判的な視点から皇帝と市民の想いの齟齬を浮き彫りにしている（一巻一一四章）(9)。

その理想において大胆、性格において男らしい若き皇帝が思い巡らしたのは、壮大なこと、否、不可能なことであった。彼は、ローマ帝国の力を再び古の諸王の時代の強さへと高めることを試みた。彼は、ローマ人の貪欲さが不正に商いすることで堕落させた、その教会の慣習さえをも、かつての栄誉ある規範へと改革しようと考えたのだから。しかし、これをより効果的に実現すべく、彼は最大の寵愛をローマ人へと向けた。そして、かの地に住み慣習に精通した者たちを、彼のドイツ人 *Teutonici* よりも優遇し、自らの助言者や側近へと取り立てたのである。

「恩知らずのローマ人」

再びタンクマルからの引用を続ける。叛乱開始から三日後、皇帝は堅固な城塞〔＝サンタンジェロ？〕の塔に登り、和平を請うべく姿を現した蜂起の首謀者たちに向かって演説をおこなった。かの有名な「ローマ人弾劾演説」である。恐らく目撃者として現場に居合わせた『ベルンヴァルト伝』の著者は、その模様を次のように伝えている（二五章）。

この間に敬虔で穏和な皇帝は、僅かのお伴のみを連れてある塔に登り、彼らに向け次の演説をおこなった。「汝らは余のローマ人ではないのか。余は汝らのために我が故郷と我が親族を後にしたのだ。汝らへの愛故に、余は我がザクセン人とすべてのドイツ人 *Theotisci*、すなわち我が血を犠牲にしたのだ。余が汝らを導いた我らの帝国の最遠の地は、汝らの父祖がかつて世界を征服した時にさえ、足跡をしるしたことのなかったところではないか。かように、余は汝らの名、汝らの名声を大地の果てまで拡げようと欲した。汝らを余は養子とした。汝らを余は他の誰にもまして慈しんだ。汝らの故に余は敢えて皆から嫌われ、憎まれさえしたが、それは汝らを余が誰にもまして慈しんだからだ。しかるに汝らは今や汝らの父を排斥し、余の友人たちを残虐に殺した。汝らは余を斥けることなど決してなしえないにもかかわらず、余を斥けた。けだし、余は、全き父の愛をもって包み込んだ汝らが、余の心から放逐される如きことを決して赦しはしないからだ。余は、この叛乱の首謀者たちが誰であるかを承知しているし、余の視線は彼らを見据えている。誰しもが彼らを見つめ、知っているにもかかわらず、この者たちは恐れを抱くことさえない。ただ、その高潔さを余が賞讃してきた、余に最も忠実な者たちさえもが、かの悪漢たちの中に紛れ込んでおり、そのため、もはや彼らを互いに区別できないこと――このことが、余の心には誠に忌まわしきことに思われてならぬのだ」。彼らは、皇帝の言葉に誘われて涙を流すと、償いを約束した。ベニローともう一人の男を捕らえ、残虐に打ち据えた後、裸のまま足を引き摺って連行し、階段を上って皇帝の足下に半死半生の二人を投げ出したのである。

ほぼ三年前の春、当時まだ宮廷司祭であったレオは、ローマに再度到来した皇帝と教皇に献げた頌歌の中で高らかに歌い上げた、「ローマ市内では歓びが」、と（本書158頁）。しかし、ローマ人は歓びはしなかった。彼らは、たとえいかに皇帝によって優遇されたとしても、この間、「よそ者」の支配者の予想に反する滞在の長期化、そして教皇と提携した本格的統治の実践を、苦々しい眼で見るようになっていたからである。

首謀者として唯一人名指しされた〝ベニロー〟は、クレシェンツィ家のサビーナ伯ベネデット二世である可能性が憶測されている(10)。九九八年四月のクレシェンツィ二世の処刑後の六月、ベネデットは教皇に降伏していた。その後の同家の動向、特にクレシェンツィ二世の息子ジョヴァンニ二世の消息は不明だが、皇帝の配下に入ったトゥスクルム家とはライヴァル関係にあったはずである。上記の比定が妥当するならば、ローマの二大有力貴族家門はこの時、「反皇帝」を合言葉にして手を組んでいたということになる。

オットーのローマ統治を支える都市貴族門閥の人的リソースが極めて限定されていたことは、先に指摘した（本書193頁）。彼らの叛乱が白日の下に晒したのは、ローマ貴族と皇帝、各々が志向する理想は実はまったく異なる方向性を目指していたという事実に他ならない。都市貴族にとって皇帝による庇護・優遇を得ることは、あくまでも自己の家門の利益拡張というエゴイスティックな目的を実現するための手段の一つにすぎなかった。皇帝が高らかに掲げた「改新」のスローガンが、彼らの中に持続的な共感や、まして や忠誠心を呼び起こすことはなかったのである。「恩知らずのローマ人」——彼らにとって、皇帝は確かに〝よそ者〟のザクセン人であった。しかし、今や皇帝にとってもまた、彼らは〝よそ者〟のローマ人になったのである。

「ドイツ人のローマ帝国」

他方、オットーのイタリア遠征には、支配民族たるザクセン人、フランク人のみならず、それまで王権の直接的支配が及ばなかった南の二大公領（シュヴァーベン、バイエルン、本書38頁）の聖俗諸侯も動員された。彼らは、確かに帝国奉仕負担を共に遂行することを通じて、新たな共属意識を育んでいった。しかし、〝ローマ〟に大きく傾斜した皇帝のイタリア政策に心底から賛同していたわけではないし、特にザクセン人は、これまで占めてきた優越的地位を脅かされたことに不満を抱いていた。この演説が好んで引かれ、読者にある種の感動を呼び起こすのも、それが「ローマ帝国の改新」という構想が内に孕む矛盾と限界を、皇帝本人の口から発せられた悲痛な訴えという形で、極めてドラマティックに表現していることによる。

山田欣吾は、「ローマ人弾劾演説」の行間から読み取れるオットー自身の葛藤とその歴史的文脈を見事に要約している。「この悲痛な繰り言は、オットー三世が、文字どおり犠牲をいとわずようやくその理想を実現したと信じた「ローマ人の帝国」が、当のローマ人にとっては、まったくなにほどの価値もなかったという苦い現実をはっきり示した。ローマ人にとって、それはまさに「ドイツ人のローマ帝国」にほかならなかった。恐らくイタリア人のもとでもちいられていた語法をうけて、皇帝は、この演説ではじめてアルプス以北の自国民を「ドイツ人」という言葉で表現した。そうしたドイツ人とその国を、「ローマ帝国復興」という理想のためにあえて放置しなければならなかったのだ、という皇帝の自己告発の背景には、恐らくドイツ人の側からの皇帝政策批判が伏在していたであろう」(11)。

仮に『ベルンヴァルト伝』が演説の言葉を正確に伝えているとするならば、実は皇帝は、自らが「ドイツ人」であることを公言した最初の人物ということになる。イタリアの地における「ローマ帝国の改新」の実践が、翻って彼らの民族意識の醸成にとっていかに重要な起爆剤として作用したのか。「改新」が期せずしてもたらしたこの副産物については、「エピローグ」であらためて振り返ることとする。

ローマ退去

ローマの治安がそれほど深刻な状況でなかったことは、叛乱の収束後にベルンヴァルトが、サン・パオロ・フォーリ・レ・ムーラ修道院を訪問し、聖遺物を得ていることからも窺われる（タンクマル『ベルンヴァルト伝』二六章）。オットーも、二月一五日にローマでヴュルツブルク司教教会宛に所領の寄進証書を発給している（DOIII 391）。しかし、寛大な措置によっても、火種はまだ完全には鎮められておらず、新たな叛乱の勃発が危惧された。

翌一六日の日曜日、トスカーナ辺境伯ウーゴとバイエルン大公ハインリヒは、皇帝に市外の安全な地への一時退避を勧め、オットーも熟慮を重ねた結果、助言を受け入れた。三年前のサンタンジェロ攻防戦の、予想外の長期化が脳裏をよぎったのかもしれない。皇帝は、決してローマを追われたわけではない。しかしながら、権謀術数と奸計の常に渦巻く伏魔殿のようなこの都を、長期にわたって安定的に統治することがいかに困難であるか、この時彼は身をもって知ったはずである。オットーはシルヴェステルを伴い、心から愛した「永遠の都」を後にし、近郊に立つ教皇の城塞へと避難した。分散していた軍隊もこの不詳の城塞に集結し、今後の対応が協議された。

非公式ではあるが、ローマ市民との交渉ももたれた。市民は譲歩の姿勢を示し、市内に取り残されてい

図88　ベルンヴァルトの記念柱　11世紀初頭　ローマのトラヤヌス帝やマルクス・アウレリウス帝の記念柱を模倣しつつ，イエスの洗礼からイェルサレム入場までをテーマとする。聖ミカエル修道院蔵

た皇帝の兵員に自由退去を認めた。しかし、皇帝は、幾重もの恩顧にもかかわらず、自らを裏切り、都落ちまで強いたローマ市民に立腹し、彼らと約定を結ぶのを潔《いさぎよ》しとはしなかった。むしろ、あらためて軍勢を整えたうえで、この屈辱に対する報復措置を講ずることを決意した。「皇帝がそれまで他のいかなる都市にもまして愛しんだローマ――それを彼は以後、すべての都市の中で最も嫌悪することを余儀なくされたのである」（『クヴェトリーンブルク編年誌』一〇〇一年の項。本書215頁参照）。ただ、この時、オットーの脳裏をパウロの「ローマ人への手紙」の警句が一瞬なりともかすめることはなかったであろうか――「愛する者たちよ、あなたがたは自分自身で報復せず、むしろ〔神の〕怒りに場所を譲りなさい。〔次のように〕書かれているからである。復讐は私に属すること、私こそ報復する、と主が言われる。むしろ、もしもあなたの敵が飢えているなら、彼に食べさせなさい。もしも渇いているなら、彼に飲ませなさい……」（一二・一九～二〇）。

二〇日、ザクセンからはるばる到来した使節一行は、それまで二日間皇帝と行程を共にした後、丁重に暇乞いをし故郷を目指して出立していった。ベルンヴァルトは、帰路に訪れる予定の聖俗諸侯に宛てた皇帝の書簡を携えており、ローマで獲得した数多くの貴重な聖遺物も、従者の手で大切に移送される手筈になっていた。古代ローマ文化の影響を強く受けた「ベルンヴァルトの扉」（司教座大聖堂）や、「ベルンヴァルトの記念柱」（聖ミカエル修道院）といったオットー朝芸術を代表するヒルデスハイムのブロンズ作品の構想も、この時既に彼の胸中で温められていたであろう。

司教は、皇帝と彼の幼少期のことについて語らい、時には明るく喜ばしそうに、しかし時には教師としての威厳をもって、彼が何をなすべきかを想い起こさせ、いかなる悪徳を避けねばならぬかを説諭した。……その後、皇帝は、愛する教師に宿営まで同行し、選り抜きの贈り物によって返礼した。さらに教皇が招かれ、祝福を授けた。それから二人は、愛する教師と涙を流しながら接吻を交わすと、神の恩寵によって彼を穏やかに送り出した（タンクマル『ベルンヴァルト伝』二七章）。

司教も皇帝も、この時が二人にとっての永久《とわ》の別れになろうとは、もちろん予想だにしていなかった。

3　ラヴェンナ、ハンガリー、ヴェネツィア

春のラヴェンナ

二月末／三月初、態勢を立て直すべく皇帝と教皇の一行が向かった先は、パヴィーアと並ぶ北イタリアの統治拠点、ラヴェンナである。ローマの叛乱と皇帝の退去によって、イタリア王国に対する皇帝の支配が一挙に瓦解したわけではない。祖父のオットー一世は、第二次イタリア遠征時に、教皇ヨハネス一二世と反皇帝派の都市貴族が陣取るローマを制圧するために、三度にわたり大軍を指揮しなければならなかった。これとは逆に、教皇ボニファティウス七世は、簒奪と亡命を繰り返しながらも、聖ペテロの座に三度

就いている。「暗黒の世紀」のローマの歴史を振り返るならば、オットー三世がこの時に直面した事態は、むしろノーマルであったとさえ言えるし、叛乱は王国全土に拡大することなく、ローカルな事件に留まった。

もちろん、ローマ退去という屈辱とローマ人に対する幻滅は、その政治プログラムが政治的・宗教的中心としての「永遠の都」を基軸に構想されていただけに、まだ二〇歳の皇帝にとって精神的に大きな痛手となった。それに対して講じた方策の一つは、報復攻撃の準備という常識的なものである。ただ、もう一つは、いかにもオットーらしい対応と言わざるを得ない——贖罪と禁欲的瞑想生活である。

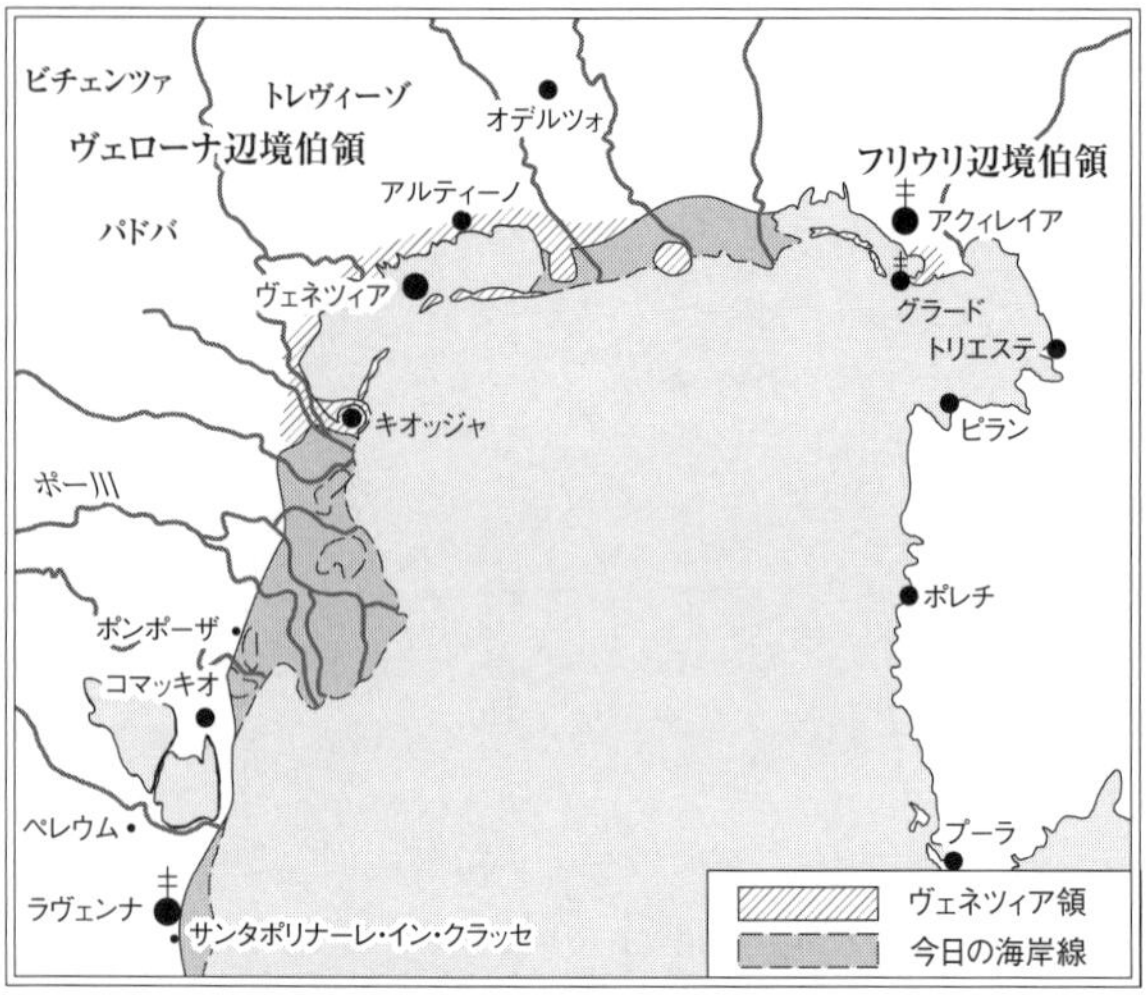

図89　ラヴェンナ，ペレウム，ヴェネツィア

皇帝と教皇が、トスカーナ辺境伯ウーゴとバイエルン大公ハインリヒに護衛されてラヴェンナに到着したのは三月下旬である。一行の中には、クリュニー修道院長オディロン、イタリア書記局長のコモ司教ペトルス、枢機卿司祭フリードリヒ、奉献官ロートベルトらいつもと変わらぬ側近たちの姿も見える。到着を待ち受けていたのは、ヴェルチェッリ司教レオ、ヴェローナ司教オトベルト、ヴェネツィアのドージェの使者ヨハネスら賑やかな顔触れである。当地の大司教レオの

名前は確認されないが、病に臥せっていたものと思われる。皇帝の証書発給活動も、ローマ滞在中の二月一五日以降、三月七日（ペルージャ）、一八日（パラッツォーロ）と途絶えることはなく、ラヴェンナでも継続された。教皇も使徒座の地を離れたとはいえ、従来通り教会の頭として各国（ダルマティア、ハンガリー、フランス、ヒスパニア等）から到来する使節と謁見し、あるいは証書を交付し続けている。

オットーは、通例に反してチェーザレアの王宮ではなく、クラッセのサンタポリナーレ修道院に宿営した。同院で四月四日に皇帝と教皇の主宰で開催された裁判集会には、上記の面々を含む夥しい数の聖俗諸侯、市民の代表たちが参集し、ローマ退去にもかかわらず、両者の権威が衰えていないことを示した。証書に記載された参加者名で特に眼を惹くのは、ペレウムに拠点を移した隠修士ロムアルドゥス、弟子のクヴェーアフルトのブルーノたち、さらにハンガリーから来訪したアナスタシウス（アシェリク）らの姿である（DOIII 396）。ブダペスト南方、ペクスファラドの聖マリア修道院長で、殉教者アーダルベルトの愛弟子である。彼を使節として皇帝・教皇の下に派遣したのは、後に「聖王」と呼ばれることになるイシュトヴァーン（シュテファン、九七〇頃～一〇三八）であった。証書末尾のオットーの自署は、皇帝称号を排して「オットー、使徒たちの僕が署名した」とのみ記しており、この時グネーゼン巡幸時と同じく東方伝道問題について協議したことを示唆している。

ペレウムのオットー

ラヴェンナ滞在は五月中旬まで続いた。この間、近郊のポンポーザやフォルリンポポリの修道院に巡礼のため訪れているが、四旬節の期間に最も頻繁に通い、贖罪の勤行に従事したのは、ロムアルドゥスの隠修士共同体である。ペレウムでは、時に鞭を振るうのも躊躇《ためら》わぬ師の厳格さと、ポー川河口域の湿地帯で

図90　フラ・アンジェリコ画，「聖ロムアルドゥス」　1441〜42年。フィレンツェ，サン・マルコ修道院蔵

蔓延する熱病のため、多くの離反者が出る有様であった。

しかし、オットーは、四旬節を通じて皇帝の緋色のマントの下に粗末な贖罪服を着用し、昼となく夜となく、僅かの伴とともにクラッセから北のペレウムへと向かった。王宮付きの側近でさえ、時に主の居場所が解らなかった程である。ペレウムには、かつての宮廷司祭ブルーノの姿があったし、側近のタンモも、三月中旬にパラッツオーロで皇帝の一行に合流するまでは、この共同体の一員であった。オットーは、同地にアーダルベルトに捧げる教会の建立も命じている。

ペレウムのロムアルドゥスは、孤高の隠修士としての精神的高みから、若き皇帝に対して時に威圧的とも言うべき影響力を行使した。オットーはこの時ロムアルドゥスに対して、俗世を捨て修道士になると約束した、と伝える史料がある。ブルーノが後年著した『五修道士殉教伝』（二・三章、一〇〇八年成立）と、ロムアルドゥスの弟子で、後に改革教皇座を支えることになる枢機卿ペトルス・ダミアーニ（一〇〇七〜七二）の『聖ロムアルドゥス伝』（二五章、一〇四二年頃成立）である。前者から引用する。

今この時、余は神とその聖人たちに約束する。三年の間、余の統治の誤りを正した後、帝国を余よりも相応しき者に譲り、余の母が遺産として余に残した財貨を放棄して全霊をもってキリストに付き従う。……帝国を賢者に譲り、そして皇帝の権標を聖なる都市イェルサレムに置いて後修道士となり、人里離れた荒野で学問の生活に身を委ねる覚悟である。

「統治の誤り」とは、「弾劾演説」で自己批判したローマ人への過度の優遇策を指しているのであろうか。約束は、一見したところ「玉座の夢想家」（本書159頁）というオットー像を裏打ちするようにも思われる。コンスタンティノープルでの婚姻交渉が順調に進んでいる状況下で退位し、世捨て人となることは、現世における「神の代理人」としての責務を中途で投げ出すことを意味する。ともあれ、問題の発言は、政治的熟慮の結果というよりも、ロムアルドゥスとの感情的に高揚した宗教上の問答に起因する、多分に衝動的な性格のものだったのではあるまいか。発言内容が、隠修士側の視点から脚色されていることも当然ながら予想される。ただ、そこには、禁欲的瞑想生活への皇帝の憧憬と並んで、フリート（本書264頁）が指摘するように、「シビュラの託宣」やアドソらが唱えた黙示録的終末論の影響も投影されていると考えて差し支えあるまい。

グラーン大司教座

四月一三日の復活祭の祝日には、先に列記した面々の他、ルクセンブルク伯ジークフリート（本書55頁、九九七／九八年歿）の息子ハインリヒ――その妹クニグンデはバイエルン大公の妻――、ヴェローナ辺境伯オットー、パヴィーア宮中伯オットーネ、父の時代以来イタリア政策を支えてきたトレヴィーゾ伯ラインバルトらの名前が確認される。ハンガリーから到来した使節と皇帝・教皇との間の交渉は、この日に妥結したと考えられている。〝グネーゼン〟と比較すると、同時代史料の証言が極めて限られており確言はできないが、グラーン（エステルゴム）にハンガリー初の大司教座を設置することが決定されたと推定されるのである(12)。

後年「ハンガリー人の使徒」と呼ばれることになるアナスタシウスは、かつてローマのサンティ・ボニファーチョ・エ・アレッシオ修道院の修道士であった可能性が指摘されている。しかし、その出自（ドイツ、ブルゴーニュ？）も含め、キャリアについては不明の部分が多い。アーダルベルトが九九二年にプラハ近郊に建立したブジェヴノフ修道院の初代院長職に就いたが、三年後に再びローマに向かった師と行動を共にした（本書115頁）。途中でハンガリーを経由したのは、アールパード家の大首長ゲーザの宮廷を訪れ、伝道計画について協議するためであった。アナスタシウスは、九九七年の師のポーランド行にも同道したが、プルス人伝道には参加せず、直前に創建されたミエンジジェチ修道院の院長として後に残った。師の殉教後は、ブルゴーニュのディジョンを経て、大公イシュトヴァーンの下に赴き、ペクスファラド他にハンガリー最初の修道院を建立して伝道活動を繰り広げた。一部研究者は、一〇〇〇年二月、オットーがグネーゼンに向かう途中で滞在したツォプテンで、同行の教皇配下の聖職者の手によってハンガリーの伝道大司教に叙階されたと推定している（本書130、202、203頁）(13)。ただ、この時点では、九九九年のガウデンティウスの場合と同じく、大司教座の所在地や管区はまだ確定していなかった。アナスタシウスが、初代カロチャ司教を経て、グラーンの（恐らくは）第三代大司教に就位したのは、一〇〇六年のことである。

この間オットーも、アーダルベルトのみならずバイエルン大公ハインリヒを通じて、ハンガリーを確実に射程に捉えていた。九五五年のレヒフェルトの戦いでオットーの祖父によって壊滅的な敗北を喫したハンガリー人は、この時を境に牧畜に加え農耕を営む定住生活を開始した。上記のゲーザは、伝統的な部族制の解体により支配権の統合を試みた。そして、九九七年のその死去を承けて後継者となったのが、息子のヴァイクである。洗礼を受けイシュトヴァーンと改名した彼は恐らく同年末、ハインリヒの妹ギーゼラと結婚し、バイエルンの支援を得つつ、なお異教に留まる各地の部族長を相次いで破り、国家統一の礎を築き上げた。ハンガリーの伝道政策では、カトリック教会とギリシア正教会の利害が交錯していたが、ヴァイクの時代以来前者への傾斜が顕著となり、アナスタシウスらアーダルベルトの弟子たちが伝道・教会組織確立の先頭に立った。一〇〇〇年頃、ポーランドのボレスラフのみならず、ハンガリーのイシュトヴァーンもまた、国王類似の高い地位と権威を追い求めていたこと、オットーとシルヴェステルは、それを見逃すことはなかった。

「前述の皇帝の恩顧と勧言を得て、ヴァイク、すなわちバイエルン人の大公ハインリヒの義兄弟は、彼の王国において司教座を設置し、冠と聖別を受けた」（ティートマル『年代記』四巻五九章）。塗油・戴冠式の時期については、後代になってようやく種々の記録が残されている。ラヴェンナの復活祭に先立つ前年末の降誕祭か、この一〇〇一年の一月一日であったと考えられる(14)。既に伝説化傾向の濃厚な一一世紀末の伝記史料には、教皇が祝福とともにイシュトヴァーンに王冠を贈与したと記録されているが、真偽の程は定かではない。いずれにせよ、実に一九一七年までハンガリー王国の聖冠として使われ続けた「聖イシュトヴァーンの王冠」は、イシュトヴァーンがこの時用いたものではないようである。上部の交差した帯部分は一〇七〇年代（制作地、ハンガリー?）、下部の円環部は一二世紀後半のビザンツ帝国での制作と推定される。

図91　聖イシュトヴァーンの王冠　ブダペスト，ハンガリー議会府蔵

四〇年前の九六〇年頃、ブルグント＝ロートリンゲン地方では、西欧世界を蹂躙する異教徒のハンガリー人こそ、『ヨハネの黙示録』（二〇章、本書235頁）が予言した恐るべきゴグとマゴグではないかと

の憶測がまことしやかに流布していた(15)。しかし、それは杞憂に終わった。オットーがアーダルベルト、シルヴェステルらとともに構想した「ローマ帝国」を基盤とする東部ラテン＝キリスト教世界の再編・統合の試みは、前年のポーランドに続き、このハンガリーにおいても見事なまでに結実することとなったのである。次の懸案は、アーダルベルトに殉教を強いた、ポーランド東部の異教徒に対する伝道活動を再開することである。

ペトルス・ダミアーニによれば、ペレウムの隠修士共同体には、ボレスラフ・クローブリーの息子の姿もあったという（『聖ロムアルドゥス伝』二八章）。四月頃、そのポーランド大公からの使者が当地に到来し、ロムアルドゥスにポーランド伝道のための修道士派遣を要請してきた。ロムアルドゥスは、オットーとも協議したうえで、人選については判断を弟子たちに委ねた。ブルーノの熱心な勧めで伝道行を決意したのは、ベネヴェント出身で、モンテ・カッシーノ以来ロムアルドゥスに付き従ってきた若き隠修士ベネディクト、そして高齢のモンテ・カッシーノ修道士ヨハネスの両名である。彼らは、かの地の異教徒に神の福音の言葉を伝えるべく、スラヴ語の学習に着手した。

ヴェネツィアの極秘訪問

復活祭の二日後の四月一五日頃、オットーは、信頼の置ける選り抜きの側近たちのみを引き連れ、ラヴェンナから北のポンポーザへと船で向かった。大祝日に酒杯を重ね過ぎ、その静養のため、というのが宮廷の取り巻きに対する表向きの口実である。しかし、真の目的は、極めて異例にして大胆な隠密行動を敢行することにあった。ヴェネツィアを極秘に訪問し、ドージェのピエトロ二世・オルセオロと直接会見に臨むのである。皇帝が家臣でもない劣位の外国君主を直々に訪れるのは、「名誉」を最大価値とする中世の政治秩序に照らすならば、自らの権威を損ないかねない、向こう見ずな企てである。〝グネーゼン〟の場合は、主従関係と「巡礼」という一応の大義名分があった。しかし、ヴェネツィアはオットーの臣下ではなく、名目上コンスタンティノープルの皇帝に従属する地位に置かれていただけに、なおさらである。

この時期、ビザンツ帝国とヴェネツィアは、共通の利害で結ばれていた。前年の夏、ドージェは、自ら艦隊を率いてダルマティア方面の海岸都市に遠征をおこなった（本書223頁）。ビザンツ皇帝バシレイオスは、当時ブルガリア帝国の皇帝《ツァーリ》サムイル（在位九九七〜一〇一四）と戦闘中であった。ブルガリアと同盟関係にある西方のクロアティア王国を牽制するという意味で、ヴェネツィアのダルマティア遠征は、バシレイオスにとっても望ましい展開であった。なお、「ブルガリア人殺し《ブルガロクトノス》」という彼の異名は、一〇一四年のベラシツァの戦いでのサムイルに対する勝利に由来する。ビザンツ皇帝は、ブルガリア人捕虜一万五〇〇〇人のうち一〇〇人に一人だけ片目を、残り全員については両目を潰し、サムイルの元へ帰した。この光景を見たサムイルは、卒倒して二日後に死去したとされる。第一次ブルガリア帝国が滅亡したのは、その四年後である。

様々な障害にもかかわらず、オットーがドージェとの直接会見を望んだのも、「水の都」との交易がもたらす商業上の利益や、息子の堅信礼に際して取り結んだ「諸王の家族」の絆をより強化するためだけではなかった。「西」の皇帝は、海岸防衛のための独自の艦隊を有していなかった。また、ダルマティア＝クロアティア方面のキリスト教化にとって、この地域に多大な影響力を有するヴェネツィアの協力は不可欠であった。ヴェネツィアの外交使節にして歴史叙述者でもあるヨハネス・ディアコヌスの『ヴェネツィア年代記』によれば、三日間に及ぶ皇帝の冒険的な隠密行動は次のような経過を辿った（三三章B〜三四章B）。

図92　サン・マルコ教会，黄金の背障（パラ・ドーロ）

オットーがポンポーザに同行させたのは、ルクセンブルク伯ハインリヒ、納戸役のタンモ、枢機卿司祭フリードリヒ、トレヴィーゾ伯ラインバルト他、計僅か七名である。皇帝は到着早々、同地の聖マリア修道院の院長に対し、外部との接触を断ち三日間籠もるための仮宿舎を近傍に建てるよう命じた。ヨハネスは、皇帝一行を迎えるべく一艘の小舟で既に到来しており、この間港の陰に身を潜めていた。真夜中の船出は悪天候のため難儀したものの、翌一六日の深更、ヴェネツィア本島とリド島の間に位置するサン・セルヴォーロ島に無事到着した。夜陰に乗じてピエトロが姿を見せ、オットーと抱擁と接吻を交わした後、一行を宿となる本島のサン・ザッカリーア女子修道院へ自ら案内した。

一七日の朝、オットーは人目を避けるようにして、ドージェの礼拝堂であるサン・マルコ教会に詣でた。その後、教会と連結するドゥカーレ宮殿へと導かれ、その夜の宿となる東側の塔の一室をあてがわれた。お伴は二人のみ、服装も目立たぬよう質素なものに着替えた。

当時のサン・マルコは、九七六年の市民蜂起の際に焼失した旧教会に代わり九七八年に再建されたばかりの新築の教会であった。蜂起で殺害された前ドージェの後継者となったのが、二世と同名の父ピエトロ一世・オルセオロである。ヴェネツィア商人が八二八年にアレクサンドリアから盗み出した福音書記者マルコの聖遺物と、その前の祭壇との間には今日、黄金の背障《パラ・ドーロ》が配置されている。ビザンツ金細工美術の傑作が完成したのは一二世紀以降であるが、最古の部分である外枠の円形メダルの装飾は、ピエトロ一世の委嘱によるものである。ドージェ就任の僅か二年後の九七八年、彼は蜂起に加担した罪を償うべく俗世の地位と家族を棄て、ピレネー山脈麓のキュクサの修道院に入った（九八七／八八年歿。列聖、一七三一年）。出立に随行し、この間彼と行動を共にしたのが、ヴェネツィア近郊で隠修士生活に没頭していた若き日のロムアルドゥスである（本書175頁）。

皇帝とドージェ

裏で皇帝が率いる使節団の公式の代表はルクセンブルク伯で、表向きの名目は親善訪問である。オットーが宮殿に向かっている間、彼は他の随行員とともに、早朝のミサの参列を終えたばかりのドージェにサン・マルコ教会前で謁見した。ハインリヒは公衆を前に、自らが皇帝の命で派遣された使節であることを大声で告げ、ピエトロの側も皇帝の所在と近況を問うというパフォーマンスを演じた。ドージェはその後、使節に宿舎をあてがうよう指示を与えると、塔内の一室に潜むオットーを訪れた。

午餐、晩餐と二度の食事を挟んで、夜遅くまでの長時間二人の間で何が討議されたのか、その内容についてヨハネス・ディアコヌスは沈黙を守っている。皇帝の主たる関心事は、クロアティア・ボスニアのキリスト教伝道にあったようである。アドリア海沿岸地域は、ハンガリーの場合と同じく、伝道の主導権をめぐりギリシア正教会と競合関係にあった。成果として確認されるのは、管轄権をめぐって対立するアクィレイアとグラードの総主教間の利害調整、そして帝国とヴェネツィアの友好関係の絆のさらなる強化である。ヴェネツィアは、事実上の独立国家としての地位を認められたが、皇帝が将来ドージェの地位を国王に昇格させることまで構想していたのか否かは、憶測の域を出ない。

翌一八日の別れに際し、ドージェは皇帝に対し贈り物を提供することを申し出た。しかし、オットーは、

「彼が、汝と聖マルコに対する愛故にではなく、物欲しさのために訪問したなどと誰も言うことができぬよう」との理由でこれを丁重に謝絶した。グネーゼンの時とほぼ同じ文言である（本書207頁）。しかし、最後はピエトロの顔を立て、象牙製の座椅子と銀製の飲用容器を受け取った。

その夜、皇帝は二人のお伴とともに、ヨハネスの案内でポンポーザに無事に戻った。一九日の朝、何事もなくラヴェンナに戻った皇帝は、三日間の隠密行動の一部始終をついに明かした。「事の次第に、宮廷人は大変驚愕し、それを信じることができた者はほとんどいなかった」。ルクセンブルク伯の一行は、一日遅らせてヴェネツィアを去った。ドージェがヴェネツィアの有力者を宮殿に招集し、皇帝のヴェネツィア訪問の仔細を公表したのは、帰還から三日後のことである。

4　ローマ奪還への道

再びローマ、ベネヴェントへ

復活祭前後の時期は重大事件の連続であったが、以後の皇帝の動向については、急に史料証言が乏しくなる。これまで主たる情報を提供してきたブルーノはペレウムに、ヨハネスはヴェネツィアに留まっており、タンクマルも既にザクセンに帰郷していた。

五月中旬、オットーはローマに向け軍を進めた。ただ、参加が確認される諸侯は、シュヴァーベン大公ヘルマン二世（在位九九七〜一〇〇三）だけである。彼は、幼王誘拐事件でテオファーヌに忠誠を尽くした大公コンラート（九九七年歿）の息子である。これ以外は、皇帝配下の「ローマ人のパトリキウス」ツィアゾに限られ、軍勢としては相当見劣りがする。ローマ到着は六月初頭。しかし、四か月前に皇帝によってその恩知らずを非難された市民が門を開けることはなかった。皇帝軍が陣を張ったのは、市壁外のサン・パオロ・フォーリ・レ・ムーラ修道院の近傍である。ティートマルによれば、シュヴァーベン大公の兵が同修道院の所領を占拠しようとしたが、その時突如として激しい雷雨に襲われ死傷者が出た。メールゼブルク司教は、この事件を神罰と解している（『年代記』四巻五九章）。

奪還ではなく、偵察を兼ねた威嚇攻撃が目的だったのであろうか、ローマでは一戦も交えることはなかった。その後軍隊が向かった先は、この時期再び皇帝に対し叛旗を翻したベネヴェントである。短期間の包囲戦の後、都市は攻略された。前年六月にアデマーロを追放したカープアやサレルノの反抗的態度も、皇帝軍の到来によって緩和された。ただ、二年前に巡礼行で訪れた時とは異なり、南イタリア統治に綻びが生じ始めていたことは間違いない。

その後、皇帝軍は進路を北へと転じた。アルバーノからローマの東方をかすめ、七月末にはローマの北西に位置するパテルノの城塞に滞在し証書を発給している。半年後にこの地で悲劇が起きようとは、無論誰も予想だにしていない。さらに涼しいウンブリアの山岳地帯をゆっくりと進み、ラヴェンナ帰還は九月初頭であった。同地に戻ったのは、病床に臥す大司教レオの後任人事が迫っていたからであろう。

ペールデの騒擾

ここでイタリアを一旦離れ、視点を「ガンダースハイム紛争」のその後の経過に転じる。

ヒルデスハイム司教ベルンヴァルトは、一〇〇一年二月二〇日に皇帝に別れを告げた後、パヴィーアを経て三月上旬頃、司教レオのいるヴェルチェッリに到着した。聖職者と民衆は、鐘を打ち鳴らし賛美歌を歌って一行を盛大に歓迎した。その後グラン・サン・ベルナールの峠道を越え、中旬頃にサンモリッツでブルグント国王ルードルフ三世と会見、所領寄進を受けた。半年にわたる長旅を終え、ヒルデスハイムに無事到着したのは四月一〇日である。

しかし、皇帝・教皇の介入にもかかわらず、ヒルデスハイム司教とマインツ大司教の争いは、むしろ険悪化の一途を辿った（以下、タンクマル『ベルンヴァルト伝』二八〜三四章）。春に皇帝のヴェネツィア訪問に同行した枢機卿司祭フリードリヒは、六月二二日、教皇特使の資格でザクセンの王宮ペールデに教会会議を招集した。「彼は、教皇のあらゆる権標を身に纏っており、あたかも教皇本人が到来したかの如くであった」。

ところが、早くも会議の冒頭からトラブルが起きた。教皇代理を兼ねるマインツ大司教ヴィリギスは、そもそも若き特使を自らの家来のごとく見下していた。彼が会議を主催すること自体承服せず、彼が教皇シルヴェステルから託された書簡を読み上げることさえも拒絶したのである。ヴィリギスの横暴はさらに続いた。紛争における己の振舞いを叱責する教皇書簡がようやく読み上げられると、教会の戸口を開けさせ、自らの武装した家来を教会の中へと引き入れ騒擾を引き起こしたのである。フリードリヒとベルンヴァルトも兵士を多数従えていたが、武力に訴えることを控え、会議の場の沈静化に努めた。列席する他の司教たちの提案で、翌日再度会議を開催することが決められた。しかし、ヴィリギスは、翌朝早く家来を引き連れ密かにペールデを立ち去った。特使はマインツ大司教に対し、教皇への不服従の廉で聖務停止令を科した。そして、降誕祭に教皇が主宰する教会会議に出頭し、申し開きすることを命じた。

フリードリヒがイタリアの皇帝の下に帰還したのは、八月中旬頃である。皇帝と教皇は、特使の状況報告を聞くと、ヴィリギスの不遜な態度に大いに憤慨した。そして、「すべてのドイツ人 *Theutisci* の司教」に対し、降誕祭にトーディで開催する教会会議に参集し、その際皇帝のために軍隊も併せて動員するようにとの命令が発せられた。

ザクセンでは双方の衝突がその後も続いていた。ヒルデスハイム司教は聖母訪問の祝日の七月二日、伯母が院長職を務めるミンデン近郊のヒルヴァルツハウゼン女子律院を訪れた。九六〇年に建立され、その後皇帝の直属となった同院は、本来マインツ大司教の監督下にあったが、一月のローマ訪問の際に皇帝からベルンヴァルトに寄進されたばかりであった(16)。ヴィリギス配下の兵が同院を襲撃したのは、司教訪問前日の夜のことであった。盛大な歓待のために準備された品々は、悉く破壊されていた。

図93　ガンダースハイム聖堂教会

悲嘆に暮れた司教はその後、紛争の発端となったガンダースハイムを訪れた。ところが、彼がそこに見たのは、まるで城塞の如く塔と防御設備を完全武装した女子律院と、大司教配下の夥しい数の兵士たちの姿であった。司教の立ち入りは拒絶された。命じたのはソフィアである。彼女はこの時期、既に四五年もの長きにわたり院長職にある高齢のゲルベルガを差し置いて、律院の事実上の支配者になっていたのである。四か月後の一一月一三日にゲルベルガが亡くなると、翌年予定通りソフィアが後継院長の地位を襲うことになる。

ますますエスカレートする問題を討議するため、司教たちの呼びかけで八月一五日の聖母マリア被昇天祭の頃、フランクフルトで教会会議が開催された。主宰したのはマインツに加えてケルンとトリーアの三大司教である。ベルンヴァルトは病気のため、シュレスヴィヒ司教エッケハルトとタンクマルを代理として派遣した。席上タンクマルは、降誕祭に開催予定の教皇主宰の教会会議が紛争を取り上げることとなっており、大司教主宰の教会会議は裁定権を有さない、との法手続論を展開した。しかし、これは聖界諸侯の同意を得ることができず、ヴィリギスも、聖務停止令を科されているにもかかわらず、譲歩することはなかった。妥協案として、翌年の聖霊降誕祭の八日後の日曜日、すなわち五月三一日にフリッツラーの王宮で会議をあらためて開催すること、その時までマインツ、ヒルデスハイムのいずれも、ガンダースハイム律院に対しいかなる権限も行使しないことが確認された。

膠着状態が続くなか、病床に臥せるベルンヴァルトは、タンクマルを使者として再度イタリアに派遣し、教皇に上訴することを決意した。

ペレウムの別れ

九月二〇日頃、皇帝は、ボローニャ経由でパヴィーアを目指した。ローマの叛乱で動揺を来すことのないよう、ロンバルディア地方の聖俗諸侯を統制し、併せて軍事支援を要請するためである。一〇月一四日に皇帝とパヴィーア宮中伯オットーネが主宰した裁判集会には、四月のラヴェンナと同様、盛大な数の諸侯たちが参集した。主立った顔触れは、ヴェローナ辺境伯オットーを初めとする北イタリア各地の辺境伯たち、聖界諸侯ではパヴィーア宮中伯の叔父のイタリア書記局長兼コモ司教ペトルスらの面々である。

ヴェネツィアからはヨハネスも姿を見せ、皇帝から黄金の装飾品をドージェに託された。彼は一一月にもラヴェンナを訪問し、ドージェからの贈り物として象牙製の座椅子を献上している。皇帝は、返礼として再び黄金の装飾品を与えた。なお、オットーはパヴィーアで、極めて貴重な聖遺物に接する機会を得ている。父オットー二世の時代に、イェルサレムで発見された聖十字架の断片である。これを所有するサン・フェリーチェ女子修道院の院長は、皇帝のたっての願いで、彼が以後この貴重な聖遺物を携行することを許可した。

この頃、ローマ市民があらためて周辺の皇帝軍を襲撃したとの報が入った。教皇の統治に服する都市チェゼーナが蜂起したのもほぼ同時期である。オットーは、軍隊の一部をツィアゾに委ねローマ方面に派遣した。ローマ攻略のための軍事拠点を確保することが目的である。

一〇月末／一一月初頭、皇帝と教皇はポー川を航行して再びラヴェンナに戻った。各地から召集された軍隊が陸路でこれに続いた。途中のペレウムでは、一部完成した聖アーダルベルト教会の献堂式が挙行された。オットーはアーヘンを初めとして各地に殉教者に捧げる教会を創建したが、大理石の柱を用いた同地の壮麗な円形の教会は、結果的にその最後となった（なお、ペレウムは今日、聖人に因んでサンタルベルトと呼ばれている）。

ところで、この頃、共同体を去り異教徒伝道に向かう弟子たちと、自らの権威に服従しない彼らに体面を傷つけられたと考える師との間に、衝突があったことをブルーノは伝えている（『五修道士殉教伝』二〜五章）。短気で激しい気性のロムアルドゥスは、ベネディクトとブルーノを裸身にし、仲間たちの面前で鞭を打たせたこともある。伝道を後押しすべくロムアルドゥスに許可を求めた皇帝も、逆に将来修道士になるとの春の約束の履行を迫られた。オットーは、ローマを攻略した後に勝者としてラヴェンナに帰還する、その時までの猶予を請うた。この言葉に立腹した隠修士は、不吉な警告を与えた――「もし汝がローマに行くことを望むのであるならば、汝は二度とラヴェンナを見ることはあるまい」（ペトルス・ダミアーニ『聖ロムアルドゥス伝』三〇章）。

春以来、東方伝道の準備を進めていたベネディクトとヨハネスの二人は一一月、必要な支度を皇帝から拝領し、ポーランド目指して旅立っていった。見送ったブルーノも、ローマ情勢が安定し教皇から伝道大司教の肩衣《パリウム》を授与されてから後を追うことを約束した。ペレウムに嫌気がさしたロムアルドゥスは同地を去り、イストリアへと向かった。常に新たな活動の場を求めて彷徨する彼の強靱にして厳格な生き様は、ネイロスらギリシア＝東方系のバシレイオス派隠修士を凌ぐ多大な影響力を隠修士運動に対し及ぼすことになる。

ラヴェンナ出陣

一一月中旬以降、オットーの周辺は急に慌ただしくなってきた。中旬頃、病身のため職を辞したラヴェンナ大司教レオの後任に、教皇特使としてザクセンに派遣された枢機卿司祭フリードリヒが任命された（在位一〇〇一～〇四）。教皇シルヴェステルは、蜂起したチェゼーナを鎮圧するため一足先にラヴェンナを去った。同月末、皇帝はツィアゾに次ぐ第二の先遣部隊をタンモに委ね、夏に滞在したパテルノに送り込んだ。

そして、一二月中旬過ぎ、ついにオットー自らもラヴェンナを出陣した。夏に召集したアルプス以北からの聖界諸侯の援軍は、まだ到着してはいない。出立を急いだ理由は、教会会議を開催するトーディに降誕祭までに到着する必要以外にも多々ある。

お膝元の「永遠の都」を退去して以来既に一年近くの時が過ぎている。ローマ帝国の統治をこれ以上危機に晒さないためには、「世界の頭」たるローマの市門を力づくで開けさせ、市の実権を奪還すると同時に、教皇を「すべての教会の母」たる聖ペテロの座に復させねばならない。それは遅くとも、コンスタンティノープルから将来の新皇后が到来する、その時までには実現しておく必要があった。

オットーはもとより、ビザンツ皇帝バシレイオスもまた、勝利を確信していたであろう。実はこの時、ミラノ大司教アルノルフォは、待望の新皇后を伴って南イタリア、バーリの港に向かう旅の途上にあった。前年末頃に派遣された大司教と皇帝の交渉経過について、最重要史料のランドゥルフ『ミラノ史四巻』（一〇七六／七七年頃成立）、アルノルフォ『ミラノ大司教事績録』（一〇七二〜七七年成立）は、いずれも言及していない(17)。ただ、すくなくとも求婚使節が宮廷で篤く歓待されたとの情報は、オットーにも逐次伝わっていたはずである。結婚式は、両親の場合と同じくサン・ピエトロ教会で挙行される段取りとなっていたであろう。

ローマ攻略後は、再びアルプスを越える計画が既に練り上げられていた。「ガンダースハイム紛争」を討議する教会会議は、翌一〇〇二年の五月三一日にフリッツラーで開催される手筈となっている。フランクフルトに参集した聖界諸侯が次の開催日程を九か月半も後に設定したのは、もはや彼らの手に余る懸案の最終的解決を、皇帝自身による直接裁定に委ねることを想定していたからに他ならない。

解決すべき課題は山積している。しかし、オットーに残された時間は限られていた。

第一〇章　パテルノの死　一〇〇二年

1「緋室生まれの国王は、市門の外の地で亡くなる」

報復遠征

一二月中旬過ぎ、ザクセンから到来したタンクマルは、ローマ目指して進軍する皇帝の一行にスポレート近郊で合流した。チェゼーナに対する攻撃を自ら指揮していた教皇シルヴェステルもやや遅れて加わり、二〇日前にはトーディに到着した。

ところが、それから程なくして、トスカーナ辺境伯ウーゴが二一日に死去したとの報がもたらされた。オットー三代に忠誠心をもって長年仕えたイタリアの最有力諸侯を失ったことは、大きな痛手であった。ただ、ペトルス・ダミアーニは後年、一書簡（一〇五九〜六三年頃）の中で、訃報を聞いたオットーが思わず「網わなは破れて、このわれらは逃れた」（『詩篇』一二四〈一二三〉・七）と叫んだと伝えている。もしこの記事が事実とするならば、そこには世慣れた実力者（享年約五〇歳）の後見から解放され、自らの意志を貫こうとする二一歳の若き皇帝の意気込みが含意されていたと考えられる(1)。

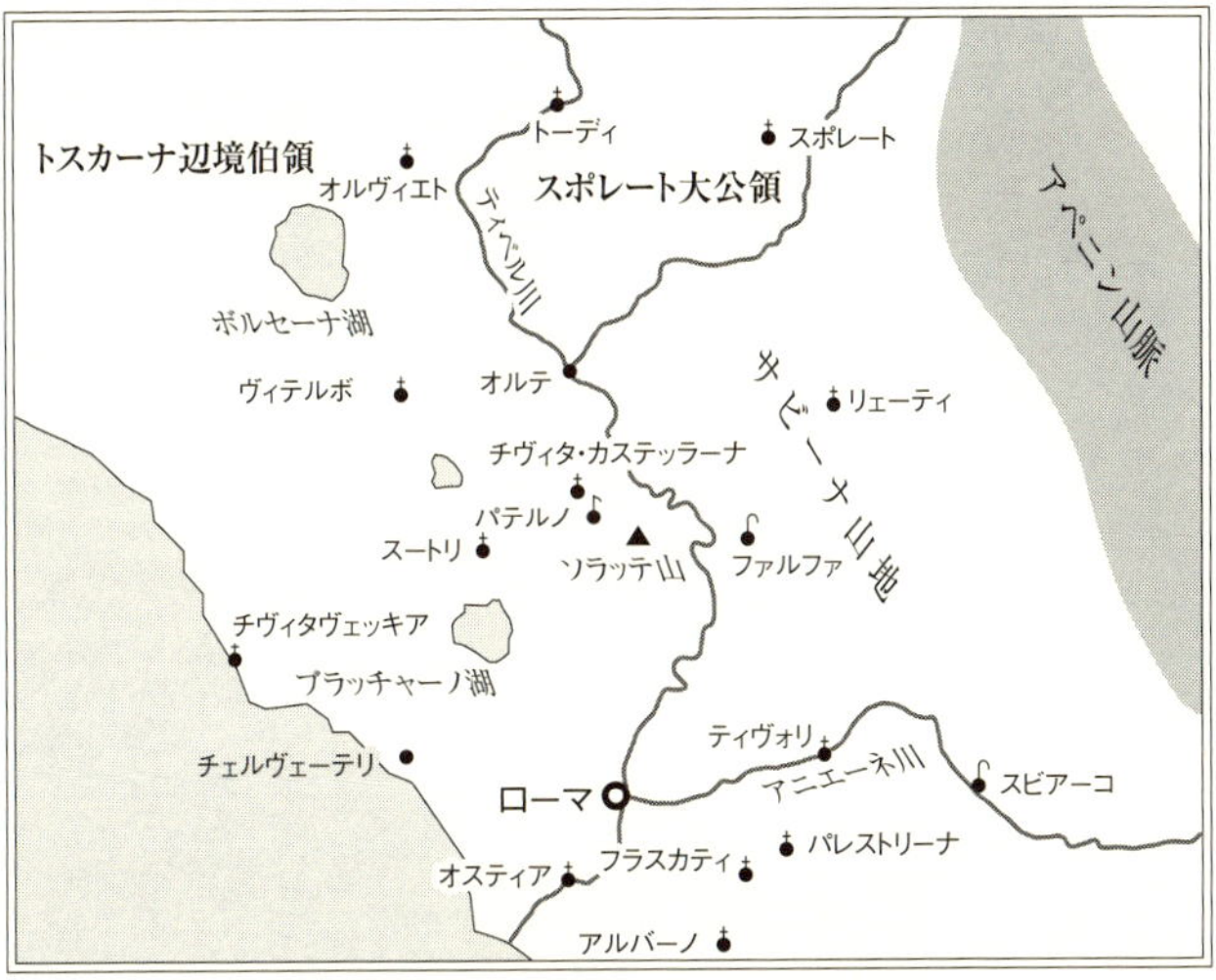

図94　サビーナ地方とラティウム地方北部

福音書記者ヨハネの祝日の二七日、トーディで皇帝と教皇の両者が主宰し、三〇名もの司教が参加した降誕祭教会会議が開催された。名前が判明しているのは、ラヴェンナ大司教に就位したばかりのフリードリヒ、リュッティヒ司教ノートガー、アウクスブルク司教ジークフリート、ツァイツ司教フーゴーである。ケルン大司教ヘリベルト、ヴォルムス司教ブルヒャルト、ヴュルツブルク司教ハインリヒ、フルダ修道院長エルカンバルト（在位九九七〜一〇一二）らアルプス以北の主要な聖界諸侯は、重装騎兵約六五〇名から成る援軍を率いていたが、この時まだイタリア目指して行軍中で、トーディには間に合わなかった。会議では、タンクマルとフリードリヒが報告に立ち、ヒルデスハイム側の主張が基本的に受け入れられた。しかし、決定は、ヘリベルトらが到着するまで先延ばしとなった。

なお、記録を欠くものの、東方問題についても協議され、ブルーノの異教徒伝道大司教への任命が決定されたと推定される(2)。ローマで教皇から正式に肩衣《パリウム》を授与された後、一一月に出立したベネディクトとヨハネスの後を追ってポーランドに赴き、東方伝道を指導する手筈であった。

ところが、ヘリベルトらの到来は、真冬の行軍の困難さと補給の不備のため、当初の予定よりも大きく遅延した。年を越えて一月六日の公現の祝日に予定されていた会議も先送りとなり、結局会議はその後三度にわたり日延べされた。しかし、来るべき戦闘の方を優先したオットーは、この間トーディを発ちフラミニア街道を南下していた。八日に到着したのは、ローマの北西約四〇キロのチーヴィタ・カステッラーナ近郊、ソラッテ山の麓近くに位置するパテルノである。皇帝の命で派遣されたタンモが、前年暮れ以来前線基地として占拠している堅固な城塞である。ただし、全軍を収容する程の規模ではなかったため、各部隊は周辺の小さな砦に分散して配置された。

タンクマルは一一日、皇帝に暇を告げた。オットーは、彼とベルンヴァルトに向けて数々の高価な贈り物を授けた。ただ、その表情には疲れが見えたのであろうか、タンクマルの問いかけに対し、熱があることを打ち明けている（『ベルンヴァルト伝』三七章）。もっとも、オットーはまだ、自らの病に対し深刻な懸念を感じていなかった。ベルンヴァルトの後任司教の伝記を著したヴォルフヘーレの『ヒルデスハイム司教ゴデハルト伝（旧編）』（一〇二六／二七年〜三八年頃成立）によれば、皇帝はこの時、ガンダースハイム紛争の最終決着のための会議を、「神の恩寵を得て帰還し、ザクセンでこの問題を平和的に交渉できる」その時まで繰り延べすることを決めていたからである(3)。意味するところは、五月三一日に開催予定のフリッツラーの教会会議を自ら主宰する、ということである。タンクマルが早々に帰郷したのも、皇帝の決意を承けてのことであろう。

最後の贖罪

タンクマルの出立と入れ違いで、ヘリベルトの軍隊が援軍の先頭を切ってようやくパテルノに到着した。もっとも、ヴォルムス司教ブルヒャルトらが率いるマインツ大司教配下の大軍は、今なお北イタリアを行軍中であった。ティートマルは、オットーが頼みとするケルン大司教の到来を心から喜んだと記した後、その際の皇帝の状態を印象的に綴っている（『年代記』四巻四八章）。

彼は、表向きはいつも快活に振舞っていたが、心中でその良心は、これまで犯した数多くの罪の故に呻吟していた。それを贖うべく、彼は夜の静寂《しじま》の時に徹夜行、祈禱、落涙を絶えることなく続けた。木曜日を除く一週間の間、断食をおこなうこともあった。喜捨においては大変気前良かった。

九九九年の夏以来繰り返してきた数々の贖罪勤行と断食が、まだ二一歳の若さの皇帝の肉体から抵抗力を奪い取っていたのであろうか。この時オットーの脳裏を、二年前に相次いで急死したシュトラースブルク司教ヴィルデロート、ヴォルムス司教フランコ、宮廷司祭エルポーたちの姿がよぎっていたのかもしれない。

この間の八日と一一日、パテルノで皇帝は、各地の司教教会・修道院に三点の証書を発給している（DO III 422–424）。フィレンツェの一修道院宛証書はウーゴの、プラタリアの修道院宛では、自らの魂の救済に言及している。結果的には最後の皇帝証書となったアイヒシュテット司教宛の証書では、署名《モノグラム》に引かれた直筆の線が大変か細く、体調が芳しくないことを窺わせる(4)。病因は、父や多くの側近たちの命を奪った「イタリアの病」（『ヒルデスハイム編年誌』一〇〇二年の項）、マラリアであった。ラヴェンナ出陣の前に、ペレウムの湿地帯で罹患していたのかもしれない。前年秋のパヴィーア以来手元から離すことのなかった聖十字架他の聖遺物にすがっての必死の祈禱も、奇蹟を呼び起こすことはなく、その後の二週間、病状は悪化の一途を辿った。ただし、意識だけは最後の時までしっかりとしていた。

パテルノに死す

ソラッテ山は、「コンスタンティヌスの定め」に収録された「シルヴェステル伝説」（本書272頁）によれば、ローマでの迫害を逃れてその岩窟に退避していた教皇シルヴェステル一世が、コンスタンティヌス大帝に洗礼を授けた地であった（七章）。この山はまた、ローマを目指す中世の巡礼者にとって、ゴールが間近いことを告げる標であった。

図95　今日のパテルノ城塞の廃墟

しかし、オットーは、この僅かな距離を制覇することはできなかった。「その時」は、思いの外早く訪れた。一月二三／二四日、最後の告解を聴き届け終油の秘蹟を授けるべく臨終の場に立ち会ったのは、教皇シルヴェステル、ケルン大司教ヘリベルト、そして、父二世、母后テオファーヌの最後を看取ったリュッティヒ司教ノートガーらの側近たちである。他には、アウクスブルク司教ジークフリートト、コンスタンツ司教ランベルト（在位九九五～一〇一八）、世俗諸侯ではニーダーロートリンゲン大公オットー、ルクセンブルク伯ハインリヒらの名が確認される。

病状は日増しに悪化した。二月のカレンダの一〇日前〔＝一月二三日〕、穏健で謙遜な皇帝は、司教たち臨席の場で純粋な信仰の言葉の中、主の肉と血の秘蹟に与り、すべての善人にとって永遠に悲しむべきことにその息を引き取った。至る所から葬儀に参集した人々の悲嘆に暮れた様を、一体誰が文字で叙述し、言葉で言い表すことができるであろうか？（タンクマル『ベルンヴァルト伝』三七章）。

皇帝はパテルノの城塞で胎内に腫瘍の痛みを覚え、それは徐々にあちこちへと拡大していった。かくしてローマ帝国の冠は、晴れやかな容貌と強き信仰心をもって、二月のカレンダの九日前〔＝一月二四日〕にこの世から逝った。彼は、家来たちに計り知れない悲しみを後に残したが、それは当時、彼ほど物惜しみせず、かつ慈悲深き者は、他に誰一人としていなかったからである。アルファとオメガ〔＝全能の神〕は、彼を憐れみ給え！　僅かの代わりに多くを、儚い時の代わりに永遠の時を彼に与え給え！（ティートマル『年代記』四巻四九章）。

追悼文ではないが、一〇〇〇年春のアーヘン滞在中に、宮廷周辺に属する不詳の詩人は、オットー三代を讃える頌歌「オットーの歌」を詠んでいた。二世については既に紹介した（本書26頁）。三世は父とは対照的に次の讃辞を得ている。

しかし　彼の秀でた子孫の　　オットーは　誉れ高き若武者で
勇猛果敢にして　また、　　運にも恵まれた若者だった。
どんな兵士の武器でさえ　　決して屈服しえぬ

難敵でさえ、彼の名声だけで　　勝利するに　充分だった
戦争の時は　勇敢にして　　平和の時は　権勢を発揮し、
しかし　いずれの場合も　　つねに　温情を忘れなかった。
凱旋の時も　また　戦時にも、　　そして　平和の間も　自らの
貧しき人々を　つねに想い遣った。　　それゆえに　貧者の父と呼ばれた。

パテルノの城塞は、今日では寂しい廃墟となっている。周囲には人家も見えず、葡萄とオリーヴの畑、そして森の田園風景が広がっている。蔦の枝葉が鬱蒼とからむ城壁の崩れた石のみが、かつてここに堅固な城塞が聳え立っていた痕跡を僅かに伝えているにすぎない。しかし、凝灰岩の切石で築かれたこの城壁も、後世の手になるものである。一六世紀の記録には既に廃墟とされている。歿後千年の二〇〇二年にも記念碑が建てられることはなかった。「パテルノ」の名は、「記憶の場」になることなく忘却に付されたのである(5)。

ブルーノの皇帝追悼文

引用文はいずれも、オットーの皇帝ないし敬虔なキリスト教徒としての徳を讃えている。それと好対照をなすのは、ブルーノが『五修道士殉教伝』において展開する悲痛な哀歌《エレジー》である。問題の七章は、オットーの急逝の原因を論じた長大な補説で、「ブルーノによって書き記された最も感動的な箇所」と評される(6)。

冬が到来した頃、皇帝は、彼の帝国の諸勢力と、勇敢な兵から選りすぐった軍隊を集めて、ロムルスの都市を目指して進軍した。しかし、それは不幸の兆しの下にあり、世俗の目的のためであった。彼は、世継ぎを遺すことなく亡くなった。ああ、敬虔なオットー！　偉大なる皇帝は、狭き城塞の中で人目を惹くこともなく身罷った。彼はまさしく多くの善行をなしたが、その後、人として過ちを犯した。彼は、主の言葉「復讐は私に属すること、私こそ報復する」〔「ローマ人への手紙」一二・一九〕を忘れたからである。彼は、神、そして高き天国の鍵をもつ優れた使徒ペテロに向け、「イスラエル、汝の聖なる主に栄誉を」の言葉に従って、相応しき栄誉を捧げなかったからである。

彼の好みに合ったのはローマのみであり、他の誰にもましてローマ人に財貨を贈り、栄誉を授けたので、彼は常にローマに滞在し続け、子供じみた考えにより、無益にもこの都市を古の威信に即して光輝へと改新する *renovare* ことを欲した。汝は、同じ譬えを時を労して探す必要などなく、詩篇の中にそれを見い出すであろう。「ひとの考え、まことに、それらは空」〔九四・一一〕。これは国王の罪業であった。自らの生誕の地、愛すべきゲルマーニアを、彼はもはや再び見ようとはしなかった。イタリアでは甚大なる辛苦と数限りない死の危険に晒され、恐ろしい災いが予期せずに襲いかかってくるにもかかわらず、そこに留まることへの憧れはかくも強いものであった。……善良な皇帝は、壮大なローマの巨大な壁を破壊しようと考えたが、その時彼は正しき道から外れていた。何故ならば、たとえその市民が彼の恩顧に対し悪行をもって返報したにせよ、ローマは神によって使徒に授けられた地であるのだから。そしてかかる時でさえも、自らの生地、憧憬を呼び起こすゲルマーニアに対する愛情が、彼の中に現れ出ることはなかった。愛すべき忠実な者たちの血で満たされたロムルスの地こそ、その淫らな美しさの故に、皇帝の好むところだったのである。かつて異教徒の国王たちがその我意に囚われていたように、彼は朽ち果てたローマの失われた威信を無意味にも改新 *renovare* すべく、飽くことなく労苦を傾注したのである。……恩知らずのローマ人は、皇帝によってしばしば恩顧を与えられたにもかかわらず、うず高く積み上げられた財貨のことを忘れてしまった。彼は無益にも、それを気前良く地の淵へと注ぎ込んだのであった。皇帝は〔ローマ人を〕愛したが、彼らは〔彼を〕愛しはしなかった。彼らは、皇帝がかつての諸王の慣わしに反して彼らの地に永続的に留まろうと欲したことに不満で、まったく敬虔な皇帝を彼の言語仲間共々殺害しようとした程であった。

この一節は、「ローマ帝国の改新」に対する批判として引かれるのが常である。研究者の多くは、そこに〝ナショナリスト〟ブルーノの姿を読み取ってきた(7)。しかし、それはブルーノの真意ではない。伝道者が厳しい指弾の言葉を浴びせているのは、皇帝のイタリア政策の是非などではなく、彼の振舞いが神の御意志に反するものであったからである。これは、父のオットー二世に対する罪業批判（本書72頁）とまったく同じ論理である。その論拠となったのは「コンスタンティヌスの定め」と、アウグスティヌスの「正戦論」であろう。神から聖ペテロに授けられた地であるにもかかわらず、皇帝は、ローマが異教時代の栄光を取り戻すことを欲し、また同地において世俗的権力を行使しようとした。しかも今度は、その地を自らの手で破壊することを企図した。たとえ「恩知らずのローマ人」がいかに反抗的であるにせよ、皇帝が企てた報復行為は正義のための戦いではなく、復讐心に駆られた「世俗の目的のため」の不当な戦いにすぎない。それは、聖ペテロに対する罪業に他ならず、まだ若き皇帝が急逝したのもこうした不遜な行為に対する神罰の結果であった、と。

『アーダルベルト伝』における皇帝戴冠の叙述が明確に示すように（本書100頁）、「ローマ帝国の改新」そのものが全面的に否定されているのではない。また、ブルーノの関心がそもそも現実の「政治」の領域に向けられていないことは、皇帝と教皇の協働関係に完全に沈黙している事実にも現れている。オットーは、「ローマは世界の頭である」と信仰告白した（本書163頁）。しかし、聖職者ブルーノにとって、「世界の頭」としてのローマは、世俗的性格の「永遠の都」などではなかった。それは、ただひたすら両使徒の殉教地、「すべての教会の母」（同）たる使徒座の所在地に他ならなかったのである。

九九八年に宮廷を去って以来、ブルーノは隠修士共同体に身を投じ、最終的には異教徒伝道という大目標を見い出し、その実現のために邁進してきた。しかし、オットーとブルーノは、互いに距離を置きつつも、長期間のイタリア体験を共有し、キリスト教信仰に関しても、極端なまでの禁欲主義的傾向や、殉教者アーダルベルトに対する熱烈な崇敬において極めて近い立場にある。ペトルス・ダミアーニの『聖ロムアルドゥス伝』によれば、オットーはブルーノに対し、「常に「余の魂」と呼びかける程に親愛な関係にあった」という（二七章）。それだけになおさら、皇帝に対する評価も厳しくならざるを得なかったのであろう。

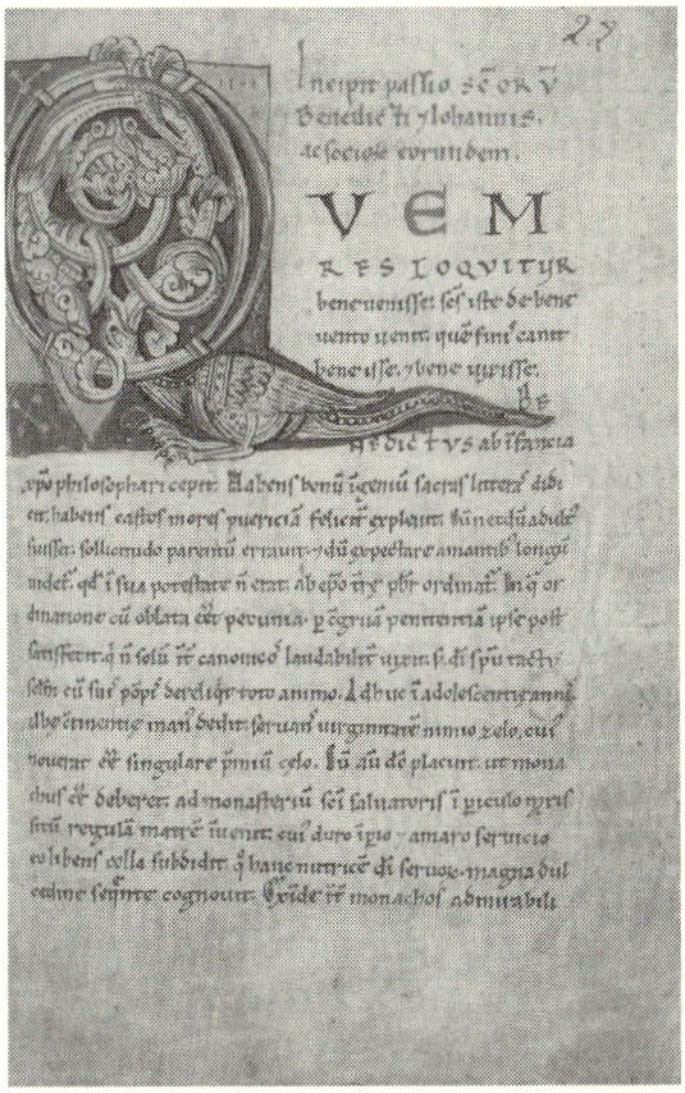

図96　ブルーノ『五修道士殉教伝』冒頭頁
12世紀後半の写本　ベルリン州立図書館蔵
（Ms. theol. lat. oct. 162）

ただ、それにしても、ブルーノの舌鋒は、情熱的にして鋭い。否、鋭すぎる。その理由を理解するためには、作品の主題と彼の執筆時の精神状況も併せて了解しておく必要がある。皇帝批判とパラレルに表明される、「ゲルマーニア」に対する熱烈な郷愁の念――類似の感情の高揚は、既にオットー二世批判にも見えた（本書74頁）――の由来と相俟って、この問題は「エピローグ」で触れることとする。

七章の長大にして個人的性格の極めて濃厚な皇帝追悼文は、次のように締め括られる。

彼の死においてクマエのシビュラの予言は成就されたように思われる。それは、救世主の到来、救済、そして最後の審判について多くの真実を予言した後、ローマの運命に及んだところで、その諸王について語り、その中で、皇帝オットーについて次のように述べているからである。「緋室生まれの国王は、市門の内ではなく外の地で亡くなる」。この言葉は真実に近い。皇帝の死の報は、国で叛乱が起き、都市の門が閉ざされている時に知れ渡ったからである。これがオットーである。修道士たちの父、司教たちの母、謙虚さと慈悲深さの息子、信仰と尊ぶべき信義に対する輝かしき奉仕者、善き意志に富むが最後は徳を欠き、現世の利益のために相手の区別無く気前良く、若さの故の罪に対して神への愛情によって勝利を得、故郷を軽んじて金色に輝くローマの甘美な飾りとなり、己に対する神の小さな怒りに触れて忌むべき亡骸となったが、後に続く人々の長き悲嘆によって、魂の確たる救済を得た、イエス・キリストにおいてより良く生きながら。

「皇帝」たる者の現実と「苦行者」の理想の間の葛藤で悩むオットーにとって、その唯一正しき生き方は、俗世を投げ打って修道生活に没頭するとのペレウムの約束を履行することであった――。ブルーノは、そう言いたいのであろうか。なお、彼は、「緋室生まれの国王は……」という予言を、「クマエのシビュラの託宣」に求めているが、該当するテキスト箇所は、「ティブルのシビュラの託宣」も含め何処にも見あたらない(8)。

2　最後のアーヘン

葬送行進

二〇年前に父のオットー二世がローマで急逝した際には、サン・ピエトロ教会が墓所となった。ラントベルト『ケルン大司教ヘリベルト伝』(七章、本書183頁)によれば、三世は死の間際にカール大帝が眠るアーヘンの聖マリア教会に自らの亡骸を埋葬することを遺言していた。誰一人として予想だにしなかった皇帝の急逝という突発的事態を前に、あくまでも冷静さを保ち、パテルノからアルプス以北目指しての葬送行列を率いたのは、ケルン大司教であった。

近郊の砦に分散して配置されていた各部隊に急使が派遣され、敵方のローマ勢に皇帝死去の事実が漏れないよう内密に帰還の準備が進められた。長距離の移送に備え、遺体にも然るべき処置が講じられた。イタリアで召集された部隊は、教皇シルヴェステルとイタリアの高位聖職者を今後予測される攻撃から守るために残された。アルプス以北出身の兵は、葬送行列の護衛の任を与えられたが、負傷兵は事実上見捨てられることとなった。「馬の数が不足していたため、多くの者をそこに放置せざるを得なかったのである。おお、その命が救われる希望もないままに!」(『クヴェトリーンブルク編年誌』一〇〇二年の項)。

その最後に立ち会った人々は、至る所に分散していた各部隊が伝令を通じて報せを受け、一つに集結するその時まで、この事実を隠し通した。その後、悲しみに包まれた軍隊は、敵の戦士たちによって絶えず苦しめられながらも、愛すべき主人の亡骸を七日間通して護送し続けた。敵勢に対する秘密の保持は、ヴェローナに到着する時まで決して破られることはなかった（ティートマル『年代記』四巻五〇章）。

しかし、秘匿されたにもかかわらず、皇帝急逝の事実は、間もなく噂として拡がってしまった。北イタリアの敵対的な貴族は、反皇帝派の頭目であるイヴレーア辺境伯アルドウイーノの下に集結した。九八八年以来イタリア書記局長の要職にあったコモ司教ペトルスも、素早くアルドウイーノ陣営に鞍替えし、同じ職を与えられた。一月末には、ヴォルムスとヴュルツブルクの両司教、およびフルダ修道院長の率いる主力のマインツ軍が、ルッカで武装した市民の軍によって進軍を阻止されている。ブルヒャルトによる交渉の試みにもかかわらず、激しい戦闘となった。司教の家来の機転によって一応勝利を収めることができたものの、皇帝逝去の報に接すると行軍は中止となり、往路を再び引き返す結末となった。

葬送部隊が安全圏のヴェローナに到着したのは、二月七日頃である。今や亡骸となったオットーが、八度目にして最後となるアルプスの峠道を越えているさなかの一五日、アルドウイーノは早くもパヴィーアでイタリア国王に戴冠された。主として人的ネットワークの絆に依拠した国家は、時に急速に膨張する可能性を秘めているが、崩壊する時は実に脆い。イタリア王国に対する皇帝支配は、こうしてあっけなく瓦解した。

帝国の力は破滅した、オットーが逝去した時

我々のオットーが亡くなった時、死がこの世に到来した
天はその顔《かんばせ》を、大地はその姿を変えた。
……
嘆き悲しめ、世界よ、嘆き悲しめ、ローマよ、哀悼せよ、教会！
ローマは歌ってはならぬ、宮殿は泣き叫べ！
皇帝が身罷れたので、この世には秩序が失せてしまった。

皇帝の夭折、アルドウイーノの国王擁立という事態の急変によって、最も深刻な危機に陥ったのは、ヴェルチェッリ司教レオであった。若き皇帝に多大な期待を寄せる一方、近隣のイヴレーア辺境伯の脅威に直接晒される立場に置かれていただけに、孤立無援となった司教の心境は、この時まさに絶望の淵に立たされていたと言っても過言ではあるまい。四年前の歓喜に満ちた頌歌（本書158頁）と、オットーに捧げた哀悼詩のトーンは、別人の作かと思われるほどの大きな隔絶を示している。頌歌の「歓喜せよ、教皇、歓喜せよ、皇帝――歓喜せよ、教会！／ローマ市内では歓びが、宮殿では祝典が！」が、「嘆き悲しめ、世界よ」以下の二行に対応することに留意されたい(9)。

パヴィーアでアルドウイーノの国王戴冠式が執り行われたのと同じ二月中旬頃、南イタリアのバーリの港に、コンスタンティノープルからの船旅を無事に終えたミラノ大司教アルノルフォの使節団が上陸した。一行は船旅の途中で、不確かながら皇帝逝去の噂を得ていたようである。バーリ到着から数日後に確たる情報がもたらされると、ビザンツ皇女は、随行員とともに再びボスポラスの宮廷を目指して空しく引き返していった。大司教も同月下旬、ローマに戻っていたシルヴェステルに謁見し、その後ミラノへと帰還し

た。

不詳の許婚《いいなずけ》は、年齢からすると共同皇帝コンスタンティノス八世の三女で、当時約一二歳のテオドラ（九八九頃〜一〇五六）だったはずである（本書122頁）(10)。美人で虚栄心の強い姉のゾエ（九七八頃〜一〇五〇）は、その後五〇歳に達した一〇二八年を皮切りに計三度の結婚を繰り返し、夫の将軍皇帝たちを背後から操る女傑としてビザンツ帝国史にその名を残すことになる。テオドラは、これとは対照的に生涯独身を貫いた。一〇五六年の彼女の死をもって、名門マケドニア朝は断絶することになる。

バイエルン大公ハインリヒ

そこから、アウクスブルク司教ジークフリートの荘園があるポリングに到達した時、大公ハインリヒが一行を迎えに来た。彼が落涙する姿は、人々の心にあらためて悲痛を与えることとなった。彼は、一人一人に対し自らを彼らの主人にして国王に選ばせるべく、大いなる褒美を約束した。さらに彼は、皇帝の亡骸、そして皇帝の権標を引き渡すよう命じた。ただし、槍のみは、大司教ヘリベルトが手元に置いていたのを既に先に送り出していた。このため大司教は、暫時の間身柄を拘束されることとなった。しかし、弟〔＝ヴュルツブルク司教ハインリヒ〕を保証人として後に残すことで、先に進むことを許され、聖槍は後に〔バイエルン大公に〕送り届けられた。この時彼〔＝ヘリベルト〕と、皇帝の亡骸に付き従って来た他のすべての人々は、司教ジークフリートを除き、大公を支持してはいなかった。しかも彼は、このことを隠そうともせず、むしろ善良にして大多数の人民が支持する者に同意を与える、と公言して憚らなかった（ティートマル『年代記』四巻五〇章）。

ブレンナー峠を越えて、バイエルン大公領のポリングに到着したのは三月初頭である。一行を迎えるべく姿を現した大公ハインリヒは、皇帝の亡骸と支配権標、特に聖遺物として最も貴重な聖槍を〝担保〟として押収したうえで、王位を要求するという挙に打って出た。そのためにはケルン大司教の捕縛という実力行使さえ厭わない強引な態度は、これまで皇帝の死を弔う葬列を命がけで担ってきた人々の眼には、当然ながら死者に対する不遜にして恥ずべき振舞いと映った。ただ、ヘリベルトが聖槍をあらかじめケルンに送り届けていた事実は、それがある程度予想された事態だったことを示している。

いずれにせよ、人々はこの時、二〇年前にバイエルン大公の同名の父が、王位を簒奪すべく三歳の幼王オットーを人質とした事件をあらためて想い出したに違いない。喧嘩公は、死の床で息子に向かって、「汝の国王にして主人に対し決して反抗してはならぬ。自らはかつての所業を深く悔いておる」と遺言した（本書88頁）。この忠誠は、国王が身罷った今はもはや妥当しない、と言わんばかりの息子の豹変振りである。『年代記』の著者は、一年後にメールゼブルク司教区再興を実現したハインリヒに恩顧を負うているだけになおさら、一連の経過を細部に至るまで批判的に書き留めたことの意味は重い。

アウクスブルクからノイブルクへ

バイエルン大公は、捕縛したケルン大司教に代わって主導権を握り、自ら葬列の指揮を執った。ティートマルからの引用を続ける（四巻五一章）。

大公が彼ら一行とともにアウクスブルクに到着すると、それに先立ち細心の注意を払って二つの瓶に納められていた愛すべき君主の内臓を、彼は、聖なる殉教者アフラの律院に厳かに埋葬させた。場所は、この教会の司教リーウドルフ（在位九八九～九六）が、聖なる司教ウルリヒの名誉のために南側に建てさせた礼拝堂である。大公は、魂の救済のために、自らの相続財産から一〇〇フーフェを寄進した。その後彼は、大規模な葬列を平和裏に解散させ、自身はノイブルクまで皇帝の亡骸に随行した。最後に、彼は皆に対し別れを告げ、葬列がその指定された地に向かうことを許したが、これは同名の（ルクセンブルク伯）ハインリヒ――その妹（＝クニグンデ）を彼は皇帝の生前に妻に迎えていた――の熱心な嘆願を容れてのことであった。

図97　聖ウルリヒ・アフラ教会

ノートガーの弟子のユトレヒト司教アーダルボルト（在位一〇一〇～二七）が著した『皇帝ハインリヒ二世伝』（一〇一四～二四年成立）は、聖槍他の押収やケルン大司教捕縛には沈黙する一方、葬列がノイブルクに到着した際、大公が他の随行者とともに棺を肩で担いで入市したと伝えている（三章）(11)。死者に対する「敬虔さと人としての義務感」（同）の表明である。だが、それは同時に、内臓の埋葬や死者祈念のための所領寄進と同じく、今後始まる王位継承争いを睨みつつ、後継者としての自らの正当性を公の場でアピールする政治的デモンストレーションとしての性格も併せ帯びていた。

ティートマルの叙述からは、埋葬地をめぐってハインリヒと諸侯との間に激しい議論が闘わされたことが解る。バイエルン大公は、義弟の諫言で最終的に諦めはしたものの、当初は内臓のみならず亡骸をも自らが治めるバイエルンの地、例えばレーゲンスブルクに埋葬しようと目論んでいたのであろう。

内臓の埋葬

ところで、内臓と亡骸を別々に埋葬することは、当時は決して珍しいことではなかった。祖父のオットー一世の場合、亡骸は彼が創建したマクデブルクの大聖堂に葬られたが(本書70頁)、内臓は死去した地であるメムレーベンの教会に、早くも死の翌日の夜に埋葬された。三代後の皇帝ハインリヒ三世(一〇五六年歿)についても、同様の事例が知られている(シュパイアーとゴスラー)。その理由は、ティートマルが、一〇一四年に死去した従兄弟のノルトマルク辺境伯ヴェルナーの埋葬に立ち会った出来事の叙述の中で伝えている。メムレーベンで亡くなった辺境伯の遺骸は、ヘルフタに運ばれてきたが、「それは既に強い異臭を放っていたので、直ちに内臓を取り出させ、私の教会の横に埋葬させた。それから私は亡骸をヴァルベックまで護送し、同地〔の教会〕で彼をその愛妻の左側に埋葬した」(七巻七章)。

西フランクの皇帝シャルル二世(禿頭王)の遺骸についても、ランス大司教ヒンクマル(在位八四五~八八二)がその死臭のひどさを詳述している。シャルルは八七七年、イタリアからの帰途、モン・スニ峠を越えたところで死去したが、亡骸をパリ近郊のサン・ドニ修道院に埋葬することが生前の命であった。家来たちは内臓を摘出し、遺体に葡萄酒と香料で防腐処置を施したうえで、それを棺に納めて運んだ。しかし、あまりの腐臭の強さに棺を担ぐ者たちが苦悶したため、遺体を大樽に移し替えてピッチで封印し、さらに上から獣皮でくるんだ。だがそれでも臭いを除くことはできず、結局リヨン司教区のナンテュアまで来たところで、遺体を樽ごと同地の修道院に埋葬することを余儀なくされたのであった(12)。これとは逆に、彼の祖父のカール大帝の亡骸が腐敗せず芳香を放っていたという証言（本書217頁）は、その事実性はともかく、カールが聖人たるに相応しいことを示唆するものである。

そのカールが、ロンスヴォーの戦いで斃れた英雄ロランたちを埋葬させる場面が『ロランの歌』（一一〇〇年頃成立）の中で詠われている（v.2962–2969）(13)。

皇帝、埋葬の支度をロランに施す。／　またオリヴィエにも、大司教チュルパンにも。
おのが前にて、三人ともに腹開かしめ、／　絹の帛に心臓を包み込み、
大理石の白き石棺中に収めしめたり。／　ついで、三勇将の屍体とりあげ、
鹿皮の中に、武将らを包めり、／　香料酒と葡萄酒もて、よく洗い清めて。

オットー歿後の一世紀後にモンテ・カッシーノ修道院で執筆された史料によれば、皇帝の内臓は死去の直後に摘出され、芳香のする薬草で防腐処置を施されたという。遺体についても、当時は適宜解体したうえで、熱湯で煮沸し、骨から肉を分離する方策が採られていた(14)。

内臓をアフラ律院のアウクスブルク司教ウルリヒ（在位九二三～七三）の礼拝堂に埋葬したという事実も、バイエルン大公の意図を知るうえで意味深長である。ほぼ半世紀前の九五五年、オットー一世は、アウクスブルク近郊のレヒフェルトの戦いで、異教徒ハンガリー人に対し歴史的な大勝利を収めた。彼はこれを機に、西欧カトリック世界において覇権的地位を確立し、それは後の皇帝位獲得へと展開していくのだが、当地の司教とバイエルン大公の同名の祖父も、この戦いで各々重要な役割を担っていた。また、オットー

図98　ハインリヒ2世の国王戴冠　新国王の右手に天使が聖槍を授け，聖ウルリヒが下から支える。左手では，剣が聖エメラムにより支えられている。レーゲンスブルク，聖エメラム修道院制作のミサ典礼書，1002～14年。在ミュンヒェン，バイエルン州立図書館蔵（Clm 4456）

は戦闘に臨んで、軍隊に向け果敢に檄を飛ばし、上述の聖槍を手に握りしめて敵陣目がけて先頭に立って突撃していった（本書209頁）。バイエルン大公は

それ故、オットー朝の皇帝権樹立にとっての「記憶の場」であるアウクスブルクの地において、キリスト教の勝利の象徴である「聖槍」を獲得し、前皇帝の内臓を「勝利の聖人」ウルリヒの庇護下に置くことで、王位獲得を目指す自らの権力主張を幾重にも正当化することができたのである。

ハインリヒの他に国王候補として自ら名乗りを挙げたのは、マイセン辺境伯エッケハルト、シュヴァーベン大公ヘルマンの両者である[15]。

ケルンの枝の主日

ティートマルは、五二章で王位継承をめぐるザクセン貴族の動向を報じた後、葬送の叙述に戻る（五三章）。

私は主題から相当逸れてしまったが、最後に再び皇帝の亡骸の葬儀の次第について簡潔に記すこ

ととする。亡骸がケルンに到着した時、まず最初にそれは当市の大司教であるヘリベルトによって迎え入れられた。枝の主日の翌月曜日には聖セヴェリン教会に、火曜日は聖パンタレオン修道院、水曜日は聖ゲレオン教会に移送された。主の晩餐の日は聖ペテロ教会に移された。そこではまず、教会の慣習に則して入場を許された贖罪者たちが贖宥を授けられた。続いて大司教が眼前の亡骸の魂に対し赦しを与えると、他の聖職者たちは参集者たちに祈禱するように促し、彼らは涙を流しながら恭しく祈りを手向けた。金曜の朝、亡骸は再び起こされ、聖土曜日にアーヘンへと運ばれた。

最後は日曜日に、常に処女たる聖母マリアに捧げられた教会の内陣の中央に埋葬された。すべての者に向けられた彼の敬虔さの故に、心からの祈りと声を挙げての落涙がその場を包んだ。こうして、天使と人間が共に歓びの気持ちをもって臨むべき主の復活の祝いは、参集者らの儚さの故に、それに相応しき崇敬の念をもって挙行することができなかった。彼らは、この出来事を、己の罪業に対して神が下した然るべき罰であると受け止めたからである。神への信仰心篤きことを告白する者は皆、涙を流して彼の魂のために赦しを請うように。彼は、我々の教会〔＝メールゼブルク〕の再興のために、まことに強き意志をもって尽力したのだから。不幸な者たちに常に慈悲深く努めた彼が、生者の地にありながら敬虔なる者たちの永遠の仲間として受け入れられ、主の完全無欠な好意に与りますように。

ケルンにおける葬列の巡歴日程とコースは、復活祭に先立つ「聖週間」の教会暦の典礼プログラムとして構想され、かつ見事に実行に移された。死者の名声の高揚を意図したヘリベルトの演出には、同時に、内臓をアウクスブルクに埋葬させたハインリヒへの対抗策という政治的含意も込められていたのであろう(16)。

枝の主日は、ロバに跨ったイエスがイェルサレムに入城した時、群衆が棕櫚《しゅろ》の枝を手にもち、「ホサンナ、主の名において来るべき者、〔すなわち〕イスラエルの王に祝福あれ」（『ヨハネ福音書』一二・一三）と叫んで歓迎したことを記念する祝日である。この聖週間の初日である三月二九日の日曜日に、オットーの亡骸をケルンの大司教座教会に到着させたのは、まさに亡き皇帝を「神の代理人」、「イエス・キリストの僕」（本書201頁）として、都市ケルンを「第二のイェルサレム」として、各々高めるための絶好の舞台設定であった。

続く月曜日から水曜日の間に皇帝の亡骸が巡歴した市壁外に立つ三つの教会・修道院――その中には母が眠る聖パンタレオン修道院も、もちろん含まれている――では、それぞれ死者の追悼のための荘厳なミサが挙行された。四月二日には再び大聖堂に戻ったが、この木曜日は「最後の晩餐」の日である。イエスが十二使徒のもとを去ったその日は、第二のイェルサレムたるケルンが、皇帝に最後の別れを告げる日でもあった。

アーヘンの復活祭

オットー本人が死の床で自らの埋葬地として指定したのは、崇敬するカール大帝が眠るアーヘンの聖マリア教会であった。ただ、葬儀を主の復活を祝する復活祭（四月五日）に挙行したのは、極めて異例である。引用後半部のティートマルの批判も、常識的立場からこの点に向けられており、それはある程度正しい。しかし同時に、その正しい分だけ間違ってもいる。いつかは死せる儚き存在としての人間の罪業は、十字架上のイエスの死によって贖われ、三日後に起きた復活を通じて、彼は自らがキリストであることを弟子たちの前で証した。次世代に属するコンラート二世の宮廷司祭ヴィーポ（一〇四六年以降歿）は、今日でもなお歌われる復活祭の続誦《セクエンティア》、「復活の生け贄に」の中で、「生者の君主は死しても、なお生きて統べたもう *dux vitae mortuus regnat vivus*」と詠んだ(17)。ヘリベルトがこの時理解していたのも、亡き皇帝が神の子たる救世主《クリスト》に倣って死から生へ、受難から栄光へと転じることを祈願し、祝福する場としての復活祭であったはずである。

聖週間の枝の主日の「(第二の)イェルサレム入城」に始まり、木曜日の大聖堂での「最後の晩餐」を経て、日曜日のアーヘンでの埋葬＝「復活」に至る一連の典礼プログラム。そこには、イエスの生涯の最後の道行きを人々に追体験させると同時に、「主に塗油されし者」として現世における「神の代理人」であったオットーの魂の救済を、神に向かってひたすら請い願うケルン大司教の敬虔な信仰心が刻印されていたのである。

オットーは、約一八〇〇キロ、二か月半の間続いた激動の葬送行列を終え、ようやく最後の静寂の場所を見い出した。「彼は、前任者にして敬虔なる記憶に留まるカール大帝とともに、ここで裁きの日が到来する時を待ち続けている」――外交使節として皇帝と交流のあったヴェネツィアの年代記作者ヨハネス・ディアコヌスは、埋葬の叙述をこのように結んでいる(三五章A)。

史料は参列者の顔触れには言及していない。ベルンヴァルトがイタリアからの急使によってオットーの訃報を伝えられ、急ぎアーヘンに赴いたという憶測も提起されている。確たる裏付けは欠くものの(18)。

エピローグ

1　中断した「ローマ帝国の改新」

王位継承争い――新国王ハインリヒ二世

オットー三世がその急逝によって中断することを強いられた様々な政策のその後の経過を、主要な登場人物の行く末と併せて、「連続」と「断絶」の観点から点描しておく。

亡き皇帝の厳かな埋葬行進に途中から力づくで乱入した形のバイエルン大公は、王国分裂の危機的状況下で、長らく政権の中枢から遠ざけられ、前年の一〇〇一年には聖務停止令を科されていたマインツ大司教ヴィリギス、およびその側近のヴォルムス司教ブルヒャルトと提携した(1)。聖霊降臨祭の二週後の一〇〇二年六月七日の日曜日、大司教とバイエルン大公はヴィリギスのお膝元のマインツで、当時建造中の新大聖堂ではなく、（旧）大聖堂で国王戴冠式を慌ただしく強行した。ケルン大司教へリベルトから奪取した聖槍もこの儀式で使用されたが、それが史料で明記されたのはこの時が初めてである（タンクマル『ベルンヴァルト伝』三八章）。ただし、この時マインツに到来したのは、バイエルン以外ではフランケンとオー

図99　イエスによるハインリヒとクニグンデの戴冠　『福音書抜粋』，ライヒェナウ修道院，1007～12年頃。在ミュンヒェン，バイエルン州立図書館蔵（Clm 4452）

バーロートリンゲンの貴族のみであった。

　正式の戴冠地であるアーヘンは、敵対するケルン大司教の管轄下にあるのみならず、同地の聖マリア教会でマインツ大司教が戴冠権を行使することは、九九七年の教皇証書によって排除されていた（本書139頁）。ヴィリギスが（旧）大聖堂が存在するにもかかわらず、新たな大聖堂の建造に着手した時期と目的についてはかねてより議論がある。ヘールは、アーヘンに対抗するマインツ大司教独自の国王戴冠教会とすべく、九九七年以降にサン・ピエトロ教会と聖マリア教会を模した新大聖堂の建築に着手したのではないか、という興味深い仮説を提示している[2]（なお、新大聖堂は、一〇〇九年の献堂式当日に起きた火災のため焼失した）。

　この間、マイセン辺境伯エッケハルトは、ベルンヴァルト他の支援を確保していた。ところが、四月三〇日、私怨が原因でザクセン人貴族の手によってペールデの王宮で謀殺されてしまった。最後に残ったのは、葬送行進に参加した前皇帝の側近、特にケルン大司教によって支持されたシュヴァーベン大公ヘルマンである。ハインリヒはその後、王国全体を挙げての国王選挙の実現を阻止し、むしろ自らの国王戴冠という既成事実に対し、有力貴族の同意を個別かつ事後的に取り付けるべく各地を順次巡幸した。七月末にザクセンのメールゼブルクで、九月上旬にはロートリンゲンのアーヘンで、それぞれ新国王としての承認を得、カール大帝の玉座に推戴された。シュヴァーベン大公が、ブルッフザルで軍門に下ったのは一〇月一日のことであった。

こうして『王妃マティルデ伝（新編）』の王妃の予言（本書88頁）は――もちろん後付けではあるが――、見事に的中したのである。高齢のヴィリギスはまたしてもキングメーカーとなり、これとは逆にヘリベルトは新政権から完全に遠ざけられることになった。

この間の八月一〇日には、妻クニグンデもパーダーボルンで、マインツ大司教により王妃として戴冠されている。なお、ソフィアもこの時、ガンダースハイム女子律院の新院長の地位を正式に承認された。「彼女は、高慢さと虚栄心の尊大さの故に、国王、王妃、諸侯に対し、肩衣《パリウム》を纏う者（＝マインツ大司教）によって聖別されることを望んだ。司教ベルンヴァルトは、抗うことができず同意を与えた」（『ベルンヴァルト伝』三九章）。もっとも、その帰属が争点となっているガンダースハイムでの叙階式を阻止したという意味では、双方痛み分けとも言える。

懸案の紛争は、最終的にはヒルデスハイム側に軍配が上がった。国王ハインリヒが一〇〇六年の降誕祭に、五年前の夏に騒擾の舞台となったペールデで開催した宮廷会議は、同院がヒルデスハイム司教管区に属するとの判断を示し、ハインリヒは、これに服するようマインツ大司教を説得したのである。未だに聖別されていない同院には、国王の父（本書88頁）と伯母ゲルベルガの亡骸が埋葬されていたことを想起されたい。騒擾によって先送りされてきた教会堂の献堂式は、翌一〇〇七年一月五日、公現の祝日の前日の日曜日にようやく挙行された。建物の外の聖別は、マインツ大司教とヒルデスハイム司教が共同で、しかし内部は司教が単独で執行した。その後、国王は儀式の参列者とともに教会堂の外に居並ぶ人々の前に進み出て、同院がヒルデスハイム司教区に属することを高らかに告知した。ヴィリギスは、権利主張を放棄する徴として司教杖をベルンヴァルトに手渡す一方、最後にミサを挙行することで、平和裏に和解が成立したことを内外に向け示した。

「メールゼブルク問題」の解決では、ヴィリギスと双璧をなす〝反抗的な司教〟(本書82頁)ギーゼラーの死を待たねばならなかったが、この時ハインリヒが示した現実政治家としての力量は確かに見事である。ただ、それを後押ししたのは、ベルンヴァルトが追求し、皇帝オットーと教皇シルヴェステルが推し進めた新たな法手続き、すなわち、あくまでも教会法に則した合法的な紛争解決の原則という法意識の浸透である。

東方政策——ポーランド戦役の勃発

一方、〝グネーゼン〟でオットーが敷いたポーランドとの協調路線は、ハインリヒ二世によって根本から覆されることになった。

エッケハルト殺害事件の後、彼と血縁関係(本書204頁)にあるボレスラフ・クロープリーは、マイセン辺境伯領に軍を進めた。ザクセン貴族の多くは、長らくポーランド貴族と共通の利害のみならず通婚関係でも結ばれており、大公の行動を支持した。他方、隣国のベーメンでは、統治者としての資質を欠く大公ボレスラフ三世(在位九九九~一〇〇二/〇三)に対し反国王派のベーメン貴族が叛旗を翻すと、この動きにハインリヒに敵対する国内貴族の一部が連動するという事件が起きた。ポーランド大公は、当初従兄弟のベーメン大公の側に立って仲裁したが、その後に起きた偶発的事件の連鎖によって、ハインリヒとの関係は急速に悪化の一途を辿った。ハインリヒは国王登位後も、バイエルン大公の地位を引き続き保持しており、ベーメンとは伝統的に密接な利害関係を有していたからである(本書67頁)。一〇〇三年三月、ハインリヒは、それまで敵対していたはずの異教徒のリュティチ同盟と提携した。そして翌年には、キリスト教徒のボレスラフ・クローブリーと真正面から戦闘を交えるというまったく予想外の事態へとエスカレートした。それはまた、エルベ―オーデル間における伝道活動の事実上の放棄を意味する重大な決断であった。

ポーランド戦役は、一進一退のまま一〇一三年のメールゼブルクの和議を経て、一〇一八年のバウツェンの最終的和議の締結まで、実に一五年もの長きにわたり続くことになる。ボレスラフは、最終的にハインリヒの宗主権を容認したものの、両者間には、もはや修復不可能なほどの決定的な亀裂のみが残される結果となった。ポーランド大公はその後、ハインリヒ死去（一〇二四年）の報が到来するのを雌伏し続けた。彼がポーランドの王位を僭称したのは、翌一〇二五年のことである。

戦間期からナチズム期にかけての「東方研究」は、第一次世界大戦の敗北と東方の領土喪失の原因を遠き中世の過去に探りつつ、オットー三世の対ポーランド政策を宥和的にして背信的であると厳しく指弾した。一方、大胆な路線転換に舵を切ったハインリヒ二世については、〝ドイツ王国〟の国益を守った現実主義者という姿を描き出した。しかし、この戦役を、ドイツ対ポーランドという〝ナショナル〟な敵対関係から捉えるのは時代錯誤以外の何物でもない。その構図は、ザクセン＝ポーランド対バイエルン＝ベーメンという国家横断的な歴史的・人的ネットワークと地域的利害関係によって規定されていたのである。

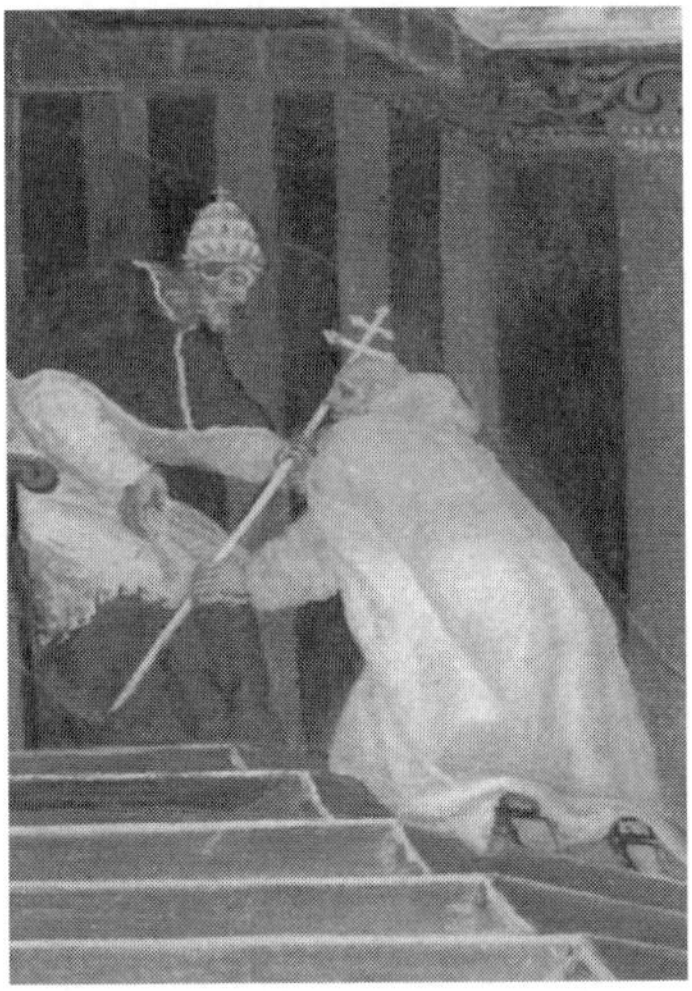

図100　シルヴェステルから伝道を委託されるブルーノ　リトアニア，パジェイスリス修道院のフレスコ画，1678～85年

かつてのこうした「国民史」的な歴史像を払拭するのに決定的に貢献した歴史学者ルダート（一九一〇〜九三）は、それが後世に与えた（ネガティヴな）歴史的影響を次のように要約している。

「帝国政治におけるこの路線転換は、中欧における政治的諸関係の展開にとって極めて広範な射程を有するものであり、それに重大な意義が帰せられることに疑いの余地はない。すなわち、この転換によって、〔オットー三世の〕帝国の構想は決定的な打撃を被ったし、さらにそれと連動して、東方の新たなキリスト教諸国家では、国内勢力の異教への復帰という深刻な結果へと至ったのである。転換は、キリスト教化政策を中断させ、ついにはピアスト家の国家と帝国との間のあらゆる紐帯を断ち切ってしまった。エルベ川とバルト海の間の異教的地方に平和を樹立し、それを統合することは、一二世紀に至るまでできなかった。転換は結果的に、中欧の西部と東部の間の文化的・文明的な溝を深めてしまい、後に始まる移住運動も、それを完全に架橋することはできなかったのである」(3)。

ブルーノの殉教死

ハインリヒ二世と異教徒のリュティチ同盟の提携を、背教的行為として厳しく批判し、その代償を最終的には自らの命で贖わねばならなかった人物がいる。オットーの盟友、クヴェーアフルトのブルーノである。

一〇〇九年にメールゼブルク司教に就位したティートマルが、一〇一二年から六年後の死の間際まで執筆し続けた『年代記』の主題は、同司教座の歴史をオットー朝五代の事績と併せて記録に留めることであった。ただし、オットー家の「死者祈念の書《ネクロローグ》」をメールゼブルクで継承した司教は（本書179頁）、『年代記』に自身と親族、聖職者仲間の「記念祈禱 *memoria*」の書という個人的色彩の濃厚な意味合いも込めていた。

彼は、最晩年に執筆した六巻で二章を割いて旧友について語っている（六巻九四・九五章）。まず、少年期について。

高貴な家門に生まれ、私と同年齢で共に学んだ者の一人、ただし、主の御慈悲によって、神の子供たちの中で親族の誰にもまして選ばれた者、それがブルーノであった。尊ぶべき母イーダは、彼をこよなく愛し、教育のため〔マクデブルク大司教座聖堂学校の〕学問の教師ゲッドーに託した。彼は、必要とするものすべてを豊かに受け留めた。父のブルーノは、卓越した主人で、大いなる賞讃に値する人物であった。私とは血縁関係で結ばれた友人で、あらゆる人に対し大変好意的であった。朝、その同名の息子は学校に行く時になると、我々はまだ遊びに耽っていたのだが、彼だけは、家を出る前に罪の赦しを請うて祈りを捧げていた。彼にとって、何か仕事をすることは無為よりも大切であり、それ故、成果を収め成長していった。

ブルーノの父は、ティートマルの祖母の兄弟である。オットー三世の宮廷司祭に取り立てられてからのブルーノのその後のキャリアについては、既に紹介した通りである。なお、フシュナーは、「メールゼブルク問題」に関連して、一〇〇〇年初頭のグネーゼン巡幸の際の皇帝とギーゼラーとの交渉が失敗に終わったことと、皇帝のローマ帰還後間もなくブルーノがロムアルドゥスの隠修士運動に参加した事実との因果関係に注目している。オットーはそれまで、ギーゼラー退位後の後任マクデブルク大司教候補としてブルーノを想定していたのではないか、というのがその仮説である(4)。

さて、ブルーノは当初、一〇〇一年一一月に旅立ったペレウムの隠修士共同体の仲間ベネディクトとヨ

図101　首を刎ねられたブルーノ　ポーランド，シフィエンティ・クシシュ修道院蔵，中世のフレスコ画

ハネスの後を追ってポーランドに向かい、異教徒伝道を指導する計画を抱いていた。しかし、ローマに赴き教皇シルヴェステルから伝道大司教として正式に肩衣《パリウム》を拝領するのは、翌一〇〇二年一月の皇帝の急逝による混乱のため、同年秋まで先送りとなった。加えて、その翌一〇〇三年三月には、大公ボレスラフを敵に回して国王ハインリヒがリュティチ同盟と提携するという事態になった。ポーランド行きは不可能となり、ブルーノは、やむを得ずハンガリーでの布教に着手した。ところが、この間の同年一一月、二人の修道士は三名の同行者共々、伝道の中途で盗賊により殺害されるという悲劇に見舞われていた。亡骸はグネーゼンに埋葬された。

一〇〇四年初頭、ブルーノはハンガリーから一旦ザクセンの故郷に帰還し、八月にメールゼブルクで、ギーゼラーの後を継いで間もないマクデブルク大司教ターギノから伝道大司教の叙階を受けた。『アーダルベルト伝』は、この短期間の帰郷時に著された。その後の四年半の間、彼が東欧世界を舞台に展開した伝道活動は、ハンガリー、キエフ大公国、ポーランドなど極めて広範囲に及ぶ。ボレスラフの支援を得て、ようやく念願のプルス人改宗に着手したのは、一〇〇九年のことである。しかし、待ち受けていたのは、自らの師と仰ぐ聖人と同じ運命であった。三月九日、ブルーノは、一八名の同志とともに殉教死した。殉教地、亡骸の行方は、一切不明である。伝道仲間への墓碑銘である『五修道士殉教伝』と「国王ハインリヒ二世への書簡」を、間近に迫った自らの死を予期しつつ著したのは、その前年、ポーランドの地においてであった。

ティートマルは、伝道大司教への叙階に続けて、ブルーノへの追悼文を捧げている。

その後彼は、自らの魂のために各地への果てしなき旅に出る労苦を担った。断食によって自らの肉体を責め苦しめ、徹夜の勤行の辛さを堪え忍んだ。ボレスラフや他の富裕な人々から多くの財を受け取ったが、手元に一切残すことなく、それを直ちに教会、友人、そして貧者たちに分け与えた。／〔修道士に〕回心し卓越した生き方を始めてから一二年目、彼は、不毛の地に神の種を蒔き豊かにするためプルシアへと赴いた。しかし、茨が生い茂るこの荒涼とした地をほぐすことは、容易ではなかった。この地方とロシアの境界で説教していた時、土地の人々はまず最初にそれを拒絶した。彼がさらに福音の言葉を語り続けると、彼らは彼を捕らえ、その首を刎ねた。三月のカレンダの一六日前〔＝二月一四日〕、一八人の仲間たちと共に、教会の頭たるキリストへの愛に包まれて、小羊の如く穏やかに逝った。これら殉教者全員の亡骸は、埋葬されることなく放置された。後にボレスラフは、事件を知るとそれらを買い取り、彼の家門のためにそのことで将来の慰めを得た。この事件が起きたのは、最も輝かしき国王ハインリヒの治世であった。全能の神は彼に対し、かかる司教の勝利によって名誉を与え、私の期待するところによれば、救済を授けられたのである。なお、かの司教の父は、それから後しばらくして病を得た。彼が私に語ったところでは、息子の助言を得て、修道士の衣を身に纏ったとのことであった。父は、一一月のカレンダの一四日前〔＝一〇月一九日〕に安らかに亡くなった(5)。

先に『アーダルベルト伝』九・一〇章のオットー三世批判の長文を引用した（本書73頁）。その文脈の中で、叙述が彼の生きる〝現在〟の状況に行き着いたところで、ブルーノの嘆きは頂点に達する。

ああ、我々の時代の何と嘆かわしきことか！　神が天から命じられた如く、異教徒を改宗しようという情熱を抱く国王は誰一人としていない。彼らが慈しむのは自らの名誉であって、おおキリストよ！　汝の繁栄ではないのだ。神聖にして偉大なる皇帝コンスタンティヌスの後には、敬虔さの模範たる最も偉大なるカールの後には、異教徒をキリスト教徒へと改宗させるという名声と栄誉に、神と人の前で与かった者はほとんどいない。そして、おお罪業の故よ！　キリスト教徒を迫害する者はいても、異教徒を教会の中へと引き入れるべく強いる支配者はほぼ皆無なのだ（一〇章）。

苛烈なトーンの批判の鉾先が、異教に復帰した棄教者（＝リュティチ族）と同盟を結んで、「キリスト教徒の兄弟」（同一〇章）たる隣国の君主（＝ボレスラフ）との戦いを始めたハインリヒに向けられていることは明らかである。ほぼ同じ文言は、四年後に当の国王本人宛に記された遺書的性格を帯びた書簡中でも繰り返されている(6)。

グネーゼンはその後の一〇三九年、ベーメン大公ブジェチスラフ一世（在位一〇三四～五五）の軍事侵攻に見舞われ、大司教座教会は略奪・破壊の憂き目に遭った。安置されていたアーダルベルト、義弟で初代大司教のガウデンティウスの亡骸は奪われ、オットーが寄進した豪華な祭壇（本書205頁）も破壊された。それらは、一〇〇三年に殉教死し、グネーゼンの別の教会に埋葬されていたブルーノの仲間の修道士たち

図102　アーダルベルトの頭蓋骨　プラハ大聖堂宝物館蔵

の亡骸とともに、（かつて司教を追い出したはずの）プラハへと移送された。アーダルベルトの聖遺物は、司教教会に安置された。これは、同司教座を大司教座に昇格させようとする大公の構想と連動する行動であった。

なお、ポーランド側の史料によれば、一一二七年にアーダルベルトの〝真正〟の頭蓋骨がグネーゼンで発見されたという。ところが、聖人ゆかりのアーヘンの地でも一四七五年に頭蓋骨の発見が続き、それは今日まで同地のアーダルベルト教会に伝わっている。一九七〇年代以降、チェコとドイツの科学者たちは、一九二三年に盗難に遭い現在は行方不明とされるグネーゼンを除く、プラハとアーヘンの二つの頭蓋骨、それにティベリーナ島のサン・バルトロメオ・アル・イゾラ教会に伝わる聖人の腕骨を対象に科学的分析を加えた。最終的鑑定結果は、やはりプラハのそれに軍配を上げるに至っている(7)。

聖ペテロの座――シルヴェステル二世からトゥスクルム家教皇へ

オットー三世の急逝から間もなく教皇シルヴェステルがローマに帰還したことは、死去の一か月後の一〇〇二年二月末に同地でミラノ大司教と面会していることから解る。その後は、以前と同様にイタリア、フランス、ヒスパニアの案件を処理し、一二月にはラテラーノ宮殿で教会会議を開催している。ただ、その彼も、パートナーの後を追うように翌一〇〇三年五月一二日に逝去した。

シルヴェステルの後継者に選ばれたヨハネス一七世（在位一〇〇三年）はローマ人の出自であるが、それ以外は不詳である。ただ、新教皇は、九九八年に処刑されたクレシェンツィ二世・ノーメンタヌスの息子で、パトリキウスを称したジョヴァンニ二世・クレシェンツィ（＝クレシェンツィ三世）に近い人物で、その影響下に擁立された可能性が高い。続くヨハネス一八世（在位一〇〇三～〇九）、セルギウス四世（在位一〇〇九～一二）も同様で、加えていずれも同家と縁戚関係さえ推測されている(8)。都市貴族門閥クレシェンツィ家によるローマ支配は、こうして再び復活した。これとは対照的に、オットーによって重用されたデ・イミツァ家の面々（本書193頁）は、一〇〇一年の皇帝のローマ退去以降、史料からその姿を消してしまった。

一〇一二年五月に教皇セルギウスとクレシェンツィ家の領袖ジョヴァンニ二世が相次いで死去すると、新教皇選出の混乱の中、ローマ支配の実権はトゥスクルム家によって奪取された。一〇〇一年のローマ市民の叛乱の首謀者、伯グレゴリオ（一〇一三年以前歿）の三男テオフィラットが、俗人であるにもかかわらず、ベネディクト八世（在位一〇一二～二四）として擁立され、クレシェンツィ家傍系のステファーニア家が押す対立教皇グレゴリウス（六世）を武力で討伐・追放したのである。以後、弟のヨハネス一九世（在位一〇二四～三二）、そしてまだ二〇歳前後にすぎない甥のベネディクト九世（在位一〇三二～四五、四七～四八）と三代、二三年間にわたるトゥスクルム家教皇の時代が続くことになる。彼らを背後で支え続けたのは、グレゴリオの息子のアルベリーコ三世（一〇四四年歿）であった。

トゥスクルム家の支配体制は、アルベリーコが一〇四四年に死去した直後に覆された。首謀者は、ステファーニア家とする証言もあるが、確かではない(9)。ともあれ、事態は結果的に三人の教皇が鼎立するシスマへと発展した。この一連の事件は、国王ハインリヒ三世（在位一〇三九～五六）が一〇四六年に混乱収拾のため使徒座に介入する契機となった。彼は、スートリとローマで開催した教会会議で、三名の教皇を次々に罷免・追放し、新たに側近のバンベルク司教を聖ペテロの座に就け、その手から降誕祭に皇帝の冠を授かった。以後、計四名の〝ドイツ人〟教皇の下で改革教皇座が始動する。そして、その教会改革運動の鉾先が転じて、グレゴリウス七世（在位一〇七三〜八五）の時代に叙任権闘争へと発展していったことは周知の通りである。

イタリアの遠隔統治と帝国教会支配

オットー朝の一世紀の歴史は、「ハインリヒ」に始まり、オットー三代を経て「ハインリヒ」で幕を閉じる（ちなみに、〇〇〇一世、二世という今日では一般的な序数による呼び方が普及した契機は、オットー三代の各人を証書において区別する必要性にあった）(10)。その最後の皇帝ハインリヒは、ローマに統治拠点を移した前任者の大胆な試みとは袂を分かち、アルプス以北に重点を置く現実的な政策に回帰した——。

こうした「断絶」の側面を強調する通説的理解は、それ自体決して誤りではないものの、いささか表面的なものに留まっている(11)。確かに三度に及ぶハインリヒのイタリア遠征は、いずれも三〜九か月という短期間で終了した。最初はアルドウイーノ討伐（一〇〇四年）、二度目は皇帝戴冠を目的としており（一〇一三〜一四年）、教皇ベネディクト八世の要請で始まった第三次遠征のみ、南イタリアへのビザンツ勢力の拡大阻止を目指した本格的な軍事遠征であった（一〇二一〜二二年）。ローマ滞在も総計で四週間にすぎない。

オットー朝五代の遠征期間を概観した図103を参照されたい。オットー三代は、総計で一七年もの長きにわたりイタリアに滞在した。ハインリヒ二世とそれ以降の歴代皇帝の平均滞在期間は半年から二年程度でしかない。オットー三代の中では、確かに一世の九年八か月が最長で、特に第三次遠征は五年一〇か月の長期間に及んだ。しかし、彼は、統治の重点をイタリアに移すことまでは意図していなかった。これに対し、三世が九九四年末／九五年初頭に親政を開始して以降の自立的統治期間七年一か月のうち、イタリア滞在は四年二か月、五九パーセントに相当する。特に第二次遠征の開始を告げる九九七年のパヴィーアでの降誕祭から、一〇〇二年一月二四（二三）日にパテルノで死去するまでの四年一か月の期間中、皇帝がアルプス以北に姿を現したのは、グネーゼン巡幸の半年間にすぎない。

ローマ滞在期間については、三世の突出振りがより顕著となる。オットー一世の皇帝戴冠（九六二年二月二日）から、ローマで戴冠された最後の皇帝フリードリヒ三世の死去（一四九三年八月一九日）までの五三二年の間に、歴代皇帝一八名のローマ滞在は四五回を数える。滞在期間の総計は約五年で、全期間の一パーセントに満たない。この五年のうちほぼ三年間は、オットー三代によって占められる。突出して長いのはやはり三世で、一年四～五か月に上る。これに対し、一世のイタリア滞在期間は三世の二倍を超えるものの、統治の中心拠点として機能したのはパヴィーアであり（約二年）、ローマ滞在は六か月半に留まる。逆にオットー三世のパヴィーア滞在は四～五か月、ラヴェンナは二か月に限られ、その相当部分はローマ退去後に属する。

ハインリヒ二世にイタリア政策の転換を強いた外的要因を列挙するのは容易である。登位直後に早くもポーランド戦役が勃発し、最終的な和議が成立するまで一五年もの歳月を要したこと、先帝とは対照的なハインリヒの強権的統治姿勢の故に国内諸侯の叛乱が相次ぎ、鎮圧のため手足を縛られていたこと、そのため、大規模な軍事動員を要するイタリア遠征の組織化が困難であったこと、等々。

ただ、バイエルン大公時代の度重なる遠征でイタリア情勢を熟知していたハインリヒは、教皇ベネディクトとの間に協力的関係を築くことに成功した。また、イタリア滞在は短期であってもオットー三代を上回る頻度で証書を発給した。これとは逆に、ハインリヒがアルプス以北に滞在している間でも、証書交付を求めてイタリアから多数の司教・修道院長等の高位聖職者が到来した。一〇一二年の降誕祭には、ローマから追放された対立教皇グレゴリウス（六世）が、ペールデの王宮に嘆願のために姿を現したし、一〇二〇年には、ベネディクト八世自らが多数のイタリア司教を引き連れ、皇帝が創設した新司教座バンベルクを訪問した。

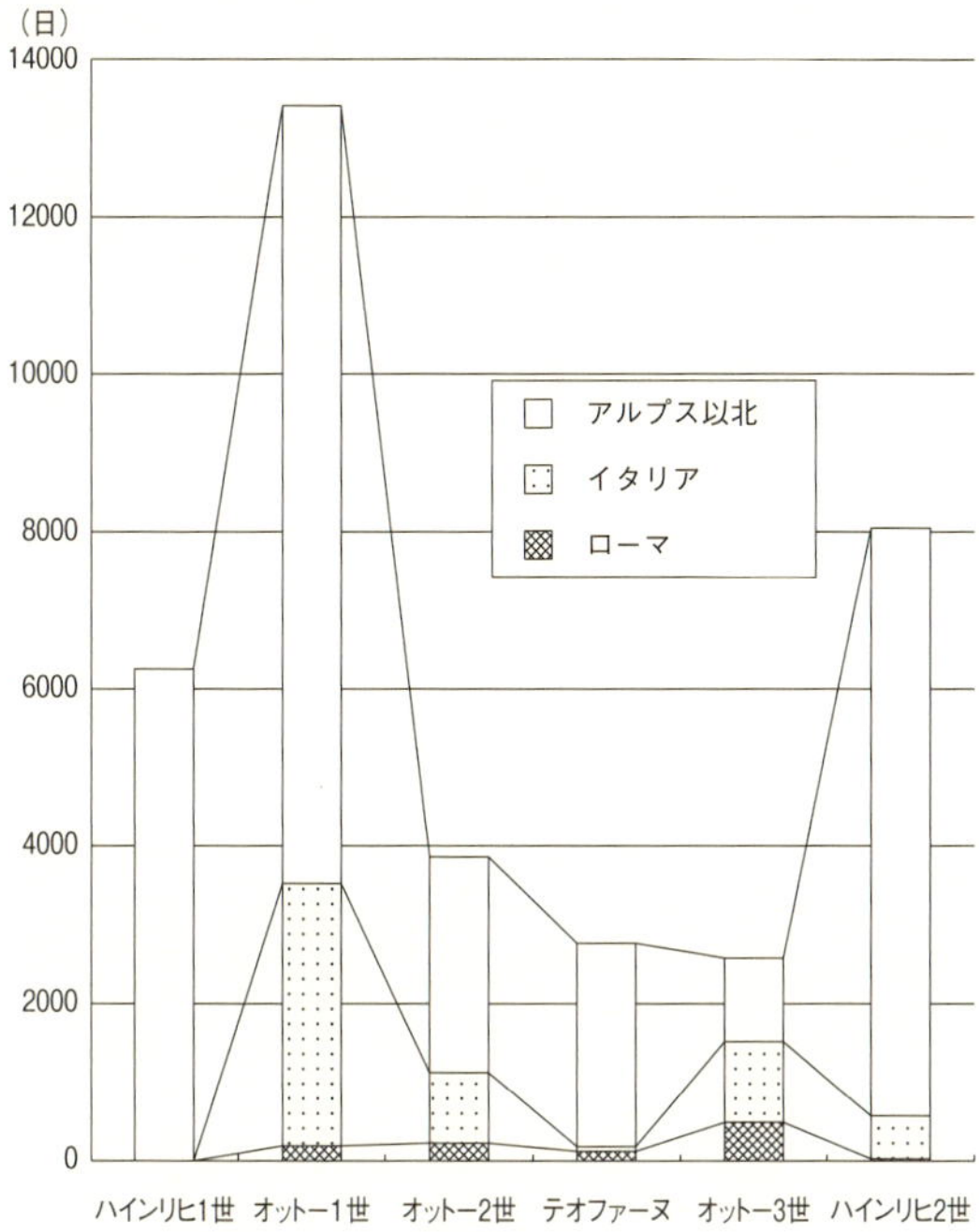

図103　オットー朝5代他のイタリア・ローマ滞在期間

アルプスを越えたのはイタリア人だけではない。オットー三世は、イタリア統治の支柱として在地の司教・修道院長を支持基盤として獲得することに尽力した。彼はまた、配下のフランク人、ザクセン人のみならず、それまで「国王支配の遠隔地帯」（本書38頁）に属していたシュヴァーベン、バイエルンの聖俗諸侯もイタリア遠征に軍事動員することで、王国統治の二重構造に風穴を開け、帝国全域に及ぶ直接的統治体制の枠組みを徐々に確立しつつあった。ハインリヒは、こうした方向性を継承・発展させた。彼は、オットーにもまして教会勢力に依拠し、イタリア王国の書記局長・書記長を初めとする重要人事に際しては、アルプス以北の出身者、特に宮廷礼拝堂に集う側近聖職者を多数送り込んだ（新任司教のうちドイツ人の比率は約六分の一）。アルプス以北では、特に司教教会を人的・物的側面において保護・育成する一方、様々な「国王奉仕 *servitium regis*」を課し、王権を多方面で安定的に支える統治体制を完成の域にまで高めた。

行政装置としての「帝国教会」を背後から理論的に支えたのは、本書で繰り返し取り上げた神権的君主観念《テオクラシー》に他ならない。「聖」と「俗」が自明の如く一体化した「神の御国《みくに》」、「教会帝国」という支配神学に裏打ちされたこの統治体制は、しかしながら、それが故に「聖俗分離革命」としての性格を有する叙任権闘争において、西欧諸国中で最も深刻な打撃を被ることにもなるのである。

2　ローマ帝国と〝ネーション〟の形成

「紀元千年」のヨーロッパ

「ローマ帝国の改新」を標榜したオットー三世本人のまったく意図しなかった、しかし現代史的意義においてそれを凌ぐ重要な副産物がある。「紀元千年の皇帝」の政策は、千年後の現在の東中欧諸国を構成する様々な〝国民《ネーション》〟の歴史的形成プロセスを、期せずして促進する方向で作用したのである。

先行する一〇世紀は、ノルマン人（ヴァイキング）、スラヴ人、ハンガリー（マジャール）人、あるいはイスラーム勢力のいわゆる「第二次民族移動」が、なお展開しつつあった時代であった。オットーが生きた「紀元千年」前後の時期は、定住生活に入ったこれら真新しい諸民族が、キリスト教を受け入れつつ、王権を結節点とする本格的な国家形成へと向かう変革期と位置付けられる。

大フランク帝国の後継国家の一つであるフランスの成立については、フランク的伝統の存続という側面を色濃く残しつつも、九八七年の西カロリング王家の終焉とカペー朝の樹立がやはり大きな画期となるであろう（本書59頁）。東欧では、ベーメンの国家形成が他に先んじたが、後続のポーランドとハンガリーは、まさに「紀元千年」の時期に、キリスト教国家としての生成プロセスの最初のピークに差し掛かっていた。同様の所見は、オットーが直接接触することのなかったロシアや、北欧のスカンディナヴィア諸国にも妥当する（デンマーク、ノルウェー、スウェーデン）。イベリア半島で国土回復運動《レコンキスタ》が本格化するのも、この時期である。

国家形成の端的な表現は、この時期になって新興国家が固有の名前を得た事実に示されている。一例のみ挙げるならば、ポーランド（*pole* の原義は「耕作地」の意）の場合、「ポーランド人 *Polani*」という独自の民族名は、九九八～九九九年頃にオットー三世の周辺で執筆された『アーダルベルト伝（オットー版）』（二五章）に初出する(12)。国名の「ポーランド *Polonia*」は、一〇〇一／〇二年頃にライヒェナウ修道院で成立した殉教者アーダルベルトに捧げた続誦《セクエンティア》に初めて現れる。国家としてのポーランドの〝洗礼〟が、将来その国民的聖人となるアーダルベルト崇敬との関連で施されたという事実は、オットーの「ローマ帝国」を基盤とする東部ラテン＝キリスト教世界の再編・統合の試みが、国家形成の起爆剤として作用したことを象徴的に物語っている。叙述史料では、『クヴェトリーンブルク編年誌』の一〇〇二年と一〇〇五年の項での *Polonia* への言及がその初出となる（当該項の執筆は、一〇〇七／〇八年頃）。自称の初出は、ボレスラフ・クロープリーが鋳造させた貨幣の周囲に刻印された「ポーランドの侯 *Princeps Polonie*」（図104）というタイトルである。制作時期は、〝グネーゼン〟以降の一〇〇〇～二五年の間と推定される。

ヨーロッパはこの時期、社会経済史の側面においても興隆期を迎えつつあった。「祈る者」「戦う者」

図104　*Princeps Polonie*と刻印されたボレスラフの貨幣　クラコフ国立博物館蔵

「働く者」という三つの機能集団から構成される社会観を初めて表明したのは、かのラン司教アダルベロンである。加えて、気候の温暖化、三圃制農法の導入、数々の技術革新、大規模な開墾と入植……。「中世農業革命」と総称される一連の変革は、まさに画期的ともいうべき人口増加を可能とした。それは、荘園制によって規定された伝統的な農村の風景を大きく変えたのみならず、「市民」によって担われる「都市」という新たな共同体の形成と貨幣経済の浸透を促した。ラウル・グラベルが伝える信仰心の高揚と教会建築ブーム――「世界そのものが……老いを投げ捨て、いたるところで諸教会の白い衣を纏ったごとくであった」（本書252頁）――は、中世封建社会の構造変化に発する経済的発展によって支えられていたのである。こうした劇的な社会変動のさらなる先の地平に見えてくるのは、ヨーロッパの「外」へと向かっての拡大・膨張運動である。十字軍の時代が到来するのは、僅かに一世紀後のことである。

〝ドイツ〟の前史

ところで、読者の中には既に不審に思われた向きもあるかと思われるが、これまで本書では国土としての「ドイツ」、民族名としての「ドイツ人」、あるいは政治的概念としての「ドイツ王国」という術語の使用を意図的に回避してきた。これらの術語を使用したのは、基本的には一一世紀初頭以降に成立した史料の引用文中か、後世の事象に限定される。その代替表現として用いたのは、フランク人、ザクセン人、バイエルン人、シュヴァーベン人等の民族名の列挙か、あるいは「アルプス以北」という地理的概念であった。その理由は、固有名詞としての「ドイツ *deutsch*」なる概念が、〝ドイツ〟においては一〇世紀末まで存在せず、時代錯誤《アナクロニズム》の危険に陥るのを避ける必要があったからである(13)。

現代ドイツ語の形容詞 *deutsch* の歴史は、中高ドイツ語の *diutsch* を経て、古高ドイツ語 *diutisk* にまで遡る。この語を一〇〇〇年頃に初めて用いたのは、先に別の文脈でその名を挙げたザンクト・ガレンの修道士ノートカー三世（本書246頁）である。彼は、ボエティウス他のラテン語作品の翻訳に際し、*in diutiscûn*、現代ドイツ語に置き換えるならば *auf deutsch* という組み合わせで、ラテン語と対比されたゲルマン語系の俗語を指称した。つまり、*diutisk* が形容する対象は、当初言語に限られていたのである。

diutisk の語源は、ゲルマン語の名詞 *theudō*（＝フォルク Volk、ラテン語の *gens*）と、出自・起源・属性を示す接尾辞 *-isk* に求められる。ところが、これと同じ語源を有する中世ラテン語形容詞 *theodiscus* に目を向けるならば、その歴史は、カール大帝期にまで遡らせることができる。七八六年、イングランドの教会会議に派遣された使節が教皇に宛てた書簡中で、ラテン語と対比されたアングロ＝サクソン語を指して用いたのが最初である。*theodiscus* はその後、八七六年に史料に初出する古典ラテン語風の形容詞 *teutonicus* に徐々に取って代わられ、一一世紀半ばにその姿を消していくことになる。

二つのラテン語形容詞の圧倒的大半は、アルプス以北では一〇世紀半ばまで、特徴的なことに「言葉 *lingua*」という名詞との組み合わせでのみ機能した。*lingua theodisca* / *teutonica* が指称する言語は、聖職者が用いる教養語としてのラテン語、あるいはそこから派生したロマンス語と対比されたゲルマン語系の諸々の俗語であった（フランク語、古ザクセン語、アングロ＝サクソン語、ゴート語、ランゴバルト語、古ノルド語）。

つまり、この時期の、*lingua theodisca / teutonica* の語義は、〝ドイツ語〟という固有名詞にはまだ限定されてはいなかった。それは、「フォルク（＝民族／民衆）の言葉」という普通名詞の語義の下に、広くゲルマン語系の俗語全般を指す概念だったのである。それを、〝ドイツ〟という固有名辞に転換させたのは、もちろん〝ドイツ語〟を話す人々が抱く言語ナショナリズムなどではない。イタリア人である。

イタリアでは早くから、指称対象を「言語」から「民族」へと拡大させると同時に、後者の内容を特定の民族（＝ドイツ人）へと限定していくプロセスがパラレルに進行していた。北イタリアのランゴバルト人は、本来ゲルマン語系の俗語を用いていたが、彼らの母語は、六世紀後半に始まるイタリア定住が長期化する過程で、ゲルマン語から卑俗ラテン語＝ロマンス語へと変化しつつあった（本書92頁）。そのランゴバルト王国をカール大帝が七七四年に征服して以降、アルプス以北からは様々な民族が支配者層として流入・定住し始めた。そのため、例えば二つの俗語が混交する裁判集会などの場では、アルプスの北から到来するゲルマン語系の諸民族（フランク人、アレマン人、バイエルン人等）を、ロマンス語系のそれと区別する必要が生じたのである。このように、〝ドイツ人〟という民族名は、イタリア人＝「他者」による「差異化」の視点から、包括的に一個の言語＝民族共同体として認識された他称概念として初めて誕生したのである。

イタリアにおける民族名「ドイツ人」の受容

「ドイツ人」という民族名を初めて史料で用いたことが確認されるのは、実は本書でも繰り返しその名を挙げた、ランゴバルト人生まれのクレモナ司教リーウトプランド（九二〇頃～七二？）である。

彼は、『報復の書』（九五八～六二年成立）や『コンスタンティノープル使節記』（九六九年頃成立）の中で度々、ロマンス語系の西フランク王国との対比で、オットー一世が統治するゲルマン語系の東フランク王国の住民の総体を指して「ドイツ人 *Teutonici, gens Teutonica*」と呼んだ。リーウトプランドは、パヴィーアで学んだ後、イタリア国王ベレンガーリオ二世に仕えたが、主人と不仲になり、第一次イタリア遠征で同地に滞在したオットー一世によって側近として迎えられた（九五六年）。九六一年に始まる第二次イタリア遠征に随行し、以後、オットーの皇帝戴冠、ローマ教皇選出・罷免をめぐる数々の教会会議、第三次遠征と同二世の皇帝戴冠等々、皇帝のイタリア政策の要となる事件に深く関与した。二世とビザンツ皇妃の「婚姻同盟」締結を企図して、九六八〜六九年におこなわれたボスポラスへの使節行の顛末については、先に言及した通りである（本書122頁）。ただ、彼の「ドイツ人」の語法は、例外的な他称用法に留まり、さしあたりエピソードに終わった。

民族名が再びイタリア人によって使用されたのは、九九八年に始まるオットー三世の第二次遠征中である。用いたのは、特徴的なことに、皇帝オットーの側近たちである。ヴェルチェッリ司教レオ、教皇グレゴリウス五世の墓碑銘の不詳の作者（178頁、ただし、「言語」との連関を強く含意する）、そしてヴェネツィアの外交使節にして歴史叙述者のヨハネス・ディアコヌス（95、152頁）。このうちレオは、九九九年五月の皇帝証書（DOIII 324、195頁）の末尾の罰則規定文中で、「イタリア人とドイツ人」を対比させて使用した。ちなみに、前年のヴィク司教座のシスマの裁定に関する教皇証書（164頁）では、ランゴバルト人との対比で「〔アルプスの〕山の向こうの *ultramontanus*」人々という地理的概念が援用されていた。

「ドイツ人」と指称された人々がそれを自称として使い始めたのは、まさに「紀元千年」の直後の時期である。使用者は、同じく皇帝の周辺に集った側近たちであった。「オットーの歌」、ブルーノ『アーダルベルト伝』、タンクマル『ベルンヴァルト伝』（70、73、74、300頁）。彼らに先立ち九九九年九月、ケルン大司教ヘリベルトは、レオの語法の直接的影響下に皇帝証書（DOIII 329、本書195頁）において、「ドイツ人とラテン人」という類似表現を採用していた。つまり、この民族名は、まず「外」のイタリア人による他称として使用され始め、第二次遠征の経過において、それに参加した〝ドイツ人〟自身によってイタリアの地において受容された、と考えられるのである。

イタリア体験を欠くメールゼブルク司教ティートマルの語彙中に、「ドイツ人」は含まれてはいない。例外的に使用した箇所は、イタリア起源の情報をその文言のまま取り込んだ結果である（『年代記』五巻二五・二六章）。著者不詳の『クヴェトリーンブルク編年誌』は、九八四年のララの集会の参加者について諸民族名を個別に列記するという伝統的語法に留まっていた（47頁）。仮にタンクマルが目撃者として一〇〇一年の「ローマ人弾劾演説」（282頁）の文言を正確に伝えているとするならば、史料から確認される限り実は皇帝オットー三世こそ、自らが「ドイツ人」であることを公言した歴史上最初の人物ということになるのである。

ローマ皇帝権とドイツ人

「ドイツ人」という超民族的な共属意識の形成要因については、先に一言した（本書284頁）。アルプス以北の王国を構成する諸分国を単位とするフランク人、ザクセン人、バイエルン人、シュヴァーベン人等は、共通の君主の下に、イタリア遠征への動員を通じて一個の「運命共同体」へと統合され、帝国奉仕という「対外活動」を共に遂行する過程で、それまで互いに競合していた伝統的な民族の枠組みを超越した新たな「我々意識」を育んでいったのである。

民族名のイタリアにおける受容という所見は、「イタリア体験」とそれに伴う異文化接触がもう一つの要因であったことを示唆している。「我々」とは言語を初めとする習俗、法慣習、物質・精神文化等を異にする異郷の地で遭遇した「他者」（＝イタリア・ローマ人）に対する対立感情――「恩知らずのローマ人」――は、翻って旧来の閉ざされた「自己認識」にも大きな変化をもたらさずにはおかなかった。その際に〝触媒〟として作用したのは、共通の「故郷 *patria*」への帰属意識であった。

オットーが「ローマ人弾劾演説」の中で、「余は汝らのために我が故郷と我が親族を後にしたのだ。汝らへの愛故に、余は我がザクセン人とすべてのドイツ人、すなわち我が血を犠牲にしたのだ」と述べていたことを想起されたい。「故郷を軽んじて金色に輝くローマの甘美な飾り」（『五修道士殉教伝』七章、316頁）となった、その皇帝を批判したブルーノもまた、それとパラレルに「ゲルマーニア」に対する熱烈な郷愁の念を表明していた――「愛すべき／憧憬を呼び起こすゲルマーニア」（同313頁）、サラセン人との戦いで斃れた「故郷の深紅の花、金髪のゲルマーニアの誉れ」（『アーダルベルト伝』一〇章、73頁）、そして、「水夫」、「世界の舵取り」を喪失したことを嘆く「ドイツ人の地」（同九章、73頁）について……。それを語らしめたのは、一〇年以上もの長きにわたる歳月をイタリアや東欧の異教世界で生活し、波乱に富んだ生涯を殉教者として終えることを覚悟した伝道者の経験の蓄積と鋭い洞察力である。

「たとえ一度限りのローマ行・イタリア遠征のためにアルプスを越えただけにせよ、ドイツ人の数多くは、そこで今までまったく知らなかった社会的・政治的、精神的諸関係を経験したことであろう。この地はあらゆる点において、彼らの遅れた王国よりもはるかに発展していた。社会と経済はもっと細分化され、支配諸関係は複雑に交錯しており、知識と技能は山々の向こうよりもずっと多種多様であった。皇帝権の復興は、南から北へ向けての知の移転を強化し、数多くのドイツ人にその精神的地平を切り拓いた。彼らは故郷に戻る時、手に入れた黄金によって富んでいたが、その黄金の目方では量れない別の富をも携えていたのである」（フリート）(14)。

多民族国家としてのイタリア

「ローマ帝国」という一種の仮想空間は、西欧カトリック世界を構成する諸民族が多元的に共生する巨大な「場」を提供していた。それは同時に、諸民族の遭遇が引き起こす他者認識の反作用として、内に向かっての新たな「我々意識」の醸成を促すプラットホームとしても機能した。この所見は、ドイツ人のみならずイタリア人についても妥当する。

イタリア王国もまた本来は、「北」のオットー朝の王国の状況と同じく、多民族的に規定された多極的な権力構造を有していた。繰り返し見てきたように、アペニン半島には、北・中部のランゴバルト人、教皇が統治するロマーニャ地方のローマ人、南イタリアのランゴバルト系およびギリシア系の諸民族が混住していた。イタリア王国の住民の総称としての「イタリア人 *Italienses* / *Italici*」という術語は、オットー一世の第一次遠征が始まる一〇世紀半ばまでは存在しなかった。その王国は、諸司教と在地貴族層が割拠する北イタリア、トスカーナ辺境伯領、スポレート大公領、旧ラヴェンナ総督領、そしてローマ教皇領等々の様々な政治的単位から成る複合国家であった。

政治的に互いに競合するこれらイタリアの諸民族の間には、予想されるように相互不信・偏見の感情の発露も多々見られる。特に「高慢」と「貪欲」をキーワードとする「ローマ人批判」は、一種のステレオタイプとして既に長らく定着していた。八七八年頃、ナポリ出身の不詳の文法学者は、詩作「ローマに捧ぐ」の中で詠じた。「ああ！　汝はかつて高貴な名声によってかくも明るく光輝いていたのに！／汝から帝国が失われたその時、汝に唯一残されたのは、その高慢さだけであった」。その半世紀後、アルベリーコが同じ言葉をもって「よそ者」たるブルグント人を批判していたことを想起されたい（本書108頁）。それを伝える「ランゴバルト人」のリーウトプランドも、コンスタンティノープル宮廷で皇帝ニケフォロスを相手に壮絶なローマ人批判を繰り広げたことは、良く知られているところである(15)。オットー三世とその周辺に見える「恩知らずのローマ人」というトポスも、こうした文脈の延長線上に位置する。

「イタリア人」の形成

ところが、こうしたイタリアの諸民族も、九六二年以来「ローマ人のローマ帝国」ではなく、「ドイツ人のローマ帝国」（本書284頁）という政治的現実に直面する中で、「よそ者」に対する「差異化」の裏返しとして、遅まきながら「イタリア人」としての共通の民族感情の萌芽を育み始めたのである。

一〇世紀のイタリア王国に由来する唯一の『年代記』は、ソラッテ山麓のアンドレア修道院の不詳の修道士ベネディクトの手になるものである（九六八／七二年以降成立）。その叙述は、「よそ者支配」に対する嘆き節──「ああ、イタリア王国が幾多の民族によっていかに衰退させられたことか」──に満ち溢れている。オットー一世の皇帝位を不当な簒奪と見なす、（恐らくはローマ出身の）修道士が、今やその栄光も地に堕ちた「永遠の都」の惨めな姿をひたすら嘆く、その悲痛な繰り言から一部のみ引用する(16)。

ああ、ローマよ！　汝はこれまで、かくも数多くの民族によって圧迫され、踏みつけられてきた。汝は今やザクセン人の国王によって捕らえられた。汝の民は剣で裁かれ、汝の力は無に帰した。汝の金銀を、彼らは袋に詰め運び去った。汝はかつて母であったが、今や娘とされた。汝がかつて有していた物は、今や失われた。……汝はその力の絶頂にあって多くの民族に勝利を収め、世界を平身低頭させ、この世の国王を幾人も縛り首にした。汝は笏をもち大きな力を奮った。しかし、汝は今、ザクセン人の国王によって完全に荒廃させられ、略奪の憂き目に遭っているのだ。……汝の姿はあまりにも美しかった。汝の市壁、そして塔や鋸壁はかくも多数であった。汝が有したのは三八一の塔、城塞は四六、鋸壁は六八〇〇であり、汝の門は一五を数えた。……

「ローマ帝国の改新」がオットー三世の急逝により中断して間もなく、イタリア王国の周縁の知識人たちは、初めて「ドイツ〔人の〕王国／国王」に言及し始める。ただし、「ローマ帝国」を実質的に統治するドイツ人の支配権を、本来の権力基盤であるアルプス以北に限定する意味においてである。

ヴェネツィアのヨハネス・ディアコヌスは、「ドイツ人の軍隊」をイタリア人と対比させて用いたのみならず〔本書95、152頁〕、「アルプス以北」という地理的概念に近いニュアンスで「ドイツ王国」について語る。九九九年末のグネーゼン巡幸について、「三年にわたりイタリア王国を統治し、その間多くのことを処理すると、皇帝はドイツ王国 *regnum Teutonicum* を訪れた」。ハインリヒ二世は一〇〇四年に「王位簒奪者」のアルドゥイーノを破り、パヴィーアでイタリア国王に戴冠された。彼は、「それからコモ湖を経由して〔アルプスの〕山の向こうの王国 *regnum ultramontanum* へと急行した」（『ヴェネツィア年代記』三〇章B、三六章A）。

ヨハネスのニュートラルな語法に対し、同じく一一世紀初頭にベネヴェントで作成された『ランゴバルト国王・ベネヴェント大公目録』は、歴代国王のリストの最後で明確に反〝ドイツ的〟感情を吐露する。

オットー三世。オットー〔二世〕の息子にして上述のオットー〔一世〕の孫は、□年、ローマで死去し、その亡骸は部下によって、自らがやって来たドイツ王国 *Totonicum regnum* へと運ばれた。アルドウイーノがイタリアの国王となったが、統治したのは二年に満たなかった。彼は、かつてバイエルン大公であった国王ハインリヒの軍隊とイタリアで闘った。このハインリヒは、上記オットー一世の死後ドイツ人の国王 *rex Totonicorum* となった。〔先に派遣した〕軍隊が壊滅させられた後、彼自らがイタリアへ到来すると、すべてのランゴバルト人はアルドウイーノを裏切り、国王ハインリヒに服従した。彼はパヴィーアまで進攻し、この都市を炎で焼き尽くした。そして、その後、彼のドイツ王国へと帰還した(17)。

オットー三世は、リスト中ただ一人皇帝称号なしで記され、逆にオットー一世に先行するイタリア諸王(ユーグ、ロターリオ、ベレンガーリオ二世)は、事実に反して皇帝の称号を(恐らく意図的に)付される。『ヴェネツィア年代記』とは異なり、アルドウイーノが正式のイタリア国王とされ、〃侵入者〃としてのハインリヒが、パヴィーアで国王に戴冠された事実には沈黙する。「彼のドイツ王国」と鋭く対置するのは、それとして明記されてはいないものの、「我々のランゴバルト＝イタリア王国」である。

「ドイツ人」の皇帝の支配権をアルプス以北の「ドイツ人の王国」へと局限する著者の支配観念とは、「ナショナル＝イタリア的」な立場からの「ドイツ人のローマ帝国」の全面否定に他ならない。南イタリアのランゴバルト系諸侯領は、東西の両帝国とイスラーム、三者の勢力が角逐する境界地域である。その中でもベネヴェントは、オットーが(ローマを除けば)直接軍事力を行使した唯一の地であった(本書187、299頁)。『目録』の反〃ドイツ的〃姿勢の背後には、彼らが置かれていた微妙な立場が色濃く反映されている。

ナショナル＝イタリア的な「ドイツ人のドイツ王国論」に対抗して、ドイツ人が普遍的・キリスト教的な「ドイツ人のローマ帝国論」を展開し始めるのは、叙任権闘争が開始される一〇七〇年代以降である。それは最終的には、一二世紀半ばにオットー・フォン・フライジングの「帝権移転論」において、完成された姿を見い出すことになる（本書248頁）。捻れた「ドイツ人のアイデンティティ問題」という近現代史を貫く桎梏は、その淵源をオットー三代の時代にまで遡るのである。

揺れ動く歴史的評価

オットーに捧げられた各種の追悼文や詩歌は、皇帝としての彼の徳を褒め称えた。キリスト教的倫理観に照らしてその功罪を鋭く評したのは、ブルーノのみである。それでは、今日の歴史研究者は、彼に対しいかなる評価を与えるべきなのか。

この問題は、一九世紀以降の国民国家史的観点からの不当な批判（本書159、211頁）を度外視するにしても、やはり極めて微妙である。皇帝在位六年にも満たぬ二一歳の若さでの夭折により、政策遂行は未完のまま中断されてしまったからである。しかも、その死は、ローマ攻略戦の直前という政治的に極めて難しい瞬間に突如として訪れた。それ故、歴史的評価の基準を、死去の時点における多分に偶発的状況に設定し、「挫折」、「失敗」あるいは「夢想」という結果論で判断することは許されない。父もイタリアの地での病死という同じ最期を迎えたが、それでも二八年の生涯において治世は一〇年に及んだ。これに対し、祖父は、享年六一歳という当時としては相当の長命に恵まれ、「大帝」の異名を与えられた。

「皇帝は、政策上初めての重大な危機――それは同時に彼にとっての内面的な危機でもあった――のさなかに命を奪われた。彼は、どのようにしてそこから脱することができたのであろうか。それは回答不能な問題設定であり、それ故、オットー三世についての評価は、いつも揺らぎ続けることになるのである。

ただし、彼が後に遺した帝国の政治的状況から、この皇帝の実績全般に関する帰結を導き出そうとするならば、それは本末転倒である。仮に、オットー大帝が、大公たちの叛乱とレヒフェルトの勝利の間の時期に偶然にも病死していたならば（本書36頁）、あるいは、フリードリヒ一世が一一六七年にローマ市外で疫病のために斃れていたならば（123頁）、彼らの評価は一体どうなっていたことであろうか」（シュラム）(18)。

仮にオットー三世が祖父のような長命を誇った場合、改新政策はその後いかなる展開を遂げたであろうか。

ローマを圧倒的な軍事力をもって制圧することは、さほど苦労せずに成功したであろう。死去の時点で彼が指揮可能であった軍隊の規模について、アルプス以北から到来した聖界諸侯の援軍のみに限っても、重装騎兵が少なくとも約六六〇名と試算されている。これは、第一次イタリア遠征時の約七〇〇名にほぼ匹敵する数字である(19)。

しかし、反皇帝派勢力を首尾良く一掃できたとしても、在地の都市貴族に依拠せざるを得ない統治構造自体を根底から刷新することは、皇帝が恒常的にローマに滞在しない限り不可能であったろう。あるいはまた、待望のビザンツ皇女との結婚は、世継ぎの男子に恵まれたかもしれない。しかし、その身体に流れる血の四分の三はギリシア人のそれであり、ザクセン人のそれは八分の一にすぎない。彼は、はたして後継国王としてアルプス以北で抵抗なく受け入れられたであろうか。

次に問題となるのは、そのアルプス以北の情勢である。一〇一二～一五年頃に『メッツ司教アーダルベロ二世伝』を著した同地の聖シンフォリアン修道院長コンスタンティンは、オットーについて次のように述べている。「彼は、その生涯のほとんどすべての時を都市ローマで過ごした。彼の帝国を構成する諸王国と故郷《パトリア》は、それまで王国の第一人者たち、すなわち司教、有力者によって辛うじて支えられ存立してきたのだが、このことが原因でそれらは荒廃させせられた」(20)。

この否定的評価は、一〇〇二年の新国王選出時の国内の分裂状態を睨みつつ遡及的に下されたものである。しかし、それは一部正鵠を射ているように思われる。「汝らへの愛故に、余は我がザクセン人とすべてのドイツ人、すなわち我が血を犠牲にしたのだ」――「ローマ人弾劾演説」での自己告発もまた、皇帝のローマ人への過度の優遇策に対するアルプス以北の不満の声の大きさを行間に滲ませている。そこで気懸かりなのは、急逝の直前に、長らく不在の皇帝に批判的な勢力の中に策謀の動きがあったとする、ティートマルの記事である(『年代記』四巻四九章)。

彼の死の直前に、多くの好ましからざる出来事があった。我々の大公と伯たちは、彼に対して策謀を企て、後に後継者となる大公ハインリヒに支援を要請したが、そのことは、司教たちも関知せぬことではなかった。大公は、しかしながら、同名の父がガンダースハイムで死去する際に発した最後の警告を想い起こし、皇帝への変わらぬ忠誠を守り、彼らに同意を与えることを拒否した。事件を直ちに聞きつけた皇帝は、このことを寛大な心をもって見逃したのであった。

謀議の中心となったのはザクセンの貴族で、マクデブルク大司教ギーゼラーの関与が憶測されている。ただ、その動機を、皇帝の寵愛を受けた(そして、後に私怨のため暗殺されることになる)マイセン辺境伯エッケハルトに対する一部貴族の嫉妬と不満へと限定する解釈もある(21)。それはともかく、急逝後にイタリア王国に対する支配体制が脆くも瓦解したことが雄弁に語るように、皇帝権の権力基盤はあくまでもアルプス以北、特にザクセン人の軍事力に依拠していた事実に変わりはない。

オットーが目指した「ローマ帝国の改新」が、皇帝と教皇の提携した「ローマ人とドイツ人のローマ帝国」の樹立であったとするならば、「改新」の過剰なまでの長期化は、特に多大な軍役奉仕義務を課された聖界諸侯筋からの圧力で、遠からず軌道修正を迫られたであろう。最も極端な場合、イタリア政策は、それへの反動として、「ドイツ人のドイツ王国」を促す方向へとベクトルを反転させたかもしれない。しかし実際には、中世の「ドイツ人」は、「ローマ」の伝統による呪縛から逃れることはできなかった。「ドイツ人の国王」は、実に四世紀半後の一四五二年（フリードリヒ三世、本書342頁）まで、皇帝位獲得のためにサン・ピエトロ詣でを続けることになるのである――。

改新理念のその後

それにしても、歴代皇帝の中で最も「ローマ」的であった三世が、ローマ市民に裏切られ、結果的に「ドイツ人」の形成に貢献したとは、いかにも歴史のパラドックスと言えないだろうか。

「皇帝オットー三世と教皇シルヴェステル二世は、ローマではよそ者だった。しかし、彼らにとってもまた、ローマ人は最後までよそ者であり続けた。ローマ人は、己の都市を両者とはまったく異なる眼差しで見ていたのであって、二人が追い求め廃墟の中に発見したものは、彼らの眼中にはなかった。結局のところ、このまさしく異なるローマ観、すなわちローマの皇帝支配をめぐる見解の相違の故に、オットー三世が抱いた帝国＝ローマ構想は失敗に終わったのである。かくして、理想的な西洋世界を政治的に形成する可能性は、それが完全に羽化する前に死滅してしまったのである」（ツィンマーマン）(22)。

「改新理念」自体は、もちろん皇帝の夭折をもって消滅したわけではない。ザーリアー朝を開いた皇帝コンラート二世（在位一〇二四～三九）は、再び「ローマ」への回帰を鮮明にした。一〇三三年に採用した印璽の裏面は、かつてオットーが使用した「黄金のローマ *AVREA ROMA*」を中央に据え、周囲には「ローマ、世界の頭は、全世界の手綱を制する *ROMA CAPVT MVNDI REGIT ORBIS FRENA ROTVNDI*」と刻印された。古代ローマ帝国の伝統を模倣し、その継承者としての正統性を誇示するこの文言は、以後「理想」と「現実」が乖離する実に中世後期に至るまで、〝ドイツ人〟の皇帝によって用いられ続けていくことになる。

また、ヴェルチェッリ司教レオの弟子で、改革教皇座に批判的なアルバ司教ベンツォ（一〇一〇以降〜八五以降）は、「改新理念」を継承し、叙任権闘争期のハインリヒ四世に対し熱烈な讃辞を捧げた。「改新理念」が「十二世紀ルネサンス」におけるローマ法研究の復興に与えた学問的刺激も見逃せない。その一二世紀以降は、教皇・都市貴族のローマ市支配に対抗する市民側の理論的武器として、性格を変容させつつ機能していくことになる。シュラムは、この文脈において「改新」の合言葉を用いた最後のローマ市民として、一四世紀前半のコーラ・ディ・リエンツォ（一三一三〜五四）の名を挙げている(23)。

「紀元二千年」のヨーロッパ

二一世紀に生きる我々にとっての「オットー三世の遺産」とは何か。

それは、普遍的にして超国家的な観点（＝「ローマ帝国」）からの、「ラテン＝キリスト教世界」（＝「キリスト教帝国」）の再編・統合の試みということに収斂するのではあるまいか。現在の「ヨーロッパ連合（EU）」が、一九世紀に創出された国民国家の存在を前提にしつつ、敢えてその上位に位置する超国家的組織の構築を模索していることは言うまでもない。その実現には当然ながら紆余曲折が伴うし、解決すべき課題が山積していることは、日々のニュースが伝えている通りである。ただ、仮に、今日のEU統合をヨーロッパが志向する一つの方向性の歴史的到達点と位置付けるならば、その始点となる画期を、カール大帝による大フランク帝国の樹立、そしてそれを継承・発展させたオットー三世による「改新」の試みに求めることが許されるはずである。多民族国家にして救済史上最後の帝国である「ローマ帝国」は、その普遍的性格の故に超国家的な仮想空間であり、それは他方において特殊近代的な「国民《ネーション》」の原基《プロト》的形成を促すプラットホームとしても機能しえたのである。

　東欧諸国の国民的聖人である聖アーダルベルトの殉教死から千年目にあたる一九九七年の六月三日、ポーランドのグネーゼンの地において記念ミサが執り行われた。ミサを掌ったのは、同国出身のローマ法王ヨハネ＝パウロ二世、参列したのはキリスト教的ヨーロッパの一体性を体現する各国の大統領たちであった――ドイツ、ポーランド、チェコ、スロヴァキア、ハンガリー、リトアニア、ウクライナ。

　同じく「グネーゼン事件」千周年の二〇〇〇年には、上記の最初の五か国の首脳が再び同地に会し、相互理解と平和に向けた宣言を発した（四月二八日）。八月には、イシュトヴァーン国王戴冠千周年を祝するハンガリー（ブダペスト）で、「千年頃の中欧」と題する大規模な歴史展が幕を開けた。その後二〇〇二年まで、ポーランド（クラクフ）、ドイツ（ベルリンとマンハイム）、チェコ（プラハ）、スロバキア（ブラチスラヴァ）で順次開催され、大変な盛況を博した[24]。全三巻のカタログでも、中心を占めるのは聖アーダルベルト、そしてオットー三世である。ショーヴィニズムとルサンチマン、そしてイデオロギー対立によって席巻された戦間期、戦後冷戦期のヨーロッパでは、こうした国際的プロジェクトの実現はもとより、構想すること自体が既に困難だったのではあるまいか。かつての「東方研究」の対極に位置する今日の政治的・精神的潮流が、一九九〇年代以降のオットー朝研究の隆盛をもたらしたこと、これもまたあらためて繰り返すまでもあるまい。

3　「世界の奇跡」

伝説の形成と変容

オットー三世の歿後間もない一一世紀初頭にイタリアで作成された歴代国王・皇帝目録は、若き皇帝を「世界の奇跡 *mirabilia mundi*」と呼んだ(25)。解釈は多様であるが、並外れた教養と知性という天賦の才に恵まれ、既成の常識に縛られない革新への意欲に燃え、なお若くして逝った皇帝への畏敬の念の表明であろう。ここには、軍事的勝利（オットー一世）やキリスト教的美徳（ハインリヒ二世）といった通例の栄誉とは質的に異なる三世の特質が刻印されている。一二世紀半ばに『年代記』を著したオットー・フォン・フライジングも、この標語を採録している（六巻二六章）。

もう一人、中世人によって「世界の驚異」と評された人物がいる。それは、フリードリヒ一世・バルバロッサの孫で、ブルクハルトがいみじくも「玉座に即《つ》いた最初の近代的人間」と評したフリードリヒ二世（一一九四～一二五〇）である(26)。出自の国際性と幼少期における両親との死別、知的早熟さと学問・芸術の愛好、終末論への強い関心、時代に先駆けた変革への挑戦、そして帝国理念の実現を希求する中での予期せぬ死……。なるほど、両者の間には共通点が多々ある。しかし、相違点を挙げるのも容易である。ここでは、オットーの未婚での夭折の他、ローマ教皇と鋭く対立したフリードリヒが、敵陣営から「反キリスト」の烙印を押されたことを指摘するに留めておく。

そのフリードリヒの「不死伝説」ほど有名ではないが、オットーについても後世の伝説が伝わっている。「選帝侯団」に関しては、既に紹介した（本書117頁）。ここでは毒殺の噂から書き起こすこととする(27)。

これは、中世のイタリアにおいては月並みとも言うべきトポスである。本書の登場人物では他にも、皇帝アルヌルフ、イタリア国王ロターリオ、皇帝オットー二世、教皇グレゴリウス五世、シルヴェステル二世の死因についてこの嫌疑が掛けられている。オットー三世についての初出は、シャバンヌのアデマールが『年代記』で伝えたものである（三巻三三章、当該箇所は一〇二八／二九年頃成立、本書219頁）。より具体的に「女性による毒殺」に初めて言及したのは、ラントベルト『ケルン大司教ヘリベルト伝』（七章、一〇四六〜五六年成立、同183頁）である。その少し前に、ラウル・グラベルは、『歴史五巻』（一巻一五章、同251頁）の中で、別のストーリーを展開していた。オットーは、「好ましからざる助言に従って、前述のクレシェンツィの寡婦を妻に迎えた。しかし、その後間もなく、熟慮せずして迎えた彼女を見捨てて別れた」。自ら残酷な刑罰によって処刑した暴君の寡婦との結婚、そして離縁――このスキャンダラスな物語は、上記の〝噂〟と結合し、夫の復讐を目論む寡婦＝皇帝の愛人による毒殺説へと変容していく。初出のランドゥルフ『ミラノ史四巻』（二巻一九章、一〇七六／七七年頃成立、同305頁）によれば、クレシェンツィの寡婦は、復讐心に燃え、重病で床に臥し医師にも見限られたオットーに接近を図った。病気治癒と称して、数日間にわたり香油と毒を塗った鹿皮を処方し、ついに死へと至らしめたという。この寡婦の名について、ほぼ同時期にアルノルフォ『ミラノ大司教事績録』（一巻一二章、一〇七二〜七七年成立、同305頁）が言及している――〝ステファーニア〟。

しかし、クレシェンツィの妻はテオドラという名で、年齢もオットーよりかなり年上であった。妻の名を挙げたのは、アルノルフォ唯一人である。〝ステファーニア〟の正体は、トゥスクルム家の伯グレゴリオの同名の娘ではないか、とのかなり魅力的な仮説も提起されているが(28)、推測の域を出てはいない。

以上、主として一一世紀半ば以降の伝説は、総じて口頭伝承を素材に各々独立して形成されたようである。一二世紀になると、「世界年代記」に収録されることを通じて、各種の伝説が広範に流布・継承されていく。ジャンブルー修道士ジーゲベルトは、『年代記』（一〇〇二年の項、一一〇五年頃成立）において、クレシェンツィの寡婦による殺害動機を、復讐心ではなく権力欲に求めている。権力への渇望の強い彼女は、そのために皇帝を誘惑したが、愛人がアルプスの北に帰還する時が迫ると、愛情は嫉妬へと変わり、彼がまだイタリアに滞在する間に毒殺することを決意したのだ、と。「トリスタン伝説」を想起させるこの新たな物語は、一二世紀以降中世末期まで最も広く普及したエッケハルト『年代記』（第三系統本、一〇〇〇年の項、一一一六～一七年成立）に取り込まれたことで、標準的ヴァージョンとなった。

まったく新たに脚色された別のモティーフは、ヴィテルボのゴットフリート『パンテオン』（一二三巻三一章、一一九一年以前成立）が韻文で伝えている。オットーの王妃は、夫の家臣のある伯への愛情に燃え、彼を誘惑した。しかし、つれなく拒絶されると王妃は逆上し、今度は夫に向かってかの伯が不遜にも自分を誘惑するに及んだと訴え、伯の首を刎ねさせた。ところが、その後王妃は再び心変わりし、今度は夫を殺人者として公然と非難したのみならず、自らの主張の正しさを神判（火審）に訴えることで立証したのである。ついに事の次第を悟った夫オットーは、すべての禍の元凶である妻を生きたまま火刑に処した。そして、伯の寡婦に対し己が犯した過ちを赦すよう悔悟する一方、贖罪の証しとして三つの修道院を建立したという。前段の雛形を提供したのは、『創世記』に見えるポティファルの不貞の妻によるヨセフの誘惑の物語（三九章）である。妻に裏切られ、残忍な復讐でこれに報いた皇帝オットーの物語は、その後ヤコブス・デ・ウォラギネ『黄金伝説』（一七七話、一二六〇年頃成立）や、各種の俗語の歴史叙述に受容され、広く流布するようになった。

「伝説というものはその発端をなす歴史的事件に近づけば近づくほど素朴単純な形をあらわしてくるも

のである」(29)。それにしても、伝説もここまで変容すると、本来その核心に潜んでいるはずの歴史的事実は、ほぼ無に近い。両者の乖離を可能にした一番の要因は、皇帝の最期を淡々と綴った一一世紀初頭の〝真面目〟な同時代史料の伝承が、極めて限定されていたことによる。ブルーノ『五修道士殉教伝』と『ヒルデスハイム編年誌』の写本は、今日一点しか伝存していないし、タンクマル『ベルンヴァルト伝』やティートマル『年代記』の影響力もザクセン地方を出ることはなかった。

最後に、フラヴィニィ修道士ユーグの『年代記』(一〇九〇～一一〇二年頃成立)は、オットー三世が子供を有していたとの興味深い〝事実〟を伝えている。二代後の皇帝で、ザーリアー朝を開いたコンラート二世について、「オットー三世の息子」と二箇所で記しているのである。「死者祈念の書《ネクロローグ》」では、「オットー三世の娘クローティルド、皇帝コンラートの姉妹」は、著者ユーグ本人の祖母であるとされている。記事に従えば、オットーは、コンラートの母アーデルハイト(九七〇／七五～一〇三九／四六)との間に、秘密裏に婚外関係をもち、複数の子供をもうけていたことになる。ブルーノは、『五修道士殉教伝』七章の追悼文中で、オットーが独身のまま早世したとの記述に続けて、「たとえ、いかがわしい肉体が彼を愚行へと巻き込んだにせよ」と含みのある文言を残したが、それ以上は語っていない。ユーグの奇妙な記事については、一時期研究者の真剣な議論の対象になった。しかし、コンラートの生年が近年の研究によって〝九九〇年頃〟と確定されたことで斥けられている。オットーの生年は、九八〇年の六月末／七月初である(本書75頁)。

なお、伝説ではないが、バロックを代表する作曲家ゲオルク・フリードリヒ・ヘンデル(一六八五～一七五九)は、「ジェルマーニアの国王オットーネ」(初演一七二三年)において、二世とテオファーヌの恋愛劇をオペラ化している。歴史小説《ロマン》では、ドラマティックな生涯の故であろう、テオファーヌとオットー三世を主人公とした小説が多々ある。中でも二〇世紀前半の著名な詩人・小説家ヘンリー・ベンラート（アルベルト・H・ラウシュ、一八八二〜一九四九）の作品（一九四〇、五一年）は、今日でも広く読まれ版を重ねている。

「魔術師ジェルベール」

オットーの教師にして、ローマ教皇としてはそのパートナーであったシルヴェステル二世については、魔術師伝説が良く知られている。時代の学問水準をはるかに超越した世紀の知識人は、叙任権闘争期になると、教皇グレゴリウス七世のラディカルな教会改革に批判的な皇帝ハインリヒ四世の陣営の聖職者によって、悪魔に魂を売り渡したファウスト的な魔術師という伝説を創作されることになった。

初出は、ローマの枢機卿司祭ベノー（一〇九八年以降歿）が、一〇八四年にグレゴリウスから離反してから間もなく執筆した論争書である。彼のグレゴリウス批判がジェルベール＝シルヴェステル二世にまで遡及したのは、グレゴリウスの教師にあたるテオフィラット（＝ベネディクト九世）他が、ジェルベールの下で学び、その「悪魔の教え」をグレゴリウスに伝授したから、というかなり強引な論法に基づく(30)。ベノーは、ジェルベールがアキテーヌの片田舎の素性も知れぬ生まれにもかかわらず、瞬く間に三つのR、すなわちランス、ラヴェンナで高位聖職者のキャリアを駆け抜け、ついにはシルヴェステル二世としてローマの聖ペテロの座にまで昇りつめた原因を、教皇登位以前に悪魔と結んだ契約がもたらした魔力に求めたのである。

シルヴェステルの死因についても、悪魔の所業に帰せられた。ある時ジェルベールは悪魔に向かって、自らの死がいつ到来するかを尋ねたことがある。悪魔は彼に、「イェルサレムで汝がミサを挙行しない限り死ぬことはないであろう」と請け合った。ところが、教皇になったシルヴェステルは、ラテラーノ近郊に立つ、イェルサレムの聖十字架を祀ったサンタ・クローチェ・イン・ジェルサレンメ教会で迂闊にもミサを執行したため、予言通り死に見舞われることになった。シルヴェステルは、死の間際に自らが犯した罪業を認め、埋葬について指示した後、かつて悪魔に宣誓した自らの手と舌を贖罪の証しとして切断させたという。この寓話には、ことによると対立教皇ヨハネス・フィラガトスに対する過酷な身体刑の記憶が忍び込んでいるのかもしれない。

後代の史料は、この伝説の原型に様々な〝尾ひれ〟を次々に付けていった。教皇は、手と舌のみならず、耳、眼、鼻をも失い、悪魔はそれを手にして人々の前で遊技に耽った。あるいは、その後ラテラーノのサン・ジョヴァンニ大聖堂に埋葬された遺体は、棺に収められても、静寂の時を見い出すことはなかった。当代の教皇の死が近づくと、亡骸は湿り気を帯び、ガタガタと不気味な音をたてることで予告したとか……。

図105　シルヴェステル2世と悪魔　マルティーン・フォン・トロッパウ『年代記』の写本挿絵　ハーゲナウ，1460年頃。ハイデルベルク大学図書館蔵（Cod. Pal. germ. 137）

後世の人々の記憶に残ったのは、ヒスパニアの異教徒との接触を通じて超人的な魔力を得た「魔術師ジェルベール」のデーモン的イメージであって、皇帝オットー三世と提携してポーランド・ハンガリーの教会組織の確立と東方伝道に尽力した「教皇シルヴェステル二世」の事績ではなかった。使徒座に昇る以前の学者としてのキャリアの方がむしろ歴史に名を残したという意味では、イタリア・ルネサンス期に人文主義者として名を馳せたエネア・シルウィオ・ピッコローミニ＝ピウス二世（一四〇五～六四）と類似点が多々あると言えよう。

「記憶の場」としてのアーヘン

アーヘンの聖マリア教会に埋葬されたカール大帝とオットー三世の亡骸は、その後の歴史の波に翻弄されることになった(31)。

一九一〇～一四年におこなわれた教会の大規模発掘調査によって、東側正面のカールの時代に建設されたかつての後陣部《アプシス》手前の地下に縦二・七、横一メートル、深さ二・八メートルの祠《ほこら》が発見された（次頁図106の3）。オットーの棺は最初、この中に葬られていたと推定される(32)。聖母マリアの祭壇（1）と聖ペテロの祭壇（4）の間に位置し、真上の二階席には救世主の祭壇、すなわちオットーが九九七年に両親とカール大帝の魂の救済を目的に所領寄進をおこなった祭壇（本書139頁）が配置されている。

一方、カールの墓所の所在については、今日に至るまで議論は絶えず、一一以上の仮説が提起されている。例えば、カールの棺はまず上記の祠に埋葬され、その後オットーの棺がその下に安置されたという説や、西側入り口に繋がる回廊部に探索する説もある。最新の学説によれば、棺は地下に埋葬されたのではない。本堂一階の東南部の壁の前に、上部にアーチを冠した高さ約三・二五メートルの荘厳なモニュメントとして設置されていたが、一七八八年の大規模な改修時にそれとは知らずに破壊・撤去されてしまったという(33)。ただし、棺そのものは、ほぼ同定されている。三世紀初頭にローマで造られ、女神ペルセポネの神話の場面が彫刻された大理石製の豪華な石棺である（図107）。

一一六五年、カールが皇帝フリードリヒ・バルバロッサによって聖人として列聖された際、亡骸は棺か

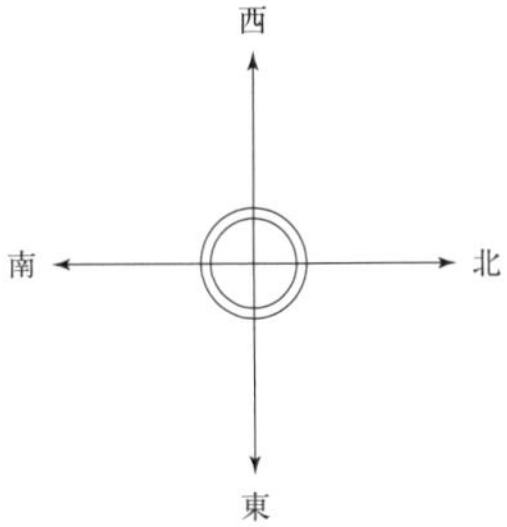

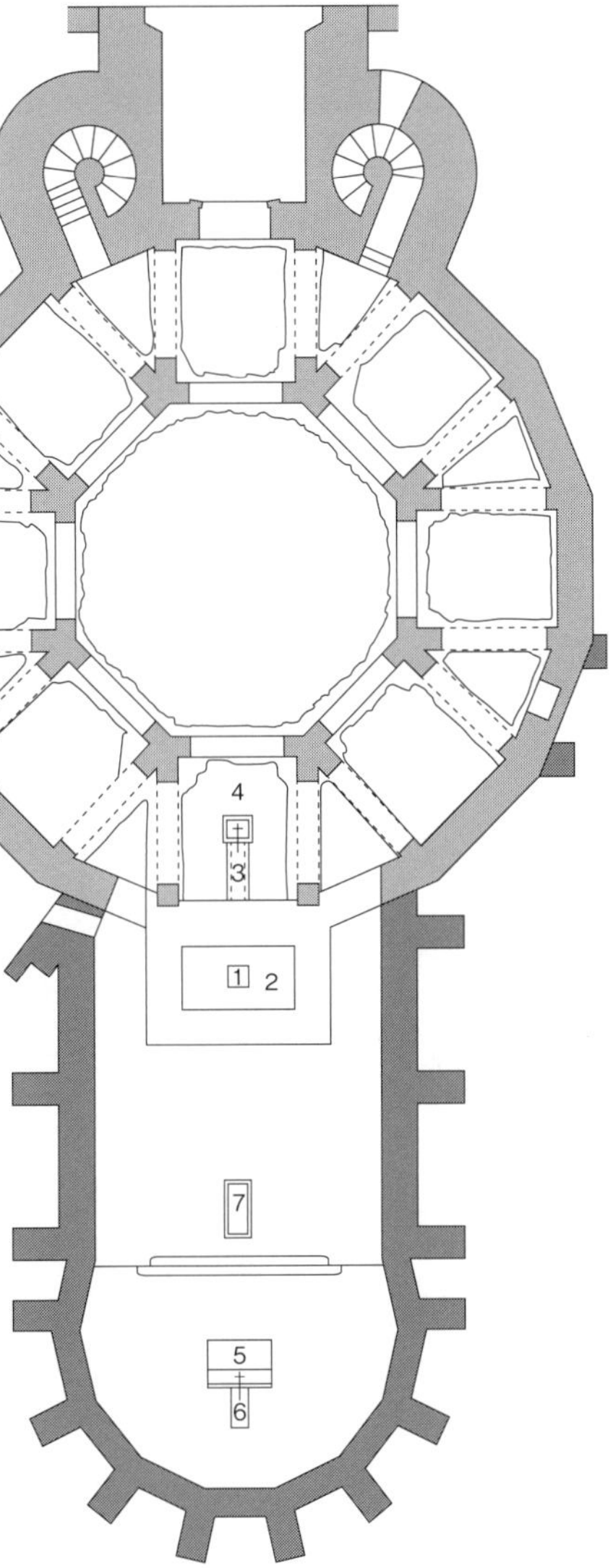

1：カロリング期の聖母マリアの祭壇
2：カロリング期の後陣
3：祠＝オットー3世の最初の墓所
4：カロリング期の聖ペテロの祭壇
5：1414年以降のペテロの祭壇
6：カールの聖遺物匣
7：1414年以降のオットー3世の墓所

図106　聖マリア教会平面図

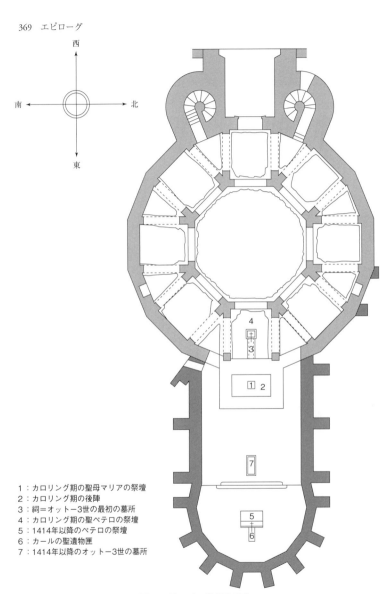

図107　ペルセポネが彫刻された大理石製石棺　アーヘン大聖堂蔵

図108　カール大帝の護符（タリスマン）
ランス大聖堂宝物館蔵

図109　腕骨聖遺物匣（右側面）

図110　腕骨聖遺物匣　ルーブル美術館蔵，（上）＝正面，（下）＝背面

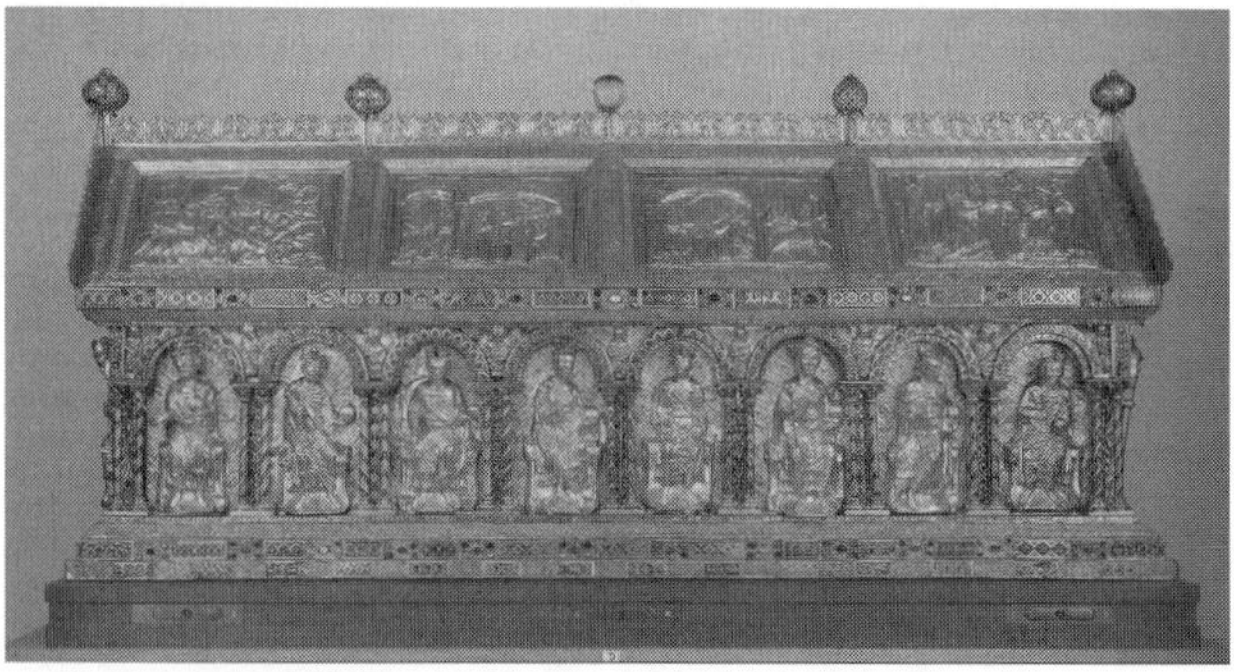

図111　カールの聖遺物匣　アーヘン大聖堂蔵

ら出され、仮の聖遺物匣《シュライン》に収納された。バルバロッサはまた、腕の骨のみを納める聖遺物匣を造らせた（図110）。左側面には後継皇帝としてカールの葬式を掌ったルートヴィヒ一世（敬虔帝）の、右側面にはオットー三世の銀製の半身像が彫刻されている（図109）。墓所探索の事件は、一世紀半の時を経てもアーヘンではなお記憶されていたのである。オットーの半身像の周囲には、「オットー、世界の奇跡 *OTTO MIRABILIA MUNDI*」の文字が刻印された。カールの亡骸の本体はその後の一二一五年、宝石を散りばめた黄金の「カールの聖遺物匣」に移され、バルバロッサの孫の皇帝フリードリヒ二世によって聖母マリアの祭壇に設置された（図111）。

現在の聖マリア教会は、八角形《オクタゴン》の本堂の東側正面からゴシック様式の内陣部分が大きく外に張り出した形となっている。これは、パリのサン・シャペルを模したもので、一四一四年に献堂された。増築に伴い、「カールの聖遺物匣」は新たに正面に据えられた聖ペテロの祭壇に移動された（図106の5、6）。これに併せて、後陣部《アプシス》の聖母マリアの祭壇前地下のオットーの棺も掘り起こされた。亡骸は新たに用意された質素で碑文もない大理石の棺に移され、内陣の中央部地下に収められた（7）。かつての墓所は再び埋め戻され、その後忘却するに任せられた。旧石棺の蓋は聖具室に置かれた。それが伝える碑文は、一六二〇年の記録によれば極めて簡潔な文章であった（34）。

ローマ帝国の偉大なる誉れ、オットー三世
アーヘンは亡骸を、アウクスブルクは内臓を有する

ルターのパトロンとして歴史に名を留めたザクセン選帝侯フリードリヒ三世（賢公、一四六三～一五二五）

は、宗教改革が始まる前の一五一三年、新たな石棺の上に、縦横三×一メートル、高さ一メートル大の大理石製の素朴な記念碑を設置させている（碑文なし）。選帝侯位を有するヴェッティーン家の祖先の系譜を、中世のザクセンの皇帝家門に接合させようとする伝統の創造の一環である。

「余はシャルルマーニュである」

「まず始めにナポレオンありき」——近代史家ニッパーダイの言である(35)。実際のところフランス革命、そしてナポレオンによるドイツ支配は、両皇帝の亡骸にも大きな影響を及ぼすことになった。それまで八世紀の歳月を教会内で共有してきた二人は、この時に至ってついにその運命を引き裂かれることになったのである。一七九四年、アーヘンはフランス軍によって占領された。カール大帝を自らの模範として崇敬するナポレオンは、この時数多くの文化財をパリに移送させた。その中には、カールの亡骸が最初に納められていた大理石製の石棺や、一六二〇年以来市庁舎前の広場に立っていた大帝のブロンズ像も含められていた。

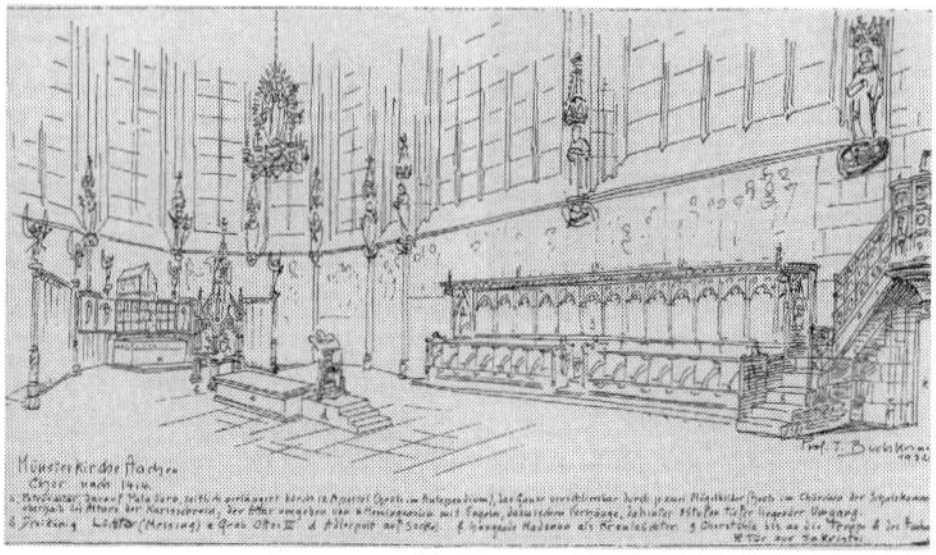
図112　1414年以降の内陣　Joseph Buchkremerによる想像図，1932年。アーヘン聖堂建築部文書館所蔵

一七九八年、アーヘンは、下ライン地方を包摂するルール県の官庁所在地となり、一八〇二年には司教座も設置された。初代司教には、フランス人のマルク＝アントワーヌ・ベルドレ（一七四〇～一八〇九）が就位した。彼は、ジャコバン派の恐怖政治時代に投獄されていた時、牢獄を訪問したナポレオンの妻ジョゼフィーヌと知己になって以来、二人の信頼を得た人物である。一八〇四年一月某日の夜、ベルドレと県知事メシ

ャン男爵立ち会いの下、内陣のオットー三世の棺が開かれた。主要な骨は知事の命で取り出され、パリへと向け移送された。石棺を覆っていた蓋は、夏のナポレオン夫妻のアーヘン訪問に合わせ本堂に移され、「カール大帝に〔捧ぐ〕*Carolo Magno*」と刻印されたうえで、カールの墓所と覚しき中央部に据えられた。ベルドレは司教教書の中で、ナポレオンの偉業を「ヨーロッパの父」たるカール大帝＝シャルルマーニュと比較し、その自尊心をくすぐるように讃美している。「かの英雄は、その偉大さにおいてシャルルマーニュに比肩する。だが、かの英雄は、剣とともに始まり、芸術、学問、そして宗教の上に樹立されたこの世紀が今後も存続することを、彼にもまして見事に実践したのだ」。

図113　アンリ=ポール・モッテ画「シャルルマーニュの玉座の前のナポレオン」　1898年。個人蔵

七月二七日、予定通りまずジョゼフィーヌがアーヘンに到着した。彼女は八月一日、ベルドレから上述の腕骨聖遺物匣と護符《タリスマン》（図108）を贈呈された。周囲を宝石で飾られたアンプラの中に聖母マリアの髪を含むこの聖遺物は、墓所を開いたオットーが、玉座に坐すカールの胸から取り外したものと伝えられていた。妻に遅れて九月二日に到着し、市庁舎での盛大なセレモニーで迎えられたナポレオンは、七日にベルドレの案内で聖マリア教会を訪れ、カールの玉座に就いた。フランス人歴史画家アンリ＝ポール・モッテ（一八四六〜一九二三）は後年、将校たちに伴われたナポレオンが階段に立ち、カールの玉座の上に据えられた帝冠に神妙な態度で敬意を表する場面を描いた（一八九八年）。もっとも、帝冠は、この時点で既にニュルンベルクからウィーンのハプスブルク宮

廷に移されており、場景は、画家のファンタジーが創り出したフィクションである。ただ、一九世紀のシャルルマーニュたることを自認するナポレオンの意図を的確に表現した設定ではある。ナポレオンがパリのノートルダム教会において、皇帝の冠を自らの手で頭上に据えたのは、三か月後の一二月二日のことである。戴冠式で用いた笏は、シャルル五世（在位一三六四〜八〇）のそれであるが、先端には玉座のシャルルマーニュの姿が描かれていた。

一八〇六年一月八日、ナポレオンは、フランス政府代表としてローマに赴任中の叔父、枢機卿ジョセフ・フェッシュに宛てた書簡中で、フランク（＝フランス）とランゴバルト（＝ロンバルディア）の両王国を統合し、帝国の版図を東方に向け大きく拡大したカール大帝に言及した際、自らの偉業と重ね合わせつつ誇らかに書き記した――「余はシャルルマーニュである」。かのスタール婦人は、歴史の重みに対する畏敬の念を欠く不遜な態度として、これを非難したという。

消え失せた亡骸

ナポレオン失脚を承けて一八一五年に開かれたウィーン会議で、アーヘンはプロイセン王国に編入された。

カールの亡骸が最初に納められていた大理石製の石棺も、この時アーヘンに戻された（ヴァンドーム広場に据えられたブロンズ像は、既に一八〇五年に返還されていた）。ところが、その後聖マリア教会を訪問した人々は、この石棺がまるで聖遺物であるかのように気軽に手で触れた。ペルセポネの異教的裸身像が教会には不適切と思われたこともあって、石棺は一八四三年、立入禁止の二階席の一隅に移動されることとなった。ところが、ウィンチを用いた引き上げ工事中にロープが突如として切れ、七メートル下の敷石上に落下してしまった。石棺は、大小一八個の大理石の断片に砕け散った。一九九八年にベルリンの博物館に運ばれ、カールの戴冠千二百周年を祝する二〇〇〇年の歴史展で公開に供するため修復を施された。断片の隙間からは、この間世界中から到来した訪問者が詰めた約一五〇枚の硬貨が出てきたという(36)。

ジョゼフィーヌが得たカールの腕骨聖遺物匣は、後にナポレオン三世に引き継がれ、現在では毎日観光客で賑わうルーブル美術館に収蔵されている。カールの護符も類似の足跡を辿り、最後は三世の皇后ウジェニーを通じて、第一次世界大戦で破壊されたランスのサン・レミ修道院に寄贈された（一九一九年）。

アーヘンに最後まで留まった「カールの聖遺物匣」は、一二一五年の奉献時に封印されたが、その後時折開かれ、骨の一部が取り出されていた模様である。今日、収納されている骨ないし骨片は、九四点を数えるのみで、頭蓋骨と顎骨はほぼ完全に失われている。一九八八年に報じられた研究者グループによる科学的鑑定結果によれば、聖遺物匣に納められた骨がカールのものであることを疑わしめるいかなる証拠も見つからなかったという。二〇一〇年には、彼の身長は、当時としてはかなり高い一八四センチであったとの分析が報じられている（現代のヨーロッパ人の基準に換算すると約一九九センチ相当）(37)。

他方、オットー三世の亡骸は、その後カールとは対照的に忘却の一途を辿った。

アウクスブルクのアフラ律院に埋葬された内臓は、一一世紀の経過において司教教会に移されたと推定される(38)。しかし、死者に対する記念祈禱《メモリア》は蔑ろにされ、中世後期になるとオットーの事績と埋葬の事実そのものが忘れ去られてしまった。同院の「死者祈念の書《ネクロローグ》」は、彼の命日にハインリヒ二世の名前を記しているし、一三世紀の一証書は、オットーを皇后アーデルハイトの夫と見なしていた。埋葬の事実を伝えるティートマルの『年代記』が、ザクセン以外の地で広く流布し始めるのは、一六世紀末に活版印刷に付されてからのことである。内臓が司教教会内のどこに移葬されたのか、それはもはや定かではない。唯一の慰めは、上記ザクセン選帝侯フリードリヒが同じ一五一三年、アウクスブルクの人文主義者コンラート・ポイティンガー（一四六五～一五四七）に対し、皇帝に捧げる記念碑の作成を依頼したことである。ラテン語で書かれた大理石の碑文は、本堂西側の内陣の列柱の陰に据えられ、今日までかすかな記憶の痕跡を伝えている。

アーヘンのオットーの主要な骨は、一八〇四年一月に取り出されパリへと向け移送されたが、革命期の混乱状況の中、いずこかに消え去ってしまった。中途でヴェルダン、ティオンヴィル、あるいはセダンの墓地に埋葬されたとの憶測もあるが、いずれも噂に留まる。上記一九一〇年の調査によれば、掘り出された石棺は甚だしく損傷しており、中には保存状態の悪い小骨片が数点、衣装の断片と金糸多数が確認された。骨片は、軽く触れただけで脆くも崩れ、塵になってしまったという。翌日には直ちに埋め戻され、以来石棺は封印されたまま一度も開けられていない(39)。聖具室に置かれた旧石棺の蓋、あるいはザクセン選帝侯が一五一三年に献じた記念碑もまた、この時以来行方知れずである。「カール大帝に〔捧ぐ〕」と刻印された新たな石棺の蓋は、今では内陣の南側外壁部に立てられている。

内陣の中央部にかつてオットーの墓所が存在した事実を今日に伝えるのは、一八三四年に聖堂参事会主席司祭のヨハン゠マティアス・クレッセン（一七八四～一八三九）によって設置された一枚の大理石製の記念プレートのみである（図3）。

あとがき

本書は、三年前に刊行した『ドイツ史の始まり』の副産物である。専門家に向けた純粋な学術書である同書の執筆中に、一般の読書人に向けたオットー三世の伝記を書いてみたいという衝動に無性に駆られた。しかし、筆者の悪い癖で、結果的にはやはり専門家に向けた教養書になってしまったかもしれない。読者の皆様のご寛恕を請いたい。

ともあれ、そのきっかけは、振り返って見ると一九八七〜九〇年に旧西ドイツのボン大学に留学していた際、シュラムの画期的著作『皇帝・ローマ・改新』を、大学図書館で毎日貪るように読んだ、あの時の興奮にまで遡る。もちろん、「紀元千年」を表題に掲げた本書は、「ミレニアム」という言葉が踊った西暦二〇〇〇年に本来刊行するのがタイムリーであったろう。ただ、その当時の筆者はまだ、一書を著すだけの学問的蓄積と力量は到底持ち合わせてはいなかった。言い訳がましくなるが、仮にそれが実現したにせよ、千周年を記念してその前後にヨーロッパ各国で公刊された夥しい研究文献の成果を、そこに盛り込むことは出来なかったであろう。

本書の執筆中に筆者が常に座右に置いていたのは、シュラムとウーリルツ女史の著作である。

前者、すなわち中世の図像・支配表象や戴冠儀礼史の分野で新境地を開拓したこの碩学については、中世史研究に限定した浩瀚な研究が近年発表されている。David Thimme, *Percy Ernst Schramm und das Mittelalter. Wandlungen eines Geschichtsbildes*, (Schriftenreihe der Historischen Kommission bei der Bayerischen Akademie der Wissenschaften, 75), Göttingen 2006. 筆者もかつて、『岩波世界人名大辞典』（二〇一三年）に無記名ではあるが短文を執筆したことがある。参照を請いたい。刊行から九〇年近くも経た『皇帝・ローマ・改新』については、当然ながら修正を要する箇所も少なからずある。例えば、シュラムがオットー三世歿後の改新理念の存続の証として決定的に重要視した史料、『黄金の都ローマの書』は、その後の研究によって、一二世紀のモンテ・カッシーノ修道士ペトルス・ディアコヌスの作であることが論証され、今日では一一五四年末以降に成立したと考えられている（『ドイツ史の始まり』一〇章注一〇に挙げた文献を参照）。それはともかく、本書執筆に際しあらためて精読したが、構想の雄大さと若き日の情熱の息吹が伝わってくる同書には、ただただ頭を垂れる他はない。

なお、ハンブルクの裕福な名門商家に生まれたシュラムは、中世史のみならず、海洋史、さらには「国防軍総司令部戦争日誌」の記録将校としてのキャリア（一九四三～四五年）から、戦後はナチズム研究においてもパイオニア的役割を担った。精神史的観点からのオットー三世論という問題意識は、オランダ人のテル＝ブラーク（一九〇二～四〇。歴史家ホイジンガの従兄弟でもある）が、『皇帝・ローマ・改新』の前年の一九二八年に公刊した博士論文においても共有されている。その後文芸批評家として活躍し、トーマス・マン、フォイヒトヴァンガーらドイツの文学・評論をオランダに積極的に紹介し注目を集めた。三三年以降は、リベラル派の新聞を舞台に反ナチズムの論陣を張ったものの、オランダ政府がドイツ軍に降伏したその日にハーグで自殺を遂げている。

史実の導き手となったのは、「ドイツ帝国年誌」および「皇帝事績要録」という権威ある両叢書に収められたマティルデ・ウーリルッツ女史（一八八一～一九六六）の記念碑的労作である。刊行から半世紀を経て一部追加・修正が必要なことは、ここでも変わりはないし、それはすべての学術書が逃れることのできない運命でもある。ただ、彼女がオーストリアで教授資格を取得した最初期の女性研究者の一人であることは、日本はもとより母国でもあまり知られていないので一言しておきたい。

父カール・ウーリルッツ（一八五四～一九一四）は、オットー三代の証書編者であるウィーン大学オーストリア史研究所長、テーオドル・フォン・ジッケル（一八二六～一九〇八）門下のグラーツ大学教授であった。娘のマティルデは、三三歳の一九一四年に同大学でウィクリフに関する研究により博士号を取得し、その後はグラーツの名門の女子高等中学校《リツェーウム》で教鞭を執りつつ研究に従事した。同じ一四年に父が急死した後、遺稿として残されたオーストリア史の概説書の草稿に全面的な加筆をおこない、最終的には全四巻五冊の大著として完成させた（一九二七～四四年）。それに先立ち既に一六年に、オーストリアでは初の女性として教授資格取得願を母校に申請していたが、男性社会の典型であるアカデミズムの世界で女性がキャリアを積み上げるには、当時なお大きな障壁が横たわっていた。それがようやく認められたのは、四度目の試みとなった三二年のことである。三九年にようやく准教授の地位を得た時、彼女はもう五八歳になっていた。

もっとも、この念願のポストも、O・ブルンナーを初めとするオーストリアの多くの歴史学者の例に漏れず、四五年に失っている。しかし、高齢にもかかわらず、既に三〇年代に着手していたオットー三世の研究と集中的に取り組み、史料校訂の成果は五〇年代半ばに相次いで陽の目を見ることになった。早くに父を失ったオットー三世にある種の女性的な趣きが認められることは、本書でも度々指摘した。オットーの研究は、ウーリルツにとって、父が遺した仕事の継承であると同時に、その意味でも共感を抱ける対象だったのかもしれない。学問史の観点でも注目されるその生涯については、極めて抑制された筆致の短い自伝と、先年刊行された詳細な評伝を参照されたい。

Österreichische Geschichtswissenschaft der Gegenwart in Selbstdarstellungen, hg. v. Nikolaus Grass, Bd.2, Innsbruck 1951, S.235–242.

Anne-Katrin Kunde, Mathilde Uhlirz (1881–1966). Jenseits der Zunft. Prozesse der Selbstbehauptung im Leben und Wissenschaft, in: *Österreichische Historiker 1900–1945. Lebensläufe und Karrieren in Österreich, Deutschland und der Tschechoslowakei in wissenschaftsgeschichtlichen Porträts*, hg. v. Karel Hruza, Wien-Köln-Weimar 2008, S.461–491.

本書は、平成二八～三〇年度科学研究費・基盤研究（C）「紀元千年の皇帝権とキリスト教終末論」（単独研究）の成果の一部である。刀水書房の中村文江氏には、今日の出版界、そして昨今の人文科学全般を取り巻く厳しい状況にもかかわらず、刊行をお認めいただき、数々のご配慮を賜ったことに感謝したい。

最後に本書を、坂井榮八郎先生（東京大学名誉教授）に謹んで捧げることをお許し頂きたい。先生に初めてお世話になったのは、『岩波世界人名大辞典』の執筆に際してであった。知遇を得てまだ日が浅いにもかかわらず、今回の出版に際しては、中村文江氏に仲介の労をとって頂いた。加えて、専門分野が異なるにもかかわらず、本書の草稿の段階で御一読を請い、内容・文章・構成の全般にわたって幾多の貴重な御指摘を受けることができた。心より御礼申し上げ、かつ先生の御健勝をお祈り申し上げる次第である。

次は、本書でも繰り返し引用したティートマル『年代記』の翻訳に挑戦してみたいと考えている。

二〇一七年一月

著者

médiévale 6, 1963, pp.297-313, pp.455-476.

（26）ヤーコプ・ブルクハルト，新井靖一訳『イタリア・ルネサンスの文化』筑摩書房 2007 年，15 頁（原著 1860 年）。Cf. Björn Weiler, *Stupor Mundi.* Matthäus Paris und die zeitgenössische Wahrnehmung Friedrichs II. in England, in: *Herrschaftsräume, Herrschaftspraxis und Kommunikation zur Zeit Friedrichs II.*, (Münchner Beiträge zur Geschichtswissenschaft, 2), hg. v. Knut Görich - Jan Keupp - Theo Broekmann, München 2008, S.63-95, hier S.73. フリードリヒ 2 世については，（原著はもとより邦訳としても画期的な）エルンスト・H・カントーロヴィチ，小林公訳『皇帝フリードリヒ二世』中央公論新社　2011 年（原著 1927 年）が，今でも研究の出発点であることに変わりはない。

（27）以下の叙述は，Rudolf Schieffer, Über die Ehe, die Kinder und die Ermordung Kaiser Ottos III. Ein Beispiel für die Dynamik historischer Phantasie, in: *Von Sachsen bis Jerusalem. Menschen und Institutionen im Wandel der Zeit. Festschrift für Wolfgang Giese zum 65. Geburtstag*, hg. v. Hubertus Seibert - Gertrud Thoma, München 2004, S.111-121 による。個々の史料典拠は，同論文を参照されたい。

（28）Uhlirz, *Jahrbücher Otto III.*, S.343f., S.594f. BU 1450/a.

（29）阿部謹也『ハーメルンの笛吹き男 — 伝説とその世界』平凡社　1974 年，25 頁。

（30）Beno, *Gesta Romanae ecclesiae contra Hildebrandum, II*, hg. v. Kuno Francke, in: MGH Libelli de lite imperatorum et pontificum, Bd.2, Hannover 1892, S.373-380, hier S.377. その他の関連史料は，BZ^2 855, †973, 974 に列挙されている。Cf. Anna Marie Flusche, *The Life and Legend of Gerbert of Aurillac. The Organbuilder who became Pope Sylvester II*, Lewiston-New York 2005, pp.77-126.

（31）以下，カール大帝の亡骸の後史については，Max Kerner, *Karl der Grosse. Entschleierung eines Mythos*, Köln-Weimar-Wien 2000, S.123-133, S.181-191, S.251-255 において簡潔な研究史の整理がなされている。ナポレオンに関する引用文は，S.181, S.183. オットー 3 世については，本格的研究がいまだに欠如したままである。

（32）Eduard Teichmann, Zu der Lage des Zweikaiser-Graben in der Aachener Pfalzkapelle, in: *Annalen des Historischen Vereins für den Niederrhein* 128, 1936, S.126-137.

（33）Clemens M. M. Bayer, Das Grab Karl des Großen, in: *Karl der Große / Charlemagne. Orte der Macht, Essays*, S.382-390. この見解は，既に Joseph Buchkremer, Das Grab Karls des Großen, in: *Zeitschrift des Aachener Geschichtsvereins* 29, 1907, S.68-211 によって提唱されていた（著者による想像図が S.171 に挙げられている）。研究史については，Frank Pohle, *Die Erforschung der karolingischen Pfalz Aachen. Zweihundert Jahre archäologische und bauhistorische Untersuchungen*, (Rheinische Ausgrabungen, 70), Darmstadt 2015, S.124-153 の詳述を参照。

（34）Grabschrift Ottos III., in: MGH Poeta Latini, V-1/2, S.285. Deutsche Inschriften Online, 31, Aachen Dom, Nr.18†, (Helga Giersiepen), in: 〈www.inschriften.net, urn:nbn:de:0238-di031d001k0001802〉.

（35）Thomas Nipperdey, *Deutsche Geschichte 1800-1866. Bürgerwelt und starker Staat*, München 1983, S.11.

（36）Theun-Mathias Schmidt, Proserpina-Sarkophag, in: *799. Kunst und Kultur der Karolingerzeit*, Bd.2, S.758-763.

（37）Frank J. Rühli - Bernhard Blümich - Maciej Henneberg, Charlemagne was very tall, but not robust, in: *Economics* & *Human Biology* 8, 2010, pp.289-290.

（38）Mathias Franc Kluge, Die innere Organe Ottos III. und ihr vergessenes Grab. Herrschergedenken zwischen Bedeutungswandel und Überlieferungschance, in: *Archiv für Kulturgeschichte* 94, 2012, S.59-86.

（39）Pohle, *Die Erforschung der karolingischen Pfalz Aachen*(注 33), S.22f., S.153-156. 1910 年の発掘調査の際に開かれた時の石棺内部の写真が，*Die Aachener Marienkirche*(7 章注 10), S.78, S.216 に掲載されている。

シンポジウムの記録を参照。*Der heilige Brun von Querfurt*. Sames (Hg.), *Brun von Querfurt*.

（6）Brun, *Epistola ad Henricum*, p.104.

（7）Emanuel Vlcek, Der Vergleich der dem hl. Adalbert / Vojtech zugeschriebenen Skelettüberreste von Prag und Aachen, in: Henrix (Hg.), *Adalbert von Prag*, S.127-140.

（8）BZ^2 975, 980, 1036.

（9）Böhmer, *Regesta Imperii*, III-5: Papstregesten 1024-1058, Lfg.1, bearb. v. Karl Augustin Frech, Köln-Weimar-Wien 2006, 263.

（10）Andreas Wrackmeier, *Studien zu den Beinamen der abendländischen Könige und Fürsten bis zum Ende des 12. Jahrhunderts*, Diss. Marburg 1936, S.67f.

（11）以下，個々の典拠については，拙著『ドイツ史の始まり』，10章2節「アルプスの「北」と「南」── 統治構造と支配観念」を参照されたい。

（12）個々の史料典拠は，Johannes Fried, Der hl. Adalbert und Gnesen, in: *Archiv für mittelrheinische Kirchengeschichte* 50, 1998, S.41-70, hier S.51 を参照。

（13）以下，「ローマ帝国とドイツ人の形成」に関する叙述は，拙著『ドイツ史の始まり』8・9章「オットー3世・ローマ帝国の改新・ドイツ人」（1）（2）と，同『「ドイツ」の起源と前史』創文社　2016年，2章「ドイツ（*deutsch*）」の前史 ── 786年～920年」の骨子を要約したものである。史料典拠および関連研究については，該当箇所の参照を請いたい。なお，筆者は前者において，919年のオットー朝の樹立から962年の皇帝位獲得に至るまでの間の王国について，これを「ドイツ王国」ではなく「フランク＝ザクセン王国」と呼ぶことを提唱した（226頁）。

（14）Fried, *Die Anfänge der Deutschen*, S.594.

（15）*Versus Romae*, in: MGH Poeta Latini, III, hg. v. Ludwig Traube, Berlin 1896, S.555f, hier S.556. Liudprand v. Cremona, *Relatio de legatione Constantinopolitana*(3章注25), cap.12, S.182f. (邦訳32頁). 参照，大月康弘「中世キリスト教世界と「ローマ」理念 ── リウトプランド『コンスタンティノープル使節記』における「ローマ」言説」，甚野尚志，踊共二編『中近世ヨーロッパの宗教と政治 ── キリスト教世界の統一性と多元性』ミネルヴァ書房　2014年，19-42頁。各種の史料証言の収集として，Josef Benzinger, *Invectiva in Romam. Romkritik im Mittelalter*, (Historische Studien, 404), Lübeck-Hamburg 1968 が有益である。

（16）Benedikt v. St. Andrea, *Chronicon*, in: *Il Chronicon di Benedetto monaco di S. Andrea del Soratte e il Libellus de imperatoria potestate in urbe Roma*, ed. Giuseppe Zucchetti, (Fonti per la storia d'Italia, 55), Roma 1920, pp.3-187, hier p.37, p.186.

（17）*Catalogus regum Langobardorum et ducum Beneventanorum et comitum Capuae ex codice Cavense 22*, hg. v. Georg Waitz, in: MGH Scriptores rerum Langobardicarum et Italicarum saec. VI-IX., Hannover 1878, S.490-501, hier S.493.

（18）Schramm, *Renovatio*, Teil 2, S.10.

（19）Görich, *Otto III., Romanus Saxonicus et Italicus*, S.139.

（20）Konstantin v. St. Symphorian, *Vita Adalberonis II. episcopi Mettensis*, hg. v. Georg H. Pertz, in: MGH SS IV, Hannover 1841, S.658-672, hier cap.25, S.667.

（21）Görich, *Otto III., Romanus Saxonicus et Italicus*, S.146-176.

（22）Zimmermann, *Das dunkle Jahrhundert*, S.302.

（23）Schramm, *Renovatio*, Teil 1, S.291; Teil 2, S.43f. Cf. Schneider, *Rom und Romgedanke im Mittelalter*, S.222ff.

（24）*Europas Mitte um 1000.* Cf. Christian Lübke, Das *östliche Europa*, (Die Deutschen und das europäische Mittelalter), München 2004, S.16f.

（25）*Catalogus regum et imperatorum ex Codex Monacensi*, hg. v. Rudolf Koepke, in: MGH SS X, Hannover 1852, S.136, hier ad a.973, S.136. Cf. Schramm, *Renovatio*, Teil 1, S.184f mit Anm.1,2. Edmond-René Labande, „*Mirabilia mundi*“. Essai sur la personnalité d'Otton III, in: *Cahiers de civilisation*

Italicus, S.129 mit Anm.37, 38.

（4）BU 1439. Cf. Rück, *Bildberichte vom König* (2 章注 1), S.119 Abb.366.

（5）Cf. A. W. Lawrence, Early Medieval Fortifications near Rome, in: *Papers of the British School at Rome* 32, 1964, pp. 89-122, esp. pp.91-95, pp.113-116. Arnold Esch, Tod vor Rom. Kaiser Otto III. in Castel Paterno, in: ders., *Wege nach Rom. Annährungen aus zehn Jahrhunderten*, München 2003, S.65-81, S.214f.

（6）Brun v. Querfurt, *Vita quinque fratrum eremitarum*, cap.7, pp.43-48. 引用文は，Heinrich G. Voigt, *Brun von Querfurt. Mönch, Eremit, Erzbischof der Heiden und Märtyrer*, Stuttgart 1907, S.70.

（7）代表例として，Reinhard Wenskus, *Studien zur historisch-politischen Gedankenwelt Bruns von Querfurt,* (Mitteldeutsche Forschungen, 5), Münster-Köln 1956, S.106-121 のみを挙げておく。

（8）Ibid. S.99 Anm.43. Cf. Sackur, *Sibyllinische Texte und Forschungen*(8 章注 16), S.124.

（9）Leo v. Vercelli, *Versus de Ottone et Heinrico*, in: MGH Poeta Latini, V-1/2, S.480-483, hier S.481. Cf. Schramm, *Renovatio,* Teil 1, S.120.

（10）Gunther Wolf, Zoe oder Theodora. Die Braut Kaiser Ottos III. ? (1001-1002), in: *Kaiserin Theophanu*(プロローグ注 9), S.212-222.

（11）Adalbold v. Utrecht, *Vita Heinrici II. imperatoris*, ed. Hans van Rij, in: *Nederlande Historische Bronnen* 3, 1983, pp.7-95, hier cap.3, p.48, p.50.

（12）*Annales de Saint-Bertin*, ed. Félix Grat - Jeanne Vielliard - Suzanne Clémencet, Paris 1964, ad a. 877, pp.216f.

（13）有永弘人訳『ロランの歌』岩波文庫　1965 年，184-185 頁。

（14）Leo Marsicanus, *Chronica monasterii Casinensis,* in: Die Chronik von Montecassino, hg. v. Hartmut Hoffmann, (MGH SS XXXIV), Hannover 1980, II-cap.24, S.209. 中世の遺体処理に関する事例は，Schmitz-Esser, *Der Leichnam im Mittelalter*(7 章注 14）に網羅されている（オットーについては S.205f.）。

（15）Cf. Gunther Wolf, Die Heilige Lanze, Erzbischof Heribert von Köln und der „secundus in regno" Pfalzgraf Ezzo, in: *Zeitschrift für Kirchengeschichte* 104, 1993, S.23-27.

（16）Bornscheuer, *Miseriae regum*(6 章注 11), S.208-211.

（17）Wipo, *Sequentia Paschalis*, in: *Die Werke Wipos*, hg. v. Harry Bresslau, (MGH SS rer. Germ., [61]), Hannover-Leipzig 1915, S.65.

（18）Uhlirz, *Jahrbücher Otto III.*, S.590.

エピローグ

（1）ハインリヒ 2 世については，Stefan Weinfurter, *Heinrich II. (1002-1024). Herrscher am Ende der Zeiten,* Regensburg 1999 の伝記的研究を参照。

（2）Ernst-Dieter Hehl, Ein Dom für König, Reich und Kirche. Der Dombau des Willigis und die Mainzer Bautätigkeit im 10. Jahrhundert, in: *Basilica nova Moguntina. 1000 Jahre Willigis-Dom St. Martin in Mainz. Beiträge zum Domjubiläum 2009*, hg. v. Felicitas Janson - Barbara Nichtweiß, (Neues Jahrbuch für das Bistum Mainz 2009/2010), Mainz 2010, S. 45-78.

（3）Ludat, *An Elbe und Oder*, S.81. ポーランド戦役に関する今日の研究水準については，ゲーリヒの論稿を参照。Knut Görich, Eine Wende im Osten. Heinrich II. und Boleslaw Chrobry, in: Schneidmüller - Weinfurter (Hg.), *Otto III. und Heinrich II.*, S.95-167.

（4）Wolfgang Huschner, Brun von Querfurt und St. Mauritius zu Magedeburg, in: *Sachsen und Anhalt* 26, 2014, S.47-71.

（5）ブルーノの命日は，他の史料では 3 月 9 日とされており，ティートマルは，976 年に死去した同名のヴェルデン司教（3 巻 6 章）の命日と取り違えたようである。Althoff, *Adels- und Königsfamilien im Spiegel ihrer Memorialüberlieferung*(6 章注 4), S.317f. 父の歿年は不詳。近年の研究成果については，没後千周年にあたる 2009 年に生誕地で開催された歴史展のカタログ，

irae(注24), S.105f. しかし，彼に近いメーリングは，これを明確に斥けている。Möhring, Die renovatio imperii Kaiser Ottos III.(注47), S.346f.

第9章「恩知らずのローマ人」一〇〇一年

（1）Herwig Wolfram, Lateinische Herrschertitel im neunten und zehnten Jahrhundert, in: *Intitulatio II. Lateinische Herrscher- und Fürstentitel im neunten und zehnten Jahrhundert*, hg. v. dems, (Mitteilungen des Instituts für Österreichische Geschichtsforschung, Ergänzungsband, 24), Wien-Köln-Graz 1973, S.19-178, hier S.158-161 (引用句は S.159).

（2）Hoffmann, Eigendiktat(6章注15), S.392-397. Huschner, T*ransalpine Kommunikation,* Teil 1, S.388-392.

（3）*Das Constitutum Constantini (Konstantinische Schenkung)*, hg. v. Horst Fuhrmann, (MGH Fontes iuris Germanici antiqui, 10), Hannover 1968, S.82-95.

（4）ロレンツォ・ヴァッラ，高橋薫訳『「コンスタンティヌスの寄進状」を論ず』水声社 2014年。

（5）Johannes Fried, *„Donation of Constantine" and „Constitutum Constantini". The Misinterpretation of a Fiction and its Original Meaning,* (Millennium-Studien, 3), Berlin-New York 2007.

（6）Kurt Zeillinger, Otto III. und Konstantinische Schenkung. Ein Beitrag zur Interpretation des Diploms Kaiser Ottos III. für Papst Silvester II. (DO III 389), in: *Fälschungen im Mittelalter*, Teil 2, (MGH, Schriften, 33/2), Hannover 1988, S.509-536, hier S.525ff.

（7）Hans-Henning Kortüm, *Gerbertus qui et Silvester*. Papsttum um die Jahrtausendwende, in: *DA* 55, 1999, S.29-62, Exkurs: Wer war der Diktator von DOIII 389 ?, S.52-62.

（8）Schramm, *Renovatio*, Teil 1, S.177.

（9）*Gesta episcoporum Cameracensium*, hg. v. Ludwig C. Bethmann, in: MGH SS VII, Hannover 1846, S.402-489, hier I-cap.114, S.451.

（10）BU 1400c.

（11）山田欣吾「ザクセン朝下の〝王国〟と〝帝国〟」，140頁。

（12）以下，グラーン大司教座の設置に関連する史料は，BZ^2 942, †943, 948, 949 に網羅されている。解釈については, György Györffy, *König Stephan der Heilige*, Budapest 1988, bes. S.110-117, S.123-131 の他，Eickhoff, *Kaiser Otto III.*, S.168-175, S.276-280 の叙述に従った。

（13）Uhlirz, *Jahrbücher Otto III.*, S.566-571. BU 13494c. Cf. BZ^2 942.

（14）Györffy, *König Stephan der Heilige*(注12), S.114. ただし，同年8月15（17）日とする推論もある。Uhlirz, *Jahrbücher Otto III.*, S.572-582. BU 1422b.

（15）Robert B. C. Huygens, Un témoin de la crainte de l'an 1000. La lettre sur les Hongrois, in: *Latomus. Revue d'études latines* 15, 1956, pp.225-241, hier pp.238f. Cf. Fried, Endzeiterwartung, S.385f.

（16）Goetting, *Die Hildesheimer Bischöfe von 815 bis 1221*(2章注14), S.183, S.190. ただし，寄進時期を前年5月の皇帝のアーヘン滞在時とする見解もある。Uhlirz, *Jahrbücher Otto III.*, S.336, S.381.

（17）*Landulphi Senioris Mediolanensis Historiae*, ed. Alessandro Cutolo, (Rerum Italicarum Scriptores, NS. IV-2,) Bologna 1942, II-cap.18, pp.51-53. Arnulf v. Mailand, *Liber gestorum recentium*, hg. v. Claudia Zey, (MGH SS rer. Germ., 67), Hannover 1994, I-cap.13, S.135f.

第10章　パテルノの死　一〇〇二年

（1）*Die Briefe des Petrus Damiani*, hg. v. Kurt Reindel, Teil 2, (MGH Epistolae, Die Briefe der deutschen Kaiserzeit, 4-2), München 1988, Nr.68 S.289-297, hier S.296f. 解釈は，Schramm, *Renovatio*, Teil 1, S.135 に従った。

（2）Uhlirz, *Jahrbücher Otto III.*, S.389. BU 1435c. Cf. BZ^2 966.

（3）Wolfhere v. Hildesheim, *Vita prior Godehardi episcopi Hildesheimensis*, hg. v. Georg H. Pertz, in: MGH SS XI, Hannover 1854, S.167-196, hier cap.23, S.185. Cf. Görich, *Otto III., Romanus Saxonicus et*

『西洋史論叢』24号，2002年，23-35頁，26頁以下を参照。

（35）Caesar Baronius, *Annales ecclesiastici*, Tomus 11, Coloniae 1605, ad. a. 1001, pp.1f. 〈http://digitale.bibliothek.uni-halle.de/id/8103777〉 Caesar Baronius, *Annales ecclesiastici*, ed. Augustin Theiner, Tomus 16, Bar-le-Duc 1869, p.386. フラキウスとバロニオの生涯と教会史叙述については，さしあたり佐藤真一『ヨーロッパ史学史 ― 探究の軌跡』知泉書館　2009年，156-181頁を参照。

（36）Jules Michelet, *Introduction à l'histoire universelle, in: Œuvres complètes,* éd. par Paul Viallaneix, t.2, Paris 1972, pp.217-313, hier p.262. *Histoire de France*, in: *Œuvres complètes*, t.4, Paris 1974, pp.389-401. 藤原書店から刊行されている邦訳では，いずれも割愛。以上の「創られた伝統」については，Daniel Milo, L'An mil. Un problème d'historiographie moderne, in: *History and Theory* 27, 1988, pp.261-281, esp. pp.264-267, pp.276-280 によった。

（37）参照，甚野尚志「社会の危機と祈禱」，311-312頁。

（38）MGH Concilia, VI-2, Nr.44, S.380-469, hier cap.28, S.422, S.429f. Cf. BU 1035c.

（39）MGH Concilia, VI-2, Nr.48, S.485-494, hier S.488. ジェルベール＝「背教者」（S.488）。Cf. BU 1094a.

（40）Fried, Endzeiterwartung, S.402-404, S.427. 千葉敏之「秘儀・啓示・革新」，83-85頁。

（41）Müller, *Heribert*, S.82 mit Anm.176.

（42）Fried, Endzeiterwartung, S.413f.

（43）Ibid. S.427-432(引用文はS.431). Cf. Johannes Fried, „Die Liebe erkaltet". Das 11. Jahrhundert erwartet das Jüngste Gericht und erneuert die Kirche, in: *Das 11. Jahrhundert. Kaiser und Papst*, hg. v. Michael Jeismann, München 2000, S.13-34, ND. in: ders., *Zu Gast im Mittelalter*, München 2007, S.125-142, hier S.132-135.

（44）Falkenstein, *Otto III. und Aachen*, S.153, S.182f.

（45）Werner Freitag, Heinrich II. - ein Kaiser der letzten Tage ? Ein Beitrag zur politischen Anthropologie, in: *Historische Anthropologie* 6, 1998, S.217-241.

（46）こうした終末に向けての対応の一例として，フリートは，コロンブスによる新大陸発見を位置付けている。Fried, *Dies irae*(注24), S.103f.

（47）Hannes Möhring, Die renovatio imperii Kaiser Ottos III. und die Antichrist-Erwartung der Zeitgenossen an der Jahrtausendwende von 1000 / 1001, in: *Archiv für Kulturgeschichte* 93, 2011, S.333-350, hier S.345. Cf. Semmler, Die Angst vor dem Jahre 1000(注24), S.143f. Benjamin Arnold, Eschatological Imagination and the Program of Roman Imperial and Ecclesiastical Renewal at the End of the Tenth Century, in: *The Apocalyptic Year 1000*(注34), pp.271-287, esp. pp.275ff. Levi Roach, Emperor Otto III and the End of Time, in: *Transactions of the Royal Historical Society*, Sixth Series 23, 2013, pp.75-102.

（48）甚野尚志「社会の危機と祈禱」，311頁。

（49）Althoff, *Otto III.*, S.21f., S.30-32, S.124f. アルトホフに対する方法論的批判として，次の書評論文も参照されたい。Franz-Reiner Erkens, *Mirabilia mundi.* Ein kritischer Versuch über ein methodisches Problem und eine neue Deutung der Herrschaft Ottos III., in: *Archiv für Kulturgeschichte* 79, 1997, S.485-498. Michael Borgolte, Biographie ohne Subjekt, oder wie man durch quellenfixierte Arbeit Opfer des Zeitgeistes werden kann, in: *Göttingische Gelehrte Anzeigen* 249, 1997, S.128-141. Sarah Hamilton, Early Medieval Rulers and their Modern Biographers, in: *Early Medieval Europe* 9, 2000, pp.247-260, esp. 256-260.

（50）Josef Déer, Das Kaiserbild im Kreuz. Ein Beitrag zur politischen Theologie des früheren Mittelalters, in: *Schweizer Beiträge zur allgemeinen Geschichte* 13, 1955, S.48-110, hier S.107 Anm.272, (ND. in: ders., *Byzanz und das abendländische Herrschertum. Ausgewählte Aufsätze*, hg. v. Peter Classen, (Vorträge und Forschungen, 21), Sigmaringen 1977, S.125-177). Cf. Roach, Emperor Otto III(注47), p.102.

（51）フリートは肯定したいようである。Fried, *Die Anfänge der Deutschen*, S.660. Ders., *Dies*

ビー），特にフランス中世学界では，「恐怖」の有無は「封建革命論」への賛否と一部連動している。これらの問題について，本書では取り上げることはできない。筆者は，後述のように「紀元千年の恐怖」と「終末思想」の高揚，あるいは担い手としての「知的エリート」と「民衆」をより明確に区別すべきであると考えている。日本の専門研究者では，甚野尚志「社会の危機と祈禱」の均衡のとれた論点整理を参照されたい。

（25）Alfred Cordoliani, Abbon de Fleury, Hériger de Lobbes et Gerland de Besançon sur l'ère de l'Incarnation de Denys le Petit, in: *Révue d'histoire ecclésiastique* 44, 1949, pp.463-487, pp.474-480: „Fragment du comput d'Abbon de Fleury". Cf. Joachim Wiesenbach, Einleitung, in: Sigebert von Gembloux, *Liber decennalis*, hg. v. dems., (MGH Quellen zur Geistesgeschichte des Mittelalters, 12), München 1986, S.9-174, hier S.86-91. Borst, *Computus*(注 8), S.47 (邦訳 92-93 頁).

（26）コンスタンティヌス帝が定めた課税のための財産評価制度に由来し，313 年を元年に 15 年を周期として年号を数える方法。

（27）DOIII 344, 346-352, 354-361, 363, 365-373, 375-378, 380-386. 残り 5 点は，日付書式を欠く写本による伝承。

（28）Tzotcho Boiadjiev, Der mittelalterliche Apokalyptismus und der Mythos vom Jahre 1000. Anna-Dorothee von den Brincken, Abendländischer Chiliasmus um 1000 ? Zur Rezeption unserer christlichen Ära, in: *Ende und Vollendung. Eschatologische Perspektiven im Mittelalter*, hg. v. Jan A. Aertsen - Martin Pickavé, (Miscellanea Mediaevalia, 29), Berlin-New York 2002, S.165-178; S.179-190.

（29）マルク・ブロック，堀米庸三監訳『封建社会』岩波書店　1995 年，99 頁（原著 1939-40 年）。

（30）一例としてグゲンハイム（注 24）の〝実証主義〟的立場からの否定論に対するフリートの批判を挙げておく。Johannes Fried, Die Endzeit fest im Griff des Positivismus ? Zur Auseinandersetzung mit Sylvain Gouguenheim, in: *Historische Zeitschrift* 275, 2002, S.281-321, bes. S.295ff. そのフリートの方法論に対する反批判も欠けてはいない。Kortüm, Millenniumsängste - Mythos oder Realität ?(注 24), S.184ff. 方法論の問題については，甚野尚志「社会の危機と祈禱」，289-292 頁も参照。

（31）Rodulfus Glaber, *Historiarum libri quinque*, II-cap.22-23; III-cap.4,9-10,13; IV-cap.10,18,24,26 etc. 編者の「史料解題」も参照。France, Introduction, I-5: The Chronicler of the Millennia, pp.LXIII-LXX. なお，フランス自身は，「恐怖」の存在に関するラウルの証言能力については，否定的である（p.LXIV）。

（32）以下，訳文は，神崎忠昭「千年目の年に ― ロドルフス・グラベルの『歴史五巻』にみる終末思想」，歴史学研究会編『再生する終末思想』（シリーズ歴史学の現在，5），青木書店　2000 年，317-348 頁，317 頁，326 頁から引用した。

（33）以上，ラウルをめぐる近年の研究史については，藤田朋久「ラウール・グラベールと「紀元千年の恐怖」」，木村尚三郎編『学問への旅 ― ヨーロッパ中世』山川出版社　2000 年，157-178 頁に，作品の救済史的構想については，神崎忠昭「千年目の年に」（注 32）に多くを負っている。この他，ラウルにおける「紀元千年」と異端の関係については，ユゲット・タヴィアーニ＝カロッツィ，西村善矢訳「ラウル・グラベール『歴史』における紀元千年の異端 ― テキストとコンテキスト」，佐藤彰一編『テクストの宇宙 ― 生成・機能・布置』（21 世紀 COE プログラム「統合テクスト科学の構築」SITES 講演録，2004-2005 年），名古屋大学大学院文学研究科　2006 年，69-96 頁が詳細に論じている。

（34）多数の研究のうち，ラウルについては，Richard Landes, Rodulfus Glaber and the Dawn of the new Millenium. Eschatology, Historiography, and the Year 1000, in: *Revue Mabillon* 68, 1996, pp.57-77 を，「紀元千年の恐怖」については，Id., The Fear of an Apocalyptic Year 1000. Augustinian Historiography, Medieval and Modern, in: *The Apocalyptic Year 1000. Religious Expectation and social Change*, 950-1050, ed. by Richard Landes - Andrew Gow - David C. Van Meter, New York 2003, pp.243-270, esp. pp.254-256 のみを挙げておく。「恐怖」の実在を「沈黙の共謀」というテクスト論的戦略から擁護するランデスに対する方法論的批判として，小田内隆「「紀元千年の恐怖」再考」，

(18) Isidorus Hispalensis Episcopus, *Etymologiarum sive originum libri XX*, ed. by Wallace Martin Lindsay, Vol.1, (Scriptorum classicorum bibliotheca Oxoniensis), Oxford 1911, ND. 1957, Lib. V, 38, 39.

(19) Haimo, *In Epistolam II. ad Thessalonicienses*, in: Jacques-Paul Migne, *Patrologiae cursus completus, Series Latina*, 117, 1852, pp.777-784, hier cap.2, p.781. Cf. Josef Adamek, *Vom römischen Endreich der mittelalterlichen Bibelerklärung*, Diss. München 1938, S.76f. mit Anm.3-5.

(20) *Vita s. Willehadi episcopi Bremensis*, ed. Albertus Poncelet, in: *Acta Sanctorum*, Novembris, III, Bruxelles 1910, pp.835-846, hier cap.5, p.844B.

(21) Notker Teutonicus, *Boethius, „De consolatione Philosophiae"*, Buch I/II, hg. v. Petrus W. Tax, (Die Werke Notkers des Deutschen, Neue Ausgabe, 1, Altdeutsche Textbibliothek, 94), Tübingen 1986, Prologus, S.5.

(22) Otto v. Freising, *Chronica sive Historia de duabus civitatibus*, hg. v. Adolf Hofmeister, (MGH SS rer. Germ., [45]), Hannover-Leipzig 1912, VI-cap.26, S.289. 詳細は，拙著『ドイツ史の始まり』，430-438 頁を参照。

(23) José Ortega y Gasset, *Die Schrecken des Jahres eintausend. Kritik an einer Legende*, aus dem Spanischen übers. v. Ulrich Kunzmann, hg. und mit einem Kommentar v. Steffen Dietzsch, (Reclam, Universal-Bibliothek, 1448), Leipzig 1992, S.65-67.

(24) コルテュームの研究史の整理に即すれば，研究者の見解は，3つの解釈モデルに分類される。Hans-Henning Kortüm, Millenniumsängste - Mythos oder Realität ? Die moderne Mediävistik und das Jahr Eintausend, in: *Zeit - Zeitenwechsel - Endzeit. Zeit im Wandel der Zeiten, Kulturen, Techniken und Disziplinen*, hg. v. Ulrich G. Leinsle - Jochen Mecke, (Schriftenreihe der Universität Regensburg, 26), Regensburg 2000, S.171-188. ①一部エリートのみならず広範な民衆をも含めた社会全体が「恐怖」の感覚に怯えていたとする「心理学的・感情的解釈モデル」。フランスのロマン主義的歴史観を代表するミシュレに始まり，現在ではフリートがその代表格である。Fried, Endzeiterwartung. 現代まで包括的に論じた新著も参照。Johannes Fried, *Dies irae. Eine Geschichte des Weltuntergangs*, München 2016. 支持者としては，アメリカのランデス（後述）の一連の研究，ドイツのメーリング（注 47），ゼムラーらが挙げられる。Josef Semmler, Die Angst vor dem Jahre 1000, in: *Endzeitvorstellungen*, hg. v. Barbara Haupt, (Studia humaniora, 33), Düsseldorf 2001, S.133-145. ②実証主義的側面から「恐怖」の蔓延，社会的パニックを構築された「神話」として否定する「反心理学的・政治的モデル」。ロー（1947 年），デュビーを初めとするフランスの指導的歴史学者の大半は否定論者である。「紀元千年の恐怖なるものは，ロマン主義の伝説である。19 世紀の歴史家たちの観念によれば，千年期が間近に迫ることで，一種の集団的パニックが引き起こされた。人々は恐怖のために死に，財産全てを売却した，と ―― 。すべて誤りである」。George Duby, *Unseren Ängsten auf der Spur. Vom Mittelalter zum Jahr 2000*, Köln 1996, S.20 (フランス語原著 1995 年). 今日の研究者ではリシェとグゲンハイムがその代表格である。Pierre Riché, *Les grandeurs de l'an mille,* Paris 1999. Sylvain Gouguenheim, *Les fausses terreurs de l'an mil. Attente de la fin des temps ou approfondissement de la foi ?*, Paris 1999. ドリュモー『千年の幸福』（注 16）も，「西欧においては「紀元千年の恐怖」は伝説に過ぎない」と断言し，オットー 3 世期を取り上げてはいない（25 頁）。ドイツでは，フロイントとゲーリヒの論稿のみを挙げておく。Stephan Freund, Das Jahr 1000. Ende der Welt oder Beginn eines neuen Zeitalters ?, in: *Der Tag X in der Geschichte. Erwartungen und Enttäuschungen seit tausend Jahren*, hg. v. Enno Bünz - Rainer Gries - Frank Möller, Stuttgart 1997, S.24-49, S.335-341. Knut Görich, Das Jahr 999 und die Angast vor der Jahrtausendwende, in: *Der Weltuntergang*, hg. v. Ernst Halter - Martin Müller, Zürich 1999, S.31-40. ③双方の主張の一端を調和的に評価する「折衷的解釈モデル」。フォシヨン（1952 年）の古典的研究（アンリ・フォシヨン，神沢栄三訳『至福千年』みすず書房　1971 年）の他，スイスのトレンプを挙げておく。Ernst Tremp, Das Jahr Tausend in der europäischen Geschichte. Endzeitangst oder Neubeginn ?, in: *Apokalypse oder Goldenes Zeitalter ? Zeitenwenden aus historischer Sicht*, hg. v. Walter Koller, Zürich 1999, S.81-103. もちろん，三者間の境界は流動的であるし（例えばデュ

談社　1974年，29-55頁，49頁。参照，「ペトロの第二の手紙」：「愛する者たちよ，次の一事にあなたがたが気づかないようなことがないように。主のもとでは一日は千年のよう，千年は一日のようなのである」（三・八）。

（5）アウグスティヌス，服部英次郎・藤本雄三訳『神の国』，5，岩波文庫　1991年，494-495頁。

（6）*Beati in Apocalipsin libri duodecim*, ed. by Henry A. Sanders, (Papers and Monographs of the American Academy in Rome, 7), Rome 1930, IV-cap.5, 16, pp.367-368.

（7）カールの皇帝戴冠を終末論の観点から捉える新解釈（ブランデス，フリート）をめぐる議論については，拙著『ドイツ史の始まり』，8章注30の紹介の他，次の文献を参照。Johannes Fried, *Karl der Grosse - Gewalt und Glaube. Eine Biographie*, München 2013, S.438f., S.462f., S.473, S.477, S.559-561. James Palmer, Calculating Time and the End of Time in the Carolingian World, c. 740-820, in: *English Historical Review* 126, 2011, pp.1307-1331.

（8）Bedae Venerabilis, *De temporum ratione liber*, ed. by Charles Williams Jones, (Corpus Christianorum, Series Latina, 123b: Bedae Venerabilis Opera, VI: Opera didascalica, 2), Turnhout 1977, cap.6, pp.290-295, cap.66, ad a. IIIDCCCCLII, p.495. Cf. Arno Borst, *Computus. Zeit und Zahl in der Geschichte Europas*, (Kleine kulturwissenschaftliche Bibliothek, 28), Berlin 1990, S.36（アルノ・ボルスト，津山拓也訳『中世の時と暦 ― ヨーロッパ史のなかの時間と数』八坂書房　2010年，66頁。ただし，邦訳で〝3925年〟とあるのは誤りである）.

（9）正確を期すならば，『黙示録』に「反キリスト」は登場しない。聖書中それに言及したのは，「ヨハネの第一の手紙」2・18，22，4・3，および「同第二の手紙」7のみである（本書250，259頁）。ただし，アウグスティヌス『神の国』20巻12～14章の議論に由来する「サタン」との同一視は，中世においては一般的な理解であった。

（10）アウグスティヌスの「千年王国論」の確立過程については，さしあたり桑原直己「アウグスティヌスと千年王国論」，『哲学雑誌』115巻，2000年，1-19頁を参照。

（11）参照，マージョリ・リーヴス，大橋喜之訳『中世の預言とその影響 ― ヨアキム主義の研究』八坂書房　2006年（原著1969年）。バーナード・マッギン，宮本陽子訳『フィオーレのヨアキム ― 西欧思想と黙示的終末論』平凡社　1997年（原著1994年）。

（12）Abbo v. Fleury, *Liber Apologeticus,* in: Jacques-Paul Migne, *Patrologiae cursus completus, Series Latina*, 139, Paris 1853, pp.461-472, hier pp.471f.

（13）Adso Dervensis, *De ortu et tempore Antichristi*, ed. Daniel Verhelst, (Corpus Christianorum, Continuatio Mediaevalis, 45), Turnhout 1976, pp.25f.

（14）*Die Apokalypse des Pseudo-Methodius. Die ältesten griechischen und lateinischen Übersetzungen*, hg. v. W. J. Aerts - G. A. A. Kortekaas, (Corpus scriptorum Christianorum Orientalium, Subsidia, 97), Bd.1, Louvain 1998, cap.11, 13, S.137-155, S.165-185. 各稿本の成立年は，Einleitung, in: ibd. S.1-35に従った。

（15）Hannes Möhring, *Der Weltkaiser der Endzeit. Entstehung, Wandel und Wirkung einer tausendjährigen Weissagung*, (Mittelalter-Forschungen, 3), Stuttgart 2000, S.147.

（16）Ernst Sackur, *Sibyllinische Texte und Forschungen. Pseudomethodius, Adso und die tiburtinische Sibylle*, Halle 1898, ND. Torino 1963, S.177-187, hier S.185f. さしあたり次の邦語文献を参照。宮本陽子「中世ヨーロッパにおける終末論的イスラム解釈の形成と発展」，『史学』（慶應義塾大学），58巻3・4号，1989年，229-255頁。バーナード・マッギン，松田直成訳『アンチキリスト ― 悪に魅せられた人類の二千年史』河出書房新社　1998年，118-123頁，134-137頁（原著1994年）。ジャン・ドリュモー，小野潮・杉崎泰一郎訳『千年の幸福』（楽園の歴史，2），新評論 2006年，46-53頁（原著1995年）。伊藤博明「ティブルのシビュラ ― 中世シビュラ文献の紹介と翻訳（1）」『埼玉大学教養学部紀要』45巻1号，2009年，1-12頁。詳細については，Möhring, *Der Weltkaiser der Endzeit*(注15), S.17-53, S.54-104, S.136-148を参照。

（17）テルトゥリアヌス，鈴木一郎訳『護教論（アポロゲティクス）』（キリスト教教父著作集，第14巻），教文館　1987年，80-81頁。

(6) 中世の聖遺物崇敬については，秋山聰『聖遺物崇敬の心性史 ― 西洋中世の聖性と造形』（講談社選書メチエ，441），講談社　2009年を参照（聖槍については144-145，170-172頁）。

(7) Ludat, *An Elbe und Oder*, S.72, S.77 mit Anm.451.

(8)「東方研究」については，我が国における先駆的研究として，阿部謹也「西ドイツの東方研究と西欧理念 ― 中世東ドイツ植民史研究を中心に」，同『歴史と叙述 ― 社会史への道』人文書院　1985年, 7-31頁（初出1965年）がある。近年の動向については, 千葉敏之「閉ざされた辺境 ― 中世東方植民史研究の歴史と現在」，『現代史研究』49，2003年，1-23頁を参照。ドイツ人中世史家の中で初めて東欧諸国の研究成果を本格的に取り入れつつ，この新たな歴史像を実証的に裏付けたのはルダートである。本章の叙述もその優れた研究に多くを負っている。Ludat, *An Elbe und Oder*, Kap.5: Piasten und Ottonen, S.67-92, bes. S.75f.

(9) Ludat, *An Elbe und Oder*, S.70.

(10) *Chronicon Novaliciense*, ed. Gian Carlo Alessio, Torino 1982, III-cap.32, p.182. 以下，4点の史料の記事については，次の史料解題も併せて参照。Schriftquellen zur Geschichte der Marienkirche bis ca. 1000, in: *Die Aachener Marienkirche. Aspekte ihrer Archäologie und frühen Geschichte*, hg. v. Harald Müller - Clemens M. M. Bayer - Max Kerner, (Der Aachener Dom in seiner Geschichte. Quellen und Forschungen, 1), Regensburg 2014, S.113-189, hier E38-42, S.156-168 (Bayer).

(11) ルーカーヌス，大西英文訳『パルサリア（内乱）』下，岩波文庫　2012年，第10巻19行以下，274頁以下。スエトニウス，國原吉之助訳『ローマ皇帝伝』上，岩波文庫　1986年，第2巻「アウグストゥス」，18章，112頁。

(12) Cf. Sébastien Rossignol, Die Spukgeschichten Thietmars von Merseburg. Überlegungen zur Vorstellungswelt und zur Arbeitsweise eines Chronisten aus dem 11. Jahrhundert, in: *Concilium medii aevi* 9, 2006, S.47-76, hier S.70 (ただし，〝ヴィリギス〟を同名のマインツ大司教と混同している).

(13) 1000年以降の項については，1060年代末に記されたとするのが通説であるが，1040年頃とする異説もある。5章注12の文献を参照。

(14) Bayer, Schriftquellen(注10), S.156の他，Romedio Schmitz-Esser, *Der Leichnam im Mittelalter. Einbalsamierung, Verbrennung und die kulturelle Konstruktion des toten Körpers,* (Mittelalter-Forschungen, 48), Ostfildern 2014, S.313-318を参照。

(15) Knut Görich, Otto III. öffnet das Karlsgrab in Aachen. Überlegungen zu Heiligenverehrungen, Heiligsprechung und Traditionsbildung, in: Althoff - Schubert (Hg.), *Herrschaftsrepräsentation*(2章注16), S.381-430. Cf. Matthew Gabriele, Otto III, Charlemagne, and Pentecost 1000 A.D. A Reconsideration Using Diplomatic Evidence, in: *The Year 1000. Religious and Social Response to the Turning of the First Millennium*, ed. by Michael Frassetto, New York 2002, pp.111-132.

(16) Feier von Mariae Himmelfahrt in Rom, in: MGH Poeta Latini, V-1/2, S.465-468, hier S.467f. Cf. Schramm, *Renovatio*, Teil 1, S.150-152. イコンの詳細については，加藤磨珠枝「ローマの聖母子イコンの起源について」『千葉大学人文研究・人文学部紀要』33巻，2004年，95-124頁，104-106，111頁を参照。

第8章「紀元千年」と終末論

(1) Gerd Tellenbach, Kaiser, Rom und Renovatio. Ein Beitrag zu einem großen Thema, in: *Tradition als historische Kraft. Interdisziplinäre Forschungen zur Geschichte des früheren Mittelalters*, hg. v. Norbert Kamp - Joachim Wollasch, Berlin-New York 1982, S.231-253, hier S.241, (ND. in: ders., *Ausgewählte Abhandlungen,* Bd.2, Stuttgart 1988, S.770-792).

(2) 聖書の記述に基づく「普遍史」の歴史観については，岡崎勝世『聖書VS世界史 ― キリスト教的歴史観とは何か』（講談社現代新書，1321），講談社　1996年を参照されたい。

(3) Hieronymus, *Commentariorum in Danielem, libri III <IV>*, hg. v. Franciscus Glorie, (Corpus Christianorum. Series Latina, 75A), Turnhout 1964, bes. Liber I, Visio II, pp.793-795.

(4) 佐竹明訳「バルナバの手紙」，荒井献編『使徒教父文書』（聖書の世界，別巻4），講

S.142-156, S.179-196.

（5）Edmund E. Stengel, Die Grabschrift der ersten Abtissin von Quedlinburg, in: *DA* 3, 1939, S.361-370, hier S.362f. Cf. BU 1302d.

（6）紛争解決における調停者の重要性については，アルトホフ門下のカンプの研究を参照。Hermann Kamp, *Friedensstifter und Vermittler im Mittelalter*, (Symbolische Kommunikation in der Vormoderne), Darmstadt 2001.

（7）Schramm, *Renovatio*, Teil 1, S.134 mit Anm.5, 6. Ernst-Dieter Hehl, Herrscher, Kirche und Kirchenrecht im spätottonischen Reich, in: Schneidmüller - Weinfurter (Hg.), *Otto III. und Heinrich II.*, S.169-203, hier S.186-193. Ders., Aachen an der ersten Jahrtausendwende. Ein Bistumsplan Ottos III. im Zeichen Karls des Großen und Adalberts von Prag, in: *Geschichte im Bistum Aachen* 6, 2001/02, S.1-27.

（8）Schramm, *Renovatio*, Teil 2, S.17-34. Müller, *Heribert*, S.129-133.

（9）Uhlirz, *Jahrbücher Otto III.*, S.301. BU 1321c, 1344. ただし，教皇配下の官職との異説もあり，不明な点が多い。Görich, *Otto III., Romanus Saxonicus et Italicus*, S.254 Anm.404. ツィアゾの出自については，982年にコロンネ岬で戦死したヴェッティーン家の伯デーディの同名の息子（1009年歿）と比定するのが通例であるが，同家の初期の歴史については議論がある。Stefan Pätzold, *Die frühen Wettiner. Adelsfamilie und Hausüberlieferung bis 1221*, (Geschichte und Politik in Sachsen, 6), Köln-Weimar-Wien, 1997, S.7ff.

（10）BU 1324a.

（11）Lothar Bornscheuer, *Miseriae regum. Untersuchungen zum Krisen- und Todesgedanken in den herrschaftstheologischen Vorstellungen der ottonisch-salischen Zeit*, (Arbeiten zur Frühmittelalterforschung, 4), Berlin 1968, S.42f.

（12）Cf. Görich, *Otto III., Romanus Saxonicus et Italicus*, S.251-256. グレゴリオの系譜は，3章注12に挙げた文献の他，Klaus Jürgen Herrmann, *Das Tuskulanerpapsttum (1012-1046). Benedikt VIII., Johannes XIX., Benedikt IX.*, (Päpste und Papsttum, 4), Stuttgart 1973, S.2, S.183（系図）に基づく。ただし，グレゴリオをアルベリーコ2世の息子とする異説もある。一例として，Willi Kölmel, *Rom und der Kirchenstaat im 10. und 11. Jahrhundert bis in die Anfänge der Reform. Politik, Verwaltung, Rom und Italien*, (Abhandlungen zur mittleren und neueren Geschichte, 78), Berlin 1935, S.160-162, S.165を参照。

（13）Knut Görich, Die *de Imiza*. Versuch über eine römische Adelsfamilie zur Zeit Ottos III., in: *Quellen und Forschungen aus italienischen Archiven und Bibliotheken* 74, 1994, S.1-41.

（14）Knut Görich, *Aurea Roma*: Kaiser, Papst und Rom um das Jahr 1000, in: *Rom - Nabel der Welt. Macht, Glaube, Kultur von der Antike bis heute*, hg. v. Jochen Johrendt - Romedio Schmitz-Esser, Darmstadt 2010, S.49-66, hier S.56-62.

（15）Hartmut Hoffmann, Eigendiktat in den Urkunden Ottos III. und Heinrichs II., in: *DA* 44, 1988, S.390-423, hier S.398. Cf. Huschner, *Transalpine Kommunikation im Mittelalter*, Teil 1, S.182-196, bes. S.190 mit Anm.817, S.193 mit Anm.838.

（16）*Odilonis Cluniacensis abbatis Epitaphium domine Adelheide auguste*, cap.3, S.32. Weinfurter, Kaiserin Adelheid(2章注4), S.191. ただし，クリュニー修道院長は，アーデルハイトの気高さを際だたせようとするあまり，嫁のテオファーヌを権力欲に溢れた，良き秩序の破壊者としてあまりにもネガティヴに描き出している。Cf. ibid. S.192.

第7章　グネーゼンとアーヘン　一〇〇〇年

（1）以上の史料典拠については参照，BU 1323a, 1325a, 1328a, 1329b, 1336. BZ^2 894, 902.

（2）Huschner, *Transalpine Kommunikation im Mittelalter*, Teil 1, S.369-382.

（3）Ibid. Teil 1, S.375-378.

（4）Schramm, *Renovatio*, Teil 1, S.135 mit Anm.3. BU 1349b.

（5）Fried, *Otto III. und Boleslaw Chrobry*, S.106-122, S.153-156.

ンマーマンによる再構成（BZ² 817-820, 836）に従った。Cf. MGH Concilia, VI-2, Nr.57, S.548-556, hier S.548 Anm.1.

（6）August Nitschke, Der mißhandelte Papst, in: *Staat und Gesellschaft in Mittelalter und Früher Neuzeit. Gedenkschrift für Joachim Leuschner*, hg. vom Historischen Seminar der Universität Hannover, Göttingen 1983, S.40-53, hier S.44-46, mit Anm.6. 教皇位罷免に至るプロセスの儀礼史的側面については，Althoff, *Otto III.*, S.101-105 が論じている。

（7）*Vita S. Nili abbatis Cryptae Ferratae*, hg. v. Georg H. Pertz, in: MGH SS IV, Hannover 1841, S.616-618(抜粋), hier cap.91, S.617. 使者＝ジェルベールは，BU 1263b，BZ² 820 による。

（8）BZ² †950, 952.

（9）*The Correspondence of Leo*, No.1, p.2. Cf. BZ² 819, 836.

（10）Rodulfus Glaber, *Historiarum libri quinque*, I-cap.12, p.26. Cf. Althoff, *Otto III.*, S.105-114. 神崎忠昭「ロドルフス・グラベルの『歴史五巻』における教皇と皇帝」，『慶應義塾大学言語文化研究所紀要』33 号，2001 年，63-92 頁，64-66 頁。その他の関連史料の証言は，Uhlirz, *Jahrbücher Otto III.*, S.526-533. BU 1272a に列挙されている。

（11）以下，Althoff, *Otto III.*, S.110-113 による。アルトホフが新境地を開いた政治的儀礼研究について，さしあたり邦語では，ゲルト・アルトホフ，柳井尚子訳『中世人と権力――「国家なき時代」のルールと駆引』八坂書房　2004 年を参照。

（12）995 ～ 99 年の項については，1100 年頃に記されたとするのが通説であるが，1000 年頃ないし 11 世紀前半とする異説（Fried, Gnesen - Aachen - Rom(4 章注 12), S.274f. mit Anm.155）もある。Cf. Martina Giese, Einleitung, in: *Annales Quedlinburgenses*, S.41-380, hier S.143-152 mit Anm.385.

（13）Wolfgang Huschner, Abt Odilo von Cluny und Kaiser Otto III. in Italien und in Gnesen (998-1001), in: Borgolte (Hg.), *Polen und Deutschland*, S.111-161. Ders., *Transalpine Kommunikation*, Teil 1, bes. S.351-363, hier S.355.

（14）Carlrichard Brühl, Die Kaiserpfalz bei St. Peter und die Pfalz Ottos III. auf dem Palatin (Neufassung 1983), in: ders., *Aus Mittelalter und Diplomatik. Gesammelte Aufsätze*, Bd.1, Hildesheim-München-Zürich 1989, S.3-31.

（15）Prolog zu: *Libellus de rationali et ratione uti*, in: *Lettres de Gerbert (983-997)*, ed. Julien Havet, (Collection de textes pour servir à l'étude et à l'enseignement de l'histoire, 6), Paris 1889, App. II, p.237. 訳文は，山田欣吾「ザクセン朝下の〝王国〟と〝帝国〟」，134 頁を一部字句を改め引用した。

（16）Leo v. Vercelli, *Versus de Gregorio et Ottone Augusto*, in: MGH Poeta Latini, V-1/2, S.477-480, hier S.477, S.479f.

（17）Wilhelm v. Giesebrecht, *Geschichte der deutschen Kaiserzeit*, Bd.1, Braunschweig 1855, Leipzig 1881⁵, S.719, S.761, S.764.

（18）Schramm, *Renovatio*, Teil 1, S.124.

（19）以下，詳細は，拙著『ドイツ史の始まり』，234-239 頁を参照されたい。

（20）この点において筆者の理解は，シュラム（Schramm, *Renovatio*, Teil 1, S.127）とは異なる。Cf. Görich, *Otto III., Romanus Saxonicus et Italicus*, S.187ff.

（21）Gerbert, *Elogium Boethii*, in: MGH Poeta Latini, V-1/2, S.474f. Cf. BU 1293a.

第 6 章　贖罪，そして死　九九九年

（1）BZ² 846. ただし，正確な開催日は不詳で，前年末の降誕祭の可能性もある。BU 1299c. MGH Concilia, VI-2, Nr.59, S.568-578, hier S.569 mit Anm.4.

（2）BZ² 854 に列挙された関連史料の証言と編者のコメントを参照。

（3）Grabschrift Gregors V., in: MGH Poeta Latini, V-1/2, S.337f. 起草者については，拙著『ドイツ史の始まり』，8 章注 74。

（4）Gerd Althoff, *Adels- und Königsfamilien im Spiegel ihrer Memorialüberlieferung. Studien zum Totengedenken der Billunger und Ottonen*, (Münstersche Mittelalter-Schriften, 47), München 1984, bes.

Mittelalter, (Gesammelte Abhandlungen und Aufsätze, Bd.2-1), Stuttgart 2002, S.69-95. Knut Görich, *Friedrich Barbarossa. Eine Biographie*, München 2011, S.417-420.

（2）Liudprand v. Cremona, *Historia Ottonis*, in: *Die Werke Liudprands von Cremona*, S.159-175, hier cap.18, S.173. 成立年次は964／65年。

（3）Cf. Heide Dienst, Ostarrîchi - oriens - Austria. Probleme „österreichischer" Identität im Hochmittelalter, in: *Was heißt Österreich?. Inhalt und Umfang des Österreichbegriffs vom 10. Jahrhundert bis heute,* hg. v. Richard G. Plaschka - Gerald Stourzh - Jan Paul Niederkorn, (Archiv für österreichische Geschichte, 136), Wien 1995, S.35-50.

（4）参照，ジョルジュ・デュビー，篠田勝英訳『中世の結婚 ― 騎士・女性・司祭』新評論　1984年，4章「ロベール敬虔王」（原著1981年）。

（5）Florentine Mütherich, The Library of Otto III, in: *The Role of the Book in Medieval Culture. Proceedings of the Oxford International Symposium, 26 September - 1 October 1982,* ed. by Peter Ganz, Vol.2, (Bibliologia. Elementa ad librorum studia pertinentia, 4), Turnhout 1986, pp.11-25, esp. pp.20-21.

（6）Schramm, *Renovatio,* Teil 1, S.97.

（7）Althoff, *Otto III.*, S.87-90.

（8）Ibid. S.91f.

（9）リシェ『ヨーロッパ成立期の学校教育と教養』（1章注5），282-284頁。詳細は，Lindgren, *Gerbert von Aurillac und das Quadrivium*(2章注3), S.28-39, S.90f. Dies., Gerbert von Reims und die Lehre des Quadriviums, in: *Kaiserin Theophanu*, Bd.2, S.291-303.

（10）*Liber de astrolabio,* in: *Gerberti postea Silvestri II Papae Opera Mathematica (972-1003)*, hg. v. Nicolas Bubnov, Berlin 1899, ND. Hildesheim 1963, S.114-147, hier cap,18-19, S.138-146.

（11）*The Correspondence of Leo*, No.11, p.16. Cf. BZ^2 767, 784.

（12）Johannes Fried, Gnesen - Aachen - Rom. Otto III. und der Kult des hl. Adalbert. Beobachtungen zum älteren Adalbertsleben, in: Borgolte (Hg.), *Polen und Deutschland,* S.235-279, hier S.254f. mit Anm.72.

（13）Ibid. S.254-272.

（14）*The Correspondence of Leo*, No.2, p.4. Cf. BU 1243a. BZ^2 801.

（15）エルンスト・H. カントーロヴィチ，小林公訳『王の二つの身体 ― 中世政治神学研究』平凡社　1992年，92頁（原著1957年，一部字句を改めた）。参照，千葉敏之「秘儀・啓示・革新」，92-94頁（引用句は96頁）。

第5章「ローマ帝国の改新」　九九八年

（1）Ursula Brunhofer, *Arduin von Ivrea und seine Anhänger. Untersuchungen zum letzten italienischen Königtum des Mittelalters,* Augsburg 1999, S.80-84.

（2）ヴィリギスの名がオットーの証書中で執り成し人として言及されるのは，995年末までの証書188点中50点を数える。しかし，996年の皇帝戴冠から死去までに発給された237点中では，僅かに4点しかない。

（3）秋のアーヘン滞在中に，ヴィリギスとソフィアが同棲関係にあることがベルンヴァルトによって暴露され，皇帝の怒りと失望を招いた……。ヴォルフのスキャンダラスな仮説は，確たる証拠を欠く純然たる憶測に留まる。Gunther Wolf, Prinzessin Sophia (978-1039). Äbtissin von Gandersheim und Essen, Enkelin, Tochter und Schwester von Kaisern, in: *Niedersächsisches Jahrbuch für Landesgeschichte* 61, 1989, S.105-123, hier S.113f.

（4）Roland Pauler, *Das Regnum Italiae in ottonischer Zeit. Markgrafen, Grafen und Bischöfe als politische Kräfte*, (Bibliothek des Deutschen Historischen Instituts in Rom, 54), Tübingen 1982, S.33-45, bes. S.33f. Heinrich Dormeier, Kaiser und Bischofsherrschaft in Italien: Leo von Vercelli, in: *Bernward von Hildesheim*, Bd.1, S.103-112, hier S.105f.

（5）以下の一連の事件については，史料によりクロノロジーが相当異なる。ここでは，ツィ

（10）Harald Zimmermann, Die Päpste des „dunklen Jahrhunderts" von Johannes VIII. bis Sutri, in: *Gestalten der Kirchengeschichte,* hg. v. Martin Greschat, Bd.11: Das Papsttum, I, Stuttgart et al. 1985, S.129-139, hier S.129, (ND. in: ders., *Im Bann des Mittelalters. Ausgewählte Beiträge zur Kirchen- und Rechtsgeschichte. Festgabe zu seinem 60. Geburtstag,* hg. v. Immo Eberl - Hans-Henning Kortüm, Sigmaringen 1986, S.70-80).

（11）*Annales Fuldenses sive Annales regni Francorum orientalis,* hg. v. Friedrich Kurze, (MGH SS rer. Germ., [7]), Hannover 1891, ad a. 888, S.116.

（12）テオフィラット家，クレシェンツィ家，およびトゥスクルム家の系譜関係については，史料の乏しさの故に研究者間に議論がある。ここでは，Harald Zimmermann, Parteiungen und Papstwahlen in Rom zur Zeit Kaiser Ottos des Großen, in: *Römische Historische Mitteilungen* 8/9, 1966, S.29-88, ND. in: *Otto der Große,* hg. v. dems., (Wege der Forschung, 450), Darmstadt 1976, S.325-414, hier S.414 の系図を基に再構成した。Wickham, *Medieval Rome,* pp.195ff. は，前二者の関係について一部理解が異なる。

（13）Liudprand v. Cremona, *Antapodosis,* II-cap.48, III-cap.43-45, S.58-60, S.95-98. Cf. Harald Zimmermann, Valentin Ernst Löscher, das finstere Mittelalter und dessen Saeculum obscurum, in: *Gesellschaft, Kultur, Literatur. Rezeption und Originalität im Wachsen einer europäischen Literatur und Geistigkeit. Beiträge Luitpold Wallach gewidmet,* hg. v. Karl Bosl, (Monographien zur Geschichte des Mittelalters, 11), Stuttgart 1975, S.259-277, (ND. in: ders., *Im Bann des Mittelalters*(注 10), S.200-218).

（14）Max Kerner - Klaus Herbers, *Die Päpstin Johanna. Biographie einer Legende,* Köln-Weimar-Wien 2010, S.40（マックス・ケルナー，クラウス・ヘルバース著，藤崎衛，エリック・シッケタンツ訳『女教皇ヨハンナ―伝説の伝記』三元社　2015 年，43 頁）.

（15）BZ² 15, 89, 91, 101, 113. BZi 1545, 1659, 1660, 1664. Zimmermann, *Das dunkle Jahrhundert,* S.41f., S.45f., S.74-79.

（16）BZi 1755.

（17）Cf. Zimmermann, *Das dunkle Jahrhundert,* S.34f., S.55ff.

（18）竹部隆昌「『娼婦政治』再考―10 世紀ローマの都市貴族について」，浅香正監修『ローマと地中海世界の展開』晃洋書房　2011 年，215-229 頁。Cf. Wickham, *Medieval Rome,* esp. pp.22-25, pp.186ff.

（19）Cf. Hans-Henning Kortüm, *Richer von Saint-Remi. Studien zu einem Geschichtsschreiber des 10. Jahrhunderts,* (Historische Forschungen, 8), Wiesbaden 1985, S.68f.

（20）Ferdinand Gregorovius, *Geschichte der Stadt Rom im Mittelalter,* Bd.3, Stuttgart 1860, S.433, (ND. hg. v. Waldemar Kampf, Bd.1, München 1978, S.649).

（21）*Miraculis S. Alexii Romani,* hg. v. Georg H. Pertz, in: MGH SS IV, Hannover 1841, S.619f.(抜粋), hier S.620.

（22）Görich, *Otto III., Romanus Saxonicus et Italicus,* S.231 mit Anm.282.

（23）Cf. BZ² †743.

（24）以下，Eickhoff, *Kaiser Otto III.,* S.77-79, S.82-85 の叙述に従った。

（25）Liudprand v. Cremona, *Relatio de legatione Constantinopolitana,* in: *Die Werke Liudprands von Cremona,* S.175-212. 大月康弘訳「コンスタンティノープル使節記」，大月康弘『ローマ皇帝称号問題と中世キリスト教世界の政治秩序に関する研究』（平成 13 ～ 15 年度科学研究費・基盤研究（C）報告書）2004 年，27-89 頁。

第4章　インターメッツォ　九九六～九九七年

（1）Peter Herde, *Die Katastrophe vor Rom im August 1167. Eine historisch-epidemiologische Studie zum vierten Italienzug Friedrichs I. Barbarossa,* (Sitzungsberichte der Wissenschaftlichen Gesellschaft an der Johann Wolfgang Goethe-Universität Frankfurt am Main, 27-4), Stuttgart 1991, ND. in: ders., *Studien zur Papst- und Reichsgeschichte, zur Geschichte des Mittelmeerraumes und zum kanonischen Recht im*

（9）議論のある生誕の順序については，次の研究に従った。Otto Perst, Zur Reihenfolge der Kinder Ottos II. und der Theophano, in: *DA* 14, 1958, S.230-236. なお，ウーリルツは，「今は亡き余の娘の魂の救済」に言及した 980 年 10 月 8 日付けのオットー 2 世の皇帝証書（DOII 229）を根拠に，3 世が双子の生まれで，もう 1 人の女児は生後まもなく死亡したと考えたが（Uhlirz, *Jahrbücher Otto III.*, S.427. BU 956a），彼女が生まれたのは前年の 979 年夏と推定される。Glocker, *Die Verwandten der Ottonen*（プロローグ注 5）, S.295f. 3 世の生誕地については，Thomas, *Kaiser Otto III.*, S.43-46 を参照。

（10）Helmut Fußbroich, Metamorphosen eines Grabes. Grabstätten der Theophanu in der Kirche der ehemaligen Benediktinerabtei Sankt Pantaleon, in: *Kaiserin Theophanu*, Bd.2, S.231-241.

（11）Gunther Wolf, Die seelgiftdotationen Kaiser Ottos III. für seine Mutter, Kaiserin Theophanu, und verwandtes, in: *Archiv für Diplomatik* 39, 1993, S.1-8.

（12）Fried, *Die Anfänge der Deutschen*, S.640f. Keller, in: *Die Zeit der späten Karolinger und der Ottonen*, S.285f.

（13）Huschner, *Transalpine Kommunikation im Mittelalter*, Teil 2, S.756-794.

（14）987 年とする解釈もあるが（Hans Goetting, *Die Hildesheimer Bischöfe von 815 bis 1221 (1227)*, (Germania Sacra, NF.20), Berlin-New York 1984, S.159, S.175），ここではウーリルツに従った。Uhlirz, *Jahrbücher Otto III.*, S.115-118. BU 1017c.

（15）不詳の年次・場所の比定は，BU 1141b および MGH Concilia, VI-2, Nr.51, S.517-521 によった。

（16）Ernst-Dieter Hehl, Der widerspenstige Bischof. Bischöfliche Zustimmung und bischöflicher Protest in der ottonischen Reichskirche, in: *Herrschaftsrepräsentation im ottonischen Sachsen*, hg. v. Gerd Althoff - Ernst Schubert, (Vorträge und Forschungen, 46), Sigmaringen 1998, S.295-344.

第 3 章　皇帝戴冠　九九四～九九六年

（1）これまで，オットーはゾーリンゲンの帝国会議（後述）で成年に達し，帯刀儀礼をおこなったとされてきたが（BU 1117a），その事実性は今日では否定されている。Thilo Offergeld, *Reges pueri. Das Königtum Minderjähriger im frühen Mittelalter*, (MGH, Schriften, 50), Hannover 2001, S.733-741.

（2）*Brunwilarensis monasterii fundatorum actus*, hg. v. Georg Waitz, in: MGH SS XIV, Hannover 1883, S.121-144, hier cap.6, S.128f. Cf. Uhlirz, *Jahrbücher Otto III.*, S.163f. mit Anm.13. BU 1081a.

（3）Jürgen Petersohn, König Otto III. und die Slawen an Ostsee, Oder und Elbe um das Jahr 995. Mecklenburgzug - Slavnikidenmassaker - Meißenprivileg, in: *Frühmittelalterliche Studien*, 37, 2003, S.99-139.

（4）Arnold v. St. Emmeram, *Libri II de s. Emmerammo*, hg. v. Georg Waitz, in: MGH SS IV, Hannover 1841, S.543-574, hier cap.31-33, S.566. Cf. Uhlirz, *Jahrbücher Otto III.*, S.195f. mit Anm.13. BU 113c.

（5）Cf. Heinrich Dormeier, *Die ottonischen Kaiser und die Bischöfe im Regnum Italiae,* (Antrittsvorlesung an d. Universität Kiel, 11. Juni 1997), Kiel 1997.

（6）Michael Borgolte, Die Memoria Ottos II. in Rom, in: *Europas Mitte um 1000*, Bd.2, S.754-757. 旧大聖堂の中世における歴史については，クラウトハイマー『ローマ』，XXII 頁（索引）の他，石鍋真澄『サン・ピエトロ大聖堂』吉川弘文館　2000 年，2 章「コンスタンティヌス帝のバジリカ」（20-51 頁）を参照。

（7）Cf. Johannes Laudage, Zur Kaiserkrönung Ottos III., *in: Geschichte in Köln* 6, 1979, S.13-31. 経過の再構成は，Eickhoff, *Theophanu und der König*, S.511-517 によった。

（8）クラウトハイマー『ローマ』，XXII 頁（索引），特に 82-89 頁の他，石鍋真澄『サン・ピエトロが立つかぎり ― 私のローマ案内』吉川弘文館　1991 年，167-179 頁を参照。

（9）参照，クラウトハイマー『ローマ』，170-171 頁，178-180 頁。五十嵐修『王国・教会・帝国 ― カール大帝期の王権と国家』知泉書館　2010 年，263-266 頁。

S.345-348. Ders., *Königsherrschaft und Reichsintegration. Eine Untersuchung zur politischen Struktur von regna und imperium zur Zeit Kaiser Ottos II. (967) 973 - 983*, (Berliner Historische Studien, 28), Berlin 1998, S.424 の巡幸路リストも参照。

（12）*Modus Ottinc, in: Die Cambridge Lieder*, hg. v. Karl Strecker, (MGH SS rer. Germ., [40]), Berlin 1926, Nr.11 S.33-36, hier S.34（瀬谷幸男訳『完訳 ケンブリッジ歌謡集— 中世ラテン詞華集』南雲堂フェニックス 1997年，54-60頁，58頁).

第1章 誘拐された幼王 九八四年

（1）以下，本節の詳細については，拙著『ドイツ史の始まり』，第1部「政治・国制史的アプローチによる「ドイツ史の始まり」— 843～919年」，および第2部「「ドイツ人」と「ドイツ人の王国」— オットー朝の始まりから11世紀初頭まで」の6章1節「政治史の概観」を参照されたい。

（2）Johannes Fried, Die Königserhebung Heinrichs I., Erinnerung, Mündlichkeit und Traditionsbildung im 10. Jahrhundert, in: *Mittelalterforschung nach der Wende 1989*, hg. v. Michael Borgolte, (Historische Zeitschrift, Beiheft 20), München 1995, S.267-318.

（3）Eckhard Müller-Mertens, *Die Reichsstruktur im Spiegel der Herrschaftspraxis Ottos des Grossen*, (Forschungen zur mittelalterlichen Geschichte, 25), Berlin (O) 1980.

（4）例えば，Uhlirz, *Jahrbücher Otto III.*, S.14. 慎重な意見として，Keller, in: *Die Zeit der späten Karolinger und der Ottonen*, S.276 を参照。

（5）参照，ピエール・リシェ，岩村清太訳『ヨーロッパ成立期の学校教育と教養』知泉書館 2002年，130頁，157-159頁（原著1999年）。

（6）例えば，Uhlirz, *Jahrbücher Otto III.*, S.33f. BU 956q/2.

（7）Gerd Althoff, Das Privileg der *deditio*. Formen gütlicher Konfliktbeendigung in der mittelalterlichen Adelsgesellschaft, in: ders., *Spielregeln der Politik im Mittelalter. Kommunikation in Frieden und Fehde*, Darmstadt 1997, S.99-125, hier S.109-111.

第2章 玉座の幼王 九八四～九九三年

（1）Peter Rück, *Bildberichte vom König. Kanzlerzeichen, königliche Monogramme und das Signet der salischen Dynastie*, (elementa diplomatica, 4), Marburg 1996, S.23.

（2）Hermann Hauke, Das Gebetbuch Ottos III. Geschichte, kodikologische und inhaltliche Beschreibung, in: Hermann Hauke - Elisabeth Klemm, *Das Gebetbuch Ottos III. Kommentar zur Faksimile-Edition der Handschrift Clm 30111 der Bayerischen Staatsbibliothek München*, Luzern 2008, S.13-62, hier S.57.

（3）幼王の教育についての詳細は Uhlirz, *Jahrbücher Otto III.*, S.406-408 の他，特に Uta Lindgren, *Gerbert von Aurillac und das Quadrivium. Untersuchungen zur Bildung im Zeitalter der Ottonen*, (Sudhoffs Archiv. Zeitschrift für Wissenschaftsgeschichte, Beiheft, 18), Wiesbaden 1976, S.81-89 を参照。

（4）Stefan Weinfurter, Kaiserin Adelheid und das ottonische Kaisertum, in: *Frühmittelalterliche Studien* 33, 1999, S.1-19, ND. in: ders., *Gelebte Ordnung - Gedachte Ordnung. Ausgewählte Beiträge zu König, Kirche und Reich*, hg. v. Helmuth Kluger - Hubertus Seibert - Werner Bomm, Ostfildern 2005, S.189-211, hier S.199.

（5）ジェルベールの弟子のランスのサン・レミ修道士リシェ（998年以降歿）が，『歴史四巻』において，「外国の国王〔＝オットー2世〕に仕えることを恥じないほどの知能をなくした」シャルルに対する，アダルベロンの有名な弾劾演説を伝えている（4巻11章）。渡辺節夫氏による抄訳を参照。歴史学研究会編『世界史史料』5，岩波書店 2007年，51-52頁。

（6）BZ^2 640.

（7）Uhlirz, *Jahrbücher Ottos III.*, S.65f. BU 978a は，985年末とするが，ここでは Ludat, *An Elbe und Oder*, S.25 mit Anm.162 による。

（8）BU 1026d. BZ^2 703. 解釈は Ludat, *An Elbe und Oder*, S.74 mit Anm.440 によった。

注

＊オットー3世の生涯に関する史料の批判的校訂は，「ドイツ帝国年誌 *Jahrbücher der deutschen Geschichte*」および「皇帝事績要録 *Regesta Imperii*」中のマティルデ・ウーリルツ編著の該当巻（Uhlirz, *Jahrbücher Otto III.*, 1954. Dies., Die Regesten des Kaiserreichs unter Otto III., 1956-57 = BU）に網羅されている。国王・皇帝証書は証書集（DOIII）に収録されている。それ以降の新刊本としては，「皇帝事績要録 *Regesta Imperii*」中の BZ², BZi，教皇証書集（PUU），教会会議録（MGH Concilia VI-2），ジェルベール書簡集（G）が重要である。以上については，（推論部分も含め）原則的に注を付さない。文献目録に挙げた主要な叙述史料については，本文中に巻・章ないし年次を挙げた。

注を付すのは，その他の史資料の典拠，上記史資料とは異なる推論・解釈など必要最小限度に留める。個々の人物・事件・事項については，次の包括的な中世史事典が有益である。*Lexikon des Mittelalters*, 10 Bde., München (-Zürich), 1980-99.

プロローグ　九八〇～九八三年

（1）Notker Balbulus, *Gesta Karoli Magni imperatoris*, hg. v. Hermann F. Haefele, (MGH SS rer. Germ., NS.12), Berlin 1959, I-cap.28, S.38 (ノトケルス「カロルス大帝業績録」，エインハルドゥス・ノトケルス　國原吉之助訳・注『カロルス大帝伝』筑摩書房　1987 年，55-163 頁，99 頁。一部字句を改めた).

（2）Caesar Baronius, *Annales ecclesiastici*, Tomus 10, Romae 1602, ad. a. 900, p.647. 〈http://reader.digitale-sammlungen.de/resolve/display/bsb10938705.html〉 Caesar Baronius, *Annales ecclesiastici*, ed. Augustin Theiner, Tomus 15, Bar-le-Duc 1868, p.467. ここでは原テキストではなく，ツィンマーマンによるパラフレーズを用いた。Zimmermann, *Das dunkle Jahrhundert*, S.15, S.307.

（3）坂井榮八郎『ドイツ史 10 講』岩波書店　2003 年，13 頁。15 頁の地図も参照。

（4）Cf. Eckhard Müller-Mertens, Romanum imperium und regnum Teutonicorum. Der hochmittelalterliche Reichsverband im Verhältnis zum Karolingerreich, in: *Jahrbuch für Geschichte des Feudalismus* 14, 1990, S.47-54, hier S.50.

（5）二人の生誕時点については，Winfrid Glocker, *Die Verwandten der Ottonen und ihre Bedeutung in der Politik. Studien zur Familienpolitik und zur Genealogie des sächsischen Kaiserhauses,* (Dissertationen zur mittelalterlichen Geschichte, 5), Köln-Wien 1989, S.280f. による。

（6）Karl Ferdinand Werner, Heeresorganisation und Kriegsführung im deutschen Königreich des 10. und 11. Jahrhunderts, in: *Ordinamenti militari in Occidente nell'alto medioevo*, (Settimane di studio del Centro italiano di studi sull'alto medioevo, 15), Spoleto 1968, S.791-843, hier S.829, (ND. in: ders., *Structures politiques du monde franc (VIe-XIIe siècles). Études sur les origines de la France et de l'Allemagne*, (Collected Studies Series, 93), London 1979, No.III).

（7）Huschner, *Transalpine Kommunikation im Mittelalter*, Teil 1, S.121f., S.124f., S.329f. mit Anm.607.

（8）Leopold v. Ranke, *Weltgeschichte*, Teil 7, Leipzig 1887, 1893⁴, S.25.

（9）Gunther Wolf, Kalonymos, der jüdische Lebensretter Kaiser Ottos II. (982) und das rheinische Judenzentrum Mainz, in: *Kaiserin Theophanu. Prinzessin aus der Fremde - des Westreichs Große Kaiserin,* hg. v. dems., Köln-Weimar-Wien 1991, S.162-167.

（10）Joachim Wollasch, *Cluny - „Licht der Welt". Aufstieg und Niedergang der klösterlichen Gemeinschaft*, Düsseldorf-Zürich 1996, S.80f.

（11）Dirk Alvermann, Datierungsprobleme in den Diplomen Ottos II. und das Itinerar des Kaisers im Jahre 983, in: *Documenti medievali greci e latini. Studi comparativi. Atti del seminario di Erice, 23-29 ottobre 1995*, ed. Giuseppe De Gregorio - Otto Kresten, (Incontri di studio, 1), Spoleto 1998, S.339-352, hier

Bde., Mainz 1999.

1000 Jahre St. Michael in Hildesheim. Kirche - Kloster - Stifter, hg. v. Gerhard Lutz - Angela Weyer, Petersberg 2012.

Bernward von Hildesheim und das Zeitalter der Ottonen. Katalog der Ausstellung Hildesheim 1993, hg. v. Michael Brandt - Arne Eggebrecht, 2 Bde., Hildesheim-Mainz 1993.

Der heilige Brun von Querfurt. Eine Reise ins Mittelalter. Begleitband zur Sonderausstellung Der heilige Brun von Querfurt - Friedensstifter und Missionar in Europa 1009 - 2009, hg. v. Landkreis Saalekreis, Querfurt 2009.

Egbert, Erzbischof von Trier 977-993. Gedenkschrift der Diözese Trier zum 1000. Todestag, hg. v. Franz J. Ronig, 2 Bde., (Trierer Zeitschrift, Beiheft 18), Trier, 1993.

Europas Mitte um 1000. Beiträge zur Geschichte, Kunst und Archäologie, hg. v. Alfried Wieczorek - Hans-Martin Hinz, Katalog, Beiträge, 3 Bde., Stuttgart 2000.

Kaiser Heinrich II. 1002 - 1024, hg. v. Josef Kirmeier et al., (Veröffentlichungen zur bayerischen Geschichte und Kultur, 44), Augsburg 2002.

Karl der Große / Charlemagne. Orte der Macht, hg. v. Frank Pohle, 2 Bde., Dresden 2014.

Karl der Große / Charlemagne. Kunst, hg. v. Peter van den Brink - Sarvenaz Ayooghi, Dresden 2014.

Krönungen. Könige in Aachen - Geschichte und Mythos, hg. v. Mario Kramp, 2 Bde., Mainz 2000.

Otto der Grosse, Magdeburg und Europa, hg. v. Matthias Puhle, 2 Bde., Mainz 2001.

Otto der Grosse und das Römische Reich. Kaisertum von der Antike zum Mittelalter, hg. v. Matthias Puhle - Gabriele Köster, Regensburg 2012.

Kaiserin Theophanu. Begegnung des Ostens und Westens um die Wende des ersten Jahrtausends. Gedenkschrift des Kölner Schnütgen-Museums zum 1000. Todesjahr der Kaiserin, hg. v. Anton v. Euw - Peter Schreiner, 2 Bde., Köln 1991.

【邦語文献】

旧約聖書翻訳委員会訳『旧約聖書』（全 15 冊），新約聖書翻訳委員会訳『新約聖書』（全 5 冊），岩波書店　1995-2004 年（聖書からの引用文はすべて同書による）。

G・オストロゴルスキー，和田廣訳『ビザンツ帝国史』恒文社　2001 年（原著 1963 年）。

R・クラウトハイマー，中山典夫訳『ローマ ― ある都市の肖像 312 ～ 1308 年』中央公論美術出版　2013 年（原著 1980 年）。

L・グロデッキ，F・ウォーマルド，F・ミューターリッヒ他，吉川逸治・柳宗玄訳『紀元千年のヨーロッパ』（人類の美術，15），新潮社　1976 年（原著 1973 年）。

H・トーマス，三佐川亮宏・山田欣吾編訳『中世の「ドイツ」― カール大帝からルターまで』創文社　2005 年。

甚野尚志「社会の危機と祈禱 ―「紀元千年」をめぐって」，歴史学研究会編『再生する終末思想』（シリーズ歴史学の現在，5），青木書店　2000 年，289-316 頁。

千葉敏之「秘儀・啓示・革新 ― ジェルベール・ドリヤクとオットー三世の紀元千年」，深沢克己・桜井万里子編『友愛と秘密のヨーロッパ社会文化史 ― 古代秘儀宗教からフリーメイソン団まで』東京大学出版会　2010 年，71-108 頁。

三佐川亮宏『ドイツ史の始まり ― 中世ローマ帝国とドイツ人のエトノス生成』創文社　2013 年。

山田欣吾，第 3 章「ザクセン朝下の〝王国〟と〝帝国〟」，成瀬治・山田欣吾・木村靖二編『ドイツ史』（世界歴史大系），1，山川出版社　1997 年，111-152 頁。

＊図像および表は，著者自身が作成・撮影したもの以外は WEB 上の著作権フリーのサイト（Wikimedia Commons）に掲載されたものを使用した。

Schriften, 52), Hannover 2003.
Kehr, Paul Fridolin, *Die Urkunden Otto III.*, Innsbruck 1890.
Keller, Hagen - Althoff, Gerd, *Die Zeit der späten Karolinger und der Ottonen. Krisen und Konsolidierungen 888-1024*, (Gebhardt Handbuch der deutschen Geschichte, 10.Aufl. Bd.3), Stuttgart 2008.
Ladner, Gerhart B., *L'immagine dell'imperatore Ottone III*, (Unione Internazionale degli Istituti di Archeologia, Storia e Storia dell'Arte in Roma, Conferenze, 5), Roma 1988.
Ludat, Herbert, *An Elbe und Oder um das Jahr 1000. Skizzen zur Politik des Ottonenreiches und der slavischen Mächte in Mitteleuropa*, Köln-Wien 1971, Weimar-Köln-Wien 1995[2].
Moehs, Teta E., *Gregorius V. 996-999. A biographical Study*, (Päpste und Papsttum, 2), Stuttgart 1972.
Müller, Heribert, *Heribert, Kanzler Ottos III. und Erzbischof von Köln*, (Veröffentlichungen des Kölnischen Geschichtsvereins, 33), Köln 1977.
Riché, Pierre, *Gerbert d'Aurillac. Le papa de l'an mil*, Paris 1987.
Sames, Arno, (Hg.), *Brun von Querfurt. Lebenswelt, Tätigkeit, Wirkung. Fachwissenschaftliche Tagung am 26. und 27. September 2009 auf der Burg Querfurt*, Querfurt 2010.
Schneider, Fedor, *Rom und Romgedanke im Mittelalter. Die geistigen Grundlagen der Renaissance*, München 1925, ND. Darmstadt 1959.
Schneider, Wolfgang Christian, *Bernward von Hildesheim. Bischof - Politiker - Künstler - Theologe*, (Veröffentlichungen des Landschaftsverbandes Hildesheim, 18), Hildesheim-Zürich-New York 2010.
Schneidmüller, Bernd - Weinfurter, Stefan, (Hg.), *Otto III. und Heinrich II. Eine Wende ?*, (Mittelalter-Forschungen, 1), Sigmaringen 1997.
Schneidmüller, Bernd, *Jahrtausendwende. Ein Magdeburger Vortrag über Vorstellungen und Wirklichkeiten im Mittelalter*, (Magdeburger Museumshefte, 12), Magdeburg 2000.
Schramm, Percy Ernst, *Kaiser, Rom und Renovatio. Studien und Texte zur Geschichte des römischen Erneuerungsgedankens vom Ende des karolingischen Reiches bis zum Investiturstreit*, 2 Teile, (Studien der Bibliothek Warburg, 17), Leipzig-Berlin 1929. Teil 1: ND. Darmstadt 1959.
—— , *Die deutschen Kaiser und Könige in Bildern ihrer Zeit 751-1190*, Neuauflage, hg. v. Florentine Mütherich, München 1983.
Schulze, Hans K., *Die Heiratsurkunde der Kaiserin Theophanu. Die griechische Kaiserin und das römisch-deutsche Reich 972-991*, (Veröffentlichungen der Niedersächsischen Archivverwaltung, Sonderband), Hannover 2007.
Ter Braak, Menno, *Kaiser Otto III. Ideal und Praxis im frühen Mittelalter*, Amsterdam 1928, ND. in: ders., *Verzameld Werk*, Bd.1, Amsterdam 1950, S.401-609.
Thomas, Heinz, *Kaiser Otto III. Eine Skizze*, (Gocher Schriften, 2), Goch 1980.
Uhlirz, Karl, *Jahrbücher des Deutschen Reiches unter Otto II. und Otto III.*, Bd.1: Otto II., Leipzig 1902, ND. Berlin 1967.
Uhlirz, Mathilde, *Jahrbücher des Deutschen Reiches unter Otto II. und Otto III.*, Bd.2: Otto III., Berlin 1954.
Weinfurter, Stefan, Sakralkönigtum und Herrschaftsbegründung um die Jahrtausendwende. Die Kaiser Otto III. und Heinrich II., in: *Bilder erzählen Geschichte*, hg. v. Helmut Altrichter, (Rombach Wissenschaft, Reihe Historiae, 6), Freiburg i. Br. 1995, S.47-103.
Wickham, Chris, *Medieval Rome. Stability and Crisis of a City, 900-1150*, Oxford 2015.
Zimmermann, Harald, *Papstabsetzungen des Mittelalters*, Graz-Wien-Köln 1968.
—— , *Das dunkle Jahrhundert. Ein historisches Porträt*, Graz-Wien-Köln 1971.

【歴史展カタログ】

799. Kunst und Kultur der Karolingerzeit. Karl der Große und Papst Leo III. in Paderborn. Katalog der Ausstellung Paderborn 1999, hg. v. Christoph Stiegemann - Matthias Wemhoff, Katalog, Beiträge, 3

Ernst-Dieter Hehl, Hannover 2007.
MGH Poeta Latini, V-1/2: Poeta Latini, V: Die Ottonenzeit, Teil 1/2, hg. v. Karl Strecker, Berlin 1937-39.
Odilonis Cluniacensis abbatis Epitaphium domine Adelheide auguste, bearb. v. Herbert Paulhart, in: ders., *Die Lebensbeschreibung der Kaiserin Adelheid von Abt Odilo von Cluny*,(Mitteilungen des Instituts für österreichische Geschichtsforschung, Ergänzungsband, 20, Heft 2), Graz-Köln 1962, S.27-45.
Petrus Damiani, *Vita beati Romualdi,* ed. Giovanni Tabacco, (Fonti per la storia d'Italia, 94), Roma 1957.
PUU: *Papsturkunden 896-1046*, hg. v. Harald Zimmermann, 3 Bde., (Denkschriften d. Österr. Akad. d. Wiss., phil.-hist. Kl., 174, 177, 198), Wien 1984/85/89. Bd.1-2, 2.Aufl., 1988.
Rodulfus Glaber, *Historiarum libri quinque. The five Books of the Histories*, ed. and transl. by John France, (Oxford Medieval Texts), Oxford 1989.
Thangmar, *Vita Bernwardi episcopi Hildesheimensis*, hg. v. Georg H. Pertz, in: MGH SS IV, Hannover 1841, S.758-782.
Die Chronik des Bischofs Thietmar von Merseburg und ihre Korveyer Überarbeitung, hg. v. Robert Holtzmann, (MGH SS rer. Germ., NS. 9), Berlin 1935.
Vita sancti Adalberti, in: Jürgen Hoffmann, *Vita Adalberti. Früheste Textüberlieferungen der Lebensgeschichte Adalberts von Prag*, (Europäische Schriften der Adalbert-Stiftung-Krefeld, 2), Essen 2005, S.126-159.
Vita Mathildis reginae posterior, in: *Die Lebensbeschreibungen der Königin Mathilde*, hg. v. Bernd Schütte, (MGH SS rer. Germ., 66), Hannover 1994, S.143-202.
Widukind von Korvei, *Res gestarum Saxonicarum*, hg. v. Paul Hirsch - Hans-Eberhard Lohmann, (MGH SS rer. Germ., [60]), Hannover 1935（コルヴァイのヴィドゥキント，三佐川亮宏訳『ザクセン人の事績』知泉書館　2017 年).

【主要研究書】

Althoff, Gerd, *Otto III.*, (Gestalten des Mittelalters und der Renaissance), Darmstadt 1996.
Borgolte, Michael, (Hg.), *Polen und Deutschland vor 1000 Jahren. Die Berliner Tagung über den „Akt von Gnesen“*, (Europa im Mittelalter, 5), Berlin 2002.
Brühl, Carlrichard, *Deutschland - Frankreich. Die Geburt zweier Völker*, Köln-Wien 1990.
Eickhoff, Ekkehard, *Theophanu und der König. Otto III. und seine Welt*, Stuttgart 1996.
—, *Kaiser Otto III. Die erste Jahrtausendwende und die Entfaltung Europas*, Stuttgart 1999.
Falkenstein, Ludwig, *Otto III. und Aachen*, (MGH, Studien und Texte, 22), Hannover 1998.
Fichtenau, Heinrich, *Lebensordnungen des 10. Jahrhunderts. Studien über Denkart und Existenz im einstigen Karolingerreich*, (Monographien zur Geschichte des Mittelalters, 30), 2 Bde., Stuttgart 1984.
Fried, Johannes, *Otto III. und Boleslaw Chrobry. Das Widmungsbild des Aachener Evangeliars, der „Akt von Gnesen“ und das frühe polnische und ungarische Königtum. Eine Bildanalyse und ihre historischen Folgen*, (Frankfurter Historische Abhandlungen, 30), Stuttgart 1989, 2001[2].
—, Endzeiterwartung um die Jahrtausendwende, in: *DA* 45, 1989, S.381-473.
—, *Der Weg in die Geschichte. Die Ursprünge Deutschlands bis 1024*, (Propyläen Geschichte Deutschlands, 1), Berlin 1994. Neuausgabe: *Die Anfänge der Deutschen. Der Weg in die Geschichte*, Berlin 2015.
Görich, Knut, *Otto III., Romanus Saxonicus et Italicus. Kaiserliche Rompolitik und sächsische Historiographie*, (Historische Fortschungen, 18), Sigmaringen 1993.
Henrix, Hans H., (Hg.), *Adalbert von Prag. Brückenbauer zwischen dem Osten und Westen Europas*, (Schriften der Adalbert-Stiftung Krefeld, 4), Baden-Baden 1997.
Hlawitschka, Eduard, Kaiser Otto III., „der Jüngling, der Großes, ja sogar Unmögliches ersann“. Zum Millennium der Einbeziehung Polens in den europäischen Kulturkreis, in: *Schriften d. Sudetendeutschen Akad. d. Wiss. u. Künste*, 20, München 1999, S.29-74.
Huschner, Wolfgang, *Transalpine Kommunikation im Mittelalter. Diplomatische, kulturelle und politische Wechselwirkungen zwischen Italien und dem nordalpinen Reich (9.-11. Jahrhundert)*, 3 Teile, (MGH,

主要参考文献

略表記：

DA = *Deutsches Archiv für Erforschung* (bis 1944: *Geschichte*) *des Mittelalters.*
MGH = Monumenta Germania Historica. http://www.dmgh.de/

【主要史料】

Ademar de Chabannes, *Chronicon*, ed. Pascale Bourgain - Richard Landes - Georges Pon, (Corpus Christianorum, Continuatio Mediaevalis, 129), Turnhout 1999.

Annales Hildesheimenses, hg. v. Georg Waitz, (MGH SS rer. Germ., [8]), Hannover 1878.

Die Annales Quedlinburgenses, hg. v. Martina Giese, (MGH SS rer. Germ., 77), Hannover 2004.

Brun von Querfurt, *Vita sancti Adalberti Pragensis episcopi* (Redactio longior), ed. Jadwiga Karwasińska, in: Monumenta Poloniae Historica, NS. IV-2, Warszawa 1969, pp.1-41.

— , *Vita quinque fratrum eremitarum*, ed. Jadwiga Karwasińska, in: Monumenta Poloniae Historica, NS. IV-3, Warszawa 1973, pp.7-84.

— , *Epistola ad Henricum regem*, ed. Jadwiga Karwasińska, in: ibid. pp.85-106.

BU: Böhmer, *Regesta Imperii*, II-3: Die Regesten des Kaiserreichs unter Otto III. 983-1002, neubearb. v. Mathilde Uhlirz, Graz-Köln 1956-57.

BZ²: Böhmer, *Regesta Imperii*, II-5: Papstregesten 911-1024, bearb. v. Harald Zimmermann, 2.Aufl., Wien-Köln-Weimar 1998.

BZi: Böhmer, *Regesta Imperii*, I-3: Die Regesten des Regnum Italiae und der burgundischen Regna, bearb. v. Herbert Zielinski, 4 Teile, Köln-Wien (-Weimar), 1991,1998,2006,2013.

DOI: in: Die Urkunden Konrad I., Heinrich I. und Otto I., hg. v. Theodor v. Sickel, (MGH, Diplomata regum et imperatorum Germaniae, 1), Hannover 1879-84, S.80-638.

DOII: Die Urkunden Otto des II., hg. v. Theodor v. Sickel, (MGH, Diplomata regum et imperatorum Germaniae, 2-1), Hannover 1888.

DOIII: Die Urkunden Otto des III., hg. v. Theodor v. Sickel, (MGH, Diplomata regum et imperatorum Germaniae, 2-2), Hannover 1893.

Einhard, *Vita Karoli Magni*, hg. v. Oswald Holder-Egger, (MGH SS rer. Germ., [25]), Hannover 1911 (エインハルドゥス「カロルス大帝伝」, エインハルドゥス・ノトケルス　國原吉之助訳・注『カロルス大帝伝』筑摩書房　1988 年，1-54 頁).

G: Die Briefsammlung Gerberts von Reims, bearbeitet v. Fritz Weigle, (MGH, Die Briefe der deutschen Kaiserzeit, 2), Berlin 1966.

Gallus Anonymus, *Cronicae et gesta ducum sive principum Polonorum*, ed. Karol Maleczyński, (Monumenta Poloniae Historica, NS. II), Kraków 1952.

Johannes Diaconus, *Chronicon Venetum*, ed. Giovanni Monticolo, in: *Cronache veneziane antichissime*, (Fonti per la storia d'Italia, 9), Roma 1890, pp.59-171.

Lantbert von Deutz, *Vita Heriberti. Miracula Heriberti. Gedichte. Liturgische Texte*, hg. v. Bernhard Vogel, (MGH SS rer. Germ., 73), Hannover 2001.

The Correspondence of Leo, Metropolitan of Synada and Syncellus. Greek Text, Translation, and Commentary, by Martha Pollard Vinson, (Corpus fontium historiae Byzantinae, 23 = Dumbarton Oaks Texts, 8), Washington, D.C. 1985.

Liudprand von Cremona, *Antapodosis*, in: *Die Werke Liudprands von Cremona*, hg. v. Josef Becker, (MGH SS rer. Germ., [41]), Hannover-Leipzig 1915, S.1-158.

MGH Concilia, VI-2: Die Konzilien Deutschlands und Reichsitaliens 916-1001, Teil 2: 962-1001, hg. v.

系図５：ユーグとマロツィア

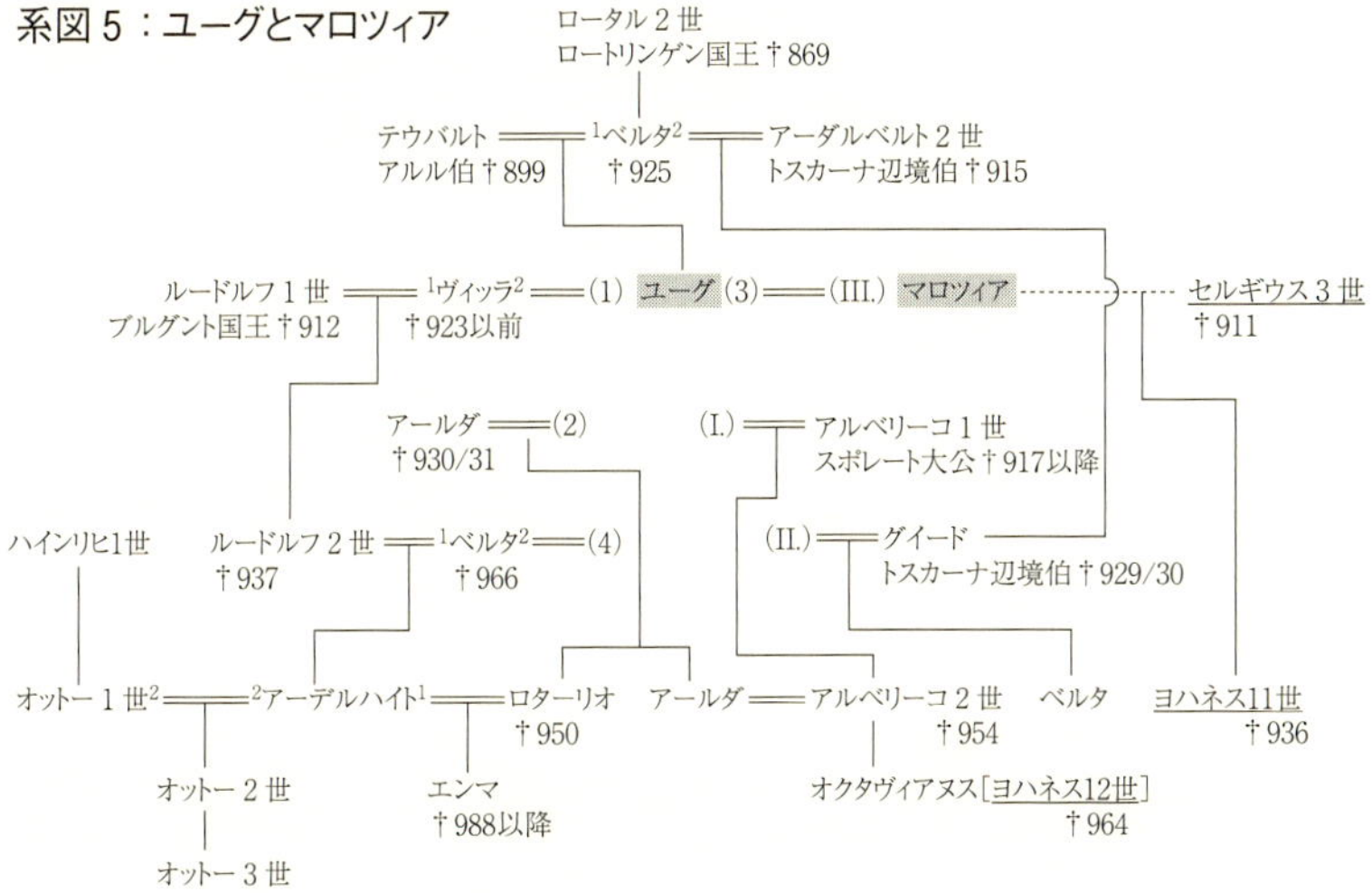

（1）～（4）：ユーグの結婚
（I）～（III）：マロツィアの結婚

René Poupardin, *Le royaume de Provence sous les Carolingiens*(*855-933*), (Bibliothèque de l'École des hautes études. Sciences philologiques et historiques, 131), Paris 1901, pp.40f., pp.242f. および Rudolf Hiestand, *Byzanz und das Regnum Italicum im 10. Jahrhundert. Ein Beitrag zur ideologischen und machtpolitischen Auseinandersetzung zwischen Osten und Westen*, (Geist und Werk der Zeiten, 9), Zürich 1964, S.182の系図を基に作成。

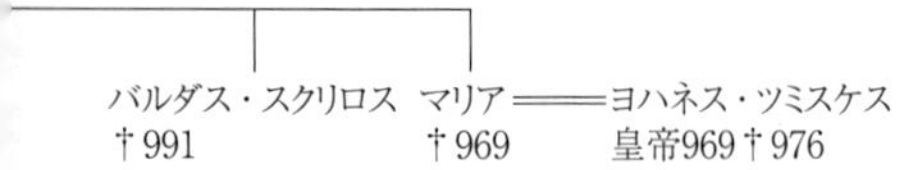
バルダス・スクリロス
†991
マリア
†969
ヨハネス・ツミスケス
皇帝969†976

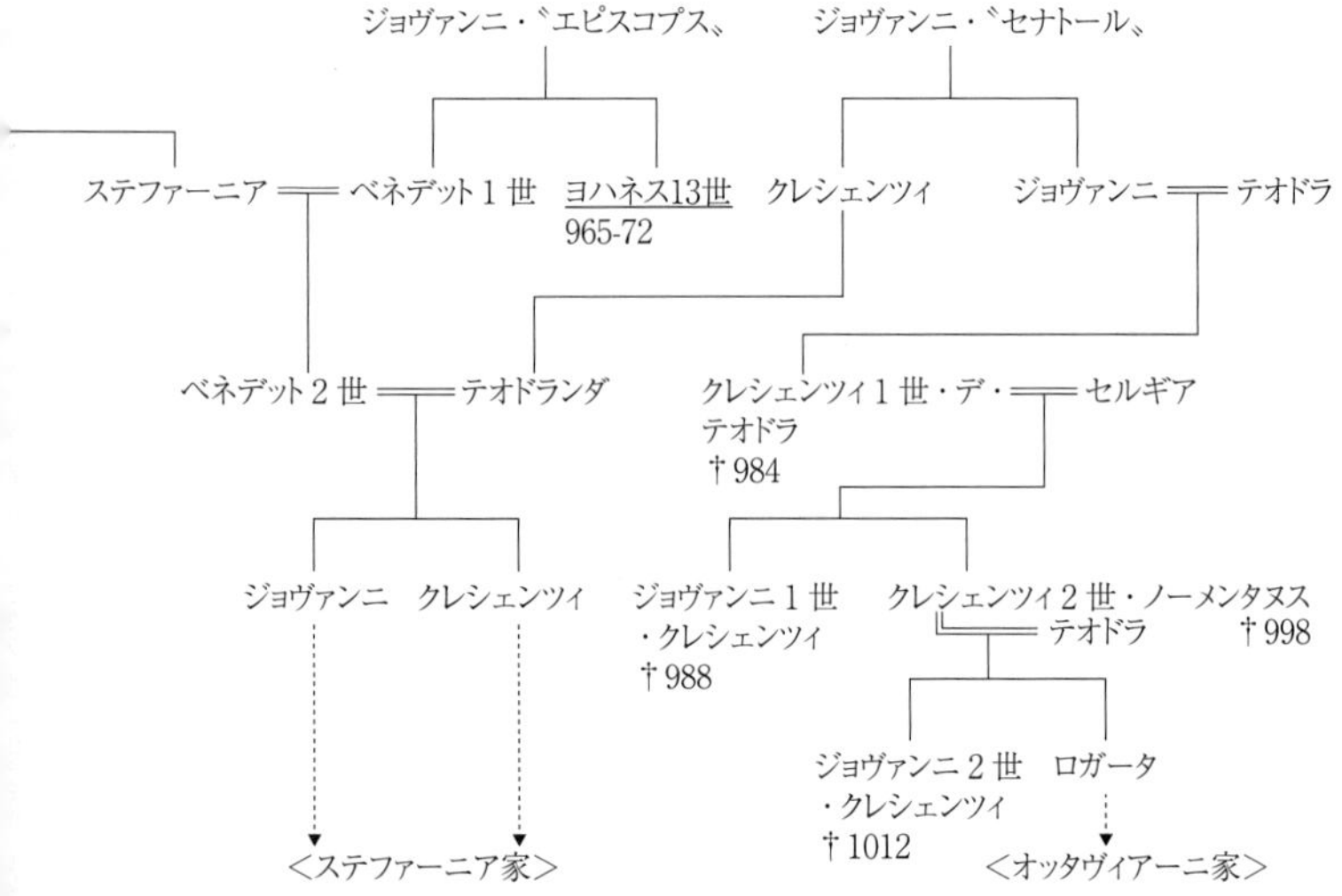
ジョヴァンニ・〝エピスコプス〟
ジョヴァンニ・〝セナトール〟
ステファーニア
ベネデット1世
ヨハネス13世
965-72
クレシェンツィ
ジョヴァンニ
テオドラ
ベネデット2世
テオドランダ
クレシェンツィ1世・デ・テオドラ
†984
セルギア
ジョヴァンニ
クレシェンツィ
ジョヴァンニ1世・クレシェンツィ
†988
クレシェンツィ2世・ノーメンタヌス
†998
テオドラ
ジョヴァンニ2世・クレシェンツィ
†1012
ロガータ
<ステファーニア家>
<オッタヴィアーニ家>

系図３：テオファーヌの家系

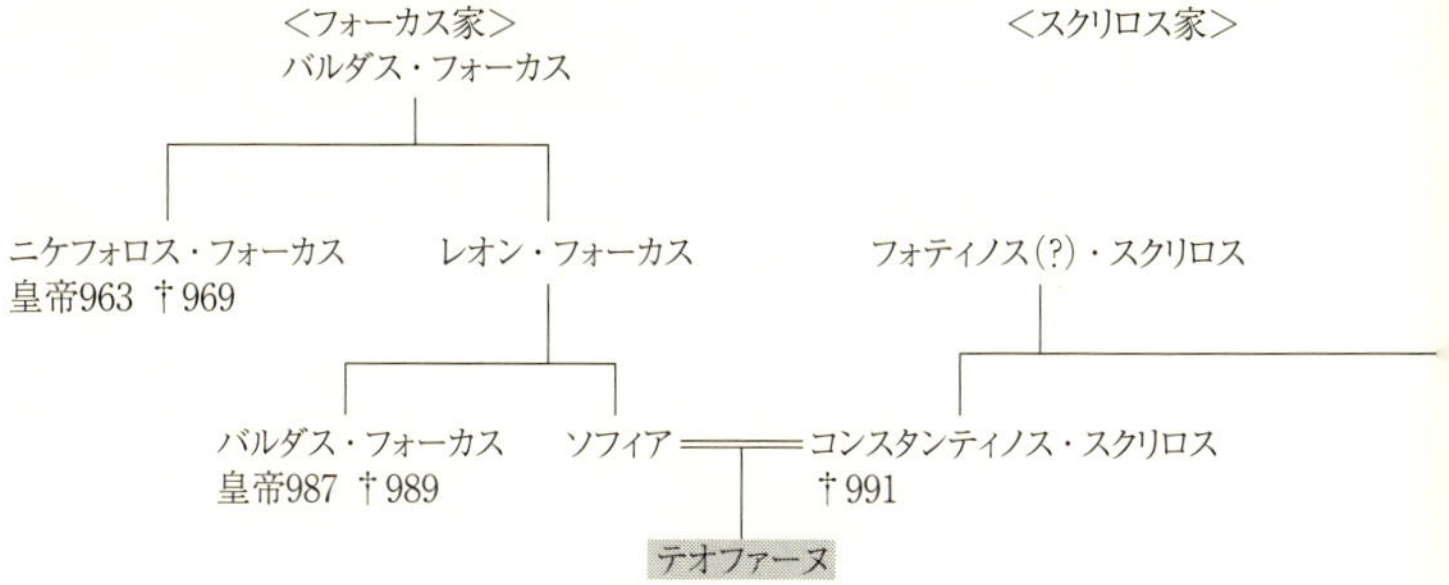

Otto Kresten, Byzantinistische Epilegomena zur Frage: Wer war Theophano ?, in: *Kaiserin Theophanu*, Bd.2, S.403-410, hier S.407を基に作成

系図４：テオフィラット家・クレシェンツィ家・トゥスクルム家

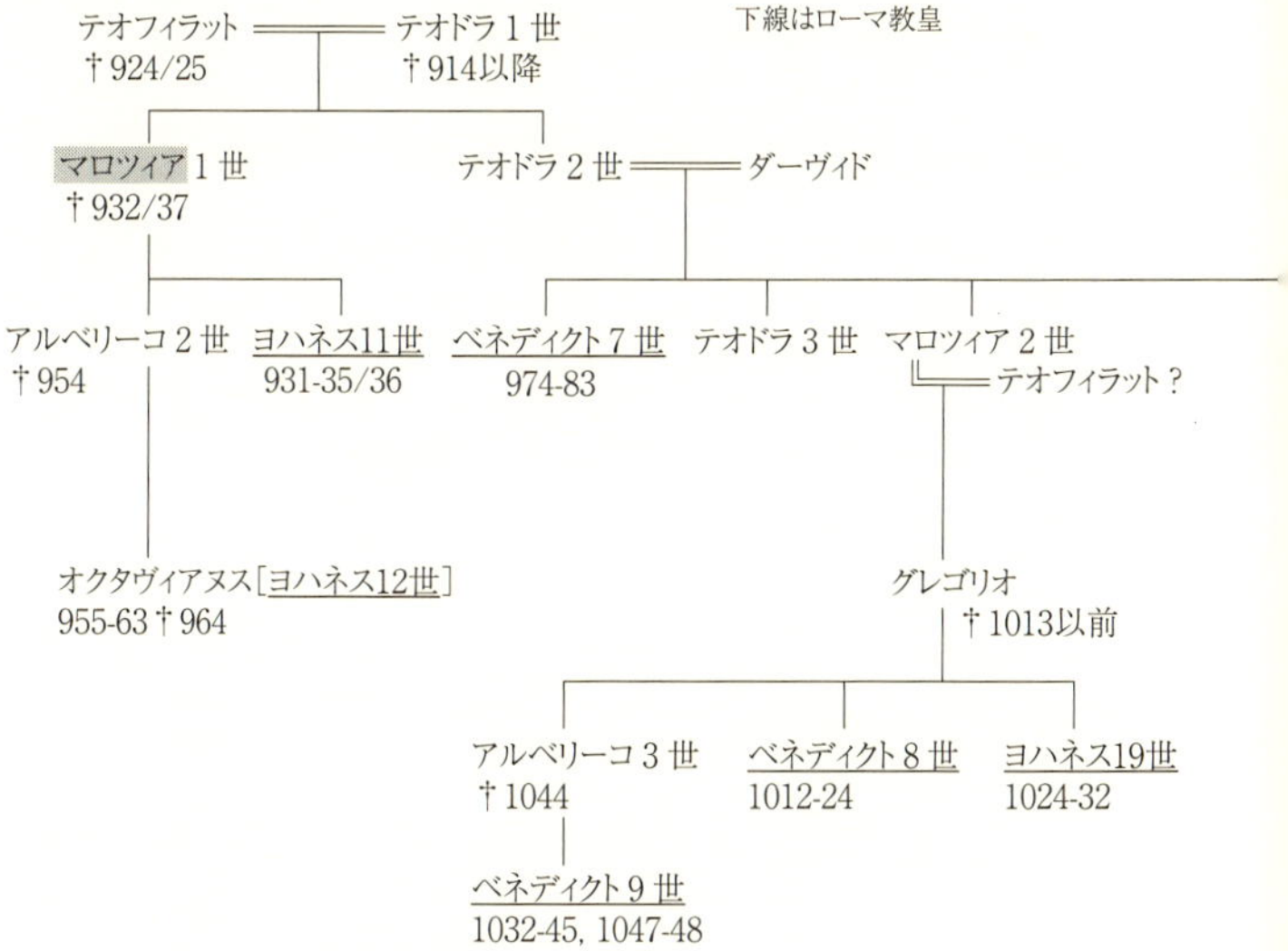

出典は３章注12，６章注12を参照

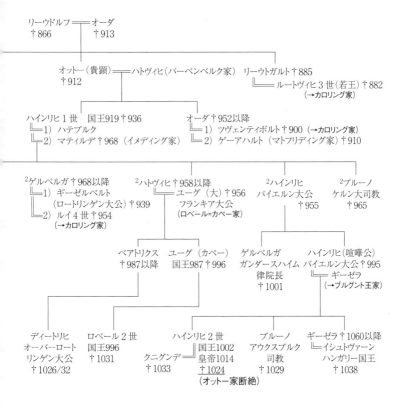

リーウドルフ ═ オーダ
†866　†913

オットー（貴顕）═ ハトヴィヒ（バーベンベルク家）
†912

リーウトガルト †885
╚═ ルートヴィヒ 3 世（若王）†882
（→カロリング家）

ハインリヒ 1 世　国王919 †936
╚═ 1）ハテブルク
╚═ 2）マティルデ †968（イメディング家）

オーダ †952以降
╚═ 1）ツヴェンティボルト †900（→カロリング家）
╚═ 2）ゲーアハルト（マトフリディング家）†910

²ゲルベルガ †968以降
╚═ 1）ギーゼルベルト
（ロートリンゲン大公）†939
╚═ 2）ルイ 4 世 †954
（→カロリング家）

²ハトヴィヒ †958以降
╚═ ユーグ（大）†956
フランキア大公
（ロベール=カペー家）

²ハインリヒ
バイエルン大公
†955

²ブルーノ
ケルン大司教
†965

ベアトリクス
†987以降

ユーグ（カペー）
国王987 †996

ゲルベルガ
ガンダースハイム
律院長
†1001

ハインリヒ（喧嘩公）
バイエルン大公 †995
╚═ ギーゼラ
（→ブルグント王家）

ディートリヒ
オーバーロート
リンゲン大公
†1026/32

ロベール 2 世
国王996
†1031

ハインリヒ 2 世
国王1002
皇帝1014
†1024
（オットー家断絶）
═ クニグンデ
†1033

ブルーノ
アウクスブルク
司教
†1029

ギーゼラ †1060以降
╚═ イシュトヴァーン
ハンガリー国王
†1038

系図２：オットー・ザーリアー家

ブルーノ†880

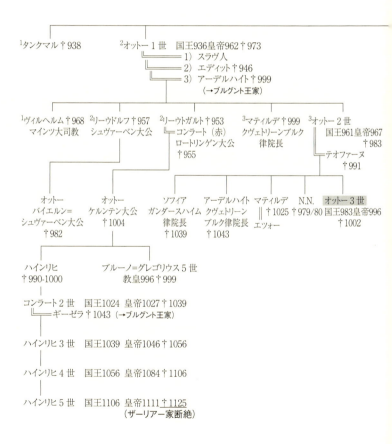

[1]タンクマル†938
[2]オットー１世　国王936皇帝962†973
1）スラヴ人
2）エディット†946
3）アーデルハイト†999
（→ブルグント王家）

[1]ヴィルヘルム†968
マインツ大司教

[2]リーウドルフ†957
シュヴァーベン大公

[2]リーウトガルト†953
＝コンラート（赤）
ロートリンゲン大公
†955

[3]マティルデ†999
クヴェトリーンブルク
律院長

[3]オットー２世
国王961皇帝967
†983
＝テオファーヌ
†991

オットー
バイエルン＝
シュヴァーベン大公
†982

オットー
ケルンテン大公
†1004

ソフィア
ガンダースハイム
律院長
†1039

アーデルハイト
クヴェトリーン
ブルク律院長
†1043

マティルデ
†1025
‖
エツォー

N.N.
†979/80

オットー３世
国王983皇帝996
†1002

ハインリヒ
†990-1000

ブルーノ＝グレゴリウス５世
教皇996†999

コンラート２世　国王1024　皇帝1027†1039
＝ギーゼラ†1043（→ブルグント王家）

ハインリヒ３世　国王1039　皇帝1046†1056

ハインリヒ４世　国王1056　皇帝1084†1106

ハインリヒ５世　国王1106　皇帝1111†1125
（ザーリアー家断絶）

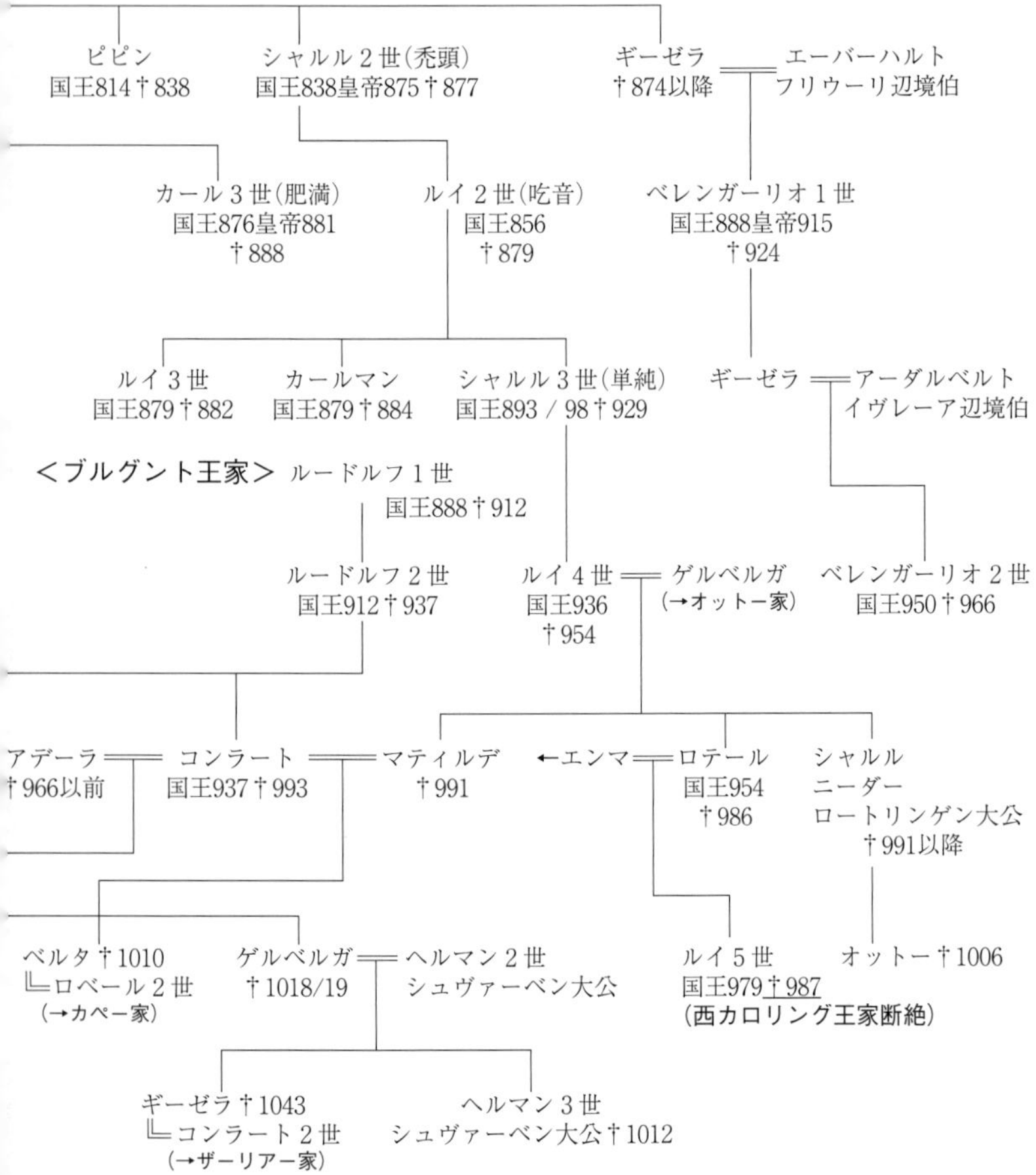
ピピン
国王814†838
シャルル2世(禿頭)
国王838皇帝875†877
ギーゼラ
†874以降
エーバーハルト
フリウーリ辺境伯
カール3世(肥満)
国王876皇帝881
†888
ルイ2世(吃音)
国王856
†879
ベレンガーリオ1世
国王888皇帝915
†924
ルイ3世
国王879†882
カールマン
国王879†884
シャルル3世(単純)
国王893／98†929
ギーゼラ
アーダルベルト
イヴレーア辺境伯
<ブルグント王家>
ルードルフ1世
国王888†912
ルードルフ2世
国王912†937
ルイ4世
国王936
†954
ゲルベルガ
(→オットー家)
ベレンガーリオ2世
国王950†966
アデーラ
†966以前
コンラート
国王937†993
マティルデ
†991
←エンマ
ロテール
国王954
†986
シャルル
ニーダー
ロートリンゲン大公
†991以降
ベルタ†1010
∟ロベール2世
(→カペー家)
ゲルベルガ
†1018/19
ヘルマン2世
シュヴァーベン大公
ルイ5世
国王979†987
(西カロリング王家断絶)
オットー†1006
ギーゼラ†1043
∟コンラート2世
(→ザーリアー家)
ヘルマン3世
シュヴァーベン大公†1012

系図１：カロリング家・ブルグント王家

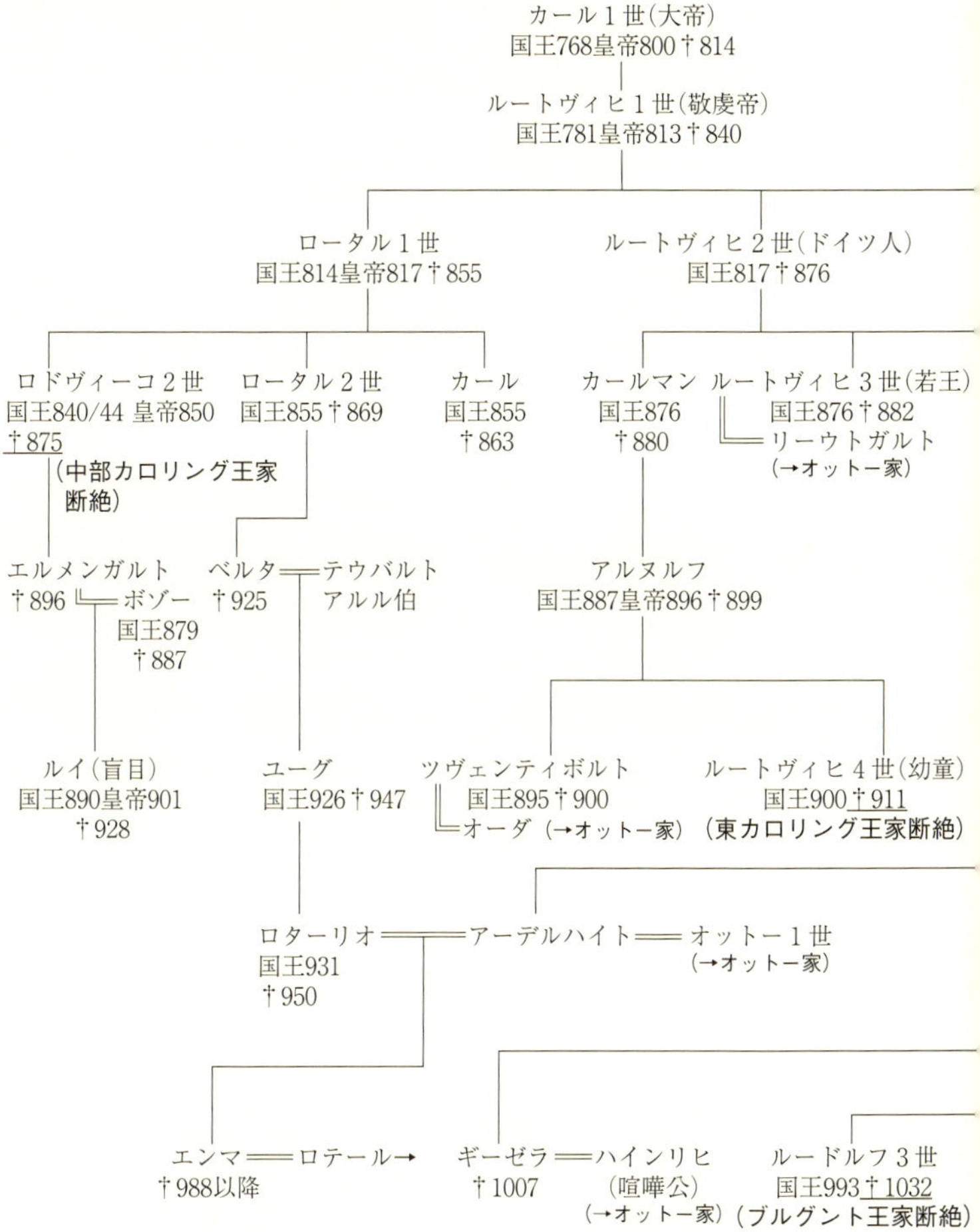

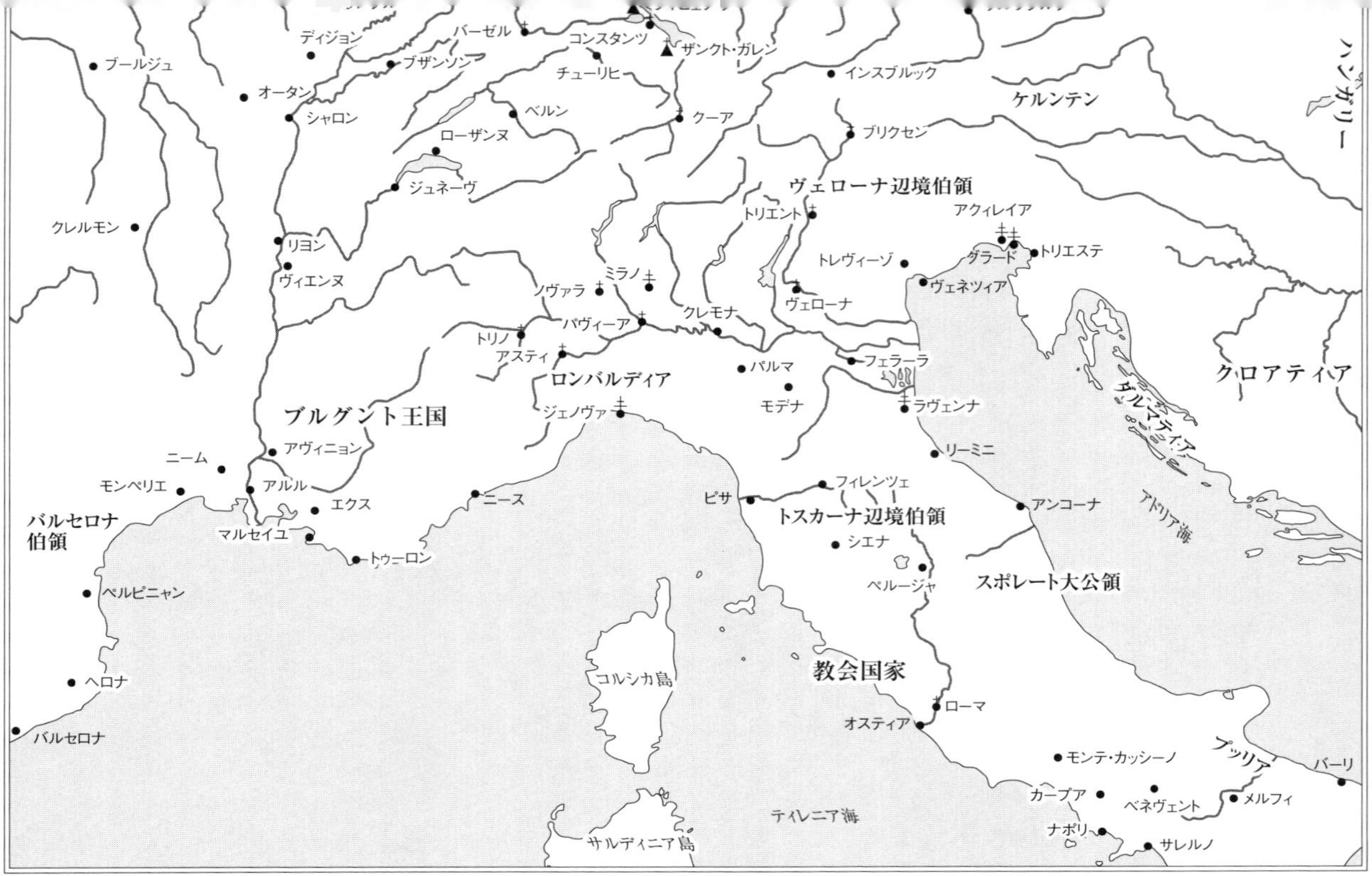

オットー3世期のローマ帝国

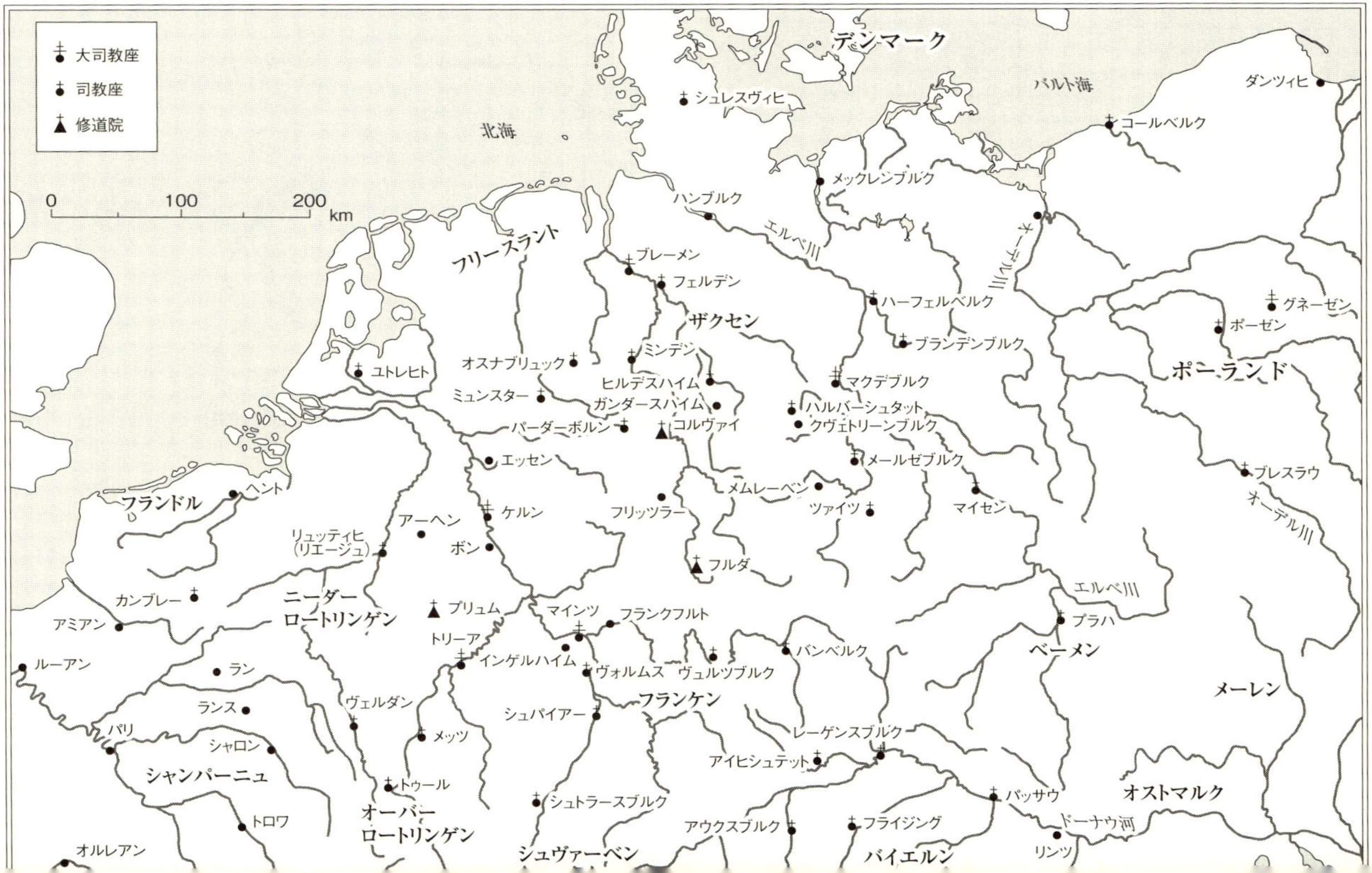
大司教座
司教座
修道院
0
100
200
km
北海
バルト海
デンマーク
シュレスヴィヒ
ダンツィヒ
コールベルク
メックレンブルク
ハンブルク
エルベ川
オーデル川
フリースラント
ブレーメン
フェルデン
ザクセン
ハーフェルベルク
ブランデンブルク
グネーゼン
ポーゼン
ポーランド
ユトレヒト
オスナブリュック
ミンデン
ヒルデスハイム
マクデブルク
ミュンスター
ガンダースハイム
ハルバーシュタット
クヴェトリーンブルク
パーダーボルン
コルヴァイ
エッセン
メールゼブルク
ブレスラウ
フランドル
ヘント
メムレーベン
ツァイツ
マイセン
ケルン
フリッツラー
アーヘン
リュッティヒ
(リエージュ)
ボン
フルダ
オーデル川
カンブレー
ニーダー
ロートリンゲン
プリュム
エルベ川
アミアン
マインツ
フランクフルト
プラハ
トリーア
バンベルク
ベーメン
ルーアン
ラン
インゲルハイム
ヴォルムス
ヴュルツブルク
メーレン
ヴェルダン
ランス
シュパイアー
フランケン
パリ
シャロン
メッツ
レーゲンスブルク
アイヒシュテット
シャンパーニュ
トゥール
パッサウ
オストマルク
シュトラースブルク
オーバー
ロートリンゲン
トロワ
アウクスブルク
フライジング
ドーナウ河
オルレアン
シュヴァーベン
バイエルン
リンツ

オットー3世期のアルプス以北の司教区

［マ　行］

［ラ　行］

［サ　行］

事項・地名索引

［ア　行］

［カ　行］

ヨハネス・ディアコヌス（†1018以降）：『ヴェネツィア年代記』の著者……… 95,152,223,288,295-298,302,328,349,354

［ラ 行］

ライドルフォ（歿年不詳）：カープア大公993-999……173,188-189
ラインベルン（†1015以前）：コールベルク司教1000 …… 205
ラウル・グラベル（†1047）：『歴史五巻』の著者 …… 151,251-254,256-257,281,346,363
ランヴォルト（900頃-1000）：聖エメラム修道院長975 …… 90-91,187,202
ランドゥルフ（†1076/77以降）：『ミラノ史四巻』の著者 ……305,363
ラントベルト（†1069）：『ケルン大司教ヘリベルト伝』の著者 …… 183,317,363
ランドルフォ（†1008）：カープア大公1000 …… 188-189
ランベルト（876?-98）：皇帝892 …… 104
リーウトプランド（920頃-72?）：クレモナ司教961，『報復の書』，『コンスタンティノープル使節記』他の著者 …… 105-108,122,124,209,348-349,353
リーウドルフ（†866）：リーウドルフィング家の始祖 ……80
リクダグ（†985）：マイセン辺境伯979 …… 204
リヘツァ（995頃-1063）：ミェシコ2世の王妃 ……210,221
ルイ（盲目）（880頃-928頃）：プロヴァンス国王890，皇帝901 ……103,105
ルイ5世（966/67-87）：西フランク国王979 …… 41,44,57,88
ルートヴィヒ1世（敬虔帝）（778-840）：皇帝813…… 5,119,271,273,371
―― 2世（ドイツ人）（806頃-76）：（東）フランク国王817/43……30
―― 4世（幼童）（893-911）：東フランク国王900……32
ルードルフ1世（†912）：ブルグント国王888 …… 103
―― 2世（880/85-937）：同912，イタリア国王922-26…… 11,105,108-109,209
―― 3世（970頃-1032）：ブルグント国王993 ……223,300
レオ（†1001）：サンティ・ボニファーチョ・エ・アレッシオ修道院長981，ラヴェンナ大司教999 …… 63,114-115,129-130,133,181,198,200,259,288-289,299,304
――（†1026）：ヴェルチェッリ司教999 ……146,157-158,165-167,182,184,195,198-199,223,275,283,288,299,318-319,349-350,360
レオ3世（†816）：教皇795 …… 4,101-102,233,247
―― 4世（†855）：同847 …… 224
レオン（937頃-1003頃）：バシレイオス2世の使者，シナダ府主教……125,135-137,140,146,150-151
レオン3世（†741）：ビザンツ皇帝717 …… 148
―― 6世（866-912）：同886 …… 109
ロターリオ（926/28-50）：イタリア国王931 …… 11,55,88,93,109-110,355,363
ロータル1世（795-855）：国王814，皇帝817 …… 30,103
ロテール（941-86）：西フランク国王954…… 37,41-42,44,48,54-57,75,88,111-112
ロートベルト（†1001以降）：使徒座の奉献官 ……199,288
ロベール2世（970/74-1031）：フランス国王996 …… 58,124,127,129,170,259
ロムアルドゥス（10世紀半ば-1027）：隠修士 …… 175-176,200,276-278,289-291,294,297,303-304,335

199,202-213,220-221,
293-294,332-333,336-338,345
ボレスラフ1世（†967/73）：ベーメン大公929/35 ……………………………………………………67
—— 2世（†999）：ベーメン大公967/73 ……………………………………36,45-46,54,62,69,87,204
—— 3世（†1037）：同999-1002/03 ……………………………………………………………86,332
ボレル2世（†992）：バルセロナ伯947 ………………………………………………………………42

［マ　行］
マイユール（909以降-994）：第4代クリュニー修道院長954 ……………………………13,25,196
マティルデ（896頃-968）：ハインリヒ1世の王妃909 ……………………………………20,44,88,179
——（955-99）：クヴェトリーンブルク女子律院長966 ……………………11-12,15,26,29,46-48,52,
57,74,78,127,145,171,179,213
——（978-1025）：オットー2世の3女，エツォーの妻 ……………………………………………83,210
マロツィア（†937以前）：テオフィラットの娘 ………………………………………………106-108
マンゾ（†996以降）：モンテ・カッシーノ修道院長986-96 ………………………62,78,138,173-174
ミェシコ1世（†992）：ポーランド大公 ………………36,45,54,62,66-69,74,86,199,204,207-208,211
—— 2世（990-1034）：ポーランド国王1025 ……………………………………………………210,221
ミスティヴォイ（†990/95）：オボトリート族の侯 ……………………………………………………25,45
メトディオス（815頃-85）：「スラヴ人の使徒」 ……………………………………………………186

［ヤ　行］
ユーグ（880頃-947）：イタリア国王926 ………………………………………………11,106-109,355
——（カペー）（939/41-96）：フランス国王987 ……………………15,32,54-59,75,111-114,127,259
——（1065頃-1114以降？）：『年代記』の著者 ……………………………………………………365
ユスティニアヌス1世（大帝）（482-565）：ビザンツ皇帝527 ……………………………………148,245
ヨアキム（フィオーレの）（1135頃-1202）：シトー会修道士 ………………………………………237
ヨハネス（†998）：ラヴェンナ大司教983 ………………………………………………………………24,28
——（歿年不詳）：ブレスラウ司教1000 ………………………………………………………………205
——（†964以降）：ローマ枢機卿助祭 ……………………………………………………………………274
——（†1003）：ロムアルドゥスの弟子 ………………………………………………294,304,308,335
ヨハネス1世・ツミスケス（924-76）：ビザンツ皇帝969 ……………………………………19,63,85,122
ヨハネス8世（†882）：教皇872 ……………………………………………………………………………102
—— 10世（†928）：同914 ………………………………………………………………………106-107,111
—— 11世（†935/36）：同931 …………………………………………………………………………107-108
—— 12世（937頃-64）：同955 ……………………………………………………12,16,99,109-110,274,287
—— 13世（†972）：同965 ……………………………………………………………………10,16,42,110,163
—— 14世（†984）：パヴィーア司教970/71，イタリア書記局長980，教皇983 ………… 11,20,
25-27,59,111
—— 15世（†996）：同985 ……………………………………………60,62,76,89,96,111,113-114,213,275
—— 16世（フィラガトス）（†1001?）：ピアチェンツァ大司教988，対立教皇997-98
………………………… 11,52,60,75,84-85,120,124-125,130,135-138,144,147-151,154,164,174,367
—— 17世（†1003）：教皇1003 ……………………………………………………………………………340
—— 18世（†1009）：同1003 ………………………………………………………………………………340
—— 19世（†1032）：同1024 ………………………………………………………………………………340

ベアトゥス（†798 以降）：『ヨハネ黙示録釈義』の著者 …………………… 232-233,259-260,264
ベアトリクス（†987 以降）：オーバーロートリンゲン大公ディートリヒの母 …………… 55-57
ベーダ（ヴェネラビーリス）（673/74-735 頃）：『アングル人の教会史』，『年代記』他の著者 ………………………………………………………………………… 233-234,244,250,253
ペテロ（†64?）：使徒 ………………… 98,101-102,162-163,178,186,201,225,229,271,273-276,313-314
ペトルス（†984）：パヴィーア司教 970/71，イタリア書記局長 980 → ヨハネス 14 世
—— （†997）：ヴェルチェッリ司教 977/79 ………………………………………………… 21,145,147
—— （†1005）：コモ司教 983-1004，イタリア書記局長 988-1002 ………… 84,147,182,288,302,318
ペトルス・ダミアーニ（1007-72）：オスティア枢機卿司教 1057，『聖ロムアルドゥス伝』他の著者 ……………………………………………………………………… 290,294,303,306,315
ベネディクト（ヌルシアの）（480 頃 -560 頃）：ベネディクト会則の制定者………… 63,173,190
—— （歿年不詳）：アーダルベルトの弟子 ……………………………………………… 130-131
—— （†1003）：ロムアルドゥスの弟子………………………………294,303-304,308,335-336
—— （†968/72 以降）：『年代記』の著者 ……………………………………………… 353-354
ベネディクト 6 世（†974）：教皇 973 ……………………………………………………… 14,59,193
—— 7 世（†983）：同 974 ……………………………………………………………………13-15,25,193
—— 8 世（†1024）：同 1012 ………………………………………………………………… 340-343
—— 9 世（†1055/56）：同 1032-45，47-48 ………………………………………………………340,366
ベネデット 2 世（†1001?）：サビーナ伯 968 頃 -98……………………… 60,110,155,192,224,283
ベノー（†1098 以降）：ローマ枢機卿司祭 1058 …………………………………………… 366-367
ヘリベルト（970 頃 -1021）：イタリア書記長 994-1002，ケルン大司教 999 ………85,89-90,95-96,117,166,172,182-184,188,195,198-201,215,222,260-261,307-310,317,320-321,326-331,350
ベルタ（907/08-66）：シュヴァーベン大公ブルヒャルトの妻，イタリア国王ユーグの王妃 ………………………………………………………………………………… 105,109,127,196
ベルトルト／ベツェリン（†1024）：トゥールガウ伯……………………………………148,180
ベルドレ，マルク＝アントワーヌ（1740-1809）：アーヘン初代司教 1802 ……………… 372-373
ヘルマン 2 世（†1003）：シュヴァーベン大公 997 ………………………………………… 298,325,330
ベルンヴァルト（960 頃 -1022）：ヒルデスハイム司教 993 ………… 45,52,79-81,138,179,226-227,268-271,276-278,285-287,299-302,330-332
ベルンハルト（†968）：ハルバーシュタット司教 924 ……………………………………… 16
—— （†1011）：ザクセン大公 973 ……………………………………………………… 45,53,215,226
ベレンガーリオ 1 世（850/53-924）：イタリア国王 888，皇帝 915 ………………… 103,105,110
—— 2 世（900 頃 -66）：イタリア国王 950-61 ……………………… 11-12,36,93,110,145,349,355
ベンツォ（1010 以降 -85 以降）：アルバ司教 1059 以前，『皇帝ハインリヒ四世への献呈書』の著者 ……………………………………………………………………………………… 360
ポイティンガー，コンラート（1465-1547）：アウクスブルクの人文主義者 ………………… 376
ボエティウス（475/80-524）：東ゴート王国の政治家・哲学者 …… 128,133-134,167-169,246,347
ポッポー（歿年不詳）：クラカウ（クラクフ）司教 1000 ………………………………… 205
ホドー（†993）：ザクセン・オストマルク辺境伯 965 …………………………………… 207-208
ボニファティウス 7 世（†985）：対立教皇 974, 80-81, 84-85 ……………………………14-15,59,287
—— 8 世（1235 頃 -1303）：教皇 1294 ……………………………………………………… 237
ボレスラフ（クローブリー）（965/67-1025）：ポーランド大公 992，国王 1025……… 86,130-132,

―― 3世（若）(†989)：ケルンテン大公 976-78, 85-89, バイエルン大公 983-85 …… 45,49,53,92
―― 4世 → ハインリヒ2世（国王）
―― 5世（960頃-1026)：バイエルン大公 1004-09/17-26, クニグンデの兄 ……291,296-298,310,322-323
パウロ（†64?)：使徒 ……128,142,162,186,201,225,239-240,247,255,271,286
バシレイオス（カイサリアの）(330頃-79)：ギリシア教父 ……63
バシレイオス2世（958-1025)：ビザンツ皇帝 976 …… 19,64-65,120-122,125,135-137,295,305
ハットー3世（†997)：フルダ修道院長 991 …… 85,130
ハトヴィヒ（†958以降)：ユーグ・カペー，ベアトリクスの母 ……55
バルダス・スクリロス（†991)：ビザンツ対立皇帝 976 …… 19,64-65,76
バルダス・フォーカス（†989)：同 987 …… 19,64-,65
バルトロマイ：使徒 ……177,187-189
バロニオ，チェーザレ（1538-1607)：枢機卿，ヴァティカン図書館長 …… 7,9,33,256-257
パンドルフォ1世（鉄頭）(†981)：カープア・ベネヴェント大公 943, スポレート大公 966/67, サレルノ大公 978 …… 18,172,175
―― 2世（†1014)：ベネヴェント大公 982, カープア大公 1007 ……175,188
ピウス2世（エネア・シルウィオ・ピッコローミニ）(1405-64)：教皇 1458 …… 368
ピエトロ1世・オルセオロ（†987/88)：ヴェネツィアのドージェ 976-78 …… 296-297
―― 2世・オルセオロ（†1009)：同 992 …… 94,147,223,288,294-298,302
ヒエロニュムス（347/48-419/20)：ラテン教父 …… 229-230,232-233,239
―― (†1014)：ヴィツェンツァ司教 999 …… 199
ピピン3世（714/15-68)：フランク国王 751/52 ……117,184,271
ヒルディヴァルト（†996)：ハルバーシュタット司教 968 ……17,78,129
ヒルディバルト（†998)：書記長 977, ヴォルムス司教 979 …… 53,75,78-79,83-84,89,96,126,183
ヒンクマル（806頃-82)：ランス大司教 845,『サン・ベルタン編年誌』の著者 …… 323
フォルクマール（958頃-91)：ユトレヒト司教 976 …… 37,41,45
フォルモスス（816頃-96)：教皇 891 …… 104
フーゴー（†1002以降)：ツァイツ司教 990頃 ……203,269,307
ブジェチスラフ1世（†1055)：ベーメン大公 1034 …… 338
フラキウス，マティアス（1520-75)：神学・歴史学者 …… 256
フランコ（†999)：ヴォルムス司教 998 ……89,183,185-186,190-191,215,309
フリードリヒ（†1004)：枢機卿司祭，ラヴェンナ大司教 1001 …… 269,288,296,300,304,307
フリードリヒ1世（バルバロッサ）(1120以降-90)：ローマ国王 1152, ローマ皇帝 1155 …… 123,222,357,362,368-371
―― 2世（1194-1250)：ローマ国王 1212, ローマ皇帝 1220 …… 260,362,371
―― 3世（1415-93)：ローマ国王 1440, ローマ皇帝 1452 ……342,359
ブルーノ（925-65)：ケルン大司教 953 …… 35,38,76
―― (クヴェーアフルトの）(974/75-1009)：異教徒伝道大司教 1002,『プラハ司教聖アーダルベルト伝』,『五修道士殉教伝』他の著者 ……71-74,100,125,132,146,185,225,278,281,289-290,294,303-304,307,312-317,334-338,349,351,365
ブルヒャルト（†1025)：ヴォルムス司教 1000 …… 89,191-192,202,215,307,309,318,329
ブルヒャルト2世（†926)：シュヴァーベン大公 …… 34,105

ソフィア（975-1039）：オットー２世の長女，ガンダースハイム女子律院長 1002 …… 60,80-81,84,89,93,117,126,138,145,202,225-226,301,331

［タ 行］
ターギノ（†1012）：マクデブルク大司教 1004 …… 84,216,336
タンクマル（940/50-1019 以降？）：『ヒルデスハイム司教ベルンヴァルト伝』の著者 …… 52,81,227,268,277-279,281,285-287,298,300-302,306-309,311,329,349-350,365
タンモ（†1025）：ザクセンの貴族 …… 89,151,278,290,296,304,308
ツィアゾ（1009?）：ローマ人のパトリキウス 999 …… 184,199,298,303-304
ディオニュシウス・エクシギウス（†556 以前）：ローマの神学者 …… 234
ティートマル（975-1018）：メールゼブルク司教 1009，『年代記』の著者 …… 18,21,26,28,44-45,49,71-72,77,84,88,99,129,132-134,154,179,200,204-208,212-213,218,255,279-280,293,299,309,311,317-318,320-323,325-327,334-335,337,350,358,365,375
ディートリヒ（†984）：メッツ司教 965 …… 17,20,22,29,41,44,55
——（†985）：ザクセン・ノルトマルク辺境伯 965 …… 45,67
テオドラ（†914 以降）：テオフィラットの妻 …… 106
——（989 頃 -1056）：ビザンツ女帝 1042，1055-56 …… 122,320
テオドリック（451-526）：東ゴート国王 474 …… 4,11,13,167
テオファーヌ（960 頃 -91）：オットー２世の皇后 972 …… 10-12,19-20,23,26-29,41-46,51-66,69-71,74-85,97,110,129,140,187,193,211,261,365
テオフィラット（†924/25）：ローマの都市貴族 …… 106,193
テルトゥリアヌス（160 頃 -220 以降）：ラテン教父 …… 243
ドブラーヴァ（†977）：ミェシコ１世の最初の妻 …… 67,204

［ナ 行］
ナポレオン（1769-1821）：フランス皇帝 1804 …… 173,372-375
ニケフォロス２世・フォーカス（912-69）：ビザンツ皇帝 963 …… 19,122,353
ネイロス（910 頃 -1004）：カラーブリア人の隠修士 …… 62-63,137-138,149-150,173-175,200,304
ノートカー１世（吃者）（840 頃 -912）：『カール大帝事績録』の著者 …… 4
—— ３世（テウトニクス）（950 頃 -1022）：ザンクト・ガレン修道士 …… 246-247,347
ノートガー（†1008）：リュッティヒ（リエージュ）司教 972，『アーダルベルト伝（オットー版）』の著者？ …… 23,43-44,56-57,60,75,124-125,140,146,172,174,307,310,322

［ハ 行］
ハインリヒ（†1018）：ヴュルツブルク司教 995/96 …… 85,215,261,269,307,318,320
ハインリヒ１世（876 頃 -936）：国王 919 …… 32-40,44,53,88,179,209
—— ２世（973-1024）：バイエルン大公 995，国王 1002，ローマ皇帝 1014 …… 77,88-90,127,146,179,207,212,215-216,222,263,269,285,288,292-293,320-325,329-338,341-343,354-355,358
—— ３世（1017-56）：国王 1039，ローマ皇帝 1046 …… 323,340
—— ４世（1050-1106）：国王 1056，ローマ皇帝 1084，廃位 1105 …… 91,360,366
ハインリヒ１世（919/22-55）：バイエルン大公 948 …… 35-36,93
—— ２世（喧嘩公）（951-95）：同 955-76，85-95，ケルンテン大公 89-95 …… 28-30,36-37,40-41,44-48,53-54,57,77,84,86,88-89,92-93,321

グレゴリオス（†1000以前）：カラーブリア人の隠修士 …… 63,140,187
クレシェンツィ1世・デ・テオドラ（†984）：ローマの都市貴族 ……14-15,60,110
―― 2世・ノーメンタヌス（†998）：同 ……61,89,106,110-111,124-125,129,135-136,144,147,151-154,193,281,283,340,363-364
クレメンス1世（†97?）：教皇88? …… 186
ゲーザ（†997）：ハンガリー，アールパード家の大首長 …… 292
ゲープハルト（†1023）：レーゲンスブルク司教994 …… 84,90,202
ゲルベルガ（913/17-68以降）：大公ギーゼルベルトの妻928/29，ルイ4世の王妃939 …… 35,55,239,242
――（940頃-1001）：ガンダースハイム女子律院長956 …… 80,88,226,301,331
ゴットフリート（935/40頃-995以降）：ヴェルダン伯965以前 …… 44,55-56
コーラ・ディ・リエンツォ（1313-54）：ローマの民衆指導者 …… 360
コンスタンティヌス1世（大帝）（280頃-337）：ローマ皇帝306 …… 97,101,163-164,181,209,229,245-246,272-273,310,338
コンスタンティノス8世（†1028）：ビザンツ皇帝976 …… 120,122,320
コンスタンティノス・スクリロス（†991）：テオファーヌの父 …… 19,64-65,76
コンスタンティン（†1012/15以降）：『メッツ司教アーダルベロ二世伝』の著者 …… 357
コンラート（926/27-93）：ブルグント国王937 …… 12-13,15,47,127
――（†997）：シュヴァーベン大公983 …… 24,41,46-47,53,298
コンラート1世（880/85頃-918）：国王911 …… 32-35
―― 2世（990頃-1039）：国王1024，ローマ皇帝1027 …… 92,327,359,365

［サ　行］
サムイル（†1014）：ブルガリア皇帝97 …… 295
ジェルベール　→　シルヴェステル2世
ジークフリート（†997/98）：ルクセンブルク伯 …… 55-56,291
――（†1006）：アウクスブルク司教1000 …… 269,307,310,320
シャルル（953-92?）：ニーダーロートリンゲン大公977 …… 37,44,57-58,75,111-112
シャルル2世（禿頭）（823-77）：西フランク国王840，皇帝875 …… 30,323
―― 3世（単純）（879-929）：西フランク国王893/98-923 …… 32,34,37
ジョヴァンニ1世・クレシェンツィ（†988）：ローマの都市貴族 …… 60-61
―― 2世・クレシェンツィ（†1012）：同 …… 283,340
ジョヴァンニ3世（†1008）：ガエタ大公984 …… 174,188
―― 4世（†1004）：ナポリ大公998 …… 188
シルヴェステル1世（†335）：教皇314 …… 164,272,310
―― 2世（ジェルベール）（950頃-1003）：ボッビオ修道院長982，ランス大司教991-96，ラヴェンナ大司教998，教皇999 …… 13-15,42-44,55-58,93,111-114,124,127-128,133-135,149,156-157,162,164,166-168,178,180-182,187,194-195,198-199,223-224,248-250,258-260,269,275-276,285,293-294,300,304,306,310,319,336,339-340,363,366-367
ステファヌス6世（†897）：教皇896 …… 104
セルギウス3世（†911）：教皇904 …… 106
―― 4世（†1012）：同1009 …… 340
ゾエ（978頃-1050）：ビザンツ皇后，女帝1042 …… 122,320

147,291,302
――（970/75-1006）：ニーダーロートリンゲン大公 991 ……………………………… 113,222,310
――（1112 頃 -58）：フライジング司教 1138，『年代記』の著者……………………… 248,356,362
オットー１世（大帝）（912-73）：国王 936，皇帝 962 …… 5-6,8,10-12,16-18,27,35-42,54-55,61,70,
99,109-110,117,121-122,162-163,175,190,
199,208-209,262,271,323-324,342,349,352-357
――２世（955-83）：国王 961，皇帝 967 ……………………… 10-27,36-37,44-45,53,69,71-74,88,97,
113,117,121-122,172,239,354,356,363,365
――３世（980-1002）：国王 983，ローマ皇帝 996
オットーネ（992 頃 -1032）：ピエトロ２世・オルセオロの息子，ドージェ 1009-26 …… 94,147
――（†1025 以降）：パヴィーア宮中伯 999……………………………………… 182,199,216,291,302
オディロン（961/62-1049）：第５代クリュニー修道院長 994,『皇后アーデルハイトの墓碑銘』
の著者 ………………………………………… 147,151,156,191-192,194,197-199,252,260,270,288
オデルリヒ（†1003）：クレモナ司教 973 …………………………………………………… 95,117
オトベルト（†1008 以降）：ヴェローナ司教 992……………………………………………94-95,288
オトリック（†981）：マクデブルク大司教座聖堂学校の教師，宮廷司祭 ……… 14-17,61,71,171
オドン（878/9-942）：第２代クリュニー修道院長 927 ……………………………………… 107

［カ　行］
ガウデンティウス（ラディム）（970 頃 -1006 以降）：アーダルベルトの異母弟，初代グネーゼン（グニエズノ）大司教 1000 ……………………………… 62,130-131,139,198-199,205,292,338
カエサル（前 102?- 前 44）：共和政末期ローマの政治家，将軍 ……………………… 160,217,229
ガリア人，不詳の（12 世紀）：『ポーランド人の大公・君主の年代記と事績録』の著者
………………………………………………………………………………………… 206-208,210
カール１世（大帝）（748-814）：フランク国王 768，皇帝 800 …… 3-8,13,30,100,103,113,118,139,
160-161,216-220,233,245-246,324,327-328,368,372-376
――３世（839-88）：東フランク国王 876，皇帝 881，西フランク国王 885，廃位 887
……………………………………………………………………………………………… 31,103
ギーゼラ（†1007）：ハインリヒ喧嘩公の妻……………………………………………………… 46
――（†1060 以降）：イシュトヴァーン１世の王妃 ……………………………………… 292
ギーゼラー（†1004）：メールゼブルク司教 971，マクデブルク大司教 981 ………16-18,23,25,41,
44,66,69-72,74,78,129,133,145,
170-171,181-182,200,212-216,335-336,358
ギーゼルベルト（†939）：ロートリンゲン大公 928/29 …………………………………… 35-36
キュリロス（コンスタンティノス）（826/27 頃 -69）：「スラヴ人の使徒」……………… 186
グイード（†894）：イタリア国王 889，皇帝 891……………………………………… 103-104
――（†929/30）：トスカーナ辺境伯…………………………………………………… 106-107
クニグンデ（975/80-1033）：ハインリヒ２世の皇后 ………………………………… 291,322,331
グレゴリウス１世（大教皇）（540 頃 -604）：教皇 590 ……………………………………178,201
――５世（969/72 頃 -99）：同 996……………………… 95-101,111,115-116,124,129,136-138,144,
147-148,150,155,157,164-166,177-178,349,363
――（６世）（歿年不詳）：対立教皇 1012……………………………………………………340,343
――７世（1020/25-85）：教皇 1073 ……………………………………………………………341,366
グレゴリオ（†1013 以前）：トゥスクルム伯 ………………………… 193,223,279-280,340,363

アルヌルフ（850頃-99）：東フランク国王887，皇帝896 …………………… 31-32,103-104,363
——（†1023）：ハルバーシュタット司教996 ………………………………… 129,179,199
アルノルフォ（†1018）：ミラノ大司教998 ………………………………… 267,305,319
——（1000頃-77末以降）：『ミラノ大司教事績録』の著者……………………305,363
アルベリーコ1世（†917以降）：スポレート大公………………………………… 106
——2世（†954）：ローマの都市貴族 ……………………………… 108-109,192,340,352
——3世（†1044）：ローマの都市貴族………………………………………………… 340
アレクサンドロス（大王）（前356-323）：マケドニア国王 前336 ……………… 128,217,230,242
アンナ（963-1011以降）：キエフ大公ウラディーミルの妃 ……………………… 65,121
イシドールス（セヴィリアの）（560頃-636）：『語源』の著者 ……………………… 244
イシュトヴァーン1世（ヴァイク，聖王）（970頃-1038）：ハンガリー国王1001 ………… 289,
292-293,361
イミツァ（10世紀）：ローマの都市貴族………………………………………………… 29,193
イレーネ（750頃-803）：ビザンツ女帝797-802 ……………………………………… 65,246
ヴァッラ，ロレンツォ（1407-57）イタリアの人文主義者 ……………………………… 272
ヴァーツラフ（ヴェンツェル）（†929/35?）：ベーメン大公921 ……………………67,87
ヴァリン（†985）：ケルン大司教976 ………………………………………………… 28
ヴィドゥキント（†973以降）：『ザクセン人の事績』の著者 ……………………33-34,54,209
ヴィリギス（940?-1011）：マインツ大司教975 ……………………… 23-24,41,45-47,52-53,55,
60-61,67,75,79-84,87,89,96,126,129,
138-139,145,202,215,226-227,300-302,329-332
ヴィルデロート（†999）：シュトラースブルク司教992 ………………………… 127,146,188,309
ヴォルフヘーレ（†1063/68以降）：『ヒルデスハイム司教ゴデハルト伝』の著者 ………… 308
ウーゴ（950頃-1001）：トスカーナ辺境伯970頃 …………………… 75,84,94-95,124,146,172-173,
192,194-195,198,278,285,288,306,309
ウード（860頃-98）：パリ伯，西フランク国王888 ………………………………… 32,103
ウラディーミル（962?以降-1015）：キエフ大公980…………………………………… 65,69,121
ウルバヌス2世（1035頃-99）：教皇1088 ……………………………………………… 197
ウルリヒ（890頃-973）：アウクスブルク司教923……………………………………… 322,324-325
ウンガー（†1012）：ポーゼン（ポズナニ）司教982頃……………………………… 69,205-206
エウセビオス（263頃-339）：ギリシア教父 …………………………………………232,256
エクベルト（†993）トリーア大司教977 ………………………………………… 23,44,57
エツォー（954頃-1034）：ロートリンゲン宮中伯996 ……………………………… 83-84,210
エッケハルト（†1002）：マイセン辺境伯985 ……… 45,66,69,146,151-152,203-204,325,330,332,358
——（†1026）：シュレスヴィヒ司教1000以前 ……………………………………… 226,302,
エディット（910/12頃-46）：オットー1世の王妃929/30 ………………………………35,70
エーバーハルト（†939）：フランケンの侯 ……………………………………… 33-34,36,38
エモー（9世紀）：オーセールの神学者 ……………………………………………… 244,247,252
エルカンバルト（†1021）：フルダ修道院長997，マインツ大司教1011……………………307,318
エンマ（948/50-89?）：ロテールの王妃 ………………………………………… 54-55,57,88,112
オスダグ（†989）：ヒルデスハイム司教984/85 ……………………………………… 80-81
オーダ（歿年不詳）：ミェシコ1世の2番目の妻 …………………………………… 67,204
オットー（954-82）：シュヴァーベン大公973，バイエルン大公976 …………………… 11,20,23
——（945/50-1004）：ケルンテン大公・ヴェローナ辺境伯978-85, 995/1002-04 ……… 92-93,96,

索　引

人名索引

*原則として聖職者名はラテン語の，それ以外は出身国・地域の言語の慣用表記に従った

［ア　行］

アイト（†1015）：マイセン司教 992 ……… 203
アインハルト（770 頃-840）：『カール大帝伝』の著者 ……… 5,216,266
アウグスティヌス（354-430）：ラテン教父 ……… 167,230-232,237-238,244,250,314
アウグストゥス（前 63-後 14）：ローマ皇帝 前 27 ……… 156,161,217,229,248
アゼルスタン（894 頃-939）：ウェセックス国王 925 ……… 35
アーダルベルト（†981）：初代マクデブルク大司教 968 ……… 15,17,61,121
——（ヴォイチェフ）（956 頃-97）：プラハ司教 983 ……… 24,61-63,67,70-71,115-116,121,123-132,139-140,177,185,187-190,198-199,208,220-221,289-290,292-294,338-339,345,361
アーダルベルト 2 世（†915）：トスカーナ辺境伯 884 ……… 105-106
アーダルベロ 2 世（†990）：ヴェルダン司教 984 ……… 55-56,61,66
—— 2 世（†1005）：メッツ司教 984 ……… 55
アダルベロン（†989）：ランス大司教 969 ……… 13,15,43-44,54-58,66,112,258
——（アスラン）（†1030）：ラン司教 977 ……… 112,346
アーダルボルト（972 頃-1027）：ユトレヒト司教 1010，『皇帝ハインリヒ二世伝』の著者　322
アテヌルフォ（†1022）：モンテ・カッシーノ修道院長 1011 ……… 188-189
アデマール（989-1034）：『年代記』の著者 ……… 216,219-220,363
アデマーロ（歿年不詳）：カープアの君主 999-1000 ……… 188-189,224,299
アーデルハイト（931/32 頃-99）：オットー 1 世の皇后 951 ……… 10-13,15,29,36,46-47,53,55,77-79,83-84,88,93,109,126,179,191,196-197,201
——（977-1043）：オットー 2 世の次女，クヴェトリーンブルク女子律院長 999 ……… 45,48,74,179-180,199,202,213-215
アドソ（910/15-92）：モンチエ・アン・デル修道院長 968 ……… 13,239-244,247,258-260,291
アナスタシウス（アシェリク）（†1044 頃）：グラーン大司教 1006 ……… 289,292-293
アーノルト（1000 頃-50 以前）：『聖エメラムの書二巻』の著者 ……… 90
アブル゠カシム（†982）：シチリア島の総督 ……… 19-20
アボン（940 頃-1004）：フルーリー修道院長 988 ……… 113,124,133,238,249-251,256,258
アラヴィヒ（†1001）：ライヒェナウ修道院長 997，シュトラースブルク司教 999 ……… 146,155,188
アルクイン（730 頃-804）：神学者 ……… 164,244
アルディキーノ（†1050 頃）：アルドウイーノの息子 ……… 172,223
アルドウイーノ（955 頃-1015）：イヴレーア辺境伯，イタリア国王 1002 ……… 144-145,167,172,181-182,223,318-319,341,354-355
アルヌール（†1003）：オルレアン司教 972 ……… 113,258
——（967 以前-1021）：ランス大司教 989-91，999-1021 ……… 111-113,124,129,133,181,275

《著者紹介》

三佐川 亮宏（みさがわ・あきひろ）

1961年2月札幌市に生まれる。1991年北海道大学大学院文学研究科博士課程中途退学（1987～90年，DAAD 奨学生としてボン大学に留学）。北海道大学文学部助手を経て，現在東海大学文学部教授。博士（文学）
〔著書〕
『ドイツ史の始まり ― 中世ローマ帝国とドイツ人のエトノス生成』創文社，2013年（第108回日本学士院賞受賞）。『ドイツ ― その起源と前史』創文社，2016年。森井裕一編『ドイツの歴史を知るための50章』明石書店，2016年（分担執筆）。他
〔翻訳〕
カール・ボーズル，平城照介・山田欣吾・三宅立監訳『ヨーロッパ社会の成立』東洋書林，2001年（共訳）。ハインツ・トーマス，三佐川亮宏・山田欣吾編訳『中世の「ドイツ」― カール大帝からルターまで』創文社，2005年。コルヴァイのヴィドゥキント『ザクセン人の事績』知泉書館，2017年

〈歴史・民族・文明〉

刀水歴史全書95

紀元千年の皇帝　オットー三世とその時代

2018年 6 月11日　初版 1 刷印刷
2018年 6 月20日　初版 1 刷発行

著　者　三佐川亮宏

発行者　中 村 文 江

発行所　株式会社　刀水書房
〒101-0065　東京都千代田区西神田2-4-1　東方学会本館
TEL 03-3261-6190　FAX 03-3261-2234　振替00110-9-75805

組版　MATOI DESIGN
印刷　亜細亜印刷株式会社
製本　株式会社ブロケード

 ISBN978-4-88708-437-7　C1322

刀水歴史全書 —歴史・民族・文明—

四六上製　平均300頁　随時刊　(価格は税別)

樺山紘一
1 **カタロニアへの眼**（新装版）
歴史・社会・文化
1979,2005(新装版)　000-X　四六上製　289頁＋口絵12頁　¥2300

西洋の辺境，文明の十字路カタロニアはいかに内戦を闘い，なぜピカソら美の巨人を輩出したか。カタロニア語を習い，バルセロナに住んで調査研究した歴史家によるカタロニア文明論

R.C.リチャードソン／今井　宏訳
2 **イギリス革命論争史**
1979　001-8　四六上製　353頁　¥2200

市民革命とは何であったか？　同時代人の主張から左翼の論客，現代の冷静な視線まで，革命研究はそれぞれの時代,立場を反映する。論者の心情をも汲んで著された類書のない学説史

山崎元一
3 **インド社会と新仏教**
アンベードカルの人と思想　〔付〕カースト制度と不可触民制
1979　＊002-7　四六上製　275頁　¥2200

ガンディーに対立してヒンドゥーの差別と闘い，インドに仏教を復興した不可触民出身の政治家の生涯。日本のアンベードカル研究の原典であり，インドの差別研究のほとんど最初の一冊

G.バラクロウ編／木村尚三郎解説・宮島直機訳
4 **新しいヨーロッパ像の試み**
中世における東欧と西欧
1979　003-4　四六上製　258頁　¥2330

最新の中世史・東欧史の研究成果を背景に，ヨーロッパの直面する文明的危機に警鐘を鳴らした文明史家の広ヨーロッパ論。現代のヨーロッパの統一的傾向を最も早く洞察した名著。図版127点

W.ルイス，村上直次郎編／富田虎男訳訂
5 **マクドナルド「日本回想記」**
[再訂版]　インディアンの見た幕末の日本
1979　＊005-8　四六上製　313頁　¥2200

日本をインディアンの母国と信じて密航した青年の日本観察記。混血青年を優しくあたたかく遇した幕末の日本と日本人の美質を評価。また幕末最初の英語教師として評価されて，高校英語教科書にものっている

J.スペイン／勝藤　猛・中川　弘訳
6 **シルクロードの謎の民**
パターン民族誌
1980　006-9　四六上製　306頁　¥2200

文明を拒否して部族の掟に生き，中央アジア国境地帯を自由に往来するアフガン・ゲリラの主体パターン人，かつてはイギリスを，近くはロシアを退けた反文明の遊牧民。その唯一のドキュメンタルな記録

B.A.トゥゴルコフ／加藤九祚解説・斎藤晨二訳
7 **トナカイに乗った狩人たち**
北方ツングース民族誌
1981　024-7　四六上製　253頁　¥2233

広大なシベリアのタイガを漂泊するエベンキ族の生態。衣食住，狩猟・遊牧生活から家族，氏族，原始文字，暦，シャーマン，宇宙観まで。ロシア少数民族の運命

G.サルガードー／松村　赳訳
8 **エリザベス朝の裏社会**
1985　060-3　四六上製　338頁　¥2500

シェイクスピアの戯曲や当時のパンフレット“イカサマ読物”“浮浪者文学”による華麗な宮廷文化の時代の裏面。スリ・盗賊・ペテン師などの活躍する新興の大都会の猥雑な現実

P.F.シュガー,I.J.レデラー 編／東欧史研究会訳

9 **東欧のナショナリズム**

歴史と現在

1981　025-5　四六上製　578頁　￥4800

東欧諸民族と諸国家の成立と現在を，19世紀の反トルコ・反ドイツ・反ロシアの具体的な史実と意識のうえに捉え，東欧紛争の現在の根源と今後の世界のナショナリズム研究に指針を与える大著

R.H.C.デーヴィス／柴田忠作訳

10 **ノルマン人**　[品切]

その文明学的考察

1981　027-1　四六上製　199頁　￥2233

ヨーロッパ中世に大きな足跡をのこしたヴァイキングの実像を文明史的に再評価し，ヨーロッパの新しい中世史を構築する第一人者の論究。ノルマン人史の概説として最適。図版70余点

中村寅一

11 **村の生活の記録**　（下）[品切]

(上)上伊那の江戸時代 (下)上伊那の明治・大正・昭和

1981　028-X 029-8　四六上製　195頁,310頁　￥1845 ￥1800

村の中から村を描く。柳田・折口体験をへて有賀喜左衛門らとともに，民俗・歴史・社会学を総合した地域史をめざした信州伊那谷の先覚者の業績。中央に追従することなく，地域史として独立し得た数少ない例の一つ

岩本由輝

12 ききき書き**六万石の職人衆**

相馬の社会史

1980　010-7　四六上製　252頁　￥1800

相馬に生き残った100種の職人の聞き書き。歴史家と職人の心の交流から生れた明治・大正・昭和の社会史。旅職人から産婆，ほとんど他に見られない諸職が特に貴重

13 **（缺番）**

田中圭一

14 **天領佐渡**　（1）[品切]

(1)(2)村の江戸時代史 上・下 (3)島の幕末

1985　061-1,062-X,063-8 四六上製 (1)275頁 (2) 277頁 (3) 280頁 (1)(2) ￥2000 (3)￥2330

戦国末～維新のムラと村ビトを一次史料で具体的に追求し,天領の政治と村の構造に迫り,江戸～明治の村社会と日本を発展的にとらえる。民衆の活躍する江戸時代史として評価され，新しい歴史学の方向を示す

岩本由輝

15 **もう一つの遠野物語**　[追補版]

（付）柳田國男南洋委任統治資料六点

1994　＊130-7　四六上製　275頁　￥2200

水野葉舟・佐々木喜善によって書かれたもう一つの「遠野物語」の発見。柳田をめぐる人間関係,「遠野物語」執筆前後の事情から山人～常民の柳田学の変容を探る。その後の柳田学批判の先端として功績は大きい

森田安一

16 **スイス**　[三補版]

歴史から現代へ

1995　159-6　四六上製　304頁　￥2200

13世紀スイス盟約者団の成立から流血の歴史をたどり，理想の平和郷スイスの現実を分析して新しい歴史学の先駆と評価され，中世史家の現代史として，中世から現代スイスまでを一望のもとにとらえる

樺山紘一・賀集セリーナ・富永茂樹・鳴海邦碩

17 **アンデス高地都市**　[品切]

ラ・パスの肖像

1981　020-4　四六上製　図版多数　257頁　￥2800

ボリビアの首都ラ・パスに展開するスペイン，インディオ両文明の相克。歴史・建築・文化人類・社会学者の学際協力による報告。図版多数。若く多才な学者たちの協力の成功例の一つといわれる

A．ノーヴ／和田春樹・中井和夫訳　[品切]
18 スターリンからブレジネフまで
ソヴェト現代史
1983　043-3　四六上製　315頁　¥2427

スターリン主義はいかに出現し，いかなる性格のものだったか？　冷静で大胆な大局観をもつ第一人者による現代ソ連研究の基礎文献。ソ連崩壊よりはるか前に書かれていた先覚者の業績

19 （缺番）

増井經夫
20 中国の歴史書
中国史学史
1984　052-2　四六上製　298頁　¥2500

内藤湖南以後誰も書かなかった中国史学史。尚書・左伝から梁啓超，清朝野史大観まで，古典と現代史学の蘊蓄を傾けて，中国の歴史意識に迫る。自由で闊達な理解で中国学の世界に新風を吹きこむ。ようやく評価が高い

G．P．ローウィック／西川　進訳
21 日没から夜明けまで
アメリカ黒人奴隷制の社会史
1986　064-6　四六上製　299頁　¥2400

アメリカの黒人奴隷は，夜の秘密集会を持ち，祈り，歌い，逃亡を助け，人間の誇りを失わなかった。奴隷と奴隷制の常識をくつがえす新しい社会史。人間としての彼らを再評価するとともに，社会の構造自体を見なおすべき衝撃の書

山本　新著／神川正彦・吉澤五郎編
22 周辺文明論
欧化と土着
1985　066-2　四六上製　305頁　¥2200

文明の伝播における様式論・価値論を根底に，ロシア・日本・インド・トルコなど非西洋の近代化＝欧化と反西洋＝土着の相克から現代の文明情況まで。日本文明学の先駆者の業績として忘れ得ない名著

小林多加士
23 中国の文明と革命
現代化の構造
1985　067-0　四六上製　274頁　¥2200

万元戸，多国籍企業に象徴される中国現代の意味を文化大革命をへた中国の歴史意識の変革とマルキシズムの新展開に求める新中国史論

R．タカキ／富田虎男・白井洋子訳
24 パウ・ハナ
ハワイ移民の社会史
1986　071-9　四六上製　293頁　¥2400

ハワイ王朝末期に，全世界から集められたプランテーション労働者が，人種差別を克服して，ハワイ文化形成にいたる道程。著者は日系３世で，少数民族・多文化主義研究の歴史家として評価が高い

原田淑人
25 古代人の化粧と装身具
1987　076-X　四六上製　図版180余点　227頁　¥2200

東洋考古学の創始者，中国服飾史の開拓者による古代人の人間美の集成。エジプト・地中海，インド，中央アジアから中国・日本まで，正倉院御物に及ぶ美の伝播，唯一の概説書

E．ル･ロワ･ラデュリ／井上幸治･渡邊昌美･波木居純一訳
26 モンタイユー（上）（下）
ピレネーの村　1294～1324
(上)1990 (下)1991　＊086-7 ＊125-3　四六上製　367頁 425頁　¥2800 ¥3301

中世南仏の一寒村の異端審問文書から，当時の農村生活を人類学的手法で描き，75年発刊以来，社会史ブームをまきおこしたアナール派第３世代の代表作。ピレネー山中寒村の，50戸，200人の村人の生活と心性の精細な描写

ダヴ・ローネン／浦野起央・信夫隆司訳

27 **自決とは何か** ［品切］

ナショナリズムからエスニック紛争へ

1988 095-6 四六上製 318頁 ¥2800

自殺ではない。みずからを決定する自決。革命・反植民地・エスニック紛争など，近現代の激動を“自決 Self-determination への希求”で解く新たなる視角。人文・社会科学者の必読書

メアリ・プライア編著／三好洋子編訳

28 **結婚・受胎・労働** ［品切］

イギリス女性史1500～1800

1989 099-9 四六上製 270頁 ¥2500

イギリス女性史の画期的成果。結婚・再婚・出産・授乳，職業生活・日常生活，日記・著作。実証的な掘り起こし作業によって現れる普通の女性たちの生活の歴史

M. I. フィンレイ／柴田平三郎訳

29 **民主主義—古代と現代** ［品切］

1991 118-9 四六上製 199頁 ¥2816

古代ギリシア史の専門家が思想史として対比考察した古代・現代の民主主義。現代の形骸化した制度への正統なアカデミズムからの警鐘であり，民主主義の本質に迫る一書

木崎良平

30 **光太夫とラクスマン**

幕末日露交渉史の一側面

1992 134-0 四六上製 266頁 ¥2524

ひろく史料を探索して見出した光太夫とラクスマンの実像。「鎖国三百年史観」をうち破る新しい事実の発見が，日本の夜明けを告げる。実証史学によってはじめて可能な歴史の本当の姿の発見

青木　豊

31 **和鏡の文化史**

水鑑から魔鏡まで

1992 139-1 四六上製 図版300余点 305頁 ¥2500

水に顔を映す鏡の始まりから，その発達・変遷，鏡にまつわる信仰・民俗，十数年の蓄積による和鏡に関する知識体系化の試み。鏡に寄せた信仰と美の追求に人間の実像が現れる

Y. イチオカ／富田虎男・粂井輝子・篠田左多江訳

32 **一　　世**

黎明期アメリカ移民の物語り

1992 141-3 四六上製 283頁 ¥3301

人種差別と排日運動の嵐の中で，日本人留学生，労働者，売春婦はいかに生きたか。日系アメリカ人一世に関する初の本格的研究の始まり，その差別と苦悩と忍耐を見よ（著者は日系二世）

鄧　搏鵬／後藤均平訳

33 **越 南 義 烈 史**

抗仏独立運動の死の記録

1993 143-X 四六上製 230頁 ¥3301

19世紀後半，抗仏独立闘争に殉じたベトナムの志士たちの略伝・追悼文集。反植民地・民族独立思想の原点（1918年上海で秘密出版）。東遊運動で日本に渡った留学生200人は，やがて日本を追われ，各地で母国の独立運動を展開して敗れ，つぎつぎと斃れるその記録

D. ジョルジェヴィチ, S. フィシャー・ガラティ／佐原徹哉訳

34 **バルカン近代史**

ナショナリズムと革命

1994 153-7 四六上製 262頁 ¥2800

かつて世界の火薬庫といわれ，現在もエスニック紛争に明け暮れるバルカンを，異民族支配への抵抗と失敗する農民蜂起の連続ととらえる。現代は，過去の紛争の延長としてあり，一朝にして解決するようなものではない

C. メクゼーパー, E. シュラウト共編／瀬原義生監訳, 赤阪俊一・佐藤専次共訳

35 **ドイツ中世の日常生活**

騎士・農民・都市民

1995 ＊179-6 四六上製 205頁 ¥2800

ドイツ中世史家たちのたしかな目が多くの史料から読みとる新しい日常史。普通の“中世人”の日常と心性を描くが，おのずと重厚なドイツ史学の学風を見せて興味深い

神山四郎　[比較文明学叢書 1]

36 **比較文明と歴史哲学**

1995　182-0　四六上製　257頁　¥2800

歴史哲学者による比較文明案内。歴史をタテに発展とみる旧来の見方に対し，ヨコに比較する多系文明の立場を推奨。ボシュエ，ヴィコ，イブン・ハルドゥーン，トインビーと文明学の流れを簡明に

神川正彦　[比較文明学叢書 2]

37 **比較文明の方法**
新しい知のパラダイムを求めて

1995　184-7　四六上製　275頁　¥2800

地球規模の歴史的大変動の中で，トインビー以降ようやく高まる歴史と現代へのパースペクティヴ，新しい知の枠組み，学の体系化の試み。ニーチェ，ヴェーバー，シュペングラーを超えてトインビー，山本新にいたり，原理と方法を論じる

B.A.トゥゴルコフ／斎藤晨二訳

38 **オーロラの民**
ユカギール民族誌

1995　183-9　四六上製　220頁　¥2800

北東シベリアの少数民族人口1000人のユカギール人の歴史と文化。多数の資料と現地調査が明らかにするトナカイと犬ぞりの生活・信仰・言語。巻末に調査報告「ユカギール人の現在」

D.W.ローマックス／林　邦夫訳

39 **レコンキスタ**
中世スペインの国土回復運動

1996　180-4　四六上製　314頁　¥3300

克明に史実を追って，800年間にわたるイスラム教徒の支配からのイベリア半島奪還とばかりはいいきれない，レコンキスタの本格的通史。ユダヤ教徒をふくめ，三者の対立あるいは協力，複雑な800年の情勢に迫る

A.R.マイヤーズ／宮島直機訳

40 **中世ヨーロッパの身分制議会**
新しいヨーロッパ像の試み（2）

1996　186-3　四六上製　214頁　¥2800

各国の総合的・比較史的研究に基づき，身分制議会をカトリック圏固有のシステムととらえ，近代の人権思想もここから導かれるとする文化史的な画期的発見，その影響に注目が集まる。図写79点

M.ローランソン，J.E.シーヴァー／白井洋子訳

41 **インディアンに囚われた白人女性の物語**

1996　195-2　四六上製　274頁　¥2800

植民地時代アメリカの実話。捕虜となり生き残った２女性の見たインディアンの心と生活。牧師夫人の手記とインディアンの養女となった少女の生涯。しばしば不幸であった両者の関係を見なおすために

木崎良平

42 **仙台漂民とレザノフ**
幕末日露交渉史の一側面No. 2

1997　198-7　四六上製　261頁　¥2800

日本人最初の世界一周と日露交渉。『環海異聞』などに現れる若宮丸の遭難と漂民16人の数奇な運命。彼らを伴って通商を迫ったロシア使節レザノフ。幕末日本の実相を歴史家が初めて追求した

U.イム・ホーフ／森田安一監訳，岩井隆夫・米原小百合・佐藤るみ子・黒澤隆文・踊共二共訳

43 **スイスの歴史**

1997　207-X　四六上製　308頁　¥2800

日本初の本格的スイス通史。ドイツ語圏でベストセラーを続ける好著の完訳。独・仏・伊のことばの壁をこえてバランスよくスイス社会と文化を追求，現在の政治情況に及ぶ

E.フリート／柴嵜雅子訳

44 **ナチスの陰の子ども時代**
あるユダヤ系ドイツ詩人の回想

1998　203-7　四六上製　215頁　¥2800

ナチスの迫害を逃れ，17歳の少年が単身ウィーンからロンドンに亡命する前後の数奇な体験を中心にした回想録。著者は戦後のドイツで著名なユダヤ系詩人で，本書が本邦初訳

今谷明・大濱徹也・尾形勇・樺山紘一・木畑洋一編

45 20世紀の歴史家たち

⑴日本編㊤ ⑵日本編㊦ ⑸日本編㊧ ⑶世界編㊤ ⑷世界編㊦

1997～2006　四六上製　平均300頁　各￥2800

歴史家は20世紀をどう生きたか，歴史学はいかに展開したか。科学としての歴史学と人間としての歴史家，その生と知とを生々しく見つめようとする。書かれる歴史家と書く歴史家，それを読む読者と三者の生きた時代

日本編㊤　1997 211-8

1 徳富蘇峰（大濱徹也）
2 白鳥庫吉（窪添慶文）
3 鳥居龍蔵（中薗英助）
4 原　勝郎（樺山紘一）
5 喜田貞吉（今谷　明）
6 三浦周行（今谷　明）
7 幸田成友（西垣晴次）
8 柳田國男（西垣晴次）
9 伊波普猷（高良倉吉）
10 今井登志喜（樺山紘一）
11 本庄栄治郎（今谷　明）
12 高群逸枝（栗原　弘）
13 平泉　澄（今谷　明）
14 上原専祿（三木　亘）
15 野呂栄太郎（神田文人）
16 宮崎市定（礪波　護）
17 仁井田陞（尾形　勇）
18 大塚久雄（近藤和彦）
19 高橋幸八郎（遅塚忠躬）
20 石母田正（今谷　明）

日本編㊦　1999 212-6

1 久米邦武（田中　彰）
2 内藤湖南（礪波　護）
3 山路愛山（大濱徹也）
4 津田左右吉（大室幹雄）
5 朝河貫一（甚野尚志）
6 黒板勝美（石井　進）
7 福田徳三（今谷　明）
8 辻　善之助（圭室文雄）
9 池内　宏（武田幸男）
10 羽田　亨（羽田　正）
11 村岡典嗣（玉懸博之）
12 田村栄太郎（芳賀　登）
13 山田盛太郎（伊藤　晃）
14 大久保利謙（由井正臣）
15 濱口重國（菊池英夫）
16 村川堅太郎（長谷川博隆）
17 宮本常一（西垣晴次）
18 丸山眞男（坂本多加雄）
19 和歌森太郎（宮田　登）
20 井上光貞（笹山晴生）

日本編㊧　2006 232-0

1 狩野直喜（戸川芳郎）
2 桑原隲蔵（礪波　護）
3 矢野仁一（挾間直樹）
4 加藤　繁（尾形　勇）
5 中村孝也（中田易直）
6 宮地直一（西垣晴次）
7 和辻哲郎（樺山紘一）
8 一志茂樹（古川貞雄）
9 田中惣五郎（本間恂一）
10 西岡虎之助（西垣晴次）
11 岡　正雄（大林太良）
12 羽仁五郎（斉藤　孝）
13 服部之總（大濱徹也）
14 坂本太郎（笹山晴生）
15 前嶋信次（窪寺紘一）
16 中村吉治（岩本由輝）
17 竹内理三（樋口州男）
18 清水三男（網野善彦）
19 江口朴郎（木畑洋一）
20 林屋辰三郎（今谷　明）

世界編㊤　1999 213-4

1 ピレンヌ（河原　温）
2 マイネッケ（坂井榮八郎）
3 ゾンバルト（金森誠也）
4 メネンデス・ピダール（小林一宏）
5 梁　啓超（佐藤慎一）
6 トーニー（越智武臣）
7 アレクセーエフ（加藤九祚）
8 マスペロ（池田　温）
9 トインビー（芝井敬司）
10 ウィーラー（小西正捷）
11 カー（木畑洋一）
12 ウィットフォーゲル（鶴間和幸）
13 エリアス（木村靖二）
14 侯　外盧（多田狷介）
15 ブローデル（浜名優美）
16 エーバーハルト（大林太良）
17 ウィリアムズ（川北　稔）
18 アリエス（杉山光信）
19 楊　寛（高木智見）
20 クラーク（ドン・ベイカー 藤川隆男訳）
21 ホブズボーム（水田　洋）
22 マクニール（高橋　均）
23 ジャンセン（三谷　博）
24 ダニーロフ（奥田　央）
25 フーコー（福井憲彦）
26 デイヴィス（近藤和彦）
27 サイード（杉田英明）
28 タカキ，R．（富田虎男）

世界編㊦　2001 214-2

1 スタイン（池田　温）
2 ヴェーバー（伊藤貞夫）
3 バルトリド（小松久男）
4 ホイジンガ（樺山紘一）
5 ルフェーヴル（松浦義弘）
6 フェーヴル（長谷川輝夫）
7 グラネ（桐本東太）
8 ブロック（二宮宏之）
9 陳　寅恪（尾形　勇）
10 顧　頡剛（小倉芳彦）
11 カントロヴィッチ（藤田朋久）
12 ギブ（湯川　武）
13 ゴイテイン（湯川　武）
14 ニーダム（草光俊雄）
15 コーサンビー（山崎利男）
16 フェアバンク（平野健一郎）
17 モミリアーノ（本村凌二）
18 ライシャワー（W.スティール）
19 陳　夢家（松丸道雄）
20 フィンリー（桜井万里子）
21 イナルジク（永田雄三）
22 トムスン（近藤和彦）
23 グレーヴィチ（石井規衛）
24 ル・ロワ・ラデュリ（阿河雄二郎）
25 ヴェーラー（木村靖二）
26 イレート（池端雪浦）

戸上　一
46 **千　利　休**
ヒト・モノ・カネ
1998　＊210-6　四六上製　212頁　￥2000

高価な茶道具にまつわる美と醜の世界を視野に入れぬ従来の利休論にあきたらぬ筆者が，書き下ろした利休の実像。モノの美とそれにまつわるカネの醜に対決する筆者の気迫に注目

大濱徹也
47 **日本人と戦争**
歴史としての戦争体験
2002　220-7　四六上製　280頁　￥2400

幕末，尊皇攘夷以来，日本は10年ごとの戦争で大国への道をひた走った。やがて敗戦。大東亜戦争は正義か不正義かは鏡の表と裏にすぎないかもしれない。日本人の“戦争体験”が民族共有の記憶に到達するのはいつか？

K. B. ウルフ／林　邦夫訳
48 **コルドバの殉教者たち**
イスラム・スペインのキリスト教徒
1998　226-6　四六上製　214頁　￥2800

９世紀，イスラム時代のコルドバで，49人のキリスト教徒がイスラム教を批難して首をはねられた。かれらは極刑となって殉教者となることを企図したのである。三つの宗教の混在するスペインの不思議な事件である

U．ブレーカー／阪口修平・鈴木直志訳
49 **スイス傭兵ブレーカーの自伝**
2000　240-1　四六上製　263頁　￥2800

18世紀スイス傭兵の自伝。貧農に生まれ，20歳で騙されてプロイセン軍に売られ，軍隊生活の後，七年戦争中に逃亡。彼の生涯で最も劇的なこの時期の記述は，近代以前の軍隊生活を知る類例のない史料として注目

田中圭一
50 **日本の江戸時代**
舞台に上がった百姓たち
1999　＊233-5　四六上製　259頁　￥2400

日本の古い体質のシンボルである江戸時代封建論に真向から挑戦する江戸近代論。「検地は百姓の土地私有の確認である」ことを実証し，一揆は幕府の約束違反に対するムラの抗議だとして，日本史全体像の変革を迫る

平松幸三編　2001年度 沖縄タイムス出版文化賞受賞
51 **沖縄の反戦ばあちゃん**
松田カメ口述生活史
2001　242-8　四六上製　199頁　￥2000

沖縄に生まれ，内地で女工，結婚後サイパンへ出稼いで，戦争に巻込まれる。帰郷して米軍から返却された土地は騒音下。嘉手納基地爆音訴訟など反戦平和運動の先頭に立ったカメさんの原動力は理屈ではなく，生活体験だ

52　（欠番）

原田勝正
53 **日　本　鉄　道　史**
技術と人間
2001　275-4　四六上製　488頁　￥3300

幕末維新から現代まで，日本の鉄道130年の発展を，技術の進歩がもつ意味を社会との関わりの中に確かめながら，改めて見直したユニークな技術文化史

J. キーガン／井上堯裕訳
54 **戦争と人間の歴史**
人間はなぜ戦争をするのか？
2000　264-9　四六上製　205頁　￥2000

人間はなぜ戦争をするのか？　人間本性にその起源を探り，国家や個人と戦争の関わりを考え，現実を見つめながら「戦争はなくなる」と結論づける。原本は豊かな内容で知られるＢＢＣ放送の連続講演（1998年）

M.シェーファー／大津留厚監訳・永島とも子訳
55 **エリザベート—栄光と悲劇**
2000 265-7 四六上製 183頁 ¥2000
ハプスブルク朝の皇后“シシー”の生涯を内面から描く。美貌で頭が良く，自信にあふれ，決断力を持ちながらも孤独に苦しんでいた。従来の映画や小説では得られない“変革の時代”に生きた高貴な人間像

地中海学会編
56 **地中海の暦と祭り**
2002 230-4 四六上製 285頁 ¥2500
季節の巡行や人生・社会の成長・転変に対応する祭は暦や時間と深く連関する。その暦と祭を地中海世界の歴史と地域の広がりの中でとらえ，かつ現在の祭慣行や暦制度をも描いた，歴史から現代までの「地中海世界案内」

堀　敏一
57 **曹　　操**
三国志の真の主人公
2001 ＊283-0 四六上製 220頁 ¥2800
諸葛孔明や劉備の活躍する『三国志演義』はおもしろいが，小説であって事実ではない。中国史の第一人者が慎重に選んだ“事実は小説よりも奇”で，人間曹操と三国時代が描かれる

P.ブラウン／宮島直機訳
58 **古代末期の世界** ［改訂新版］
ローマ帝国はなぜキリスト教化したか
2002 ＊354-7 四六上製 233頁 ¥2800
古代末期を中世への移行期とするのではなく独自の文化的世界と見なす画期的な書。鬼才P.ブラウンによる「この数十年の間で最も影響力をもつ歴史書！」(書評から)

宮脇淳子
59 **モンゴルの歴史**
遊牧民の誕生からモンゴル国まで
2002 ＊244-1 四六上製 295頁 ¥2800
紀元前1000年に，中央ユーラシア草原に遊牧騎馬民が誕生してから，20世紀末年のモンゴル系民族の現状までを1冊におさめた，本邦初の通史

永井三明
60 **ヴェネツィアの歴史**
共和国の残照
2004 285-1 四六上製 270頁 ¥2800
1797年「唐突に」姿を消した共和国。ヴェネツィアの1000年を越える歴史を草創期より説き起こす。貴族から貧困層まで，人々の心の襞までわけ入り描き出される日々の生活，etc. ヴェネツィア史の第一人者による書き下ろし

H.バイアス／内山秀夫・増田修代訳
61 **敵　国　日　本**
太平洋戦争時，アメリカは日本をどう見たか？
2001 286-X 四六上製 215頁 ¥2000
パールハーバーからたった70日で執筆・出版され，アメリカで大ベストセラーとなったニューヨークタイムズ記者の日本論。天皇制・政治経済・軍隊から日本人の心理まで，アメリカは日本人以上に日本を知っていた……

伊東俊太郎 ［比較文明学叢書 3］
62 **文明と自然**
対立から統合へ
2002 293-2 四六上製 256頁 ¥2400
かつて西洋の近代科学は，文明が利用する対象として自然を破壊し，自然は利用すべき資源でしかなかった。いま「自から然る」自然が，生々発展して新しい地球文明が成る。自然と文明の統合の時代である

P.V.グロブ／荒川明久・牧野正憲訳
63 **甦る古代人**
デンマークの湿地埋葬
2002 298-3 四六上製 191頁 ¥2500
デンマーク，北ドイツなど北欧の寒冷な湿地帯から出土した，生々しい古代人の遺体（約700例）をめぐる“謎”の解明。原著の写真全77点を収録した，北欧先史・古代史研究の基本図書

大濱徹也

64 **庶民のみた日清・日露戦争**
帝国への歩み
2003　316-5　四六上製　265頁　￥2200

明治維新以後10年ごとの戦争に明けくれた日本人の戦争観・時代観を根底に，著者は日本の現代を描こうとする。庶民の皮膚感覚に支えられた生々しい日本の現代史像に注目が集まる。『明治の墓標』改題

喜安　朗

65 **天皇の影をめぐるある少年の物語**
戦中戦後私史
2003　312-2　四六上製　251頁　￥2200

第二次大戦の前後を少年から青年へ成長した多くの日本人の誰もが見た敗戦から復興の光景を，今あらためて注視する少年の感性と歴史家の視線。変転する社会状況をくぐりぬけて今現われた日本論

スーザン・W.ハル／佐藤清隆・滝口晴生・菅原秀二訳

66 **女は男に従うもの？**
近世イギリス女性の日常生活
2003　315-7　四六上製　285頁　￥2800

16～17世紀，女性向けに出版されていた多くの結婚生活の手引書や宗教書など（著者は男性）を材料に，あらゆる面で制約の下に生きていた女性達の日常を描く（図版多数集録）

G.スピーニ／森田義之・松本典昭訳

67 **ミケランジェロと政治**
メディチに抵抗した《市民＝芸術家》
2003　318-1　四六上製　181頁　￥2500

フィレンツェの政治的激動期，この天才芸術家が否応なく権力交替劇に巻き込まれながらも，いかに生き抜いたか？　ルネサンス美術史研究における社会史的分析の先駆的議論。ミケランジェロとその時代の理解のために

金七紀男

68 **エンリケ航海王子**
大航海時代の先駆者とその時代
2004　322-X　四六上製　232頁　￥2500

初期大航海時代を導いたポルトガルの王子エンリケは，死後理想化されて「エンリケ伝説」が生れる。本書は，生身で等身大の王子とその時代を描く。付録に「エンリケ伝説の創出」「エンリケの肖像画をめぐる謎」の2論文も

H.バイアス／内山秀夫・増田修代訳

69 **昭和帝国の暗殺政治**
テロとクーデタの時代
2004　314-9　四六上製　341頁　￥2500

戦前，『ニューヨーク・タイムズ』の日本特派員による，日本のテロリズムとクーデタ論。記者の遭遇した5.15事件や2.26事件を，日本人独特の前近代的心象と見て，独自の日本論を展開する。『敵国日本』の姉妹篇

E.L.ミューラー／飯野正子監訳

70 **祖国のために死ぬ自由**
徴兵拒否の日系アメリカ人たち
2004　331-9　四六上製　343頁　￥3000

第二次大戦中，強制収容所に囚われた日系2世は，市民権と自由を奪われながら徴兵された。その中に，法廷で闘って自由を回復しアメリカ人として戦う道を選んだ人々がいた。60年も知られなかった日系人の闘いの記録

松浦高嶺・速水敏彦・高橋　秀

71 **学　生　反　乱**
―1969―　立教大学文学部
2005　335-1　四六上製　281頁　￥2800

1960年代末，世界中を巻きこんだ大学紛争。学生たちの要求に真摯に向合い，かつ果敢に闘った立教大学文学部の教師たち。35年後の今，闘いの歴史はいかに継承されているか？

神川正彦　[比較文明学叢書 5]

72 **比較文明文化への道**
日本文明の多元性
2005　343-2　四六上製　311頁　￥2800

日本文明は中国のみならずアイヌや琉球を含め，多くの文化的要素を吸収して成立している。その文化的要素を重視して“文明文化”を一語として日本を考える新しい視角

藤川隆男編

73 **白人とは何か？**

ホワイトネス・スタディーズ入門

2005　＊346-2　四六上製　257頁　￥2200

近年欧米で急速に拡大している「白人性研究」を日本で初めて本格的に紹介。差別の根源「白人」を人類学者が未開の民族を見るように研究の俎上に載せ，社会的・歴史的な存在である事を解明する多分野17人が協力

W. フライシャー／内山秀夫訳

74 **太平洋戦争にいたる道**

あるアメリカ人記者の見た日本

2006　349-1　四六上製　273頁　￥2800

昭和初・中期の日本が世界の動乱に巻込まれていくさまを，アメリカ人記者の眼で冷静に見つめる。世界の動きを背景に，日本政府の情勢分析の幼稚とテロリズムを描いて，小社既刊『敵国日本』と対をなす必読日本論

白井洋子

75 **ベトナム戦争のアメリカ**

もう一つのアメリカ史

2006　352-1　四六上製　258頁　￥2500

「インディアン虐殺」の延長線上にベトナム戦争を位置づけ，さらに，ベトナム戦没者記念碑「黒い壁」とそれを訪れる人々の姿の中にアメリカの歴史の新しい可能性を見る。「植民地時代の先住民研究」専門の著者だからこその視点

L. カッソン／新海邦治訳

76 **図書館の誕生**

古代オリエントからローマへ

2007　＊356-1　四六上製　222頁　￥2300

古代の図書館についての最初の包括的研究。紀元前３千年紀の古代オリエントの図書館の誕生から，図書館史の流れを根本的に変えた初期ビザンツ時代まで。碑文，遺跡の中の図書館の遺構，墓碑銘など多様な資料は語る

英国王立国際問題研究所／坂井達朗訳

77 **敗北しつつある大日本帝国**

日本敗戦７ヵ月前の英国王立研究所報告

2007　＊361-5　四六上製　253頁　￥2700

対日戦略の一環として準備された日本分析。極東の後進国日本が世界経済・政治の中に進出，ファシズムの波にのって戦争を遂行する様を冷静に判断。日本文化社会の理解は，戦中にも拘わらず的確で大英帝国の底力を見る

史学会編

78 **歴史の風**

2007　＊369-1　四六上製　295頁　￥2800

『史学雑誌』連載の歴史研究者によるエッセー「コラム　歴史の風」を１巻に編集。1996年の第１回「歴史学雑誌に未来から風が吹く」（樺山紘一）から昨2006年末の「日本の歴史学はどこに向かうのか」（三谷　博）まで11年間55篇を収載

青木　健

79 **ゾロアスター教史**

古代アーリア・中世ペルシア・現代インド

2008　＊374-5　四六上製　308頁　￥2800

本邦初の書下ろし。謎の多い古代アーリア人の宗教，サーサーン朝国教としての全盛期，ムスリム支配後のインドで復活，現代まで。世界諸宗教への影響，ペルシア語文献の解読，ソグドや中国の最新研究成果が注目される

城戸　毅

80 **百　年　戦　争**

中世末期の英仏関係

2010　＊379-0　四六上製　373頁　￥3000

今まで我が国にまとまった研究もなく，欧米における理解からずれていたこのテーマ。英仏関係及びフランスの領邦君主諸侯間の関係を通して，戦争の前史から結末までを描いた，本邦初の本格的百年戦争の全体像

R. オズボン／佐藤　昇訳

81 **ギリシアの古代**

歴史はどのように創られるか？

2011　＊396-7　四六上製　261頁　￥2800

最新の研究成果から古代ギリシア史研究の重要トピックに新しい光を当て，歴史学的な思考の方法，「歴史の創り方」を入門的に，そして刺戟的に紹介する。まずは「おなじみ」のスポーツ競技，円盤投げの一場面への疑問から始める

藤川隆男

82 人種差別の世界史

白人性とは何か？

2011 ＊398-1 四六上製 274頁 ￥2300

差別と平等が同居する近代世界の特徴を，身近な問題（ファッション他）を取り上げながら，前近代との比較を通じて検討。人種主義と啓蒙主義の問題，白人性とジェンダーや階級の問題などを，世界史的な枠組で解明かす

Ch. ビュヒ／片山淳子訳

83 もう一つのスイス史

独語圏・仏語圏の間の深い溝

2012 ＊395-0 四六上製 246頁 ￥2500

スイスは，なぜそしていかに，多民族国家・多言語国家・多文化国家になったのか，そのため生じた問題にいかに対処してきたか等々。独仏両言語圏の間の隔たりから語る，今までに無い「いわば言語から覗くスイスの歴史」

坂井榮八郎

84 ドイツの歴史百話

2012 ＊407-0 四六上製 330頁 ￥3000

「ドイツ史の語り部」を自任する著者が，半世紀を超える歴史家人生で出会った人，出会った事，出会った本，そして様ざまな歴史のエピソードなどを，百のエッセイに紡いで時代順に語ったユニークなドイツ史

田中圭一

85 良寛の実像

歴史家からのメッセージ

2013 ＊411-7 四六上製 239頁 ￥2400

捏造された「家譜」・「自筆過去帳」や無責任な小説や教訓の類いが，いかに良寛像を過らせたか！　良寛を愛し，良寛の眞実を求め，人間良寛の苦悩を追って，その実像に到達した，唯一，歴史としての良寛伝が本書である

A. ジョティシュキー／森田安一訳

86 十字軍の歴史

2013 ＊388-2 四六上製 480頁 ￥3800

カトリック対ギリシア東方正教対イスラームの抗争という，従来の東方十字軍の視点だけではなく，レコンキスタ・アルビショワ十字軍・ヴェンデ十字軍なども叙述，中世社会を壮大な絵巻として描いた十字軍の全体史

W. ベーリンガー／長谷川直子訳

87 魔女と魔女狩り

2014 ＊413-1 四六上製 480頁 ￥3500

ヨーロッパ魔女狩りの時代の総合的な概説から，現代の魔女狩りに関する最新の情報まで，初めての魔女の世界史。魔女狩りの歴史の考察から現代世界を照射する問題提起が鋭い。110頁を超える索引・文献・年表も好評

J.＝C. シュミット／小池寿子訳

88 中世の聖なるイメージと身体

キリスト教における信仰と実践

2015 ＊380-6 四六上製 430頁 ￥3800

中世キリスト教文明の中心テーマ！　目に見えない「神性」にどのように「身体」が与えられたか，豊富な具体例で解き明かす。民衆の心性を見つめて歴史人類学という新しい地平を開拓したシュミットの，更なる到達点

W. D. エアハート／白井洋子訳

89 ある反戦ベトナム帰還兵の回想

2015 ＊420-9 四六上製 480頁 ￥3500

詩人で元米国海兵隊員の著者が，ベトナム戦争の従軍体験と，帰還後に反戦平和を訴える闘士となるまでを綴った自伝的回想の記録三部作第二作目 *Passing Time* の全訳。「小説ではないがそのようにも読める」(著者まえがき)

岩崎 賢

90 アステカ王国の生贄の祭祀

血・花・笑・戦

2015 ＊423-0 四六上製 202頁 ￥2200

古代メキシコに偉大な文明を打ち立てたアステカ人の宗教的伝統の中心＝生贄の祭りのリアリティに，古代語文献，考古学・人類学史料及び厳選した図像史料を駆使して肉迫する。本邦ではほとんど他に例のない大胆な挑戦

藤川隆男

91 **妖獣バニヤップの歴史**

オーストラリア先住民と白人侵略者のあいだで

2016 ＊431-5 四六上製 300頁＋カラー口絵８頁 ￥2300

バニヤップはオーストラリア先住民に伝わる水陸両生の幻の生き物。イギリスの侵略が進むなか，白人入植者の民話としても取り入れられ，著名な童話のキャラクターとなる。この動物の記録を通して語るオーストラリア史

ジョー・グルディ＆D.アーミテイジ／平田雅博・細川道久訳

92 **これが歴史だ！**

21世紀の歴史学宣言

2017 ＊429-2 四六上製 250頁 ￥2500

気候変動を始め現代の難問を長期的に捉えるのが歴史家本来の仕事。短期の視点が台頭する今，長期の視点の重要性の再認識を主張。歴史学研究の流れから，膨大な史料データ対応の最新デジタル歴史学の成果までを本書に

杉山博久

93 **直良信夫の世界**

20世紀最後の博物学者

2016 ＊430-8 四六上製 300頁 ￥2500

考古学，古人類学，古生物学，現生動物学，先史地理学，古代農業……。最後の博物学者と評されたその研究領域を可能な限り辿り，没後30年に顕彰。「明石原人」に関わる諸見解も紹介し，今後の再評価が期待される

永田陽一

94 **日系人戦時収容所のベースボール**

ハーブ栗間の輝いた日々

2018 ＊439-1 四六上製 210頁 ￥2000

「やる者も見る者もベースボールが本気だった」カリフォルニアから強制立ち退きでアメリカ南部の収容所に送られた若者たち。屈辱の鉄条網のなかで生き延びるための野球に熱中，数千の観衆を前に強豪チームを迎え撃つ

三佐川亮宏

95 **紀元千年の皇帝**

オットー三世とその時代

2018 ＊437-7 四六上製 430頁＋カラー口絵２頁 ￥3700

その並外れた教養と知性の故に，「世界の奇跡」と呼ばれた若き皇帝。彼の孤高にして大胆な冒険に満ちた儚い生涯と，「紀元千年」の終末論の高揚する中世ローマ帝国の世界に，今日のヨーロッパ統合の原点を探る旅